中国教育后勤蓝皮书 2021

中国教育后勤协会 编著

中国财经出版传媒集团
中国财政经济出版社

图书在版编目（CIP）数据

中国教育后勤蓝皮书.2021／中国教育后勤协会编著
.--北京：中国财政经济出版社，2022.5
ISBN 978－7－5223－0932－3

Ⅰ.①中… Ⅱ.①中… Ⅲ.①学校管理－后勤管理－研究报告－中国－2021 Ⅳ.①G52

中国版本图书馆 CIP 数据核字（2021）第 236335 号

责任编辑：郁东敏　　　　　责任印制：刘春年
封面设计：中通世奥　　　　责任校对：徐艳丽

中国教育后勤蓝皮书（2021）

ZHONGGUO JIAOYU HOUQIN LANPISHU（2021）

中国财政经济出版社 出版

URL：http：//www.cfeph.cn
E－mail：cfeph@ cfeph.cn

（版权所有　翻印必究）

社址：北京市海淀区阜成路甲 28 号　邮政编码：100142
营销中心电话：010－88191522
天猫网店：中国财政经济出版社旗舰店
　　网址：https：//zgczjjcbs.tmall.com
北京时捷印刷有限公司印刷　各地新华书店经销
成品尺寸：185mm×260mm　16 开　25.5 印张　446 000 字
2022 年 5 月第 1 版　　2022 年 5 月北京第 1 次印刷
定价：118.00 元
ISBN 978－7－5223－0932－3
（图书出现印装问题，本社负责调换，电话：010－88190548）
本社质量投诉电话：010－88190744
打击盗版举报热线：010－88191661　QQ：2242791300

《中国教育后勤蓝皮书（2021）》编委会名单

主　　任：刘建平

副 主 任：牛维麟　王鸿冰

委　　员：（以姓氏笔画为序）

卢胜利　田　备　李有增　李向成　李资远　李瑞阳
杨定忠　杨海文　邱显清　张凤宝　张志勇　张宏建
张柳华　周先意　柳　娜　高聚慧　黎玖高　薛　徽

《中国教育后勤蓝皮书（2021）》编辑部名单

主　　编：牛维麟

执行主编：黎玖高　曾繁文

副 主 编：（以姓氏笔画为序）

王利明　王哲强　韦曙和　石　磊　卢彩晨　刘　宁
刘　向　刘学祥　刘德明　李　熠　吴斗庆　沙德银
宋大我　张西峰　张树军　陈　辉　陈　鹏　周建华
郑广天　郗蕴超　徐金强　高　庆　高常忠　黄在宇

执行副主编：黄粤涛　郭林文

责任编辑：王清埃　王太芹　宋　宇

执行编辑：黄　英　盛　夏

序言

2020年是我国全面建成小康社会、决胜脱贫攻坚之年，也是"十三五"规划收官之年，对于全国教育后勤领域而言，这同样是极其不平凡的一年。一年以来，全国教育后勤人坚持以习近平新时代中国特色社会主义思想为统领，认真贯彻落实党中央、国务院的各项方针政策，全面统筹疫情防控和教育改革发展，扎实推动饮食安全、校园安全建设，决战决胜教育脱贫攻坚，全力保障复学复工，推进教育"十三五"规划收官，各项工作取得新进展、新成效。

作为我国教育后勤事业的重要组成部分，中国教育后勤协会为教育后勤发展提供了有力支撑。2020年，中国教育后勤协会在教育部、民政部的指导下，以党建工作为引领，加强自身组织建设，统筹疫情防控、推动教育扶贫、制止餐饮浪费、建设绿色校园等工作持续开展，咨政辅政能力、服务会员能力显著提升，行业标准研制扎实推进，课题研究信息宣传成果显著，行业服务活动丰富多彩，展现了我国教育后勤事业发展的良好面貌。未来，中国教育后勤协会也将持续发挥自身的服务、管理、研究等职能，积极推动我国教育后勤事业科学、健康、高质量发展。

2021年是实施"十四五"规划、开启全面建设社会主义现代化国家新征程的第一年。2021年初，中国教育后勤协会后勤研究院回顾2020年的工作开展情况，将其编撰成书，有助于总结过往经验、明确工作重点、拟定工作计划，切实回应党中央关心、师生关切、社会关注的问题，进而推进高质量教育后勤保障体系建设，助力"十四五"时期教育事业发展。

《中国教育后勤蓝皮书（2021）》由中国教育后勤协会后勤研究院组织编撰，内容主要包括年度报告、专题报告两大板块。年度报告系统总结了教育后勤年度发展要点及热点内容，对于教育后勤发展态势予以全面展现；专题报告包括机构风采、区域风貌、校园气象、企业典范、行业之声、行业标准化建设、感动人物、后勤担当、制止餐饮浪费、助力脱贫攻坚十项专题，分别从教育后勤领域各大主体、教育后勤事业各大重点出发，梳理工作成果。自2021年伊始，中国教育后勤协会后勤研究院将编撰年度"中国教育后勤蓝皮书"作为年度常态化工作开展，每年系统总结年度发展情况并编撰出版，展现教育后勤事业发展全貌，供全国教育后勤同仁及相关领域人士参考，同时欢迎各界人士进行交流咨询与批评指正。

在本书的编撰过程中，中国教育后勤协会及各专业委员会、专家委员会、相关学校、科研单位、行业企业亦提供了帮助和支持，再次表示衷心感谢。最后，对参与撰稿、审稿等系列工作的行业专家致以诚挚的谢意，感谢诸位对本书的指导与陪伴。

中国教育后勤协会会长
刘建平
2021年12月于北京

目录 Contents

第一部分　年度报告

中国教育后勤蓝皮书年度总报告 …………………………………………… 3

第二部分　专题报告

专题报告一　机构风采 ……………………………………………………… 39
 中国教育后勤协会伙食管理专业委员会工作报告（2020）………………… 39
 中国教育后勤协会学生公寓管理专业委员会工作报告（2020）…………… 46
 中国教育后勤协会物业管理专业委员会工作报告（2020）………………… 51
 中国教育后勤协会能源管理专业委员会工作报告（2020）………………… 56
 中国教育后勤协会商贸管理专业委员会工作报告（2020）………………… 65
 中国教育后勤协会安全管理专业委员会工作报告（2020）………………… 75
 中国教育后勤协会思想文化建设与人力资源管理专业委员会
  工作报告（2020）………………………………………………………… 80
 中国教育后勤协会信息化建设专业委员会工作报告（2020）……………… 84
 中国教育后勤协会房产管理专业委员会工作报告（2020）………………… 90
 中国教育后勤协会接待服务分会工作报告（2020）………………………… 92
 中国教育后勤协会中小学后勤分会工作报告（2020）……………………… 94
 中国教育后勤协会专家委员会工作报告（2020）…………………………… 97
 中国教育后勤协会《高校后勤研究》杂志社工作报告（2020）…………… 100
 中国教育后勤协会《教育后勤参考》编辑部工作报告（2020）…………… 111

中国教育后勤协会新业态及快递工作委员会工作报告（2020）……………114
中国教育后勤协会校园假日联盟工作报告（2020）……………………………119
中国教育后勤招标采购网工作报告（2020）……………………………………123

专题报告二　区域风貌……………………………………………………………128

服务育人保发展，担当作为促改革
　　——安徽省高校后勤协会2020年度工作报告……………………………128

守正创新铸辉煌，砥砺奋进续华章
　　——上海市学校后勤协会2020年度工作报告……………………………137

主动求变，勇于创新，续写高校后勤改革发展新篇章
　　——江苏省高等学校后勤协会2020年度工作报告………………………153

以师生满意为目标，探索高校后勤改革发展新路径
　　——四川省高校后勤协会2020年度工作报告……………………………164

新理念，新思想，新战略，推动教育后勤工作迈上新台阶
　　——湖南省教育后勤协会2020年度工作报告……………………………174

专题报告三　校园气象……………………………………………………………182

坚守初心使命，建设一流后勤
　　——浙江大学后勤集团服务保障工作案例…………………………………182

师生至上，服务为先，做师生满意的高校后勤
　　——北京林业大学后勤系统服务保障工作概述……………………………192

转变新模式，谋划新发展，开创新局面
　　——天津大学后勤保障工作综述……………………………………………207

奏改革强音，谱保障新篇，有力支撑服务双一流建设高质量可持续发展
　　——安徽大学后勤社会化改革概况…………………………………………216

坚持绿色创新理念　构建"两型两化"校园
　　——中国石油大学（华东）绿色校园建设实践……………………………225

产教深度融合的校园节水精细化管理模式
　　——广东轻工职业技术学院服务保障工作案例……………………………239

坚持"以客户为导向"，打造有温度的校园后勤服务
　　——西安欧亚学院后勤保障体系建设综述…………………………………248

打制高效"燃料推进剂",助力"神舟飞天"
　　——中国人民大学附中航天城学校智慧后勤建设概述 ………… 261

专题报告四　企业典范 …………………………………………… 273
　把好服务带给校园
　　——丹田物业管理股份有限公司2020年度高校服务总结 ……… 273
　践行服务育人,共筑品质校园
　　——明德物业管理集团有限公司2020年度高校服务总结 ……… 282
　以人为本,创新服务
　　——友宝2020年度高校服务总结 ………………………………… 291
　不忘初心,持续深耕教育后勤行业
　　——苏大教育服务投资发展集团2020年度高校服务总结 ……… 299
　坚守责任担当,用心服务师生
　　——中快餐饮集团有限公司2020年度高校服务总结 …………… 309
　提供校园专业水系管理,引领智慧水务发展
　　——威派格数字技术有限公司2020年度高校服务总结 ………… 319
　勠力同心谱写校企合作新篇章
　　——辽宁龙源集团2020年度高校服务总结 ……………………… 324

专题报告五　行业之声 …………………………………………… 331
　对标现代化,聚焦"十四五"
　　——谋划上海高校后勤事业高质量发展蓝图 …………………… 331
　以高质量一流后勤服务体系支撑高水平一流大学建设
　　——浙江大学"十四五"后勤改革发展的思考 ………………… 337
　规划未来　赋能发展
　　——对教育后勤改革发展的思考 ………………………………… 344
　"十四五"高等教育改革发展形势与任务
　　——对高质量教育体系建设的思考 ……………………………… 350
　高校餐饮美味,推动减少浪费
　　——对高校餐饮优质供给的几点建议 …………………………… 353

专题报告六　行业标准化建设 ·· 356
　　中国教育后勤协会标准化技术委员会 2020 年工作报告 ·················· 356

专题报告七　感动人物 ·· 359
　　中国教育后勤协会荣誉体系
　　　——2020 年"感动人物" ·· 359

专题报告八　后勤担当 ·· 363
　　疫情下的后勤担当 ·· 363

专题报告九　制止餐饮浪费 ·· 373
　　制止餐饮浪费，我们在行动 ·· 373

专题报告十　助力脱贫攻坚 ·· 376
　　贫困地区农产品进高校食堂研究
　　　——拓展采购扶贫成果，助力乡村振兴 ··· 376

第三部分　附录

附录一　中国教育后勤协会 2020 年度大事记 ··· 389
附录二　2020 年度相关政策法规目录 ·· 396

01 第一部分
年度报告

中国教育后勤蓝皮书年度总报告

一、中国教育后勤年度发展情况综述

（一）教育后勤事业规模壮大

一年来，我国教育后勤事业发展稳中向好，各级各类学校、在校生、教职工数量略有增长，校舍建筑面积、教学及科研仪器设备资产稳步扩充，高等教育毛入学率高于预期水平，教学科研仪器设备、信息化设备及上网课程资源等配置水平进一步提高，高校办学条件不断改善，全方面助力教育质量提升。

从高校增长规模上看，2020年，全国共有普通高校2 738所，比上年增加50所。其中，本科院校1 270所，比上年增加5所；高职（专科）院校1 468所，比上年增加45所。

从师生增长规模上看，2020年，我国普通高等学校校均规模11 982人，普通高等学校教职工266.87万人，比上年增加10.20万人，增长3.97%；专任教师183.30万人，比上年增加9.28万人，增长5.34%。高等教育毛入学率54.4%，比上年增加2.8个百分点，比《国家教育事业发展第十三个五年规划》目标高出4.4个百分点。①

从校舍面积上看，普通高等学校校舍建筑面积92 034.13万平方米，比上年增加2 785.40万平方米，增长3.12%。普通高校生均占地面积58.32平方米，生均校舍建筑面积28.77平方米。②

从教学设备上看，2020年，全国普通高校每百名学生拥有教学用计算机25.1台，比上年减少1.0台。其中，普通本科院校25.8台，比上年减少0.4台；高职（专科）院校23.7台，比上年减少1.9台。全国普通高校生均教学科研仪器设备值

---

① ② 中华人民共和国教育部官方网站文献：中国教育概况——2020年全国教育事业发展情况。

16 522 元，比上年增加 259 元。

从经费投入上看，2020 年，在财政收支矛盾加大形势下依然保障教育优先投入，国家财政性教育经费占国内生产总值比例连续 8 年保持 4% 以上[①]，有力地保障了教育后勤财政经费的拨付和使用。

（二）教育后勤政策导向清晰

2020 年，教育后勤领域的相关政策出台重点围绕疫情防控、校园安全健康与卫生、行业规范、教育改革、杜绝餐饮浪费等工作。从高度上看，出台政策为具体工作的开展指明了方向，进而快速推动教育后勤高质量发展；从广度上看，出台政策全面涵盖了"十三五""十四五"期间的教育后勤发展重点、要点工作；从深度上看，出台政策系统阐述了具体工作的落实要点，有效指导政策落实。

《关于在疫情防控期间做好普通高等学校在线教学组织与管理工作的指导意见》《关于加强夏季学校食源性疾病防控工作的通知》等政策明确提出疫情防控是年度工作的重中之重，围绕这一核心任务，指导全国教育后勤部门有序开展做好经费保障、实施在线教学、保障饮食安全等工作。

《校园食品安全守护行动方案（2020－2022 年）》《关于开展 2020 年教育系统"安全生产月""安全生产万里行"和"安全专项整治三年行动"活动的通知》《教育系统"制止餐饮浪费 培养节约习惯"行动方案》等政策聚焦食品安全、安全生产、餐饮浪费等高校校园突出问题，为高等学校提升综合保障能力，加强师生幸福感与获得感，构建起全面完善的政策体系和顶层设计。

《关于统筹做好教育系统新冠肺炎疫情防控和教育改革发展工作的通知》是保障实现"十三五"教育改革发展目标的重要指导文件，重点部署了疫情背景下教育改革的重点工作，为未来一段时期教育系统全面推进改革工作提供科学指导。

（三）综合保障能力不断提升

2020 年，全国教育后勤事业全面聚焦提升综合服务保障能力，在多个方面取得显著发展成效。一年来，全国各级各类高校科学规划、合理布局，加强基础设施建设，完善校园服务措施，逐步改善师生学习生活条件，不断提升校园品质，综合服务保障能力再上新台阶。

---

① 中华人民共和国教育部官方网站文献：中国教育概况——2020 年全国教育事业发展情况。

在疫情防控关键阶段，全国各级各类高校快速推行校园网格化管理，建立健全师生健康档案，细化校园出入管理，引导学生分散就餐，规避传染风险。在教育部的领导下，全国高校有序开展线上教学，实现"停课不停教、停课不停学"，确保教育教学秩序全面恢复。部分高校多渠道筹集资金，升级改造餐厅、宿舍、教学场所，修缮老旧楼房，建设高品质校园环境。部分高校通过推行后厨实况透明化、加工操作规范化、监督管理即时化等举措，实现有效监管和优化，全面保障校园饮食安全。部分高校建设安全教育宣教平台，上线智能安全监护系统，用多种方式筑牢校园安防综合体系，保障校园安全。部分高校开发能源管控平台，通过校园网络实现校园能耗的管理和监控，构建起绿色校园管理体系。部分高校尝试应用智慧技术，生产数字化教学应用案例、数字化教学资源，建设生活服务平台，为师生充实智慧学习和生活空间。部分高校发挥科技成果转化优势，通过技术扶贫手段助力贫困地区提高自身造血功能；部分高校投入资金帮助发展贫困村集体经济，援建基础设施，"以购代捐"购买当地农产品，实现产业扶贫。

在一年来的服务保障工作中，全国教育后勤一线人员坚持以创新为根本动力，推行网络直播、线上调度、云端会议、消费扶贫等工作方法，在疫情常态化防控前提下取得了显著的工作成效，为服务高校师生提供了坚实的保障力量。

（四）绿色低碳校园建设扎实推进

2020 年，我国教育后勤各级各类有关部门高度重视绿色低碳校园建设工作，围绕制止餐饮浪费、倡导"光盘行动"、践行垃圾分类、提倡节能减排、倡导低碳生活等方面多点发力，以"新理念、新实践、新技术、新作为"为指导，高效开展绿色低碳校园建设工作，在全面保障疫情防控的同时稳步推进"美丽校园"建设，为广大师生提供更优质的学习生活环境。

在制止餐饮浪费方面，部分高校在食堂全面推行半份菜、小份菜，引导师生合理购餐，避免浪费。部分高校为学生安排实践机会，体验食堂餐盘回收等后勤工作，强化节约意识。部分高校聚焦完善食堂管理细则，围绕就餐环境、菜品设计、就餐模式、餐饮服务等方面，建立起完整、透明的餐饮管理数据链。

在节能减排方面，部分高校实行"开源""节流"两手抓，通过建设能源监管平台、完善再生水用水机制、试点合同节水等方式，有效实现智慧节水。部分高校完善信息化智能控制系统，强化节能目标管控，加强用能动态分析和实时监管，严格执行用能定额管理制度，回收超额用能费用，杜绝能源浪费和流失。

在践行垃圾分类方面，部分高校立足线上、线下两个渠道同步推广垃圾分类有关信息，在线上渠道，通过自有媒体矩阵及时、精准推送生活垃圾分类政策；在线下渠道，通过举办生活垃圾分类启动仪式普及相关理念。部分高校积极开展员工垃圾分类知识培训工作，通过学校媒体矩阵向全校师生推送生活垃圾分类指南，引导师生正确投放。

（五）标准化建设不断完善

2020年，标准化、规范化是教育后勤领域发展的显著特征之一。各行业标准、团体标准的相继出台，为教育后勤事业发展建立了规范化的服务、评估、实施标准和体系，针对教育后勤各项工作的开展制定出科学、完善的工作规范和工作流程。行业标准、团体标准的发布与实施，不仅标志着教育后勤事业的标准化、规范化发展趋势逐渐深化，也是教育后勤事业改革创新迈出的重要一步。

《节水型高校评价标准》《节水型高校建设实施方案编制导则》提出发挥高校科研优势，自主开展节水技术与产品创新研发，指导高校和节水服务企业参与实施节水项目，为加快推进高校节水工作提供技术支撑。

《高等学校后勤组织文化建设评价标准》规定了高等学校后勤组织在文化建设、评价等方面的要求，是我国高校后勤系统正式发布的第一个组织文化建设团体标准。该标准的发布，标志着我国高校后勤组织文化建设标准化工作改革进入了新的阶段。该标准的实施，有助于落实高校后勤组织发展文化建设过程中的规范化管理。

《高等学校物业服务规范》团体标准规定了高等学校物业管理项目的服务要求、管理要求和评价要求，对规范和指导高校物业服务机构开展物业管理服务活动、实施物业服务评价、提高高等学校物业管理服务水平具有重要意义。

（六）智慧化发展成效显著

随着信息化、智慧化手段逐渐渗透进人们的日常生活，我国智慧校园的建设也在逐渐深入推进中。2020年，我国高等学校智慧化建设进程明显加快，智慧管理普及率大大提升。

2020年初，我国教育后勤各级部门围绕疫情防控创新组织开展应用对策研究，通过大数据和人工智能等技术，结合云服务、"互联网+"等新型管理手段，在聚焦科学防疫、提供生活保障等方面推行多种创新举措。部分高校引入红外测温系统，严格管控校园测温，缩短了日常疫情防控检测时间，减少人员交叉感染风险。部分高校将线下服务搬上"云端",提供维修登记、点餐配送、快递收发、在线医疗等一站式校园"云服务",用信息手段全面建立防疫绿色通道。部分高校引入人脸识别终端机器、智能物流终端机器等人工智能应用场景,为服务育人体系的搭建提供智慧化支撑。同时,教育信息化手段有效保障了疫情常态化防控趋势下近3亿师生开展在线教学,为大规模成功实现"停课不停学"奠定了理念和技术的基础。

高校智慧化发展趋势同样为高校倡导厉行节约理念提供了技术前提,有效发挥了教育后勤系统服务育人的重要职能。部分高校推行食堂原材料精细化管控、食材集约化生产、饭菜自助化售卖等节约措施,实现餐饮节约行为智慧化。部分高校将餐纸取用接入校园一卡通系统,倡导师生按需刷卡取用,有效避免浪费。

（七）人才培养体系逐步健全

2020年,全国教育后勤领域大力推进人才培育体系建设,系统解决管理体系、工作效能、人才流失、知识老化等问题,引进培养专业人才,优化管理骨干人才,鼓励嘉奖优秀人才,健全完善管理体制、用人制度、晋升制度、培训制度、奖励机制,建立人才培养平台,整合对接人才资源,为教育后勤事业发展不断积蓄力量。

一年来,全国教育后勤系统扎实开展了大量培训活动,如高校后勤管理干部研修班,后勤青年骨干工作能力提升班,疫情防控、食品安全、公寓管理、物业服务等专题培训班,后勤信息化建设培训班,后勤文化建设培训班,后勤思政育人研修班,标准化指导培训班,专业岗位师资培训班等,将视频授课、交流互动、主题研讨、线下调研等培训形式有机结合,为全国教育后勤一线人员搭建高质量研修平台,在促进教育后勤干部职工增进交流的基础上,切实提高综合业务能力。

在评价考核方面,教育部组织召开对于直属机关基层人员的述职评议考核活动,对于领导班子创新管理理念、提升管理水平、优化评价体系具有重要意义。部分高校聚焦完善考核监督机制,实施职工分级考评办法,将岗位职责、薪酬体系、晋升机制有机结合,全面提高一线人员的工作能力、服务水平和工作业绩。全国教育后勤各部门对在疫情防控、信息化建设等重大事件中表现突出的一批集体和个人进行表彰和奖励,充分发挥了先进典型的示范引领作用,有效激发了从业人员的工作热情和积极性。

（八）智库服务水平稳步提升

2020年,围绕疫情防控、平安绿色校园建设、高校后勤"三全育人"、行业标准化发展、垃圾分类管理等重点工作，全国各级各类教育后勤部门常态化、高质量推进课题研究工作。教育后勤研究人员为教育部提供及时、全面、细致的参考材料，参与重要政策文件的起草与修订工作，提升了行业理论研究水平，为做好服务保障工作、提高组织管理水平、优化服务水平奠定了理论基础。

2020年3月，中国教育后勤协会牵头启动教育后勤疫情防控专项课题申报工作，通过个人申报、分支机构推荐和专家评审，最终立项"突发公共卫生事件下高校后勤保障的预防与应对处置研究""高校学生公寓疫情防控操作流程标准研究"等10个重点课题，"高校后勤餐饮部门疫情防控工作专项研究""针对疫情防控的校园供排污一体化管理标准"等98个一般课题。6月，年度课题申报工作启动，最终立项"高校后勤大数据挖掘及应用研究""新时代下高校绿色校园高质量建设路径研究"等20个重点课题，"高校学生公寓服务的管理体制差异及相关问题研究""校园生活垃圾分类管理的问题与对策研究"等110个一般课题，"当前高校后勤领域校企合作中存在的问题和对策研究""物联网技术在节水型高校建设中的应用研究"2个会企合作课题。

在辅助决策方面，《关于贫困地区农副产品进高校食堂情况汇报》《关于疫情防控期间对高校后勤服务企业实行帮扶纾困的建议》等调研报告为制定相关政策提供依据；全程参与《教育部办公厅关于支持高校校园实体书店发展的实施意见》等文件的印发实施工作，有效保障了政策出台的科学性、实操性。

（九）后勤育人工作有序开展

2020年，全国高校教育后勤各级各类部门全面落实习近平总书记的讲话精神，坚持"三服务三育人"的宗旨，从岗位建功、劳动育人、先锋引领、精准扶贫、志愿服务、家国情怀、优美环境等方面构建后勤全方位、全过程育人工作。高校教育后勤部门针对"三全育人"工作精准发力，全面发挥教育后勤资源，导入社会化力量参与育人过程，激发高校师生参与后勤服务育人建设，以理想信念教育为核心，以社会主义核心价值观为引领，以促进学生全面发展为导向，培养大学生"德智体美劳"全面发展。

部分高校充分发挥后勤保障、食品安全、医疗卫生、安全保卫等各类服务岗位的育人功能，开展文明校园创建、优化校风学风、培育大学精神、涵育师生品行，育人内容既涵盖餐饮、物业、节能等传统层面，也涉及校园快递站、智慧洗衣、网络维修等全新业态模式。

部分高校将食品安全、消防安全、厉行节约等宣传活动以展板巡展、宣传手册、网络媒体推送等方式全面开展；同时，积极整合资源，拓展校内外各类德育基地、实践基地的育人功能，通过线上线下育人平台协同联动，使育人内容和形式更为立体、鲜活。

部分高校开展"爱心送考""中秋送月饼""毕业生吃饺子"等活动，举办思政教育、疾病预防、"三支一扶"政策普及等专题讲座，切实推进帮困、助学、育人等具体工作。

二、中国教育后勤协会年度重点工作

中国教育后勤协会自 2019 年 3 月换届以来，秘书处在教育部发展规划司的指导下，在协会新一届理事会和会长的领导下，在各分支机构和全国地方教育后勤社团组织及全体会员单位的大力支持下，认真履行职责，在自身建设、规范管理、咨政辅政、服务会员、行业标准研制、信息宣传和课题研究、行业活动开展等方面积极探索，扎实推进，积累了相关经验，取得了显著成果。

（一）自身建设不断加强

1. 完成协会换届后登记备案工作

换届大会后，民政部指定的会计师事务所对协会进行了法人离任审计并出具了审计报告。按照规定程序，秘书处在民政部办理完成了协会章程核准、负责人备案、法定代表人变更的相关手续。

2. 推进分支机构换届工作

在协会秘书处的主导、统筹、协调与推动下，对分支机构换届工作提出统一要求，做出统一部署，在充分尊重各分支机构领导班子意见的基础上，区别轻重缓急、成熟程度，有序推进分支机构的换届工作。目前，协会所有分支机构均顺利完成换届工作。

3. 推进新设分支机构成立

为推动高校房产管理工作更好地适应高等教育高质量发展和现代化建设的要求，促进高校房产资源合理利用，协会新设成立了房产管理专业委员会，秘书处设在天津大学。

4. 完善内部管理机制与制度

秘书处定期召开工作例会，及时总结经验，排查问题和不足，研究对策，部署工作，根据工作职能、工作重点和中长期工作规划，确定各部门人员配置，明确工作任务和岗位分工，在此基础上进一步建立健全用人机制。在社会治理体系创新和行业组织规范管理趋严的时代背景下，协会秘书处深入研究新形势下行业组织运行的政策、法律、法规调整变化、风险边界和防范措施，组织力量对有关协会财务管理、会员管理、会议管理等方面的制度进行梳理和修订完善，使协会各项工作实现有法可依、有章可循，奠定了协会依法规范办会的制度基础。

5. 持续加强党建工作

协会党支部认真贯彻落实中央和国家机关行业协会商会党委有关部署，积极组织开展"不忘初心、牢记使命"主题教育活动，严格将"学习教育、调查研究、检视问题、整改落实"贯穿始终，切实做到抓思想认识到位、抓检视问题到位、抓整改落实到位、抓组织领导到位。通过主题教育活动，增强了协会党支部的凝聚力和向心力，在协会日常工作中充分发挥了基层党组织的政治引领和工作监督自律的作用。

（二）咨政辅政能力得到提升

1. 协助政府部门提出高校后勤改革发展政策建议

协会及分支机构秘书处认真贯彻中央全面深化改革的战略部署，把解决教育后勤系统广泛关心的焦点问题和对后勤改革发展影响较大的突出矛盾作为推进改革的重点，协助政府部门，组织调查研究，系统总结、梳理、分析多年来高校后勤改革发展中的成功经验、模式，提出深化高校后勤改革政策建议。根据教育部发展规划司的安排，提交《关于贫困地区农副产品进高校食堂情况汇报》《高校学生宿舍"脏乱差"：成因与对策》《中国教育后勤协会关于推进高校快递服务规范管理的情况汇报》《关于疫情防控期间对高校后勤服务企业实行帮扶纾困的建议》等调研报告；参与《教育部办公厅关于支持高校校园实体书店发展的实施意见》《教育部办公厅关于做好高校疫情防控后勤工作的通知》等文件的起草和修订工作。

2. 承接国家部委项目

协会秘书处和能源管理专业委员会承办国家节能中心等多部委托的一年一度的国家节能宣传周教育节能专场活动，在社会上引起广泛关注，受到主办单位和广大师生的高度评价。协会秘书处承接了水利部综合事业局委托的《水资源节约》项目——《节水型高校建设和高校合同节水工作总结评估》的专题研究，总结当前节水型高校建设及开展高校合同节水工作的成效和存在的问题，提出意见与建议，为政府有关部门制定政策和推动相关工作提供依据。

3. 提交高校疫情防控后勤工作调研报告

疫情防控期间，协会秘书处调动多方力量，收集整理了高校后勤保障系统特别是校园餐饮、公寓、物业、商贸及物资供应、校园管控、接待服务等领域落实《教育部办公厅关于做好高校疫情防控后勤工作的通知》情况的书面材料，为教育部全面了解高校后勤疫情防控工作提供了调研报告。

（三）服务会员能力逐步提高

1. 探索会员分类管理机制

协会适应后勤社会化改革发展的大势，按照行业组织的性质和要求，积极稳步发展了一批优秀社会企业会员，并摸索会员分类管理方式与机制，取得了初步成效，积累了一定经验。秘书处和各分支机构按照"协会搭建平台，企业提供服务，学校自主选择，行业规范自律，多方合作共赢"的理念，积极推进校企合作、会企合作。

2. 发布疫情防控有关倡议书

疫情发生后，协会向全体会员单位发布了《关于全力做好教育后勤服务管理区域新型冠状病毒疫情防控工作的倡议书》，并组织所属分支机构起草、发布高校学生食堂、公寓、物业、商业服务场所、接待服务等领域的疫情防控工作指南，搜集汇总各地防疫工作情况，及时发布相关动态，推送防疫经验和举措，指导会员单位精准施策，为会员单位做好教育后勤服务管理区域疫情防控工作及开学复课工作提供规范科学的业务指导。

（四）行业标准研制工作扎实推进

协会充分利用团体标准制定的优势，在水利部综合事业局的协调下，与中国水利学会联合颁布了《节水型高校评价标准》和《高校合同节水项目实施导则》两项团体标准，为开展"节水型高校"建设提供了技术支撑。目前，协会正与中国水利学会共同进行《节水型高校建设实施方案编制导则》团体标准的制定。

（五）课题研究和信息宣传成果显著

1. 组织开展教育后勤疫情防控专项研究课题申报工作

为了研究总结在抗击疫情形势下教育后勤服务保障中遇到的重点、难点问题，协会秘书处向全国教育后勤系统发布《关于申报教育后勤疫情防控专项研究课题的通知》，通过个人申报、分支机构推荐和专家评审，最终立项10个重点专项课题，98个一般专项课题，并发布立项通知。

2. 组织2020年教育后勤系统课题立项申报工作

围绕教育后勤行业改革发展的重点难点问题，协会发布了2020年课题指南，引起教育后勤领域的广泛关注，协会秘书处组织完成课题申报和立项评审工作。

3. 以推进课题研究为契机广泛开展调研活动

协会秘书处通过会企合作课题《校园安全供水模式与新技术应用研究》《校园服务新业态：机遇与挑战》的研究，在各地方开展课题调研活动，丰富课题研究的内容，为高校后勤服务领域关注的难点问题提供解决方案。

4. 协会宣传媒体建设进一步加强

协会的内部刊物《教育后勤参考》改版后，办刊质量和读者关注度得到大幅提升；协会的官网、官微不断充实力量加强建设，特别是在疫情期间，推出"抗击疫情后勤人在行动"专栏，各分支机构充分利用微信公众号、微博、抖音等新媒体发布最新的防控政策和经验做法，成为激励、引领行业发展的重要舆论阵地。

（六）行业服务和活动丰富多彩

1. 以行业活动为平台，促进会员交流互动共同发展

协会秘书处与分支机构、地方教育后勤社团组织相互沟通，积极配合，适应新形势、新任务的要求，根据行业发展的需要，积极回应行业关切，努力搭建交流平台，连接学校、社会、政府，打造了一批针对性强、影响力大、深受行业欢迎的精品论坛和职业培训。协会秘书处每年举办的"教育后勤发展改革暑期峰会"，协会与信息化专委会联合举办的年度"教育后勤互联网大会"，新业态及快递工作委员会举办的年度"高校后勤服务新业态新模式发展论坛"，协会秘书处每年举办的"高校后勤管理干部高级研修班""高校后勤招投标实务与风险防控专题研讨班"等活动，在业内产生较大影响。

2. 以教育后勤展览会为平台，展示新技术推广应用

由协会主办的"中国教育后勤展览会"，为后勤设备、产品、服务企业和各级各类学校之间搭建了沟通交流平台，扩大了行业影响力。同期举办的"科技后勤·智慧校园新技术应用推广论坛"吸引了众多学校、企业的参与，对教育后勤系统传播灌输新理念，推广应用新技术、新模式，拓展服务新业态起到了推动作用。

3. 创新工作模式，开展多形式线上活动

为适应疫情防控常态化的要求，协会秘书处和各分支机构及时调整开展活动的模式，通过"云课堂"、视频直播、视频会议的方式，为相关业务领域的会员单位搭建线上交流的平台。协会秘书处先后开展了高校后勤"战疫"云讲堂、"校园节水安全供水"云课堂等活动；国家节能宣传周期间，能源管理专业委员会联合国家节能中心等单位开展"高校节能高级管理人才"研修班云端课堂、《第三届"讲好节能故事"微视频、摄影及征文大赛》"云表彰""云展示"等活动；商贸管理专业委员会举办"冲刺在六月，校园消费扶贫在行动"网络直播活动，以电商推销、直播带货为途径，助力消费扶贫。

三、重大事件

2020年初，突如其来的新冠肺炎疫情对国家教育事业带来严峻挑战。在这种形势下教育后勤行业积极贯彻落实国家有关教育系统的各项决策及系列部署，不仅在新冠肺炎疫情防控领域为保障教育事业健康有序发展做出众多探索实践，坚决打好校园疫情防控阻击战，并且还在脱贫攻坚以及制止餐饮浪费、节能减排等关键方面广泛进行有益实践，为推进各项任务完成以及谱写国家教育事业新篇章做出重要贡献，在此梳理和盘点2020年教育后勤领域发生的重大事件，试图展现教育后勤行业的发展脉络与面貌。

（一）疫情防控

新冠肺炎疫情发生后，教育后勤行业积极响应疫情防控号召进行了众多有益实践，直接表现在各地学校后勤管理部门迅速反应并自觉贯彻有关疫情防控的各项要求与指示，持续推动教育系统疫情防控工作有序安排与落实，主要从开展应急处理、深入贯彻落实防控要求与指示、组织物资捐赠活动、落实常态化防控举措、搭建智慧防疫体系等这些重要方面共同保障教育系统安全稳定，在此围绕教育后勤行业在疫情防控实践的重要方面梳理与分析发生的重大事件。

1. 教育后勤行业面向疫情开展应急处理

教育后勤行业面向疫情开展的应急处理工作有效预防和遏制了疫情在教育系统的蔓延，其中包括成立疫情应急工作领导小组、围绕疫情防控紧急召开专题会议、发布应急处置预案等主要方面，这些应急举措有效确保了师生的生命安全并推动复学复课工作有序进行。

（1）迅速反应布局疫情防控应急工作。全国各地学校在疫情发生后面向开学重要节点高效布局与落实疫情防控应急任务，积极克服疫情防控在物资缺乏方面的困难，并且很多学校自觉成立疫情防控领导小组，进一步加强学校的疫情防控工作，为推进复学复课提供了必要保障，实现了守住校园净土以及保障师生安全的重要目标。以贵州民族大学人文科技学院为例，2020年初为切实做好学校疫情防控工作，该学院后勤处在第一时间开展了各项疫情防控工作，克服物资采购困难为后勤在岗执勤员工提供防控物资及安全保障，并对疫情防控期间的执勤工作提出严格要求，比如必须严格执行佩戴口罩、勤洗手勤消毒等学校后勤处还积极执行病毒消杀工作，对各个小区各栋教学楼等公共空间进行大规模分类消毒处理，对学校垃圾回收中转点、垃圾桶、垃圾车等进行全面消杀，在宿舍楼、教学楼、食堂等重要区域放置"废弃口罩专用垃圾桶"并对专用垃圾桶执行每日消毒处理等。

（2）围绕疫情防控紧急召开专题会议。多校后勤保障管理部门召开疫情防控专题会议，成立后勤保障处疫情防控工作领导小组，积极学习和传达各级部门及学校对疫情防控的重要指示，并就疫情防控及复学复课等各项工作进行全面部署。以中国海洋大学为例，中国海洋大学后勤保障处面向疫情积极响应，全力投入到疫情防控阻击战中，组织召开疫情防控工作会议，传达学校关于做好疫情防控工作的通知精神，根据学校疫情防控领导小组下设工作组的职责，压实后勤相关责任，根据学校防控疫情应急预案，形成饮食、学生住宿、留学生住宿、环境消杀四个子预案，并制定疫情防控工作细则，还成立了后勤保障处新型冠状病毒感染的肺炎疫情防控工作领导小组。

（3）制定有关疫情防控专项应急预案。为科学有效地应对可能发生的新冠疫情，全国各地多个学校围绕食堂就餐、教学区域消杀、公共浴室预约等细节制定了疫情防控实施方案与应急预案，进一步提高后勤保障部门应急预案的科学性、可操作性，发现和完善应急预案存在问题，提升相关人员的应急响应能力。各校后勤保障部门纷纷组织召开疫情防控应急预案、桌面演练会议或突发疫情应急处置专题培训会，通过会议更加明确应急处置各项工作的责任主体、细化工作流程以及各项工作要点，全力保障正常教学秩序和师生健康安全。以西安翻译学院为例，2020年4月学校后勤保障系统召开疫情防控应急预案桌面演练会议，致力于完善后勤各部门的应急预案，其中三产办、卫生所、总务处等4个后勤保障业务部门就食堂就餐、远程接诊等12个应急预案进行桌演，为切实保障师生安全做出了有益实践。

2. 教育后勤行业贯彻落实防控要求与指示

国家和地方从政策层面持续加强对疫情防控工作的指导，出台了关于疫情防控的系列重要文件，教育后勤行业积极组织学习并贯彻落实上级有关要求与防控指示，对后勤服务保障工作及疫情防控工作进行明确部署，有效保障了教育系统的有序运作。这些有关政策为学校后勤保障事业发展提供了有效指导，为各项教育后勤工作开展提供了行动指南，各地学校后勤保障处面对严峻的疫情形势，积极学习习近平总书记的重要讲话精神，对已出台的系列有关疫情防控的政策文件加强学习领会，深入贯彻落实各项文件要求。以福建师范大学为例，后勤管理处、后勤服务集团召开专题会议传达学习并贯彻落实上级有关防疫工作部署和要求，会议传达学习了2020年全省秋冬季学期疫情防控工作专题视频会议精神，组织学习了福建省教育厅发布的多项文件精神，并就贯彻落实有关精神和要求、做好后勤服务保障工作及疫情防控工作进行了部署。

3. 教育后勤行业开展物资捐赠活动

自疫情发生以来，教育后勤行业根据疫情防控需求开展物资捐赠活动以打赢疫情防控阻击战，不乏学校后勤保障部门发布接受社会捐赠的公告，包括来自爱心企业、校友在内的社会各界力量踊跃捐赠疫情防控相关物资，有力支持后勤保障部疫情防控工作的顺利开展。以西南财经大学为例，在全国上下共同抗击新冠肺炎疫情和学校筹备开学的关键时期，在校师生、校友和社会各界向学校积极捐款捐物，助力学校疫情防控。

4. 教育后勤行业的常态化防控新举措

（1）发布疫情防控常态化倡议书。教育后勤行业在疫情常态化背景下将疫情防控纳入日常工作，其中多个学校发布疫情防控常态化倡议书，积极引导师生加强疫情防控意识并自觉配合学校防疫工作要求。以兰州大学为例，兰州大学后勤保障部在官网发布了疫情防控常态化倡议书，指出当前疫情防控工作已进入常态化状态，校园学习生活逐渐恢复，但疫情防控工作仍不能松懈，为了师生的身体健康和生命安全，后勤保障部向全体在校同学发出倡议，其中针对师生在就餐、洗浴、废弃口罩处理等方面进行了规范。

（2）部署疫情常态化防控新举措。随着疫情进入常态化防控阶段，各个学校陆续部署与落实疫情常态化防控新举措，切实保障教学工作的有序开展，其中众多学校通过引入智能设备或部署常态化防疫方案等系列创新措施，构筑起校园安全屏障。以南京信息职业技术学院为例，疫情开始以来，学校采取了一系列创新防疫措施，包括在道路旁添置移动洗手台并配备抗菌免洗洗手液；对教学楼进行每日全方面消杀工作；增设25个移动轨迹查询智点；食堂餐桌增加隔离护板；食堂内张贴了1米排队标线；在体育馆、图书馆、行政楼、学生宿舍等地设置2个食堂临时售卖点和3个无接触外卖取餐点等。

（3）抓好后勤部门意识形态工作。疫情防控工作常态化下抓好后勤部门意识形态工作成为一项重要现实命题，不乏学校通过讲授专题党课、组织专题会议等强化后勤保障管理部门的意识形态工作，为做好常态化疫情防护工作提供必要保障。以广西财经学院为例，为进一步落实学校党委相关工作部署，强化后勤意识形态工作，面向后勤党总支讲授专题党课，要求后勤党总支、后勤处、建设处和住建办要保持正确的政治站位，坚决贯彻上级和学校党委关于意识形态工作的决策部署，完善常态化疫情防控措施，严防疫情反弹，众志成城、齐心协力做好学校疫情防控工作。

5. *教育后勤行业开启智慧化疫情防控*

教育后勤行业积极利用信息技术及相关平台做好疫情防控工作，将硬核防疫措施和信息化服务相结合，极大地提升了疫情管控效率和效益。以广东海洋大学为例，2020年广东海洋大学优化了迎新系统管理，采用"线上+线下"相结合的"智慧迎新"方式，其中要求新生正式报到前登录企业微信平台，进行入学申请、上报个人健康情况、人脸信息采集等，以便学校对新生健康信息进行全面摸排。在报到后则必须经过行李消毒、体温检测、人脸识别身份等严格的审核程序方能入校。与此同时还设置了"迎新数据大屏"，能够实时更新各时间段新生报到量、各院（系）报到人数、报到率等，借助实时数据显示有利于职能部门更好地统筹迎新工作。

（二）助力脱贫攻坚

2020年教育后勤行业在脱贫攻坚领域开展了卓有成效的建设，正如教育后勤是助力脱贫攻坚的重要力量，其在保障后勤工作顺利开展与提升服务水平的同时贯彻和响应国家扶贫攻坚的号召，通过点对点帮扶、扶贫平台建设等系列工作的积极开展，为推动教育事业可持续发展以及全面建成小康社会贡献了重要力量，在此梳理与分析教育后勤行业助力脱贫攻坚的重大事件。

1. 落实"以购代扶"

教育后勤行业广泛开展"以购代扶"帮扶活动，建立起教育后勤与农产品市场直接对接的合作发展模式，并且通过深入开展扶贫调研活动，创新精准帮扶模式，不断完善"以购代扶"帮扶新机制，落实点对点帮扶战略，有效激发了扶贫企业的内生动力，也增强了帮扶贫困户和扶贫企业脱贫攻坚的信心，有效实现了精准扶贫目标。以广西师范大学为例，学校后勤和教育学部党委主要负责人带领干部职工组成扶贫工作组，积极开展"以购代扶"帮扶活动的常态化工作，在对扶贫地以及扶贫企业开展"以购代扶"调研活动基础上，后勤党委主要负责人与企业负责人商定了按需分批采购扶贫大米事宜。

2. 搭建"扶贫平台"

各校后勤保障部门积极搭建新型扶贫平台，号召学校各方主体力量践行扶贫任务，通过消费扶贫有效支持学校扶贫工作。以西南交通大学为例，学校后勤与基建管理处党委号召后基处和各服务中心全体党员、全体职工积极响应学校倡议，参与学校以购代捐项目，为"抗疫情，保畅销，保生产，保增收"助力，为交大扶贫事业贡献自己的力量，其中学校对外合作与联络处牵头，帮助定点帮扶贫困县在教育部教育系统消费采购扶贫平台——"e帮扶"上架了多款优质农产品。后基处和各服务中心全体党员、全体职工可以通过"e帮扶"积极采购农产品，以实际行动支持贫困县建设，助力学校扶贫工作。

（三）制止餐饮浪费

学校是餐饮浪费现象发生的"重灾区"，教育后勤行业承担着立德树人的重要使命，应积极引导广大师生树立勤俭节约意识，为遏制餐饮浪费、维护粮食安全以及营造良好社会氛围作出应有贡献。2020年教育后勤行业自觉贯彻国家级有关部门杜绝餐饮浪费的指示与要求，尤其表现在积极部署美好"食"光活动、加强勤俭节约宣传教育、创新宣传监督平台建设、开展自查自纠活动等相关方面，通过主题活动、常态化的宣传引导以及技术手段应用等方式在制止餐饮浪费方面取得成效。

1. 开展"美好'食'光"活动

开展美好"食"光活动成为各校后勤保障管理部门的常态化工作之一，并通过举办签名仪式等各种形式有效推进，在师生间形成勤俭节约、珍惜粮食的良好氛围。以亳州职业技术学院为例，该学校深入开展了"美好'食'光"活动，不仅热烈举行"青葱岁月,美好'食'光"校园签名活动,而且新学期总务处采取系列举措助推创建文明餐厅、制止餐饮浪费工作,具体包括张贴文明就餐标语,播放"制止餐饮浪费"宣传短片,餐饮企业推出半价菜、半份菜、少量多次和计量消费等温馨举措,在制止餐饮浪费方面取得了显著成效。

2. 开展宣传教育活动

各校后勤保障管理部门积极开展制止粮食浪费宣传活动,通过多形式的宣传活动取得了显著效果,尤其2021年10月16日正好是第40个"世界粮食日",这为各校广泛开展宣传教育活动提供了有利契机。以对外经济贸易大学为例,学校后基处联合学工部、研工部、团委、校工会、扶贫办等部门,以世界粮食日为节点,开展了一系列师生爱粮节粮主题教育宣传周活动,包括举行"光盘行动,从我做起"激励活动,开展线上线下调查问卷系列活动,设计张贴节约粮食宣传海报,张贴"厉行勤俭节约、制止餐饮浪费"倡议书等多项内容,引导师生对节约粮食的关心和关注,逐步将勤俭节约深入师生心中。

3. 进行监督平台建设

教育后勤行业为更好地开展"美好'食'光"校园活动所设立的宣传监督平台具有创新性意义。如第40个世界粮食日,教育系统"美好'食'光"校园系列活动在中国人民大学启动,同时在教育部官网、中国教育后勤协会官网、中国教育后勤协会伙食管理专业委员会官网和"中国教育发布""微言教育""中国青春饭""高校餐饮"等新媒体平台开设"美好'食'光"活动宣传监督平台,集中展示各地各校制止餐饮浪费先进事迹和优秀经验,进一步增强了制止餐饮浪费的宣传力度,营造起厉行勤俭节约的良好氛围,有利于充分发挥正面榜样的积极导向作用,引导形成节约粮食的校园风尚。

4. 开展自查自纠工作

当前为坚决贯彻落实习近平总书记关于厉行节约制止餐饮浪费行为的重要指示精神,认真遵照执行做好学校制止餐饮浪费的有关政策,多校后勤保障处围绕餐饮浪费情况提交自查自纠专项工作报告,这也是教育督导制度在教育后勤领域的贯彻与落实,有利于形成制止餐饮浪费的常态化工作机制。以安徽工程大学为例,2020年12月安徽省教育厅第四调研组到安徽工程大学实地调研制止餐饮浪费工作,其中后勤保障处作了餐饮浪费情况自查自纠专项工作报告,主要围绕组织领导、餐饮供给、教育宣传、制度体系四个方面26条检查要点汇报了学校餐饮浪费自查自纠及整改落实情况。

（四）校园节能降耗

节能减排已经成为我国一项长期战略，其中校园是落实节能减排战略的重要阵地，教育后勤作为节约型校园建设的重要主体则承担着贯彻国家节能减排精神的重要使命。2020 年教育后勤行业将节能降耗作为主体任务与常态化工作之一，围绕节能减排广泛开展了相关实践，通过制定节能减排计划或方案、开展宣传教育活动及智慧化平台建设等持续推进节约型校园的建设进程，具体通过宣传周活动、新技术引入、完善制度以及氛围营造等手段产生了良好的社会效益和环保效益。

1. 节能宣传教育活动

全国各校动态化开展节能减排宣传教育活动，通过发布倡议书等形式引导师生践行节能环保绿色低碳理念。以佳木斯大学为例，2020 年 6 月学校在协同办公网对全校所有单位下发了《关于开展 2020 年节能宣传周和低碳日的通知》及《2020 年节能宣传周》倡议书，并且以全国低碳日为契机，倡议全体师生员工做节能环保绿色低碳的倡导者、引领者、宣传者，同时开展节能减排宣传周教育活动，不仅大力开展多形式的宣传工作，还组织全体师生员工积极参加"黑龙江省公共机构节能宣传周"网上答题活动。

2. 制定相关工作方案

为深入推进节能减排工作，很多学校后勤保障管理部门制定了相关工作方案，成立了专项工作小组并提出节能减排的各项具体措施，为推进与落实节能减排工作切实提供有力支撑。以萍乡卫生职业学院为例，2020 年为扎实推进学院节约能源和生态环境保护工作高质量发展，更好地发挥示范引领作用，学院结合实际，制定节能减排工作方案，并成立节能减排工作领导小组。

四、政策法规环境分析

据不完全统计，2020 年中共中央、国务院及各个部委公开发布的政策类、制度规范类、事务通知类文件中，与教育后勤行业发展密切相关的文件共有 49 份，其中发文主体主要包括中共中央、国务院、教育部、国家卫生和健康委员会、民政部等。从上述文件所针对的教育阶段及学校类型来看，面向大中小学的政策文件有 2 份、面向高等教育的政策文件有 7 份、面向基础教育的政策文件有 2 份、面向职业教育的政策文件有 1 份，其余政策法规文件可视为对整个教育系统或社会发展的宏观指导。从所涉及的主要工作内容视角来审视，相关文件可划分为10个主题类型，其中涉及疫情防控和校园安全健康与卫生主题的共计21份，涉及主题教育的共计11份，涉及行业协会及社会团体或组织的共计6份，涉及教育改革与评价的共计5份，其后是涉及教育技术的共计3份，其余为单个数量的主题类型包括餐饮浪费、教育配备器材、高等学校法治（见图1）。

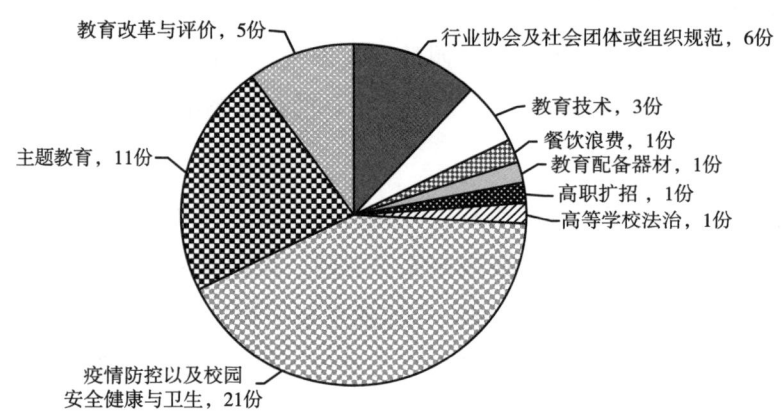

图1　2020年中央及部委文件涉及教育后勤事业的主题类型及数量情况

（一）教育系统疫情防控类政策

2020年以来我国先后出台了有关教育系统疫情防控和复学复课的系列文件，其中教育部办公厅印发《关于做好高校疫情防控后勤工作的通知》，中共教育部党组印发《关于统筹做好教育系统新冠肺炎疫情防控和教育改革发展工作的通知》等，都是在新冠肺炎疫情背景下保障我国教育事业健康有序发展的重要文件，为不同时期教育系统开展疫情防控和复学复课工作提供指导，具有很强的针对性与实践性。教育后勤在推进教育系统疫情防控和复学复课过程中发挥着主体作用并具有必要保障意义，学校正常运转离不开教育后勤服务保障工作的统筹安排与有效落实。对于教育后勤行业而言，上述文件为教育后勤工作开展指明方向并提供实践依据，对教育后勤行业发展具有直接指导意义。

1. 《教育部办公厅关于做好高校疫情防控后勤工作的通知》

《教育部办公厅关于做好高校疫情防控后勤工作的通知》是指导推进高校疫情防控后勤工作的专门文件，其发布正值疫情暴发后高校面临开学的重要时间节点，文件针对高校疫情防控后勤工作进行了全面部署与安排，具有很强的指导性与实践性，对全国各地高校疫情防控后勤工作具有很强的指导意义，成为未来一段时期高校有序开展后勤工作的总依据。

该通知对高校疫情防控后勤工作提出了明确要求，强调要切实做好以下七项工作：一是对高校疫情防控后勤工作早谋划早安排；二是严格校园公共场所和在校学生住宿管理；三是提前准备临时隔离观察场所；四是强化食堂食品卫生安全管理；五是保障校园生活和疫情防控物资供应；六是加强后勤职工疫情防控管理教育；七是加大疫情防控工作宣传引导力度。

2.《中共教育部党组关于统筹做好教育系统新冠肺炎疫情防控和教育改革发展工作的通知》

教育系统是疫情防控的重要战场，将打好、打赢疫情防控阻击战作为教育系统首要政治任务，统筹做好教育系统新冠肺炎疫情防控和教育改革发展工作，落实好年度教育重点工作，是教育事业高质量发展的重要保障。2020年2月28日，中共教育部党组印发的《关于统筹做好教育系统新冠肺炎疫情防控和教育改革发展工作的通知》，系面向教育系统疫情防控和教育改革的首个宏观指导文件，既对教育系统疫情防控工作提出了明确要求，又部署了疫情背景下教育系统正常运行的有关工作以及教育改革的重点工作，为教育系统打赢疫情阻击战、实现全面教育改革发展任务指明了方向，可视为立足"十三五"教育改革发展目标实现的重要指导文件，也为未来一段时期教育系统有序发展提供了科学指导。

《关于统筹做好教育系统新冠肺炎疫情防控和教育改革发展工作的通知》针对当前教育系统疫情防控工作和教育改革工作提出七项要求：一是要毫不放松抓紧抓实抓细疫情防控工作；二是进一步做好在线教育教学；三是精心谋划中小学开学工作；四是扎实做好高校开学准备工作；五是加强校园疫情防控工作指导；六是抓好年度教育重点工作；七是切实加强党的领导。

（二）平安绿色校园类政策

保障校园安全构成教育后勤工作的重要内容，也是教育后勤系统的重要使命，教育后勤系统在平安校园和绿色校园建设过程中发挥着主力军的作用，尤其表现在安全生产、卫生、食品等方面。校园安全是教育的基础，更是教育工作的重中之重，直接关系着学生的健康成长，也关系着家庭幸福与社会和谐。一直以来我国高度重视校园安全卫生与健康工作，不断加强与完善校园安全领域的政策体系和顶层设计，其中2020年度我国出台了有关校园食品安全、教育系统安全生产、校园卫生等方面的系列政策，从而也为教育后勤事业发展提供了重要指导。

1. 食品安全

食品安全是涉及国计民生的重要工程,尤其校园食品安全与学生健康和学校发展、社会稳定息息相关,直接影响着国家教育事业的可持续发展。近年来我国高度重视校园食品安全工作,但校园食品安全情况得到明显改善的同时仍面临挑战与风险,在此背景下我国不断出台的有关政策为维护校园食品安全提供着持续保障,也为校园食品工作开展提供了依据。2020年6月15日,市场监管总局、教育部、公安部、国家卫生健康委员会联合发布了《校园食品安全守护行动方案(2020－2022年)》,正式拉开校园食品安全守护行动的序幕。

该行动方案从国家层面细化食品安全各项改革重点任务的时间表和路线图,为各地制定具体行动方案提供总原则与总目标,具有较强的实践性与现实意义(见表1)。

该行动方案还明确了校园食品安全守护行动的工作目标,即通过开展校园食品安全守护行动,全面落实学校食品安全校长负责制、学生集体用餐配送单位(以下统称"供餐单位")食品安全主体责任和属地部门管理监督责任,聚焦校园食品安全突出问题、薄弱环节,采取有力措施,筑牢基础、补齐短板、提升水平,严防严管严控校园食品安全风险,遏制发生群体性重大食品安全事故,不断提高师生和家长对校园食品安全的获得感、幸福感、安全感。

表1 《校园食品安全守护行动方案(2020－2022年)》提出的九项重点任务

序号	任务名称
1	全面落实校园食品安全校长(园长)负责制,严厉查处校内食品经营者无证经营和超范围经营行为
2	严格落实供餐单位、校园周边餐饮门店和食品销售单位食品安全主体责任,严厉查处无证经营和超范围经营行为
3	严厉查处采购、销售或加工制作腐败变质、霉变生虫等感官性状异常和超过保质期等食品和食品添加剂行为
4	严厉查处超范围、超限量使用食品添加剂行为
5	严厉查处餐具、饮具和盛放直接入口食品的容器使用前未经洗净、消毒或者清洗消毒不合格行为
6	严厉查处未按规定制定和实施经营过程控制要求的行为
7	落实好农村义务教育学生营养改善计划,保证学生营养餐质量安全
8	全面推行"互联网+明厨亮灶"等智慧管理模式
9	广泛开展校园食品安全宣传教育

该行动方案提出了4项主要举措,并将其细化为18项具体任务,在此基础上还明确了每项任务的负责部门,切实推进校园食品安全守护行动(见表2)。

表2 《校园食品安全守护行动方案（2020-2022年）》提出的四项主要举措

举措名称	主要内容
全面落实校外供餐单位食品安全主体责任	• 科学防控安全风险 • 严格查验进货原料 • 规范加工制作行为 • 全面推行供餐单位"明厨亮灶" • 提升食品安全管理水平
严格落实学校食品安全校长（园长）负责制	• 自查整改食品安全问题隐患 • 实行大宗食品公开招标、集中定点采购 • 规范加工制作行为 • 全面推行学校食堂"明厨亮灶" • 建立学校相关负责人陪餐制度 • 加强承包或委托经营者、供餐单位管理
切实强化校园食品安全监督管理	• 实行全覆盖监督检查 • 严惩重处违法行为 • 落实好农村义务教育学生营养改善计划 • 加强食源性疾病防控
广泛开展宣传，加强校园食品安全社会共治	• 加强食品安全和营养健康宣传教育 • 采取营养健康干预措施 • 加强社会共治

2. 安全生产

2020年5月29日，教育部办公厅印发《关于开展2020年教育系统"安全生产月""安全生产万里行"和"安全专项整治三年行动"活动的通知》。该通知指出，6月1日至30日在全国教育系统范围内统一开展"安全生产月"活动，"安全生产万里行"活动同步启动，12月结束。通知对"安全生产月"和"安全生产万里行"活动进行了统筹部署与安排，提出了五项工作内容（见表3）。

表3 "安全生产月"和"安全生产万里行"活动的五项内容

序号	活动内容
1	深入学习贯彻习近平总书记关于安全生产重要论述
2	开展"排查整治进行时"专题活动
3	开设"安全生产大家谈"云课堂
4	开展"6·16"网上"全国安全宣传咨询日"活动
5	扎实推进安全宣传"五进"工作

该通知指出，各地各校要根据《教育系统安全专项整治三年行动实施方案》要求，在所辖范围内组织开展安全专项整治三年行动。从2020年到2022年，分为动

员部署、排查整治、集中攻坚、巩固提升四个阶段。2020年各级各类学校要充分把握疫情形势和安全形势，密切围绕排查整治阶段工作重点，统筹做好常态化疫情防控和安全管理工作，结合实际精准制定疫情防控方案和安全专项整治工作方案，对学校安全风险隐患全面排查，建立问题隐患和制度措施"两个清单"，制定时间表路线图，坚持边查边改、立查立改，加快推进实施，2020年整治工作力争取得初步实效。

3. 爱国卫生

2020年6月29日，教育部发布《关于深入开展新时代校园爱国卫生运动的通知》，其中强调要深刻认识爱国是核心、卫生是根本、运动是方式的爱国卫生运动内涵，结合教育工作实际，丰富新时代校园爱国卫生运动的内容和形式，推动校园爱国卫生运动从环境卫生治理向师生健康管理转变。该通知指出，要从六个方面改善校园卫生环境：整治校园整体环境，强化食品安全管理，开展传染病防控，落实生活垃圾分类，推进厕所革命，落实控烟措施。该通知还要求，从四个方面提升学生健康素养：倡导健康生活，呵护心理健康，融入课堂教学，创建健康学校。

4. 餐饮浪费

一直以来我国高度重视粮食安全和反对食物浪费问题，自2013年习近平总书记就餐饮浪费做出"厉行节约 反对浪费"的重要指示以来，在相关政策和措施不断出台背景下"舌尖上的浪费"现象得到改观，但校园领域仍存在餐饮浪费的现象与问题，学生的勤俭节约意识仍待加强。2020年8月11日，习近平总书记做出重要指示强调，坚决制止餐饮浪费行为切实培养节约习惯，在全社会营造"浪费可耻 节约为荣"的氛围。为认真贯彻落实习近平总书记关于坚决制止餐饮浪费行为的重要指示精神，教育部研究制定了《教育系统"制止餐饮浪费 培养节约习惯"行动方案》。

该行动方案强调，坚持以生态文明思想为指引，落实立德树人根本任务，让勤俭节约在教育系统蔚然成风，引导广大师生牢固树立勤俭节约意识，切实养成勤俭节约的良好习惯。建立健全学校餐饮节约管理长效机制，重在从根本上解决学校餐饮浪费问题。进一步加大教育宣传力度，弘扬社会主义核心价值观和中华优秀传统美德，促进学生德智体美劳全面发展。该行动方案指出，要从五个方面开展具体行动：一是广泛开展教育宣传；二是大力培育校园文化；三是提升食堂管理水平；四是创新使用科技手段；五是建立健全制度体系。

(三) 教育改革类政策

1. 教育督导

教育督导是《教育法》规定的一项基本教育制度，是教育管理系统的重要环节，也是现代教育治理体系的重要组成部分，在教育后勤领域落实教育督导制度有利于提升教育后勤保障能力和服务质量，也是提高学校管理水平和教学质量的内在要求，更是推动教育高质量发展的应有之义，就此而言教育后勤行业的健康发展以教育督导制度的贯彻与落实为重要前提。

2020年2月，中共中央办公厅、国务院办公厅印发了《关于深化新时代教育督导体制机制改革的意见》，其中对进一步深化教育督导管理体制改革、进一步深化教育督导运行机制改革、进一步深化教育督导问责机制改革、进一步深化督学聘用和管理改革、进一步深化教育督导保障机制改革等提出了明确要求（见表4）。

表4 《关于深化新时代教育督导体制机制改革的意见》的主要内容

名称	主要任务
进一步深化教育督导管理体制改革	● 完善教育督导机构设置 ● 全面落实教育督导职能 ● 充分发挥教育督导委员会成员单位作用 ● 强化对地方各级教育督导机构的指导作用
进一步深化教育督导运行机制改革	● 加强对地方政府履行教育职责的督导 ● 加强对学校的督导 ● 加强和改进教育评估监测 ● 改进教育督导方式方法
进一步深化教育督导问责机制改革	● 完善报告制度 ● 规范反馈制度 ● 强化整改制度 ● 健全复查制度 ● 落实激励制度 ● 严肃约谈制度 ● 建立通报制度 ● 压实问责制度
进一步深化督学聘用和管理改革	● 配齐配强各级督学 ● 创新督学聘用方式 ● 提高督学专业化水平 ● 严格教育督导队伍管理监督
进一步深化教育督导保障机制改革	● 加强教育督导法治建设 ● 切实落实教育督导条件保障 ● 加快构建教育督导信息化平台 ● 加强教育督导研究

2. 教育评价

2020年10月，中共中央、国务院印发《深化新时代教育评价改革总体方案》。该方案作为我国首个关于教育评价系统改革的文件，是指导深化新时代教育评价改革的纲领性文件，成为此后一段时间深化新时代教育评价改革工作的总纲领。该方案提出了中长期的改革目标，即经过5至10年努力，各级党委和政府科学履行职责水平明显提高，各级各类学校立德树人落实机制更加完善，引导教师潜心育人的评价制度更加健全，促进学生全面发展的评价办法更加多元，社会选人用人方式更加科学。到2035年，基本形成富有时代特征、彰显中国特色、体现世界水平的教育评价体系。

围绕党委和政府、学校、教师、学生、社会五类主体，该总体方案坚持破立结合，重点设计了5个方面22项改革任务（见表5）。

表5 《深化新时代教育评价改革总体方案》提出的改革任务

任务主体	重点任务	主要内容
党委和政府	改革党委和政府教育工作评价，推进科学履行职责	●完善党对教育工作全面领导的体制机制 ●完善政府履行教育职责评价 ●坚决纠正片面追求升学率倾向
学校	改革学校评价，推进落实立德树人根本任务	●坚持把立德树人成效作为根本标准 ●完善幼儿园评价 ●改进中小学校评价 ●健全职业学校评价 ●改进高等学校评价
教师	改革教师评价，推进践行教书育人使命	●坚持把师德师风作为第一标准 ●突出教育教学实绩 ●强化一线学生工作 ●改进高校教师科研评价 ●推进人才称号回归学术性、荣誉性
学生	改革学生评价，促进德智体美劳全面发展	●树立科学成才观念 ●完善德育评价 ●强化体育评价 ●改进美育评价 ●加强劳动教育评价 ●严格学业标准 ●深化考试招生制度改革
社会	改革用人评价，共同营造教育发展良好环境	●树立正确用人导向 ●促进人岗相适

（四）教育信息化类政策

教育后勤信息化建设是教育信息化与智慧校园的重要组成部分，当前有关教育信息化的系列政策规划出台对教育后勤保障能力提出了更高要求，倒逼教育后勤行业创新发展，从而促进现代化教育水平不断提升。2020年我国相继出台有关教育信息化的系列政策也为教育后勤建设提供了重要指导，在此背景下教育后勤行业的信息化发展趋势不断深化。

1. 《2020年教育信息化和网络安全工作要点》

2020年3月30日，教育部办公厅印发《2020年教育信息化和网络安全工作要点的通知》，其中以教育信息化2.0行动计划"八大行动"为主线，提出了11个方面32条重点工作任务（见表6）。

表6　《2020年教育信息化和网络安全工作要点的通知》重点任务

序号	重点任务	主要内容
1	坚持党对教育信息化和网络安全工作的全面领导	● 深入学习贯彻党和国家对网信工作的战略部署 ● 加强教育信息化和网络安全工作统筹部署
2	有序开展数字资源服务普及行动	● 完善国家数字教育资源公共服务体系 ● 深化基础教育资源开发与应用 ● 持续推进职业教育、高等教育和继续教育资源建设 ● 推进网络思想政治与法治教育 ● 推广普及国家通用语言文字和传承弘扬中华优秀文化
3	持续深化网络学习空间覆盖行动	● 拓展网络学习空间应用广度与深度
4	协同实施网络扶智工程攻坚行动	● 支持"三区三州"等贫困地区教育信息化发展 ● 开展网络条件下的精准扶智
5	全面推进教育治理能力优化行动	● 加强教育管理信息化统筹管理 ● 推进政务信息系统整合共享 ● 优化"互联网＋政务服务"和"互联网＋监管"工作 ● 持续做好软件正版化工作 ● 加强教育系统密码应用与管理 ● 规范教育移动互联网应用管理
6	扎实开展百区千校万课引领行动	● 遴选认定典型区域、标杆学校和典型课例
7	加快实施数字校园规范建设行动	● 加快推进学校网络接入和提速降费 ● 引导数字校园建设与应用 ● 推进IPv6规模部署行动
8	稳步推进智慧教育创新发展行动	● 推动开展智慧教育创新示范 ● 加强教育信息化应用研究与实践

续表

序号	重点任务	主要内容
9	大力实施信息素养全面提升行动	• 持续做好教师和管理干部教育信息化培训 • 培养提升教师和学生的信息素养
10	强化教育信息化支撑保障措施	• 完善多元化教育信息化投入格局 • 加强教育信息化科研支撑和标准建设 • 拓展教育信息化国际交流与合作 • 做好教育信息化宣传报道
11	提升网络安全人才支撑和保障能力	• 提升网络安全人才培养能力和质量 • 强化网络安全宣传教育 • 开展网络空间国际治理研究 • 加强网络安全防护和保障能力

2.《教育部关于加强"三个课堂"应用的指导意见》

2020年3月3日，教育部印发《关于加强"三个课堂"应用的指导意见》，其中要求积极推进"互联网+教育"发展，针对基础教育阶段促进教育公平、提升教育质量的现实需求，在各地实践探索的基础上，就进一步加强"专递课堂""名师课堂"和"名校网络课堂"应用提出意见。

该指导意见还提出加强"三个课堂"应用工作的总体目标，到2022年，全面实现"三个课堂"在广大中小学校的常态化按需应用，建立健全利用信息化手段扩大优质教育资源覆盖面的有效机制，开不齐开不足开不好课的问题得到根本改变，课堂教学质量显著提高，教师教学能力和信息素养持续优化，学校办学水平普遍提升，区域、城乡、校际差距有效弥合，推动实现教育优质均衡发展。

（五）主题教育类政策

教育后勤领域开展主题教育是引领教育后勤服务水平与质量不断提升的重要保障与内在要求，通过爱国主义教育、党的理论教育、劳动教育等主题教育强化教育后勤主体队伍的政治站位和思想高度，尤其是强化教育后勤党员干部职工队伍建设，有利于改善教育后勤主体队伍精神面貌、提升教育后勤服务品质，充分发挥教育后勤管理育人、服务育人作用，促进教育后勤事业繁荣发展，进而为推动教育改革创新、实现教育事业发展目标做出贡献。

2020年9月，中共中央办公厅印发了《关于巩固深化"不忘初心、牢记使命"主题教育成果的意见》，其中指出在全党开展以深入学习贯彻习近平新时代中国特色社会主义思想为主要内容的"不忘初心、牢记使命"主题教育，实现了理论学习有收获、思想政治受洗礼、干事创业敢担当、为民服务解难题、清正廉洁作表率的目标任务。《意见》强调，要督促党员、干部正确处理公私、义利、是非、情法、亲清、俭奢、苦乐、得失的关系，清清白白做人，干干净净做事，保持为民务实清廉的政治本色；党委（党组）要负起主体责任，结合统筹推进常态化疫情防控和经济社会发展、改革发展稳定等各方面工作和人民群众对美好生活的新期待，加强组织领导，强化督促指导，推动巩固深化"不忘初心、牢记使命"主题教育成果各项任务落地见效。

（六）标准、评价体系及规范类文件

1. 教育部关于发布《普通高中音乐教学器材配备标准》等八个教育行业标准的通知

2020年12月18日，教育部关于发布《普通高中音乐教学器材配备标准》等八个教育行业标准的通知，具体包括：《普通高中音乐教学器材配备标准》《普通高中美术教学器材配备标准》《普通高中体育与健康教学器材配备标准》《小篮球场地建设与器材配备规范》《小排球场地建设与器材配备规范》《小足球场地建设与器材配备规范》《义务教育学校音乐教室建设与装备规范》《义务教育学校美术教室建设与装备规范》。"旧标准"不能有效满足美育和体育教学与实践活动日益增长的需求，不适应美育和体育改革发展形势，通过补缺升级中小学美育和体育设施设备，有利于推动学校美育和体育改革发展瓶颈，为切实落实德智体美劳教育提供重要保障。

2. 《职业院校数字校园规范》

《中国教育现代化2035》提出了"加快信息化时代教育变革"的战略任务，旨在推动教育组织形式和管理模式的变革创新，以信息化推进教育现代化。数字校园是教育信息化的具体形式，已成为学校办学的基本条件，也是支撑职业院校教育教学、沟通校企合作、促进师生发展的必需环境。2020年6月，教育部发布新版《职业院校数字校园规范》，秉持坚持目标引领、坚持问题导向、坚持以评促建的原则，对2015版的内容结构进行扩展，体现了加强价值引导、综合普及应用与引领发展六个方面的新特点，为各级各类职业院校数字校园建设与应用提出了全面系统的要求。

五、行业观察与思考

"十四五"时期社会经济发展水平的持续提升、互联网和智能技术的发展应用、高等教育服务对象的扩大化和多样化，将进一步增强高校后勤服务需求的多样性、全面性。未来，全国高校教育后勤部门将深入贯彻党中央关于"十四五"社会经济和教育改革发展的决策部署，抓住机遇，应对挑战，攻坚克难，通过高校教育后勤系统自身的改革，主动创新服务理念、体制、机制、模式、手段，促进高校教育后勤服务逐步向包容多样化、满足差异化的现代高质量教育后勤服务转型。

（一）教育后勤标准研制规范化发展初探——以江汉大学为例

中共中央、国务院印发的《中国教育现代化2035》提出，要形成全社会共同参与的教育治理新格局，多措并举夯实教育现代化的制度基础。后勤保障作为教育事业不可或缺的一部分，是高校管理的重要一环，是高校生存与发展的基石，更是决定高校未来发展的重要因素。要实现尽快实现教育现代化，就要在制度、设施、内容、手段和方法等方面探索现代化发展路径，尤其是服务体系和服务能力现代化水平要不断提高。

提升教育后勤服务体系和服务能力，就要把握后勤服务标准化的发展趋势。后勤服务标准化是确保高校后勤管理服务质量的前提和基础，是高校后勤管理服务水平的重要标志，也是高等教育事业保障能力的具体体现，是一所高校整体办学水平和治理能力的集中反映。标准化是针对后勤服务所涉及的不同服务过程，建立一套供后勤服务从业人员，共同遵守，后勤服务行业自我约束、自我规范的准则和依据。实施标准化建设是满足高校后勤改革的客观需求，后勤标准化有利于高校后勤管理走上现代化管理的道路。在高校后勤领域积极推进标准化管理和服务，对于提升高校后勤管理服务质量和水平具有重要意义，可以提高师生在校内的餐饮服务、住宿服务、物业管理、园林绿化服务、运输服务、信息服务等服务质量，提升师生对学校的归属感和满意度，可免除师生在校内进行科研创造的后顾之忧，对"双一流"建设和高质量发展具有重要意义。

近年来，上海、江苏、浙江、北京、河北等地的多所高校根据全国高校后勤系统发展趋势，结合实际陆续出台了食堂建设、食堂管理规范、公寓管理服务、物业管理服务等标准，实现了真正意义上的有规可依、有章可循。与此同时，各高校后勤领域积极推进质量管理体系认证，如河北大学后勤集团、河北科技大学后勤集团、河北师范大学后勤服务集团等学校先后通过了ISO9000质量标准认证，标志着我国高校教育后勤领域标准化发展更加深入。其中，江汉大学在探索教育后勤规范化发展的过程中，以师生需求为导向不断提高服务保障水平，其发展过程具有典型特征和参考意义。

首先，江汉大学拟定校园物业规范管理标准，后勤集团将校园物业管理服务外包。运输服务、食堂运营、酒店管理团队、新型实体书店经营等社会优质服务企业逐步进校服务，后勤集团建立了"管办分离、服务为先"的运行机制。为适应校园服务需要，后勤集团联合学院、企业成立"现代校园服务创新研究中心"，将理论与实践、培养与需求对接，实现资源共享、合作共赢，完成校内物业新业态的调研工作，并承接教育部相关课题，为校园后勤服务提供了扎实的理论指导和操作标准。

其次，后勤集团同步推进物业管理标准化建设。军运会期间，60%的职工参与到军运会场馆以及运输、餐饮、物业、接待等保障中心，成为军运会男子排球竞委会综合保障处主力。赛前筹备阶段，按照军运会的高标准流程严格细分每一项具体工作，物业工作人员对场馆的角落进行位置标准以及人员定岗，确保精细、高效；饮食人员针对志愿者、外宾、官员各自饮食特点制定供餐安排；交通运输人员细化车辆调度安排，确保全校志愿者以及相关工作人员安全往返各保障演练场地。全运会筹备到举行期间，后勤集团共形成各类保障标准文件13份，细化各类工作流程8套，良好地完成了保障任务。

最后，后勤集团建立"政府、企业、师生、智能技术"综合监管机制。一方面，夯实监管力度，强化监管效果。成立考核领导小组和工作小组，传导压力，落实责任，切实保证考核落到实处；同时，通过座谈、访谈、问卷、测评等方式，开展师生满意度测评，以评促改，突出监管效果。另一方面，依托智能化信息化手段，对后勤服务质量实施精准化监督。

近年来，江汉大学出台《后勤服务保障中心采购管理暂行办法》《后勤服务保障中心基础设施维修管理暂行实施细则》，建立了人员管理、绩效考核、岗位设置、门店管理、物资采购、维修服务、服务保障、办公配置等一系列完善的保障服务体系。2019年，为适应校园发展需求，将标准化建设贯穿整体后勤保障过程，学校后勤提出以"工匠精神"追求质量保障，再次修订了后勤各业务部门的工作规范标准，完善了规章制度体系和质量标准体系，出台了2019版《江汉大学后勤集团工作标准流程手册》，初步实现了制度标准化在学校后勤服务领域的全覆盖。

以制度来通畅管理堵点、疏导需求痛点、消除服务盲点，以标准来优化工作理念、克服执行难题、保障服务质量，江汉大学用制度的标准化发展开创了具有自身特色的后勤保障新局面。

(二) 教育后勤智慧化建设

中共中央、国务院印发的《中国教育现代化2035》十大战略任务第八条明确提出要加快信息化时代教育变革，建设智能化校园，统筹建设一体化智能化教学、管理与服务平台。2020年是《教育后勤"互联网+"行动计划（2015－2020）》的收官之年，也是建设以互联网为主的信息新技术为载体，以教育后勤智慧化建设为抓手，以技术创新和服务管理模式创新为驱动，以满足师生、服务、管理新需求为导向，开展"互联网+教育后勤"的开发与实践活动的大考之年。依托信息技术努力提升后勤服务品质、管理水平、决策效能是时代赋予每一个后勤人的新时代历史使命。

在推进教育后勤智慧化建设的过程中，中国教育后勤协会的分支机构立足自身资源优势，通过系列活动的开展大大提升了后勤管理的智慧化水平。同时，华中科技大学作为疫情防控主战场的高校，在对抗疫情工作中运用智慧化手段开展的系列保障工作同样具有典型意义。

为贯彻落实《教育信息化2.0行动计划》和"2020年教育信息化和网络安全工作要点"文件精神，提升学校智慧后勤管理的智能化建设水平，创新后勤行业管理专业人才培养模式，中国教育后勤协会中小学后勤分会（以下简称"分会"）立足教育后勤智慧化发展这一要点进行了系列活动的开展。首先，分会在2020年初正式启动智慧学校试点工作，经过近一年的推进，北京地区的落地工作初见成效，海淀、大兴、房山、密云、平谷等地区已推荐部分学校加入智慧校园试点建设。山东、四川、黑龙江、江西等地推荐了部分学校。此举措将在全国范围内打造智慧校园示范校，引领中小学后勤创新发展。其次，分会面向全国各级各类学校开展征集智慧后勤建设经典案例（论文）活动，进一步提高教育后勤智慧化研究成果的转化率。此外，分会对于智慧后勤建设与落实的标杆样板校进行评优表彰和授牌活动，包括智慧后勤建设示范校、专项建设示范校，对贡献突出、具有示范效应的典型案例予以表彰和推举。

华中科技大学围绕疫情防控工作，创新组织开展应用对策研究，结合人工智能、"互联网+"等新型管理手段，聚焦关键功能和关键保障，推出多项科技防疫新举措，取得了显著成效。

为确保食堂后厨生产符合防疫要求，华中科技大学后勤集团通过多项科技手段来提高后厨的防疫能力。一是针对食堂从业人员的健康安全，总公司通过全体人员血清抗体、核酸的检测方法，全面排除人员健康安全隐患，并通过每日三次的体温枪定时检测、健康扫码进入等日常动态管理手段，实时强化了食堂人员的健康防疫管理；二是对于食堂后厨生产区域的进出安全，总公司通过升级门禁管理系统，进一步提高食堂后厨人员的进出安全管理等级；三是对于食堂制作加工的生产安全，总公司更是发挥了明厨亮灶系统和视频监控系统的科技优势。总公司在疫情期间通过这两大系统的后台管理，强化了对于原料采购、物资仓储、生产加工、开餐管理等生产加工流程的实时化监管能力，确保了食堂安全生产规范到位。

在校内超市、集贸市场等营业场所陆续关闭的情况下，为继续保障师生生活物资，华中科技大学启动了商贸总公司"喻园乐购平台"，成为学校为师生提供抗"疫"保障的唯一渠道。为了统一管理，后勤集团将饮食总公司、接待总公司、市场总公司的物资全部放在"喻园乐购"平台，由商贸总公司统一进行运营。由此，"喻园乐购"从宣传平台转变为交易平台，从最开始的超市商品信息"推文公众号"，升级成为师生提供网上购物的"绿色通道"。集团信息部结合现有资源，迅速搭建平台，进行小程序选择、操作引导、资金流向等技术攻关，针对系统出现的各种漏洞反复测试、精益求精，确保系统购买时万无一失。后勤集团财务部针对平台下单、后台数据统计和网格点进行配送的新模式，克服困难、协力合作，不断优化和完善喻园乐购后台数据统计工作，为及时配送提供有力的时间保障。在"喻园乐购"运营的 22 天里，平台为在校师生和广大居民提供网购订单服务 24 947 份，其中大米 1.2 万千克、面粉 1.25 万千克、挂面 1.1 万袋、食用油 0.45 万升、蔬果 49 吨、猪肉 15 387 千克、半成品套餐 2 190 份。平均每天 1 000 份订单，满足了特殊时期师生生活的物资需求。

通过创新改革来提高高校后勤管理水平，借助云计算、物联网、大数据及人工智能等信息化手段加强校园信息互联互通，合理配置优势资源，使后勤管理逐渐走向智能化、信息化、人性化。

（三）教育后勤管理信息化发展路径探析

随着云计算、大数据、物联网、移动互联网等新技术的发展和应用，高校后勤管理的范围和内容也在不断增加和深入，师生对后勤保障服务的质量和水平都提出了更高的要求，传统落后的管理方法和手段已经无法满足学校快速发展的需要。因此，国家对高校信息化工作也提出了新的要求。2010 年 7 月，《国家中长期教育改革和发展规划纲要（2010－2020年）》正式发布，明确提出"加快教育信息化进程"；2015年2月，教育部办公厅印发《2015年教育信息化工作要点》；2015年3月，十二届全国人民代表大会第三次会议审议通过的政府工作报告中首次提出了"'互联网＋'行动计划"；2015年7月，国务院下发《国务院关于积极推进"互联网＋"行动的指导意见》（国发〔2015〕40号）；2015年12月，中国教育后勤协会发布《教育后勤互联网＋行动计划（2015－2020年）》；中共中央、国务院印发《中国教育现代化2035》明确提出要加快信息化时代教育变革，建设智能化校园。

在政策导向的引领下，协会组织不断完善。根据《国家中长期教育改革和发展规划纲要（2010－2020年）》中关于"加快教育信息化进程"的要求，2011年6月，高校后勤信息化建设推进工作委员会成立，对信息化的内容、规划作了部署，推动了高校后勤信息化的进程。2014年3月23日，中国教育后勤协会信息化建设专业委员会成立，积极开展后勤信息化建设的研究，促进高校之间及行业内外的学习和交流，为加快高校后勤信息化建设做出了积极的贡献。

在此背景下，各高校不断完善、集成和升级基础IT架构和系统，积极探索云计算、大数据、物联网与人工智能等新信息技术应用，积极实施教育信息化和现代化战略，并提出"智慧校园"建设目标。后勤信息化也纳入高校"智慧校园"建设，让数据多跑路，师生少跑路，服务到师生"心坎里"，保障在师生需求"关键时"，助力高校"双一流"建设和改革发展。

目前各个高校都在积极推进信息化系统建设，而大数据在后勤管理中的应用也逐渐受到重视。基于此，高校应打破传统后勤管理理念，从信息化建设的角度出发，调整后勤管理工作结构，补齐后勤管理中信息短板，形成高效率、全覆盖的后勤管理系统。在后勤信息系统建设中，高校应结合餐饮管理、资产管理、设备管理、财务管理、教室管理、住宿管理、修缮管理、医疗管理、物业管理、能源管理、车辆管理、一卡通管理、门禁管理等模块，完善信息系统的构建，最大限度减少信息死角，确保后勤信息能够在系统中集中整合，为大数据分析提供依据。高校还应加强信息系统的运行与维护管理，加强对信息系统的安全建设，做好风险评估与预警，确保信息系统的安全稳定。

高校在教育后勤管理信息系统建设中，应结合自身发展实际创新管理手段，为师生校园生活提供更加周到细致的服务。例如中国海洋大学在后勤管理信息化建设中，抓住了以下几个细节，为师生提供了完善后勤服务：一是建立信息化后勤服务大厅，利用"一站式""窗口式"综合服务平台，利用线上线下综合管理的方式受理师生提出的服务申请、投诉建议，并利用信息平台对后勤服务进行回访，获得反馈，让服务大厅成为师生获取服务最贴心的场所；二是建立数字化后勤管理网站，配合信息化后勤服务大厅受理师生的诉求，同时根据师生对服务情况的在线打分，对后勤管理工作形成数据图标，公布服务满意率排行、工作效率排行、任务量统计、投诉排行、建议采纳排行等信息，让师生更加便捷地参与到后勤管理监督中，实现后勤管理与师生诉求的有效对接；三是规范后勤服务热线，采用平台服务与人工服务的方式保证24小时记录师生的诉求，并将信息汇入数据库，为后勤服务部门的及时响应，以及相关的数据统计、绩效考核提供依据；四是开通后勤微信公众号，打造"微后勤"，让后勤服务真正走进师生身边，并通过与师生的在线沟通探索主动服务模式，提高后勤服务质量。

信息化的教育后勤管理平台将教室、图书、公寓、餐厅、购物、人文景观、水电暖等信息资源进行网络连接，利用"云物大智"的"大数据"无限虚拟空间和云端资源，有效优化了信息互通、数据分析、资源组合、科学决策等工作，实现了高校后勤对师生的精准化、便捷化服务育人功能。

02

第二部分
专题报告

专题报告一　机构风采

中国教育后勤协会伙食管理专业委员会工作报告（2020）

中国教育后勤协会伙食管理专业委员会（以下简称"全国伙专会"）完成换届后，以习近平新时代中国特色社会主义思想为指导，积极贯彻党中央决策部署，在协会的正确领导下，围绕"规范运行、搭建平台、提升水平、做好服务"的工作理念，积极推动教育后勤餐饮管理专业水平的提升。现将2020年工作开展情况报告如下。

一、全面推进"全国伙专会"平台建设工作

（一）搭建领导机构沟通决策平台

2020年1月9日，中国教育后勤协会伙食管理专业委员会换届大会在昆明市隆重召开。来自全国高校伙食管理行业的委员单位代表和列席代表、领导嘉宾近800人参加。选举中国人民大学党委委员、后勤集团总经理宋大我为伙专会第二届委员会秘书长。随后举办了中国高校伙食管理创新论坛，宋大我做了题为"创新驱动发展 育人引领未来——做好青春饭"的主旨报告，介绍了中国人民大学特色美食和中国人民大学特色餐饮活动，以及其中蕴含的工匠精神及育人思路。

由新一届秘书长所在单位组建的领导班子成员带队，有着丰富餐饮管理工作经验的人员和新媒体运行团队构成的秘书处工作团队，确保了"全国伙专会"各项日常工作高校开展、有序运行。

秘书处先后建立了两届全国伙专会主任、秘书长和常务委员联络平台。11月，根据2020年全国伙专会主任秘书长工作会议精神，为进一步做好与各省级伙食管理

专业委员会之间的沟通交流工作,建立了省级伙专会联络平台,为全国伙专会开展高效沟通交流和科学决策部署提供了保障。

(二)搭建新媒体宣传展示平台

为全方位展示会员单位餐饮工作成果,秘书处充分发挥微信、微博和抖音在信息传播方面的及时性、有效性和吸引力,相继在新浪微博注册了"高校餐饮"官方认证账号,在抖音注册了"中国青春饭"官方认证账号,在微信注册了"中国青春饭"官方认证公众号。为注册带有"中国"字样的账号,秘书处开展了大量的沟通协调工作。

2020年10月,"中国青春饭"微信公众号、"高校餐饮"新浪微博(见图1)、"中国青春饭"抖音号,与教育部官方网站、"微言教育"微信号、中国教育后勤协会伙专会官方网站(见图2)等共同被指定为教育系统"美好'食'光"校园系列活动宣传监督平台,接受各级各类学校组织和个人先进经验投稿和提供餐饮浪费线索,在树立先进典型、加强正面宣传、强化舆论监督、营造"浪费可耻、节约为荣"社会氛围方面发挥了重要作用。

图1 微博、微信宣传

图2 官网宣传

二、伙专会常规工作

一是伙专会向山西高校校园餐饮管理专业委员会成立大会发去贺信。二是伙专会秘书处工作人员和常务委员,应邀参加国家机关事务管理局《公共机构绿色食堂评价导则》的制定和审查工作。三是完成"学校伙食管理网"软件维护系统服务合同续约工作。四是组织召开全国伙专会 2020 年主任秘书长工作会（见图 3）。

图 3　中国教育后勤协会伙食管理专业委员会 2020 年主任秘书长会议

三、伙专会重点工作

坚决筑牢高校餐饮系统防疫壁垒。新冠肺炎疫情暴发后，新一届班子从科学防治、业务指导和经验交流等方面，迅速组织开展疫情防控。2020 年 1 月 30 日印发《关于做好高等学校餐饮场所新型冠状病毒感染的肺炎疫情防控工作的通知》，从加强组织领导、保障基本民生、做好人员管理、注重环境卫生、规范业务操作和做好信息报送六个方面，指导高等学校餐饮场所做好新冠肺炎疫情防控工作。2 月 17 日印发《高等学校食堂新冠肺炎疫情防控期间就餐须知》，从进入食堂、选餐用餐、分区错峰和就餐倡议四个方面，用简洁且朗朗上口的文字指导各高等学校做好新冠肺炎疫情防控期间就餐工作，防范聚集性用餐风险。2 月 17 日完成《全国高等学校餐饮场所新型冠状病毒肺炎疫情防控工作报告》，从加强组织领导、规范科学防疫、创新工作方式三个方面，系统介绍了全国伙专会、省级伙专会和各高等学校坚决贯彻"坚定信心、同舟共济、科学防治、精准施策"总要求，积极做好疫情防控工作情况。2 月 19 日，伙专会在新浪微博开设"高校食堂抗击疫情"话题（见图 4），介绍、

图 4　高校食堂抗击疫情微博热门话题

交流高等学校学生食堂抗击疫情经验做法，截至 9 月 30 日共发布高校食堂抗击疫情 85 期，累计阅读量 122.2 万次。

四、积极组织开展制止餐饮浪费行为工作

（一）迅速开展高校制止餐饮浪费工作

2020 年 8 月，习近平总书记对坚决制止餐饮浪费行为作出重要指示，强调要坚决制止餐饮浪费行为，切实培养节约习惯，在全社会营造"浪费可耻、节约为荣"的氛围。伙专会第一时间深入学习传达和贯彻落实习近平总书记重要指示精神，积极部署开展各项工作。8 月 17 日，从加强宣传引导与教育工作、优化服务方式推动健康消费、注重技能培训与创新、运用科技加强管理与服务四个方面，向各高校发出制止餐饮浪费行为倡议（见图 5）。在伙专会带动下，各省级伙专会和各高校陆续发出倡议，采取切实举措，积极推动制止餐饮浪费行为，营造了浓厚的制止餐饮浪费文化氛围。

8 月下旬，伙专会秘书处根据各学校制止餐饮浪费工作开展情况，完成《全国高校餐饮系统制止餐饮浪费行为工作开展情况的报告》，阶段性总结全国伙专会、省级伙专会和各高校制止餐饮浪费工作情况，交流了各有关单位经验做法，助力进一步工作开展。

9 月 17 日，中国教育后勤协会会长刘建平主持召开"落实《教育系统'制止'餐饮浪费 培养节约习惯行动方案》工作推进会"（见图 6）。会上，伙专会作为行动方案的主要起草单位，对文件进行了解读，并介绍了制止餐饮浪费的下一步工作计划。

图 5 中国教育后勤协会伙食管理专业委员会关于制止餐饮浪费行为的倡议书

图 6 中国教育后勤协会召开"落实《教育系统'制止'餐饮浪费 培养节约习惯行动方案》工作推进会"

(二) 全面配合教育部开展教育系统"制止餐饮浪费"工作

8月19日,教育部发展规划司召开"制止餐饮浪费"政策落实工作座谈会,伙专会副主任兼秘书长宋大我汇报了伙专会、各省级伙专会和各高等学校贯彻落实习近平总书记关于制止餐饮浪费的工作开展情况和下一步工作思路。9月4日,教育部发展规划司召开制止餐饮浪费工作推进会,委托中国教育后勤协会组织开展教育系统"美好'食'光"校园系列活动和举办启动仪式。

10月,教育部成立"美好'食'光"校园系列活动领导小组工作专班,伙专会作为专班主要成员,全面参与组织包括发布活动倡议、开展作品征集、加强宣传监督、发起志愿服务、推广活动标识、组织自查自纠、实施课题研究在内的教育系统制止餐饮浪费各项工作(见图7)。

图7 教育系统餐饮浪费情况自查自纠专项行动——实地调研、抽样调查

作为主要参与起草单位,伙专会承担了《教育系统'制止'餐饮浪费 培养节约习惯行动方案》(教发厅〔2020〕9号)、教育系统"美好'食'光"校园系列活动实施方案及启动仪式工作方案、《教育系统"美好'食'光"校园系列活动主题作品征集活动通知》(教发司〔2020〕132号)、《关于开展学校餐饮浪费情况自查自纠专项工作的通知》(教发司〔2020〕133号)、"美好'食'光"校园系列活动倡议书,以及启动仪式上教育部副部长、袁隆平院士及各参会司长等大量文件及领导讲话的起草工作,充分发挥了专业优势,全面参与和保障教育部相关工作的有效开展。

（三）完成教育系统"美好'食'光"校园系列活动启动仪式承办工作

伙专会受教育部委托，认真组织教育系统"美好'食'光"校园系列活动启动仪式（见图8），圆满完成各项组织任务，工作受到教育部领导充分肯定。

10月16日，启动仪式在中国人民大学成功举办。教育部党组成员、副部长田学军出席启动仪式并讲话。田学军指出，学校是人才培养重要基地和社会主义精神文明建设重要阵地，在教育系统推动开展制止餐饮浪费，意义十分重大。他强调，"美好'食'光"校园系列活动的开展要与学校教育、优化管理、制度建设结合起来，以活动促育人、促管理、促长效。他希望，广大师生积极参与到活动中来，为制止校园餐饮浪费、营造良好社会氛围、维护粮食安全做出应有的贡献。中国教育后勤协会会长刘建平代表中国教育后勤协会作表态发言。他表示，协会将高度重视、组织开展好本次活动，认真落实制止餐饮浪费各项任务，并从三方面贡献协会力量：一是提高政治站位，将制止餐饮浪费工作作为当前和今后一段时间重点工作；二是认真组织实施，注重宣传教育，构建制止餐饮浪费工作长效机制；三是发挥行业协会自我管理、自我服务功能，推进校园餐饮供给侧的改革与创新。启动仪式同时发布了制止餐饮浪费倡议书和"美好'食'光"校园系列活动标识。

启动仪式得到人民网、央广网、澎湃新闻、中国教育新闻网、中国教育报（见图9）、中国青年报、南方都市报、中国教育电视台等多家媒体宣传报道，引起社会广泛关注。

图8 教育系统"美好'食'光"校园系列活动启动仪式

图9 启动仪式引起社会广泛关注

启动仪式当天，伙专会第一时间组织召开主任秘书长会议，深入贯彻习近平总书记关于坚决制止餐饮浪费行为的重要指示精神，落实田学军副部长在启动仪式上提出的"在教育系统推动开展制止餐饮浪费"指示精神。

启动仪式后，伙专会按照工作计划，组织开展教育系统"美好'食'光"校园系列活动主题作品征集活动及教育系统餐饮浪费情况自查自纠专项行动。在此基础上，开展实地调研和抽样调查，充分了解餐饮浪费实际情况，为构建制止学校餐饮浪费长效机制提供事实依据和经验参考。

（四）成功举办 2020 科技助力"美好'食'光"主题论坛

为进一步深入贯彻习近平总书记关于坚决制止餐饮浪费行为的重要指示精神，充分运用科技手段助力教育系统"美好'食'光"校园系列活动的扎实开展，11月11日，伙专会在上海成功举办 2020 科技助力"美好'食'光"主题论坛。上海市教委、中国教育后勤协会、上海市学校后勤协会等有关领导出席。

上海市教育委员会学校后勤保卫处处长张旭、江苏省高校后勤协会企业分会主任韦曙和分别致辞。中国教育后勤协会副会长、伙专会主任张柳华讲话，在肯定后勤餐饮人坚持不懈的吃苦精神，敢于发掘的创新精神和无怨无悔的绿叶精神的同时，强调后勤餐饮人应当走出传统食堂的运行理念，将先进的科技手段和设备融入校园食堂，以科技智能手段助力"光盘""节粮"。

论坛就餐饮工作热点问题深入开展交流分享。伙专会副主任兼秘书长、中国人民大学后勤集团总经理宋大我作题为《美好"食"光——对教育系统制止餐饮浪费工作的思考》的报告，复旦大学总务处餐饮管理办公室主任王珏作题为《"光盘行动"的探索与实践》的报告，上海建桥学院信息化办公室副主任周琦玠作题为《共创共治共享——校园智慧餐饮体系探索与实践》的报告，阿里巴巴本地生活高校事业部运营专家梁彬彬作题为《数字化助力校园智慧餐饮建设》的报告。

中国教育后勤协会学生公寓管理专业委员会工作报告（2020）

2019年以来，中国教育后勤协会学生公寓管理专业委员会（以下简称"寓专会"）在中国教育后勤协会的指导下，紧紧围绕中国特色教育后勤事业发展总目标，以服务师生为宗旨，充分发挥行业协会的桥梁和纽带作用，积极开展防疫指导、标准制定、专业培训、组织建设、课题攻关等一系列工作，进一步深化协会服务职能，提升行业发展水平，为全国高校学生公寓管理服务事业改革发展提供有力保障和支撑。

一、机构建设工作

2019年4月22日至26日，寓专会在天津成功举办第七期全国高校学生公寓管理干部综合能力提升高级研修班（见图1）。来自全国28个省市120所高校的后勤公寓、学工、保卫部门、社会物业企业负责人200余名学员参加培训。

图1　第七期全国高校学生公寓管理干部综合能力提升高级研修班

2019年9月16日，寓专会在清华大学召开了主任秘书长工作会议，共有30余位第一届寓专会班子成员参加（见图2）。会议传达了中国教育后勤协会分支机构换届工作精神，审议了《寓专会换届工作方案》，就下阶段寓专会工作方向，做好工作统筹和分工协作等内容，进行了热烈讨论和踊跃发言。会后，部分与会领导还参观了"清华大学学生社区发展历程展"、学生社区活动中心、学生社区一站式综合服务大厅等，实地学习交流了清华大学学生社区管理先进经验。

2019年9月，寓专会在协会指导下，紧锣密鼓开始换届筹备工作，成立寓专会换届工作领导小组，并向协会提交《寓专会换届工作方案》。9月至11月间，完成了各地委员、常务委员、负责人候选人推荐工作。

2019年12月15日，顺利召开寓专会换届大会，来自全国各地各校的委员候选人及其他高校代表近400人参会（见图3）。会上，发布了寓专会第一届委员会工作报告、财务工作报告、第二届委员会发展规划和重点工作等文件。最终，选举推荐寓专会委员共有389名，包括常务委员116名、主任1名、副主任15名、秘书长1名、常务副秘书长1名、副秘书长23名。

图2　全国寓专会主任秘书长工作会议

图3　中国教育后勤协会学生公寓管理专业委员会换届大会

2020年10月，发布《关于成立协作片区相关事项的通知》，在现有寓专会组织架构基础上，设立华北、华中、华东、华南、东北、西北、西南七个协作区，每个协作区设立联络人1名。在疫情新常态情况下，借此发挥各地优势特点，在组织特色培训、推荐评奖评优、协助课题研究、加强沟通联系等方面提高参与度和积极性。

二、课题研究工作

2019年10-11月，受教育部发展规划司委托，中国教育后勤协会依托寓专会平台，对全国高校社会化项目学生公寓基本情况进行调查，并对数据统计进行了调研。目前，寓专会已向协会提交调研报告，详细阐述了社会化项目学生公寓建设运营过程中存在问题，以及可能的对策建议等，供相关教育行政部门决策参考。

图4 《全国高校学生公寓工作优秀创新成果汇编》发布

2019年12月15日，为更好地展现行业发展成果，发挥创新成果示范作用，寓专会正式发布《全国高校学生公寓工作优秀创新成果汇编》一书。该书由清华大学出版社出版，分上下两册，每册字数约60万字，是全国寓专会第一届委员会的重要成果（见图4）。今后，该书将成为行业培训的重要教材资料，借助各种行业培训、年会、交流等机会，助推公寓管理事业的深化改革和创新发展。

2019年12月，在换届大会期间举办了新时代高校学生公寓改革发展论坛，来自清华大学、西安交大、华东师大、华中科大、东北农大等知名高校同仁，围绕"基于高等教育现代化目标，推动学生公寓高质量发展的路径探索"主题，共同探讨学生公寓工作未来发展和改革创新之道。

2020年上半年，发布《组建中国教育后勤协会学生公寓管理专业委员会第二届专家组的通知》，发挥专家在规范标准制定、课题研究攻关、成果奖项评审、政府政策咨询、评估验收指导等方面重要作用。7月，聘任李昇军为组长，杨书元、冯文光为副组长，共48名专家组成寓专会第二届专家组成员。

2020年3月12日，根据协会《关于征集中国教育后勤协会2020年研究课题选题建议的通知》要求，寓专会面向各地各校征集高校学生公寓管理服务领域课题选题建议。5月26日，根据《关于申报中国教育后勤协会2020年课题的通知》要求，已申报《高校学生公寓"一站式"服务模式建设的研究》为2020年协会重点课题；申报《2020年高校学生公寓发展现状研究》为2020年协会重点课题，组建各地区十余名专家为调研组，为编写《2020年高校学生公寓管理行业发展报告》奠定基础。

三、宣传工作

2020年4月，搭建"高校学生公寓管理"微信公众号（见图5），通过及时发布行业前沿动态，分享各地各校经验做法，努力构筑经验成果交流的分享平台、技术设备创新的推介平台、资源合作整合的共享平台，力争将其打造成高校学生公寓管理服务领域行业信息传播的前沿阵地。

2020年5月，组建"全国寓专会第二届委员会交流微信群"，以便广大委员及时获得有关通知通告、行业动态、经验介绍、课题调研、管理咨询等信息，更好地发挥行业组织桥梁纽带作用，凝聚行业发展合力。

图5 "高校学生公寓管理"微信公众号

四、重点工作

2020年10月24－26日，在杭州召开寓专会二届二次主任秘书长会议（见图6），中国教育后勤协会副会长兼学生公寓管理专业委员会主任、天津大学副校长张凤宝，中国教育后勤协会副会长兼常务副秘书长黎玖高及第二届寓专会副主任、秘书长、副秘书长近40人参加会议。会议传达教育部、中国教育后勤协会"落实习近平总书记关于坚决制止餐饮浪费行为"重要指示精神，通报了全国寓专会人事调整情况，总结回顾寓专会上半年开展的防疫指导、标准制定、专业培训、组织建设、课题攻关等一系列工作，研究落实下半年"疫情常态化防控""抗疫先进评选""重点课题研究""星级公寓评选"等重点工作。

图6 寓专会二届二次主任秘书长会议

2020年1－8月，根据中国教育后勤协会要求，同时结合疫情防控形势，寓专会开展了如下工作：1月30日，疫情发生第一时间，面向行业发布《关于做好高等学校学生公寓新型冠状病毒感染的肺炎疫情防控工作的通知》，就疫情处置和返校工作提出原则性意见。

2月3日，经过短时间内组织策划，寓专会面向行业发布《高等学校学生公寓新型冠状病毒感染的肺炎疫情防控工作指南》，作为非常时期应对疫情的工作对策。

2月12日，寓专会汇总各地各校抗击疫情经验，向教育部和中国教育后勤协会报送《高校学生公寓系统应对新型冠状病毒疫情防控举措和典型经验调研报告》。3月初，面向全国寓专会主任秘书长单位，发出共享"高校学生公寓应对新冠疫情应急预案"的倡议，促进各地各校相互学习、相关促进，各地各校提交分享了好的做法和方案。3月30日，根据当前疫情防控形势积极向好，大部分地区部署错峰开学的新情况，寓专会再次组织力量修订发布《高等学校学生公寓新冠肺炎疫情防控工作指南（第二版）》，重点对返校前的准备工作、返校过程中关注重点，以及返校后的防护事项等提出了规范要求，在行业内取得较好反响。

3月末，寓专会在积极参与疫情防控的同时，结合后勤服务企业生存和发展面临的实际问题，向中国教育后勤协会报送《"新冠"肺炎疫情防控期间高校后勤服务企业面临的困难挑战及对策建议》，及时向协会反映企业诉求和行业现状（见图7）。

图7 寓专会积极开展疫情防控工作

4月28日，由中国教育后勤协会组织举办的高校后勤"战疫"云讲堂第四期开讲，江苏省高等学校后勤协会寓专会秘书长、南京理工大学后勤服务中心党委书记宗文干，对《高等学校学生公寓新冠肺炎疫情防控工作指南（第二版）》进行专题解读。全国各高校教育行政主管部门、高校后勤主管领导及后勤管理部门、后勤服务实体（企业）负责人和业务骨干等7 000余人次收看了本次直播课程。

中国教育后勤协会物业管理专业委员会工作报告（2020）

2020年初，突如其来的新冠肺炎疫情，让全国教育后勤系统经历了一次史无前例的严峻考验。中国教育后勤协会物业管理专业委员会（以下简称"物专会"）按照党中央、国务院的决策部署和教育部有关文件的要求，在中国教育后勤协会的统一部署下，引领会员单位积极落实教育后勤系统疫情防控工作的安排部署，全力以赴做好高校疫情防控常态化形势下校园物业管理工作。物专会认真总结协会换届以来的工作，正确认识疫情防控常态化背景下校园物业行业发展面临的机遇与挑战，准确把握"十四五"期间行业组织的重要使命，积极按照协会的工作部署，研究探讨下一阶段的重点工作和主要任务。

一、完善机构内部建设

换届大会（见图1）后，物专会秘书处认真学习上级协会章程和分支机构财务管理制度，贯彻执行上级协会依法规范办会的精神。物专会秘书处协助新一届副主任、副秘书长完成在协会的备案工作，和各自在当地组织部的备案工作。在企业会员发展方面，物专会秘书处积极沟通社会企业，目前有6家企业加入企业会员的申请，企业会员组织不断壮大。

图1　2019年物专会换届大会现场

二、咨政辅政能力得到提升

物专会秘书处认真贯彻中国教育后勤协会的工作精神，协助上级协会完成教育部《关于疫情防控期间对高校后勤服务企业实行帮扶纾困的建议》《教育部办公厅关于做好高校疫情防控后勤工作的通知》等调研报告的数据收集整理工作,为教育部全面了解高校后勤疫情防控工作提供了数据支持。

图 2 物专会 2020 年年会现场

在认真总结经验的基础上,继续做好《全国校园物业服务发展报告》(以下简称《报告》)的编撰发布工作,重视提高报告质量和水平,同时重点加入对疫情防控相关数据的采集、分析,在校园物业管理重大问题上发声。通过行业调查统计和编写发展报告,发掘更多优秀代表,树立优秀标杆项目,让广大高校对标有先进、追赶有目标,以此增强物专会的行业影响力和凝聚力。《2019 年全国校园物业服务发展报告》于 9 月正式启动,以实事求是的态度做好本报告,力求客观公正地反映校园物业管理水平。《报告》于物专会年会发布,同时发布校园物业管理百强企业(实体)排名榜,为政府决策和行业发展提供有用的数据支撑和正确的导向。

三、积极推动开展疫情防控工作

1. 提升专委会执行力,发挥专委会作用,制定发布疫情防控工作指引,指导会员单位科学防疫。

为深入贯彻习近平总书记关于防控新冠肺炎疫情的重要指示精神和党中央、国务院的决策部署,切实落实教育部的有关工作要求,在中国教育后勤协会的统筹指导下,物专会于 1 月 30 日发布了《校园物业管理区域疫情防控工作指引》,供全国高校后勤系统参考执行。同时,根据国务院联防联控机制的要求,发布了《院校新冠肺炎防控技术方案》简约版,提炼重点问题,方便广大会员单位参考操作。

物专会提升执行力、积极响应上级协会号召、充分发挥专业委员会作用、勇于担当作为、保证工作效率。根据上级协会发布的《关于全力做好教育后勤服务管理区域新型冠状病毒疫情防控工作的倡议书》精神,组织专家编写了《校园物业管理区域疫情防控工作指引》,分为总则、基础保障、开学应对措施、疫情防控作业指引及附录五个部分。为高校校园物业管理区域疫情防控工作提供强有力的理论支撑和技术指引,为恢复高校正常的教学、科研及广大师生和教职工的正常生活秩序提供基础保障。四川、江苏、江西、山东、上海等省教育主管部门、高校后勤协会/研究会也出台高校防控指南、指导手册、学生防护手册、开学工作指南等文件,引导本省高校科学防疫。

2. 提升专委会的组织力,召开校园物业领域疫情防控工作线上交流会议。

物专会秘书处按照上级协会工作要求,广泛调研、认真筹备、扎实内容,于2020年4月21日召开"做好高校开学疫情防控物业服务准备工作视频会议"(见图3)。会议邀请了安徽省教育厅、江苏省高等学校后勤协会学生公寓管理与物业管理专业委员会、四川省高校后勤协会物业与绿化专业委员会、北京市高等教育学会后勤研究分会物业管理专业委员会、福建省高等教育学会后勤管理分会、浙江浙大求是物业管理有限公司、上海生乐物业管理有限公司等一批在防疫抗疫工作中取得一定成绩的行业组织、高校后勤单位、物业企业进行了经验分享。会议期间物专会专家组负责人对《高等学校校园物业新冠肺炎疫情防控工作指南》进行解读。会议的召开得到全国院校物业管理、服务单位的好评,会议推广了后勤领域疫情防控指南知识,介绍了各地的疫情防控的举措和做法,为学校学生的返校复课提供保障和支撑。

图3 召开"做好高校开学疫情防控物业服务准备工作"视频会议

3. 突出人文关怀,发起并投入疫情防控捐赠活动。

疫情防控初期,物专会秘书处第一时间响应上级协会发起的《中国教育后勤协会关于新冠肺炎疫情防控捐赠倡议书》,迅速联络物专会各副主任、副秘书长单位,总体了解各省物专会防疫物资储备情况,对物资紧缺的部分单位,调配物资实施捐赠(见图4)。2月初,定向捐赠湖北省高等学校后勤管理研究会应急防疫物资,物资包括医用手套2万只、喷壶1 000个、药品400盒等。随后,筹措物资捐赠安徽物专会,包括医用手套5 000双、喷壶1 000个、84消毒片30 000片等。设计研发高校健康日报平台,免费提供给各会员单位使用。此平台用于师生自助报送每日健康状况,协助高校做好校内人员的个人健康状况日报和追踪。

图 4　开展疫情防控捐赠活动

四、团体标准正式发布

2020 年 12 月 25 日，中国教育后勤协会与中国物业管理协会在北京联合召开《高等学校物业服务规范》团体标准评审会，并且该标准顺利通过评审。该标准是在中国教育后勤协会的指导下，由物专会牵头，经过深入调研、反复论证编制完成的，是中国教育后勤协会和中国物业管理协会联合发布的首个团体标准，创新了团体标准的编制机制。《高等学校物业服务规范》规定了高等学校物业管理项目的服务要求、管理要求和评价要求，对规范和指导高校物业服务机构开展物业管理服务活动、实施物业服务评价，提高高等学校物业管理服务水平具有重要意义。

五、提升宣传力，强化媒体建设

1. 全面升级改版"中国校园物业管理"官方网站，开通网上咨询系统，由专家组成员负责线上答疑工作（见图 5）。

图 5　"中国校园物业管理"官方网站

2. 《中国校园物业管理》杂志以校园"大物业"为定位，全面介绍、展示、探讨高校物业管理领域的改革发展现状，充分发挥行业权威媒体优势，及时报道行业最新资讯，解析产业政策，探讨行业趋势，同时也进一步打造行业交流、共享资源的媒体服务平台（见图6）。目前，杂志季刊发行，每期发行2万册，已累计发行21期。《中国校园物业管理》杂志与"中国校园物业管理"官方网站及微信的自媒体宣传，构建起物专会对外宣传的多媒体平台。2020年上半年发行《中国校园物业管理》2期累计4万册，全面展示了校园物业风采。

图6 《中国校园物业管理》杂志

疫情期间，《中国校园物业管理》推出"战疫特刊"，分享疫情期间校园物业防控的优秀经验与思考，讲述后勤物业人的战疫故事。开通了"常来常往"栏目，在高校后勤物业转型升级、服务水平不断提升的当下，中国教育后勤协会物专会通过本栏目与全国高校物业同行就行业发展，包括行业标准化、智能化、专业化等方面进行交流。探索发展方向，把经验成果互通共享，展示高校物业人的梦想、追求及魅力，为全面开创校园物业管理行业新局面助力。该栏目以专家问答为主，关注高校物业发展动态以及经营管理中相关的热点和难点问题、需求，追求务实、前沿、创新、智慧。

3. "中国校园物业管理"公众号自疫情暴发以来，累计推送200余篇报道，真实客观地反映全国各高校后勤人员防疫工作开展情况；开设"备战开学季"栏目，针对各高校备战开学的相关防疫工作进行梳理，持续发布近50篇开学防疫报道，充分发挥平台作用，更好地推广了优秀防疫经验、优秀防疫团队和个人（见图7）。

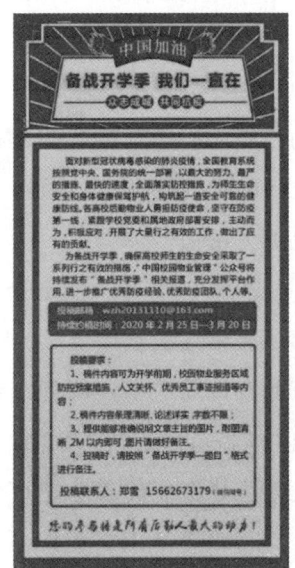

图7 开设"备战开学季"栏目

中国教育后勤协会能源管理专业委员会工作报告（2020）

2020年是"十三五"规划的收官之年，也是中国教育后勤协会能源管理专业委员会（以下简称"能专会"）成立的第六年。站在此历史节点上，中国教育后勤协会能源管理专业委员会深入学习贯彻习近平总书记"建设高质量教育体系""教育强国"的重要论述，按照"关于创建绿色学校"和党的十九届五中全会"系统推进环境治理体系与治理能力现代化"精神指示，深刻理解教育改革创新的鲜明导向，不断强化全国各大高校建设绿色校园的意识，推动形成教育后勤能源管理工作新局面，奋力开创教育后勤改革新时代。

一、健全组织架构，强化节能意识

能专会根据实际运行情况，通过组织建设和制度建设，进一步巩固了"纵向联动、横向协作"的协同推进运行机制，秘书处与各地能专会、委员院校、企业会员之间的沟通协调日趋顺畅，与相关部委及中国教育后勤协会等上级部门的协作配合也更为密切。

2019年4月，能专会在广西桂林召开"中国教育后勤协会能源管理专业委员会第一届第五次全体委员大会暨2018年年会"（见图1），会议同期举办"2018年全国节能宣传周'节能降耗、保卫蓝天、绿色校园、你我共建'主题方案征集活动颁奖典礼"。来自全国27个省、自治区、直辖市的近300所高校委员代表与获奖人员及优秀节能企业代表总计600余人参加本次会议。

2019年5月，组织召开中国教育后勤协会能源管理专业委员会"政校企携手·共谋发展"合作交流会（北京站），国家节能中心宣传培训处处长陈仲伟，中国建筑节能协会副总工、政策规划专委会主任胥小龙，北京邮电大学副校长李杰受邀莅临本次交流会（见图2）。

图 1　能专会 2018 年年会　　　　　图 2　合作交流会现场

2019年8月，组织召开中国教育后勤协会能源管理专业委员会主任秘书长会议，能专会主任秘书长等领导班子成员出席，为换届大会做准备（见图3）。

2019年11月，组织中国教育后勤协会能源管理专业委员会换届工作领导小组在上海召开工作筹备会（见图4）。中国教育后勤协会副会长兼常务副秘书长黎玖高莅临会议，能专会领导班子成员30余人出席会议。

图 3　能专会主任秘书长会　　　　图 4　能专会换届工作领导小组在
　　　　　　　　　　　　　　　　　　　　上海召开工作筹备会

2020年1月，组织召开"中国教育后勤协会能源管理专业委员会第二届第一次全体委员大会暨中国教育节能（2019年度）发展论坛"（见图5）。来自全国400余所高校总计600余人参加会议。

2020年6月，组织召开"中国教育后勤协会能源管理专业委员会（2020年度）主任、秘书长云联办公会"，各省市节能工作部负责人及"联创·优化平台"小组共50余人出席会议，会议听取了2020全国能专会发展报告与工作计划，为后续工作指明道路（见图6）。

图5 能专会第二届第一次全体委员大会　　图6 能专会2020年度主任、秘书长云联办公会

二、配合部委工作，开展节能活动

为了深入贯彻落实国家绿色发展理念，推动引领全社会实现绿色发展，2019年，能专会配合教育部、住建部、国管局、国家节能中心等相关部委开展一系列活动，旨在传播低碳环保和绿色发展理念，倡导勤俭节约和绿色消费行为，培养绿色生活习惯和工作方式。

2019年5月，配合国家机关事务管理局和教育部发展规划司组织召开"2018年部属高校能源资源消费统计数据会审会议"，来自教育部、住建部、工信部、国家民委、交通运输部、外交部、司法部等120余位部属直属高校出席会议。2019年9月，协助国家机关事务管理局公共机构节能管理司召开部属（北京）高校节能工作座谈会。2020年6月，配合水利部综合事业局与中国教育后勤协会策划举办"校园节水·安全供水"云课堂线上培训，围绕"校园节水，共建绿色校园"主题，对国家有关校园节水的政策进行了解读，交流分享校园节水经验举措，活动在线参与人数达5 000多人次（见图7）。顺利完成《节水型高校评价标准》《高校合同节水项目实施导则》贯标（线上）培训的阶段性工作。2020年11月，中国教育后勤协会能源管理专业委员会配合国家节能中心与日本节能中心、中国教育后勤协会举办2020年度"中日公共机构节能线上交流培训"（第1期）。2021年3月，配合国家节能中心与中国教育后勤协会共同策划组织，《中日公共机构节能线上交流培训（第二期）》于线上举办，两期共组织89

图7 "校园节水·安全供水"云课堂

所高校，101位后勤管理人员如期参与培训，顺利获得由国家节能中心、日本节能中心、中国教育后勤协会联合颁发的培训证书（见图8）。

 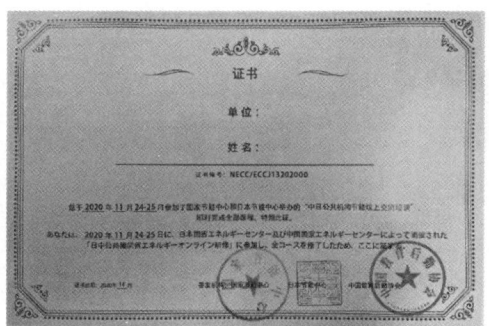

图8 联合举办2020年度"中日公共机构节能线上交流培训"

三、搭建学习平台，培养节能人才

为深入贯彻习近平新时代中国特色社会主义思想、党的十九大精神和习近平生态文明思想，推进节能与生态文明建设，能专会承办由国家节能中心与中国教育后勤协会联合举办的"'高校节能高级管理人才'千人培养计划"活动。2019年，能专会延续以往线下培训工作，在2020年度根据国家疫情防控和复工复产有关要求，特别策划举办云端课堂，开展工作整理如下：

2019年1月，中国教育后勤协会与国家节能中心共同举办的2019年第1期（总第6期）"高校节能高级管理人才"研修班在哈尔滨举办，国家节能中心宣传培训处陈仲伟、国家合作处张云鹏莅临会议。40余所高校及企业代表出席会议。2019年7月，2019年第2期（总第7期）"高校节能高级管理人才"研修班在昆明成功开班。80余所高校后勤工作者参与了研修学习。2019年10月，2019年第3期（总第8期）"高校节能管理人才"研修班在深圳开班，帮助来自全国范围内的近100位高校代表及企业会员代表增长了节能知识，强化了业务技能。

2020年1月，2020年第1期（总第8期）"高校节能管理人才"研修班在厦门成功开班（见图9）。研修班针对高校节能改造突出问题，提供专业化的整体节能产品及服务，推动高校节能水平全面提升。2020年5月，2020年第2期（总第9期）"高校节能管理人才"研修班在线上成功开班，全国160余所高校和协会企业会员230余人参加了本次研修班，足不出户获取新知为自身工作提供了新思路和新方法，本次线上研修班在学员中广受好评。2020年7月，2020年度第3期（总第10期）"高校节能管理人才"研修班云端课堂暨"千人培训计划"收官课堂成功举办（见

图10）。两年来，培训班成功举办10期，培训学员覆盖全国27个省份、近400所院校及20余家服务校园的优质企业代表。

图9　2020年第1期（总第8期）
"高校节能管理人才"研修班

图10　2020年度第3期（总第10期）
"高校节能管理人才"研修班云端课堂

四、依靠平台优势，营造节能文化

能专会在积极开展各项活动，努力完成各项任务的同时，也重视凭借自身的平台优势，强化理论工作和特色文化的建设，以节能评优为导向大力打造能专会的专属特色文化，传播节能理念、弘扬节能精神。具体工作如下：

2019年4-6月，能专会配合国家节能中心开展"第二届'讲好节能故事'征文、摄影及微视频大赛"作品收集整理活动，并配合中心召开大赛评审会，特别邀请中央民族大学新闻传播学院新闻业务教研室主任岳广鹏、新华网图片中心主任陶克图等专家参与评审。2019年6月21日，第二届"讲好节能故事"摄影、微视频及征文大赛颁奖典礼暨2019年全国节能宣传周"绿色发展·节能先行"高校发展论坛在北京交通大学举办（见图11）。

2020年5月，第三届"讲好节能故事"微视频、摄影及征文大赛"评审会由国家节能中心、中国教育后勤协会、中国信息通信研究院、交通运输部科学研究院、人民画报社、"互联网+节能"产业联盟联合举办，由中国教育后勤协会能源管理专业委员会承办。由新华社英文客户端总监杨国强作为"微视频类"评审专家组组长，由中国网图片中心总编辑、北京丝路文化发展协会副会长、中国画报协会副秘书长陶克图作为"摄影类"评审专家组组长，由中国人民大学新闻学院教授、博士生导师、《新闻春秋》杂志主编周蔚华作为"征文类"评审专家组组长（见图12）。第三届"讲好节能故事"微视频、摄影及征文大赛在作品总量、作品质量和参赛范围上都较前两届有了较大突破，主办方总结三届大赛经验，继续扩大大赛影响，使"讲好节能故事、倡导绿色生活"的观念深入人心。

图 11 第二届"讲好节能故事"摄影、微视频及征文大赛颁奖典礼暨 2019 年全国节能宣传周"绿色发展·节能先行"高校发展论坛

图 12 第三届"讲好节能故事"微视频、摄影及征文大赛

2020 年 7 月 5 日，《第三届"讲好节能故事"微视频、摄影及征文大赛》云端表彰仪式通过线上直播的方式顺利举行，并得到了线上网友的广泛好评与热烈讨论（见图 13）。

图 13 第三届"讲好节能故事"微视频、摄影及征文大赛云端表彰仪式

五、丰富网络载体，加大节能宣传

能专会在运营官方网站（www.zgjyjn.net）、微信公众号（中国教育节能）的同时，向社会发行《中国教育节能》杂志，成立新媒体服务部，2019年开通官方抖音账号，采用"五位一体"的多方向、全方位、全口径宣传方式，向社会提供权威节能政策、校园节能案例、优质节能技术等高校后勤节能新鲜资讯，不断扩大高校节能影响力和凝聚力，团结全国高校师生广泛而快速地参与到校园节能工作中，促进"绿色校园"建设理念深入人心。截至目前，微信公众号已开办时政要闻、通知政策、分支机构、高校委员、理论学习五大专栏，开设全体委员大会、主任秘书长会议、节能宣传周活动、全国能专会公益行、主办承办相关活动五大主题活动。

六、创新服务模式，履行社会责任

"摆脱贫困首要并不是摆脱物质的贫困，而是摆脱意识和思路的贫困。扶贫必扶智，治贫先治愚。"在坚决打赢脱贫攻坚战的征途中，习近平总书记多次强调要"紧紧扭住教育这个脱贫致富的根本之策"，实事求是，精准扶贫。在党和国家的政策号召下，中国教育后勤协会能源管理专业委员会一直坚持深入贯彻落实全国两会最新精神，以"发展更加公平，更有质量的教育"为价值追求，多次开展公益活动。

图14 开展"扶贫扶智、你我同行"公益性活动

2019年4月，能专会前往河北省灵寿县开展"扶贫扶智、你我同行"公益性活动（见图14）。代表们为当地小学准备了书籍、运动器材、文化用品、粮油等物资。

七、深化节能模式，推进战略发展

绿色化发展是解决生态环境问题的根本之策，也是实现高质量发展、推进人与自然和谐共生的必然要求。能专会坚持以习近平新时代中国特色社会主义思想为指导,做"绿水青山就是金山银山"的坚定践行者,积极统筹全国各地方能源管理专委会(节能工作部),联动协会节能领域企业会员,聚合委员单位后勤节能工作者和业内专家,以绿色校园建设工程为抓手,汇众智聚众力,共同推进教育节能视野发展,成效显著。创新教育节能管理模式与工作机制,创造校园节能经济效益与社会效益,创建绿色校园的行业标准与服务规范,更具有承前启后的意义。

2020年11月,"中国教育节能'创新·创造·创建'发展论坛"在上海顺利召开,参会的有近200所高校、100家企业单位,以及20余省份能专会负责人(见图15)。论坛不仅讲解了校园高校能源管理工作的路径,也探讨了如何跟进大数据潮流创新教育节能方式、如何打造校园节能经济效益和社会效益互联互通立交桥等问题,论坛取得圆满成功,赢得广泛好评。

图15 中国教育节能"创新·创造·创建"发展论坛

2020年11月,"中国教育节能'创新·创造·创建'发展论坛"民办院校专场座谈会在沪顺利举办,浙、沪两地民办院校后勤管理者代表如约抵达,共同探讨民办院校教育节能之路的机遇与挑战,这对于进一步统筹民办院校节能工作来说,意义重大。

八、创建绿色学校,助力全民节能

为深入贯彻习近平新时代中国特色社会主义思想,践行习近平生态文明思想,落实党的十九大和十九届二中、三中、四中、五中全会精神,牢固树立创新、协调、绿色、开放、共享的发展理念,广泛宣传生态文明、绿色发展、节能降耗理念,培育节约集约循环利用的资源观,营造全民节能的浓厚氛围,国家节能中心与中国教育后勤协会能源管理专业委员会联合开展"十百千万"工程,即十类重点节能工程、百所优秀节能院校、千名高级管理人才、助力绿色创建万名志愿者。"十三五"期间,"十百千万"工程都已在不同程度上进行了探索和尝试,取得了初步的成效。"教育兴则国家兴,教育强则国家强。"节能也要从教育抓起。创建绿色学校是党中央的要求,也是每个高校都向往并为之努力的目标与方向。

2020年11月,"组建'志愿高校'万名志愿者工程"工作座谈会于上海顺利召开(见图16)。会议听取全国各省区市能专会负责人、中国教育后勤协会能源领域企业会员单位代表等嘉宾意见,共议万名志愿者工程的未来发展问题。会议上全体代表共同观看由国家节能中心与能专会联袂打造的"教育节能——云端展示平台"宣传片,架起校企双方合作桥梁。

图16 "组建'志愿高校'万名志愿者工程"工作座谈会

能专会在上级部委领导的关心支持下,在中国教育后勤协会的带领下,在全体委员单位的共同努力下,各方面工作都取得了一定成绩,在新时代新形势下,要实现新的跨越,仍然需要继续努力。

中国教育后勤协会商贸管理专业委员会工作报告（2020）

2020年，在中国教育后勤协会的领导下，商贸管理专业委员会（以下简称"商专会"）认真学习党的十九大和全国高校思想政治工作会议精神，围绕立德树人的总体目标，进一步强化管理育人、服务育人、环境育人的后勤工作要求，加强自身建设，拓展行业培训，强化课题研究，不断夯实工作基础，同时积极响应国家号召助力脱贫攻坚，减少新冠肺炎疫情影响，担当责任维护校园商业服务稳定，为校园正常有序运行做出了贡献。

一、精心谋划，认真落实，做好换届选举工作

在中国教育后勤协会的统一部署下，经过近半年的精心筹备，2020年1月11-12日商专会换届大会暨新时代校园商贸改革发展论坛及表彰大会在上海召开。会议选举产生商专会第二届领导班子，表决通过了修订后的《中国教育后勤协会商贸管理专业委员会组织规则》等制度。同期召开新时代校园商贸改革发展论坛及表彰大会，探讨校园商业服务发展趋势，分享精准扶贫工作经验，展示服务育人风采。为做好本次商专会换届筹备工作，商专会成立了换届工作领导小组，并在2019年3月、7月两次召开筹备工作会议，强调在换届准备过程中，要保证工作不断、不散、不乱，始终保持工作正常有序，不断适应形势发展，规划好今后各项工作。11月22日，筹备组召开专题工作会议，着重讨论了换届工作报告、商专会组织规则修订、酝酿新一届副主任、副秘书长人选提名、商议表彰为商专会做出贡献的老同志人选、确定换届大会议程、大会氛围营造等，为换届大会的召开奠定了基础（见图1－图4）。

图1　2020年1月11日-12日商专会换届大会

图2　商专会第二届主任、副主任合影

图3　商专会换届大会现场各省市商专会风采展示

图4　同期举行2020年新时代校园商贸改革发展论坛

二、牢记使命，措施到位，全力做好校园新冠肺炎疫情防控工作

2020年初，新冠肺炎疫情暴发后，商专会高度重视，认真学习、积极落实党中央、国务院、教育部和各地关于做好新型冠状病毒感染的肺炎疫情预防工作的通知，充分发挥平台作用，引导各地商专会做好防疫工作。各地商专会结合自身工作实际，积极配合学校做好相关工作，特别是以湖北省商专会成员单位为代表的校园商业服务领域同仁，克服困难保障防疫物资供应，为学校疫情防控做出了应有的贡献。

（一）转变沟通方式，开展线上交流，切实发挥平台引导作用

商专会积极响应中国教育后勤协会的总体部署，2020年1月30日向各会员单位发出了《关于做好校园商业服务场所新型冠状病毒感染的肺炎疫情防控工作的通知》，从思想重视、组织落实，措施到位、责任到人，物资采购、保供稳价等方面对高校校园商业服务场所的疫情防控工作做了明确、细致的要求。为克服疫情防控带

来的线下交流阻碍，商专会积极运用公众号、视频会议等手段开展线上交流。4月16日召开了全国高校校园商业服务系统疫情防控及开学准备工作视频会议，刘建平会长在线对商专会工作提出了具体要求，各会员单位代表共同研讨、交流了校园商业服务场所疫情防控的具体举措（见图5）。会上发布了《校园商业服务场所新冠肺炎疫情防控工作指南》修订版，帮助和指导校园商业管理部门科学、规范、精准防控。

为迎接新学期开学，加强疫情防控常态化条件下校园商业服务管理工作，商专会组织专家根据教育部和国家卫健委的防疫防控工作方案，再次修订和发布了秋季版《校园商业服务场所新冠肺炎疫情防控工作指南》。10月20日，召开商专会常委视频工作会议，部署落实协会工作要求，交流开学情况和防疫安排，部署年末工作。同时，推动各地开展线上交流互动，充分发挥商专会微信公众号的平台作用，共组织发布12期商专会校园商业服务疫情管控报道，总结提炼近30所高校和商专会在校园商业服务和疫情管控工作中的经验做法和先进事迹，不断提升管理水平以及服务质量（见图6）。

图5　2020年4月16日，全国高校校园商业服务系统疫情防控及开学准备工作视频会议现场

图6　发布12期商专会校园商业服务疫情管控报道

（二）充分发挥校园商业服务托底保障作用，全力做好疫情防控和物资保障工作

疫情暴发后，各高校和企业会员单位纷纷制定《关于做好新型冠状病毒感染肺炎疫情防控工作的方案》，明确应急处置的组织管理、责任分工和防控措施等。各地高校特别是湖北、武汉地区的高校，发挥商专会的协调、沟通作用，多方联

动，落实责任，确保超市生活物资和防疫物资供应及价格稳定。疫情防控最为吃紧时，各地校园商业服务人员主动担当，迈前一步，不仅引导各商业服务网点在疫情防控期间合理设置营业时间，严格落实防控措施，保障在校师生正常生活，更积极启动"菜篮子"保障工程，为居家或集中隔离的师生、家属上门配送生活物资，确保他们在隔离期间的基本生活保障。疫情期间，山东纳博士（集团）公司、辽宁龙源高校后勤管理有限公司等校园商业服务企业主动对接学校捐赠防疫物资，有效缓解了学校防疫物资短缺的困难。上海教育超市连锁有限公司临危受命担负起了上海市教委防疫物资配送重任，总经理自大年三十起率领员工在一线岗位连续作战，为全市60余所高校、50余所中职院校、25个市教委直属单位分批分次配送口罩、隔离服、消毒液、喷壶、一次性餐盒、手套等物资，先行垫付货款，防疫物资全部按平价或低于进货价供应学校，累计配送里程10万公里、915万只各类口罩、81 665瓶消毒液、114 513瓶洗手液、114 652块药皂、79 273包消毒湿巾、24 185件防护服、5 325把红外测温枪、3 232个护目镜（面罩）等，总计2 300余万元的各类防疫物资配送的"战"绩，为校园疫情防控提供了坚实的物资保障（见图7和图8）。

图7　华中科技大学防疫物资保障突击队　　图8　各高校校园超市疫情防控消杀小组正在消毒

（三）科学规划、信息化助力，为学校防疫管理贡献力量

各地商专会和高校科学规划网点布局、创新防控措施，通过大力推进线上平台建设、线下智能化设备投放，减少师生到店的频次和逗留时间，提升服务效率，减少人员聚集，不断提升服务能力和服务水平。郑州大学、鲁东大学、东北林业大学、杭州职业技术学院等高校结合学校建设和防疫要求，合理布局商业网点、优化和美化服务环境，增设绿化景观、引入"自助＋人工"双渠道商业服务模式，完善管理制度，推动服务能级提升。西北工业大学建立"工大随心 go"线上购物平台，开启服务新模式。中南大学合理布局各类服务设施，优化网点数量达 51 处，科学规划银行、超市、快递、图文服务、理发、眼镜服务等项目，引入无人自助售货机、自助结算设备、购物微信小程序等，为师生提供便捷服务、丰富购物模式，减少人员聚集和接触（见图 9）。商专会信息化办公室联合上海教超物联网科技有限公司开发了"校园服务码"，免费提供给学校和服务企业使用，学校可根据自身需要确定使用范围，为细化学校防控工作增加了管理手段（见图 10）。根据校园商业服务线上转型的实际需要，又开发建立了校园商业服务共享平台——"校惠生活"，集网购、预订、自提、配送、促销、集采、社群分销等功能，为疫情影响下的校园商业服务提供新的非接触式免费服务手段。"校园服务码"和"校惠生活"平台在西南大学、南京大学、无锡商业职业技术学院等高校实际应用，相关成效获得了江苏教育电视台等媒体报道。上海第二工业大学学生团队以"校惠生活"平台为基础，开展校园商业服务新探索，施海玲等四人小组获得第十届全国大学生电子商务"创新、创意及创业"挑战赛上海赛区选拔赛优胜奖和由上海市教委、发改委、经信委、社保局、团市委等五部门组织的第六届中国国际"互联网＋"大学生创新创业大赛上海赛区优胜奖。

图 9　投入使用自助收银机

图 10　推广使用"校园服务码"

三、提高站位，强化认识，全面推进制止餐饮浪费的各项工作

商专会深入学习贯彻习近平总书记关于坚决制止餐饮浪费行为、切实培养节约习惯，在全社会营造浪费可耻、节约为荣氛围的重要指示精神。2020 年 8 月，响应协会号召，向全体会员单位发出了《关于在全国高校后勤商业服务系统开展"制止

餐饮浪费，培养节约习惯"活动的倡议书》，号召大家集思广益、献计献策，积极推动这项工作在校园商业服务系统的深入开展。把"制止餐饮浪费，培养节约习惯"和劳动教育、立德树人工作紧密结合，和学生的成才培养、育人工作紧密结合，和上下游服务企业的产品迭代、服务创新紧密结合，广泛传播"爱惜食品""健康生活""节约高尚"的文明观。山东省商专会代表全国商专会参加中国教育后勤协会在威海召开的贯彻落实习近平总书记"坚决制止餐饮浪费"重要指示精神动员部署会议，介绍了山东省商专会围绕"制止餐饮浪费"在加强宣传引导、提高自律水平、创新管理服务、加强统筹协调等方面所做的工作。江苏省商专会、山东省商专会积极重塑供应链，订制小包装、小规格食品，从源头制止浪费，并积极推出预约销售等方式减少产品损耗。浙江省商专会引导各超市科学核定热煮类、鲜食类产品进货数量，避免不必要浪费。各地商专会积极培养学生的社会责任感和勤俭节约的生活理念，践行绿色低碳、文明健康生活方式，开创了校园商业服务工作的新局面。

四、积极响应政府号召，发挥渠道优势，大力推动消费扶贫

商专会高度重视消费扶贫，切实履行职责使命，积极践行社会责任，发挥自身优势，着力创新帮扶模式，在打赢脱贫攻坚战上发挥了积极作用。北京化工大学后勤商贸中心根据学校实际和对口扶贫单位科中左旗的具体情况，通过扩大消费群体，畅通销售渠道，建设"扶贫小屋""扶贫专区"线上订购平台，设计"扶贫套餐"等措施，建起了完善的全链条式"互联网+"消费扶贫体系，积极推动消费扶贫工作走向深入。上海、江苏、浙江、湖北、安徽、山东、陕西、甘肃、重庆等地商专会联合举办"冲刺在六月，校园消费扶贫在行动"网络直播活动，探索开展直播带货新模式。通过两小时直播销售，浏览量累积182 977人次，直接消费扶贫金额57 428元，后续总金额逾10万元（见图11和图12）。浙江省、陕西省、山东省、江苏省商专会积极推动线上商城、线下超市开设"扶贫产品"专栏、专柜，不断探索

图11 "冲刺在六月，校园消费扶贫在行动"网络直播

"互联网+消费扶贫"新模式。中国海洋大学设置超市扶贫专柜,组织"海大爱心助力扶贫攻坚在行动"展销会5场,拍摄云南红米线制作视频,动员师生共同消费扶贫。浙江省各高校校园商业系统结合本单位实际,注册相关平台,推动浙江省高校采购对口地区农副产品近500万元,有力地促进了贫困地区农民增收。陕西省高校采购对口地区农副产品近85万元,湖南省高校5家校园商业企业与对口扶贫县村级合作社签订特色农副产品销售意向协议,山东省商专会将会员单位扶贫工作作为评审教育超市标准店、样板店重要内容之一,凝聚合力为脱贫攻坚贡献更大力量,以优异的扶贫成绩献礼建党100周年。

图12　中国教育后勤协会副会长、商专会主任张志勇,上海市教委学校后勤保卫处处长张旭为扶贫活动助力

五、集思广益,加强调研,加大课题研究推进力度

面对形势发展,商专会结合工作实际,继续深入推进相关课题研究工作,根据疫情防控形势的发展,商专会信息化办公室申报课题《校园服务码在校园防疫工作中的应用》,该软件已获国家版权局计算机软件著作权登记证书(软著登字第5602688号)。支持上海商专会申报《防疫背景下的校园商贸业态变化与应对举措研究》课题,通过开展疫情管控背景下的校园商业服务调研,总结和推广高校在防控新冠肺炎疫情过程中的成功经验,进而为应对群体性突发公共卫生事件提供

理论和政策方面的支持。进一步深化 2019 年重点课题《长三角高校校园商业服务标准体系建设》研究成果，推进标准化试点申请工作，探索校园商业服务标准应用与推广。

各地商专会也积极开展相关研究工作，北京商专会开展《北京高校校园经营现状调查问卷》调查工作，起草《关于高校生活性服务业情况调研报告》，详细排摸了北京市 53 所高校、101 家校园超市经营情况，为教委后续工作提供数据支持。上海商专会召开防疫背景下校园商业服务工作新思路新举措研讨会，邀请专家共同把脉校园商业服务发展，集经验、编标准、树标杆、汇政策，固化优秀做法，探索改革方向，为服务师生、服务教育、引领学校商业服务新时尚做出更大贡献。山东商专会召开高校快递服务工作研讨会，探索成立山东高校校园快递工作部，制定规范标准，全方位提升校园快递管理精细化、人性化、专业化、智能化水平。浙江省商专会先后组织召开浙江省教育超市发展研讨会、智慧超市建设论证会，针对目前教育超市发展中存在的热点、难点问题进行了深入研讨，提出了创新经营机制、激发经营活力的新思路、新举措，为促进传统教育超市转型奠定基础。安徽省商专会组织完成《安徽省高校校园商贸服务项目招标现状调查和对策研究》课题，为校园商贸招标提供对标依据和参考。黑龙江省商专会举办"黑龙江省高校商贸工作创新与发展研讨会"，邀请教育主管部门、协会、高校、校园商贸服务企业负责人等共同交流研讨，为高校商贸工作持续创新发展提供新思路和新方法。

六、以评促建，巩固成果，深入推进"百千工程"建设

坚持和完善教育超市标准店、样板店建设，深入推进教育超市"百千工程"建设活动，不断夯实商贸服务基础，建立规范化商品管理体系。陕西省商专会不断完善《供应商的审核程序》《采购物资验收管理办法》等 60 余项规章制度，建立完整的供应商档案，实现进店商品 100% 源头追溯；江苏省商专会进一步细化服务标准，完善供货商测评体系，加大超市信息化管理力度，确保服务高水准；山东省、安徽省商专会坚持推进"标准店"评审，严格按照评审程序开展评审和复审工作，结合工作实际，把落实防疫防控措施以及贯彻习近平总书记要求开展"制止餐饮浪费，培养节俭习惯"等作为评审主要内容，促进高校商业服务工作开展。浙江省商专会持续推进校园商业改造工作，推动校园内超市、快递中心等校园商业服务场所的改

造，引入国内首个真正落地的无界零售和无人科技创新产品——无人超市盒子，为校园生活带来了更多零售场景和科技体验。

七、聚焦服务育人属性，推动开展劳动教育

商专会积极响应中共中央、国务院发布《关于全面加强新时代大中小学劳动教育的意见》，引导各高校将劳动教育和商业服务工作相结合，为在校学生提供实习机会，打造成人成才新途径。浙江省商专会支持校园超市推出勤工俭学岗位，委托校学生会成立市场调研小组，开展社会超市的商品、价格调查，形成报告，为教育超市的商品和价格定位提供参考；山东省商专会结合爱国主义教育和中华民族传统文化教育开展劳动教育活动，创新形式，与高校一起不断深化和丰富劳动教育内涵。

八、加大培训力度，加强片区交流，充分发挥商专会平台作用，提高服务竞争力

顺应校园服务新技术、新模式、新业态发展趋势，开展针对性培训，提升校园商业服务管理精细化、服务人性化、保障专业化水平。两年来商专会在年会（见图13）、暑期培训期间组织开展高校资产管理、校园商业街规划与管理、新零售及智慧校园建设等专题讲座，推动适应当前智慧校园移动消费服务，加快高校校园商业服务从"二维"到"三维"的服务创新；适应校园资产管理规范化的工作要求，积极推进商业街、商业中心等服务综合体的规划和建设。

浙江省教育后勤协会物专会商贸管理工作组在杭州师范大学仓前校区组织开展了浙江省高校教育超市培训会，培训不仅涵盖校园超市食品安全管理、超市管理者所需具备素质等理论知识，还有来自包括自营、外包、新零售等不同管理模式的日常管理经验分享。黑龙江商专会在东北林业大学举办"黑龙江省高校商业服务工作创新与发展研讨会"，为高校商业服务工作持续创新发展提供新思路和新方法。山东省商专会连续三年举办食品、消防安全培训班，通过讲解法律法规、剖析典型案例、解疑释惑等方式，全面提升全省高校校园商业服务人员安全意识和管理水平。

各地商专会通过组织开展交流活动，考察探讨校园商业经营新业态，探索智慧

后勤建设、创新发展及消费扶贫（见图14）等工作。2020中国教育后勤展览会在上海举行，黑龙江、山西、甘肃等地的商专会、后勤协会和高校领导赴上海商专会、上海教育超市配送基地和有关学校参观考察，探讨如何进一步提升校园商业服务能力，为推进教育现代化、建设一流的后勤服务保障能力贡献力量。

图13　2020年年会于12月17-19日在广西北海召开

图14　扶贫地区企业展示交流

中国教育后勤协会安全管理专业委员会工作报告（2020）

2020年，党的十九届五中全会就统筹发展和安全、建设更高水平的平安中国提出明确要求、做出重要部署，为我们推动实现更为安全的发展提供了重要遵循。习近平总书记明确指出："安全是发展的前提，发展是安全的保障。"在我国教育领域，教育现代化建设、高校开放办学、"双一流"建设多措并举，整个教育领域进入快速发展和转型升级的新阶段。安全是学校的生命线。后勤安全管理为校园安全稳定提供重要支撑和保障。当前校园安全管理的内涵和外延都更加丰富、安全建设和管理的领域更加广泛，中国教育后勤协会安全管理专业委员会（以下简称"安专会"）就如何促进校园安全管理体制机制创新升级，如何提升科技与安全管理的有机融合水平，如何增强校园安全建设和管理的预见性和主动性等内容进行了积极的探索。现将工作开展情况汇报如下：

一、队伍建设

（一）圆满完成换届大会

2020年11月10日，中国教育后勤协会安全管理专业委员会换届大会在上海召开，中国教育后勤协会各位领导，以及安专会各位领导和来自全国各省级安专会的主要负责人及企业代表近200人参会（见图1）。大会选举产生中国教育后勤协会安全管理专业委员会常务委员101人；主任1名、副主任9名；秘书长1名，副秘书长24名。

（二）组建专兼职团队

为更好地开展日常工作，秘书处组建了一支专兼职结合的秘书处工作团队，有

图 1　安全管理专业委员会换届大会在上海召开

图 2　组建专兼职团队

专职人员4名,另有来自清华大学、北京大学、北京航空航天大学、北京师范大学、中国农业大学5所高校选出的兼职人员若干名,在北京交通大学知行大厦设立专门办公室(见图2)。

(三)健全各项制度

安专会进一步完善协会管理各项制度,包括对会员单位的管理制度、会议制度、考核制度及业务培训制度等,规范协会规章,形成"反映委员诉求、维护委员利益、规范委员行为、汇集委员智慧"的良好局面,确保安专会各项工作的高效率运行和高质量发展。

二、服务政府

安专会积极配合政府部门深入开展校园安全管理相关工作。为迎接中央巡视组对教育部的巡视工作,安专会派遣秘书处专职人员协助教育部发展规划司,进行有关教育系统安全资料的整理工作,圆满地完成了此项任务。

2021年6月13日,湖北省十堰市某区域发生燃气爆炸事故,造成25人死亡,138人受伤,其中37人重伤。发生事故的天然气管道系十堰东风中燃城市燃气发展有限公司所有,该公司安全管理制度不健全,责任不落实,未严格执行燃气管道巡线检查制度,相关设备运行存在严重缺陷。湖北事件发生后,根据《关于组织开展全国中小学幼儿园安全工作检查的通知》,教育部、公安部联合组成10个检查组检查。安专会协助教育部规划司进行组织及人员安排工作,并派专人参加检查工作。

安专会还组织专家与水利部、北京市教委局等政府部门共同研讨，发挥咨政作用，联合协作，对用水安全领域相关问题建立研究课题，并逐步推进。由安专会挑选专家，配合教育部完成全国高校实验室危险化学物品检查工作。积极发挥平台作用，配合北京市教委推进"平安校园"项目。疫情期间，与中国红十字会进行合作完成消毒液捐赠工作。积极配合中国红十字会推进心脏复苏设备进高校的推广工作。

三、服务学校

2021年4月9日，在上海安专会与寓专会联合举办"让科技创新赋能美好校园生活"高校学生公寓安全管理创新发展论坛，来自全国各省、自治区、直辖市教育后勤行业组织、各高校后勤管理部门200余人参加了论坛（见图3）。会议上中国教育后勤协会安全管理专业委员会副主任兼秘书长郑广天致辞。他表示，未来，安专会、寓专会要以育人理念引领后勤工作发展方向，以优质服务满足师生多元需求，以改革创新激活发展动力，以合作共享凝聚强大力量，充分发挥协会平台作用，共同推动中国教育后勤事业的发展。

扩大宣传渠道。建立学校安全后勤微信公众号，发表关于学校安全相关文章，发布培训活动通知、新闻动态、会员高校相关动态，以及优秀企业的安全产品的介绍及推广。

四、服务企业

为进一步激发协会活力，积极发挥协会平台作用，与企业同频共振，安专会就协会发展、技术推广等相关问题多次组织召开会议研究讨论。

2020年11月24日，安专会在京主任秘书长工作会在中国农业大学金码大厦召开。会上对安专会换届大会进行工作总结，并就安专会未来工作方向和工作规划进行讨论（见图4）。

图3 高校学生公寓安全管理创新发展论坛

图4 在京主任秘书长工作会召开

2020年11月26日,安专会在京企业委员单位研讨会在交大科技大厦召开。会上将安专会上海换届大会相关情况向在京企业委员代表做了说明,对企业的支持表示感谢。同时,向在京企业委员代表介绍中国教育后勤协会的基本情况,并对以后的合作方式做简要说明,对在京企业委员代表所关心的问题进行解答(见图5)。

2021年3月22日,安专会2021年度企业委员工作会在交大科技大厦召开(见图6)。会议简要介绍了安专会换届以来各项工作进展情况,提出安专会下一步工作思路,就安专会"十四五"规划广泛征求意见。会议还传达中国教育后勤协会"2021中国教育后勤展览会"及"2021科技后勤·智慧校园新技术应用推广论坛"相关事宜。

图5 中国教育后勤协会安全管理委员会在京企业委员单位研讨会

图6 安全管理专业委员会2021年度企业委员工作会

图7 安专会秘书处工作会议

2021年5月12日,安专会秘书处工作会议在交大知行大厦召开(见图7)。会上介绍安全管理专业委员会秘书处的人员组成及人员分工;并就安全管理专业委员会将要举办的后勤从业人员安全培训、后勤安全课题等相关议题进行讨论。

五、理论研究

安专会充分借助中国教育后勤协会成员单位扎实的教学科研实力和优势,总结提炼有关学校在后勤安全生产管理领域的成功经验,加强成员单位之间的交流研讨和学术合作，通过理论研讨、课题研究、项目论证等手段，研究制定可推广、可参照、可示范的标准化管理制度。目前已有《高校既有校园空间再开发及建筑安全改造设计研究》《高校食品安全智慧化体系建设》《应用现代化技术手段提高学生公寓安全保障系统》《高校安全综合治理标准》四项被列为中国教育后勤协会安全管理专业委员会2021－2022年度高校后勤安全领域课题。

图8　用水安全研究

六、重点工作

2021年5月，为贯彻落实国务院安全生产委员会印发的《全国安全生产专项整治三年行动计划》，加强教育系统安全风险防控和隐患治理，扎实推进教育系统安全管理工作，教育部办公厅结合部门工作实际出台《教育系统安全专项整治三年行动实施方案》。为进一步落实该实施方案，安专会根据工作实际制定如下具体做法：完善和落实相关安全检查制度，制定专业化、科学化和现代化的安全管理标准；组建责权明晰、分工协作的安全检查专家团队；构建科学合理、务实有效的安全管理培训体系，深入开展各级各层面的培训。未来将围绕以上做法重点开展相关安全工作。

在未来的工作中，安专会将认真总结经验，结合国家新形势和行业发展新要求，全力谋划好自身业务领域的工作，积极搭建平台、增进交流、提供服务，引领校园安全管理领域的改革与发展；探索打造更加高效、合作、互动、共赢的后勤安全管理体系，为落实总体国家安全观、实现新时代我国教育事业的发展目标做出应有的贡献。

中国教育后勤协会思想文化建设与人力资源管理专业委员会工作报告（2020）

2019年以来，中国教育后勤协会思想文化建设与人力资源管理专业委员会（以下简称"思专会"）保持对教育后勤领域新情况新问题的高度关注，在全国高校后勤系统内营造深入学习、全面贯彻党的十九大精神的良好氛围，进一步凝聚高校后勤文化合力，激励高校后勤者投身改革，更好满足广大师生日益增长的对美好校园生活的需要。主要工作如下：

一、优化机构建设，树立红色教育精品课程品牌

按照习近平总书记要求，"把高校思想政治工作纳入党建工作和意识形态工作责任制，确保高校成为坚持党的领导的坚强阵地"。思专会高度重视教育后勤党建工作，在全面深化高校改革大背景下进一步明确后勤党建工作的发展方向，并在总结前三期高校后勤党委书记高级研修班取得的显著成效的基础上，于2019年4月在福建古田举行第四期高校后勤党委（党总支）书记高级研修班。来自全国高校的后勤党委（党总支）书记及基层党务工作者180余人参加培训。在为期5天的培训中，学员们学习高校后勤党组织政治建设和改革创新的新途径、新方法，探讨将后勤"服务育人"纳入高校德智体美劳人才培养体系的新思路、新举措，重温古田会议"思想建党、政治建军"的精神光芒。在交流研讨环节，各班级组织有序、氛围热烈，学员们结合学习体会、工作实践纷纷发言，就如何主动紧跟时代步伐凸显后勤思想政治和文化工作特色等方面深入交流，特别是围绕专家所做的专题报告，就高校后勤如何践行立德树人根本任务，如何积极响应《中国教育现代化2035》对高校后勤提出的新要求等问题，进行了前瞻性、深入性探讨，取得了共鸣和共识。在现场教学环节，学员瞻仰了古田会议会址，参观了毛主席纪念园、古田会议纪念馆。通过实践教学，学员们追忆革命历史，传承爱国主义精神，坚定砥砺前行的斗志和决心。

二、提升机构能力，制定高校后勤文化建设评价标准

思专会充分认识高校后勤文化建设工作的紧迫性与重要性，坚持以"文化后勤"为目标导向，将标准化建设作为完善制度体系的重要抓手，积极组织开展高校后勤文化建设评价标准的研制工作。

经过不断论证和实践，高校后勤组织文化标准化建设工作已初具成效。随之，思专会将推进标准化建设列为 2018 年年度工作重点，开始高校后勤文化建设评价标准的研制工作。在两年的时间里，思专会先后召开 5 次会议，并邀请中国标准化研究院专家、中国教育后勤协会标准化技术委员会委员代表、部分高校后勤管理部门负责人、高校后勤文化建设领域专家、服务高校的社会企业代表、历次优秀示范单位代表共同参与研讨（见图 1）。在大量的调研、论证工作的基础上，经过广泛征求意见，反复修改，《高等学校后勤组织文化建设评价标准》于 2020 年 11 月 10 日正式发布（见图 2）。

图 1 《高等学校后勤组织文化建设评价标准》专家审查会

图 2 《高等学校后勤组织文化建设评价标准》发布会

该标准是我国高校后勤系统正式发布的第一个组织文化建设团体标准，标志着我国高校后勤组织文化建设标准化工作改革进入了新的阶段。该标准的实施，有助于高校后勤组织发展文化建设过程中的规范化管理。

三、出版高校后勤思想文化建设成果汇编

2019 年，思专会启动高校后勤思想文化建设优秀案例及文章征求活动，编撰《迈向一流的高校后勤文化——高校后勤文化建设巡礼》一书。该书是我国教育后勤

思想文化建设领域内的首本汇编类专著，汇总了高校后勤文化建设优秀论文以及部分案例近百篇，涵盖全国23个省市、自治区的服务实体，充分展示了近年来高校后勤思想文化建设及发展成果，广泛宣传了高校后勤在服务育人等方面先进举措、优秀事迹，具有较好的可读性和参考价值。

该书作为我国高校后勤文化建设的阶段性成果，在编辑出版过程中，各级、各相关单位领导给予了关怀与指导，中国教育后勤协会会长刘建平为本书作序，副会长兼常务副秘书长黎玖高，副会长兼思专会第一届委员会主任、天津大学副校长张凤宝，思专会常务副主任、中国海洋大学党委副书记张静等提出了具体指导意见。此外，全国各地高校后勤机构，思专会主任、秘书长成员单位给予了极大的关心与帮助，深圳中快餐饮集团和辽宁龙源集团为本书编辑出版也给予了相关支持。

11月10日下午，《迈向一流的高校后勤文化——高校后勤文化建设巡礼》新书首发暨赠书仪式在上海世博展览馆举行（见图3）。协会及思专会领导共同为新书揭幕，并为该书投稿单位代表和思专会会员单位代表赠书。

图3 《迈向一流的高校后勤文化——高校后勤文化建设巡礼》新书首发暨赠书仪式在上海世博展览馆举行

珍贵的经验是全国高校后勤系统长期实践的厚重积淀，凝练的文字是高校后勤先进管理服务理念的综合体现，浓郁的书香是高校后勤文化建设工作的内涵延伸。相信该书将为大力培植与推行先进的后勤文化建设，共谋全面发展的后勤育人环境提供智力支撑。

四、顺利完成思专会换届

根据中国教育后勤协会《关于推荐中国教育后勤协会分支机构第二届委员会委员和常务委员候选人的通知》要求，2019年8月30日，思专会在天津大学召开换届工作第一次筹备会议，成立思专会换届工作领导小组，积极推动换届工作开展。2020年10月23日，思专会召开第二次换届筹备工作会议，换届各项准备工作趋于成熟（见图4）。11月10日，换届大会在上海隆重召开（见图5）。大会审议了思专会第一届委员会工作报告、收支报告、《专委会组织规则》、第二届全体委员大会选举办法，并选举产生第二届常务委员64人，选举浙江大学党委副书记、副校长张宏建为思专会第二届委员会主任，中国海洋大学副书记卢光志为思专会第二届委员会常务副主任，胡新龙、杨书元、王振林、刘九万、金志浩、高文义、赵士刚、赵健、王剑星、苗正科、曾翎、赵作纽、李清龙为思专会第二届委员会副主任，王哲强为专委会第二届委员会秘书长。

图4 思专会换届筹备工作会议

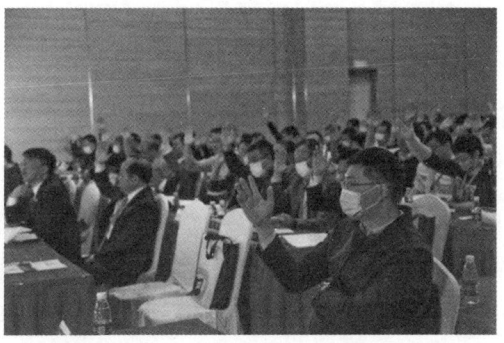
图5 思专会第二届第一次全体委员大会

站在新的起点，专委会第二届专委会将全面贯彻落实党的十九届五中全会精神，定位新时代通盘谋划，把脉新形势综合研判，对照新要求精准落实，增强改革创新意识和服务行业意识，积极探索符合新时代特征和教育事业发展要求的后勤思想文化建设与人力资源管理的发展新路径。

中国教育后勤协会信息化建设专业委员会工作报告（2020）

中国教育后勤协会信息化建设专业委员会（以下简称"信专会"）在中国教育后勤协会的领导下、全体委员单位的共同努力下，认真履行职责，取得了一定的工作成效，现将2020年以来重点工作汇报如下：

一、完善组织建设，加强服务能力

（一）妥善完成换届工作

第一届信专会成立于2014年3月23日，按照相关规定，于2019年任期届满。为贯彻落实中国教育后勤协会第二次会员代表大会及2019年秘书长工作会议中发布的《中国教育后勤协会分支机构换届工作》文件精神，信专会高度重视该项工作，于2019年6月成立换届筹委会并组织筹备会议，遵循"对已成立信专会省份的专委会主任单位进行优先考虑，尽量选择分管后勤工作、重视后勤信息化工作的校领导或分管后勤领导，充分考虑地域性、平衡性、影响力及中小学的覆盖范围"等原则。经过多方、多次的协调沟通，推荐产生了362名委员。

在确保会议议程、选举流程过程的严谨性和合规性的前提下，信专会于2019年12月12日在厦门召开了中国教育后勤协会信息化建设专业委员会第二届第一次全体委员大会（见图1和图2）。会议听取并审议通过《中国教育后勤协会信息化建设专业委员会组织规则（征求意见稿）》等办法意见，选举产生109位常务委员，原陕西师范大学副校长王武海当选第二届信专会主任，北京邮电大学副校长张建华等14位同志当选副主任，陕西师范大学后勤服务集团副总经理石磊当选秘书长，会议并聘任了北京大学后勤党委书记胡新龙等30位同志为副秘书长。换届完成后，信专会及时进行了资料报批、组织规则修订、新一届委员名单更新宣传等工作。

图1 2019年信专会二届一次全体委员大会现场　　图2 2019年第二届信专会领导班子合影

（二）加强组织管理工作

为增进内部沟通协调，信专会收集了109位常务委员的照片及联系方式，于2020年10月印制并发放第二届信专会常委通讯录。于2020年12月11日在海南临高召开二届二次常委工作会议，对信专会周期性重点工作进行汇报及计划，对部分工作进行研讨，审核通过22副主任、副秘书长、常委、委员的变动情况，并及时报协会备案审批（见图3）。为提升工作效率，发挥信息化对宣传、办公等工作效率促进的重要作用，信专会优化了智会会务、更新了官网和公众号，开发建设了教育后勤信息化评优申报系统，申请了"信息化专委会"视频号，以自媒体短视频的形式对外开展宣传工作。

图3 信专会二届二次常委工作会议现场

二、加大科研工作，加速成果转化

2020年疫情期间，信专会针对测温、餐饮、快递、洗衣、消毒、健康管理、缴费七个较为共性的高校后勤业务，联合了"菜鸟驿站""俺来也"等四家企业申报协会《信息化助力高校后勤疫情防控应用研究》课题，并形成《信息化助力高校后勤疫情防控应用研究》一文，旨在以理论研究的形式总结相关经验、方法，为未来高校后勤建立应急机制提供理论依据，为进一步加快推进信息技术在高校后勤服务领域的推广应用打下基础。同时，信专会积极响应协会关于征集2020年研究课题选题建议的通知,提出6个议题上报协会,共有2个议题被采用。

三、开展行业调研,服务行业发展

为深入了解全国高校后勤信息化建设情况,完善制定全国高校后勤信息化建设指导方案,同时推动信息化助力精准防疫,信专会于2019年3月至8月开展了"第五期全国高校后勤信息化建设调研活动",于2020年开展了防疫调研工作,通过实地走访、网络调查、电话沟通、视频会议等方式,对362所高校的信息化建设发展现状和20余所高校后勤信息化防疫手段、做法进行了调研。在对信息化建设发展现状调研数据进行深入分析后,得出后勤信息化建设职能更多由学校信息化部门负责,在顶层设计和人员经费匹配等机制方面还需加强,智慧化设备使用率偏低,思想观念有待进一步更新,其中信息化建设发展最大的制约因素在于人员、政策以及思想观念等方面的结论,并在第六届互联网大会上以行业年度发展报告的形式进行汇报;在对20余所高校后勤在防疫工作中采取的信息化技术、手段、经验做法及存在问题进行调研的基础上,形成了《信息化助力高校疫情防控调研报告》一文,上报协会。

同时,信专会还针对疫情期间出入管控、智能测温、环境消杀、食堂安全及师生健康情况排查等各高校关注的热点和难点问题,主动搜集并整理行业内典型高校企业优秀解决方案十余个,多次分享至全国及各省的高校后勤工作群,并为各高校提供免费的技术指导和咨询,为各校疫情防控落地实施提供有力帮助。

四、充实智库资源,提升专业能力

为完善建立智力资源库,提升对行业的专业服务能力,信专会于2020年10月至11月开展了专家成员征集活动,在各地方行业组织、各高校、企业单位积极推荐和各教育后勤信息化领域专家踊跃自荐下,累计收到专家申报材料五十余份。经评审决定由复旦大学继续教育学院院长宓詠担任专家组组长,海南师范大学党委委员沈富可等14名同志担任专家成员,并于第七届中国教育后勤互联网大会上举行了聘任仪式、颁发了聘任证书(见图4)。在专家的指导和参与下,撰写完成《教育后勤信

图4 2020年第二届信专会专家聘任仪式

息化"十四五"发展规划》，完成了中国教育后勤协会重点课题《信息化助力高校后勤疫情防控应用研究》的结题，并着手开展行业标准、专著编纂等相关工作。

五、组织培训活动，提升整体水平

为搭建集高校、政府、企业和研究机构为一体的研讨交流平台，进一步探索高校后勤信息化建设的发展思路及模式，信专会于2019年6月和7月分别在山东青岛和内蒙古呼和浩特举办第三期、第四期全国高校后勤信息化建设高级研修班，邀请北京大学、中国石油大学（华东）、南京理工大学、华东师范大学等全国高校后勤和信息系统的领导、专家、一线管理者和相关企业代表共计300余人前来参加，延续"精品小班"模式，融入学员互动等活动，通过实地走访、专家汇报等形式分享介绍各高校后勤信息化建设现状，剖析后勤信息化建设中的问题，传递先进的思想观念和前沿的科技应用实践经验，有力提升了高校后勤管理者和行业从业人员的专业素养（见图5和图6）。

图5　第三期全国高校后勤信息化建设　　　　图6　第四期全国高校后勤信息化建设
　　　　高级研修班　　　　　　　　　　　　　　　　　高级研修班

六、搭建交流平台，共享发展成果

（一）聚焦行业发展热点，举办论坛交流活动

为共享信息化防疫先进成果、经验，为各高校防疫工作提供信息化支撑。信专会于2020年4月，以线上直播的形式召开了"信息化助力高校疫情防控线上沙龙"（见图7），邀请厦门大学、上海理工大学、三峡大学、云从科技等高校及企业代表作专题报告，交流研讨高校疫情防控解决方案、先进手段及典型经验，为助力各高校疫情防控起到了一定指导作用。

为促进行业交流，传播先进成果、理念，信专会聚焦智能制造等行业热点，将其作为中国教育后勤展览会"科技后勤·智慧校园新技术应用推广论坛"活动之一，于 2020 年 11 月 11 日在上海举办"智能制造赋能教育后勤"发展论坛，邀请浙江大学、合肥师范学院、海康威视等高校及企业嘉宾作主题报告，现场参与人数 200 余人，取得了良好反响（见图 8）。

图 7 信专会信息化助力高校疫情防控线上沙龙现场

图 8 信专会 2020 年"智能制造赋能教育后勤"发展论坛

（二）精心策划筹备，创新举办品牌年会

信专会于 2019 年 12 月 12 日在福建厦门组织召开了以"智慧赋能教育后勤、科技引领未来校园"为主题的第六届中国教育后勤互联网大会（见图 9）。大会邀请中国教育后勤协会领导、厦门大学副校长、教育行政部门领导等出席大会，并围绕"教育后勤信息化智领校园"为题举办主题论坛，邀请北京邮电大学等高校及企业专家做演讲汇报；同期举办高校后勤信息化建设成果展及技术成果展等活动，现场参与 600 余人。

2020 年 12 月 12 日在海南临高组织召开了以"科技创新催生发展动能、数智后勤引领美好校园"为主题的第七届中国教育后勤互联网大会（见图 10）。大会聚焦

图 9 2019 信专会第六届中国教育后勤互联网大会现场

图 10 2020 年信专会第七届中国教育后勤互联网大会现场

行业热点，围绕"教育后勤信息化规划与展望"举办高层论坛、校长沙龙、鹿鸣谷论坛等活动，邀请中国科学院等专家围绕5G、"十四五"规划等主题进行专题报告，同期举办了专家聘任仪式、校园服务新技术应用交流展示等活动，现场参与人数800余人（见图11）。

图 11　中国教育后勤互联网大会部分展示及信息化参会手段

大会采用线上小程序报名、人脸识别技术、全息投影开场秀技术、云展厅、视频及图片直播、参会大数据分析等新兴技术，充分凸显信息化的优势与内涵，在传递先进的思想观念和前沿的科技应用实践经验，建立行业共享的协同创新机制上起到了积极的作用。

七、推动地区建设，促进区域发展

为了教育后勤信息化建设工作在各地区学校的深入推进，加强专委会与各省、自治区、直辖市学校后勤协会（研究会）的联系与合作。2019年以来，信专会积极推动并参与山西省、广东省、重庆市学校后勤协会筹备成立后勤信息化专委会的相关工作，为各地区学校的后勤信息化建设工作的推进与发展起到了积极推动作用，也为信专会扎实开展各项工作奠定基础。

信专会将一如既往认真履行职责，继续发扬务实创新的工作作风，深刻把握高等教育及后勤服务发展的形势任务，主动适应新阶段和新形势，为行业发展做好服务，发挥正确的引导作用，为提升全国高校后勤信息化的整体水平而不懈努力。

中国教育后勤协会房产管理专业委员会工作报告（2020）

中国教育后勤协会房产管理专业委员会（以下简称"房专会"）于2019年12月8日正式成立。2020年初，突如其来的新冠肺炎疫情，打乱了房专会原本的工作计划。面对这场严峻的考验，房专会按照党中央、国务院的决策部署和教育部有关文件的要求，在中国教育后勤协会的指导下，创新工作模式，努力与全体会员单位共同促进高校房产管理专业行业健康有序高质量发展。

一、组织调研讨论、做好协会课题研究工作

根据中国教育后勤协会课题研究工作安排，房专会秘书处组织了"教育后勤疫情防控专项研究课题""2020年研究课题选题建议""2020年课题立项"的申报工作。为做好课题研究工作，房专会开展了高校房地产管理与使用现状调研活动。调研工作以撰写报告、网上提交的方式展开，调研范围主要为常委单位，调研内容包含房地产现状分析、房地产管理工作的成效及经验、房地产管理工作存在的问题及原因分析以及加强房地产管理工作的建议。在会员单位全力支持与秘书处积极协调下，2020年房专会共承担重点课题两项，即"高校房产资源优化配置与绩效提升路径"与"高校房产出租中存在的问题及对策研究"，分别由浙江大学与南京大学牵头研究；一般课题两项，即"基于成本分摊机制下的高校公用房配置与核算"与"高校公用房有偿使用的效果评价及优化"，分别由陕西师范大学与西南大学牵头研究。根据协会立项课题研究整体工作安排，组织了课题研讨活动，凝聚房专会各会员单位的集体智慧，充分、完整、准确地反映学校的情况和需求，为协会决策提供有效建议。

二、促进会员交流、搭建网络平台

2020年初，房专会创建了微信群、微信公众号，开辟"房专会通讯"专栏，运

用网络平台的信息化、高效化和便捷化优势，为全国高校提供信息资源共享、沟通交流等服务。

三、完善机构设置、高效开展工作

7月31日，房专会召开了本年度第一次领导班子会，会议以网络视频的方式举行。与会领导听取了秘书处上半年工作总结，通过了秘书处办公室机构设置，确定了秘书处工作岗位、人员配置，明确了房专会秘书处办公室工作职责，配齐了办公条件，保障秘书处稳定高效开展工作。

四、搭建沟通桥梁、反映行业诉求

2020年7月，教育部办公厅下发了《关于进一步加强国有资产出租出借管理的通知》，会员单位纷纷向房专会秘书处反映房产出租出借存在的问题，房专会秘书处积极与教育部沟通，邀请教育部财务司国资处副处长章亿发就该通知起草的背景、主要内容、工作要求三个方面进行了讲解；同时，参会代表结合本单位情况进行了深层次的交流讨论。会议虽然是以网络视频形式开展，但是会议气氛十分热烈。会后，会员单位向秘书处建议以"高校公用房出租出借管理"为主题邀请教育部相关领导进行深入研讨。

2020年10月17日，房专会在南京举办了高峰论坛，会议采取了线上、线下相结合的方式举行，邀请了教育部、江苏省教育厅、中国教育后勤协会、江苏省高等学校后勤协会等单位的领导出席高峰论坛。教育部财务司国有资产管理处副处长章亿发就高校房产出租出借政策进行了解读，并对全国高校出租出借房屋管理提出要求、建议与希望。南京大学、华东师范大学、天津大学、陕西师范大学和上海大学分别就各自高校房产管理过程中的实践经验和热点问题进行了交流和讨论。线上参会的会员单位也与线下的会场进行了交流互动。高峰论坛为会员单位搭建了沟通的桥梁，向政府相关部门反映了行业诉求，得到了会员单位的一致好评，通过高峰论坛达到了参会单位"带着问题参会，带着收获回到工作岗位"的良好效果。

中国教育后勤协会接待服务分会
工作报告（2020）

根据年度工作安排，为切实达到总结提高、理清思路、鼓舞干劲的目的，接待服务分会秘书处对2020年工作情况进行了认真梳理和回顾总结。

一、坚持强化政治统领，坚决把正建设方向

接待服务分会始终坚信只有将分会置于党的坚强领导之下，大力加强政治建设，把广大教育接待服务人紧紧团结在党的周围，教育接待事业健康发展才能有根本保障。坚定政治立场，一直以来，分会始终坚持把政治建设摆在首要位置，做到旗帜鲜明讲政治，所有工作计划、发展规划都逐一与党中央决策部署对标，与教育部和中国教育后勤协会有关要求对标，确保方向不偏、步调一致。坚决响应号召，2020年初，疫情发生后，分会闻令而动，先后发布《关于教育接待服务机构奋力阻击新型冠状病毒感染肺炎疫情的倡议书》《中国教育后勤协会接待服务分会防控新型冠状病毒感染肺炎疫情工作指南》，积极宣传防疫知识和行业抗疫风采；防控工作转入常态化后，又组织召开了"教育接待服务机构推进疫情防控常态化与经营发展视频研讨会"，引领帮助会员单位深入开展疫情防控常态化条件下的经营发展探索研究，督导广大教育接待服务人积极保障学校应对复学复课大考，有效构筑广大师生生命安全和身体健康防线。事实证明，广大教育接待服务人在抗疫战斗中扛起了责任、经受住了考验。教育部联合共青团中央、全国妇联、中国消费者协会举办教育系统"美好'食'光"校园系列活动启动后，分会及时转发活动通知，倡导会员单位积极参与，以宣传标语、海报、短视频设计等不同方式参赛。

二、坚持紧盯发展大势，充分发挥引领作用

始终紧盯形势发展，积极发挥职能作用，在把握大势中引领行业整体前进。积

极引导创新发展。新冠肺炎疫情发生后，分会坚持把创新作为引领发展的第一动力，全面分析防疫和经营形势，以积极探索疫情常态防控条件下的经营发展为切入点、突破点、增长点，带领广大会员单位努力在危机中育新机、于变局中开新局，创造性地开展网上销售、餐食外卖等特色营销，着力打好经营创收"组合拳"，努力开创经营发展新局面，教育接待服务机构稳妥复工复产，基本实现了疫情防控和经营发展的全面胜利。大力纯正行业风气。2020年9月，习近平总书记做出制止餐饮浪费行为的重要指示，分会在中国教育后勤协会动员部署的基础上，立即组织会员单位召开研讨会，认真学习贯彻习近平总书记重要指示和协会动员部署会议精神，讨论通过《教育接待机构制止餐饮浪费行动方案》，教育广大会员单位和全体教育接待服务人深刻领会习近平同志为核心的党中央居安思危的忧患意识、未雨绸缪的战略远见和深切关心群众的人民情怀，深刻认识党厉行勤俭节约、反对铺张浪费的鲜明态度和坚定决心，并在行业内部广泛展开了以"教育接待服务机构制止餐饮浪费行动"为总牵引的战略行动，从"供给侧提质行动""消费端引导行动""一体化创新行动"三个维度切入，对应细化学习宣教、提质增效、标准构建行动、争先创优等12项具体行动，切实把制止餐饮浪费行为根植教育接待服务机构生产经营的全链条，守正笃实，久久为功。积极发挥典型效应。广泛开展行业评估活动，及时总结交流各会员单位先进工作经验，积极发现和培育优秀典型，为先进经验和实践成果提供推广交流和发布展示的平台，带动行业整体建设质量攀升。

三、坚持狠抓自身建设，全面夯实发展基础

经过认真筹备和酝酿，2020年11月4日，中国教育后勤协会接待服务分会第二次会员大会胜利召开。大会选举产生了第二届理事会、55名常务理事和15名理事会负责人，通过了21名副秘书长的任命决定，审议通过了《中国教育后勤协会接待服务分会第一届理事会工作报告》《中国教育后勤协会接待服务分会第一届理事会财务收支报告》《中国教育后勤协会接待服务分会组织规则》《中国教育后勤协会接待服务分会会费交纳办法》，为分会后续发展奠定了坚实基础。大会准备充分、组织周密、程序严谨，得到与会领导嘉宾的高度赞扬。交流平台更趋完善。协同华中农业大学国际学术交流中心陈波总经理及其团队，系统梳理总结本单位"钉钉"系统使用经验，为分会建成了"钉钉信息系统"，2020年分会两次视频会议的成功召开，验证了该系统的稳定性和支撑性，为分会协作区、省工作组和全体会员单位加强信息沟通、磋商研讨事项提供了交流平台。

中国教育后勤协会中小学后勤分会工作报告（2020）

2020年是不平凡的一年，中小学后勤分会在中国教育后勤协会的领导下，紧紧围绕疫情防控、助力复课，推进智慧后勤建设等中心任务，展开工作，取得积极的成效，现总结如下。

一、中小学后勤分会工作情况

（一）助力中小学智慧后勤建设

1. 加强信息化建设

中小学后勤分会以信息化建设为切入点，开学前后，围绕疫情防控的人防、物防、技防、服务保障及管理，建立完善的智慧后勤与智慧校园服务保障体系。为学校师生提供优质、高效、安全、贴心的服务；以信息化建设，推动教育教学改革创新；以信息化建设，完善学校治理体系；以信息化建设，提升学校的治理能力。

2. 助力学校疫情防控

分会在2020年3月下旬召开了助力中小学开学前后校园疫情防控、升级智慧校园安全预案视频会议，全国各地教育部门及中小学积极响应，近4万人在线收看会议直播。会议邀请专家在非接触快速体温检测智慧方案、非接触校内订餐就餐智慧管理、非接触校园智慧缴费管理、学生在校园专属的生活服务等方面给予了专业指导，助力学校把校园疫情防控工作落到实处。

3. 启动智慧学校试点建设公益行活动

为落实智慧校园建设，中小学后勤分会开展了系列的"启动智慧学校试点建设提供现代化后勤服务"公益性活动。分会携手多家企业先后组织了多场捐赠会议。为大兴、房山、密云、平谷区教委捐赠了包括格力新冠猎手净化器、智慧后勤平台、智能预订终端（人脸版）袋鼠校园智能就餐系统、区域智慧教育云平台、乐智悦读教学平台、免费视力筛查服务等项目，总价值达1亿元。现在已向全国中小学进行公益捐赠。

2020年7月召开"启动智慧学校试点建设，提供现代化后勤服务"线上京、哈两地公益捐赠会议，8月召开了"推进中小学智慧后勤试点建设 实现智慧管理和服务"线上京、昌两地公益捐赠会议，分会将向哈尔滨与南昌市中小学提供智慧校园建设捐赠服务。

4. 启动智慧校园试点，建设示范校

分会正式启动智慧学校试点工作，经过近一年的推进，北京地区的落地工作初见成效，海淀、大兴、房山、密云、平谷等地区已推荐部分学校加入智慧校园试点建设。山东、四川、黑龙江、江西等地也推荐了部分学校。在全国范围内打造智慧校园示范校，引领中小学后勤创新发展。

5. 组织智慧后勤建设评优与授牌

分会2021年将对积极推进与落实智慧后勤建设的标杆样板校进行评优表彰和授牌活动，包括智慧后勤建设示范校、专项建设示范校。发布新一批智慧校园试点校。

6. 征集智慧后勤建设经典案例

为贯彻落实《教育信息化2.0行动计划》和"2020年教育信息化和网络安全工作要点"文件精神，提升学校智慧后勤管理的智能化建设水平，创新后勤行业管理专业人才培养模式，进一步提高研究成果的转化率，分会面向全国各级各类学校开展征集智慧后勤建设经典案例（论文）活动。

（二）疫情防控 众志成城

自新冠疫情暴发以后，分会贯彻习近平总书记的讲话精神，落实国家领导人重要批示和中央应对新型冠状病毒感染肺炎疫情联防联控机制要求，外防输入，内防反弹。在协会的领导下，积极发挥中小学后勤分会的组织、引导和协调作用，通过专家组、秘书处、各部门的通力协作，联系组织相关理事单位、会员单位一起研究校园疫情防控的非接触技术手段，提升智慧后勤、智慧校园建设水平，采取有效措施，帮助广大中小学校建立起多层级校园非接触式的疫情防控立体式安全网，科学做好疫情防控，建立完善的学校服务保障体系，提高学校综合治理能力。

与地方中小学分享防控疫情安全方案、预防新冠肺炎知识并宣传各地学校战疫事迹。分会与地方教育部门、地方协会、学校携手战疫。向湖北的中小学发出慰问信，送去分会的关怀。中小学后勤分会公众号连续发了 13 期"携手战疫"，发表或转载文章 24 篇，宣传各地战疫事迹与经验，同时也转载了疫情期间国家、教育部的相关文件。

（三）积极落实两院工作

中小学后勤分会自成立后勤研究院与后勤培训学院以来，先后召开了两次会议，讨论通过了中小学后勤研究院和中小学后勤培训学院规划建设方案、两院的组织架构以及业务范畴等。制定了两院的工作目标。

中小学后勤研究院成立了三个研究中心——校园健康饮水研究中心、校园智慧食堂研究中心、校园食品安全研究中心，围绕中小学后勤开展研究。

（四）会企结合，促进发展

为推进中小学后勤现代化建设，分会和具有良好资质的企业合作，推动学校的阳光厨房、教室健康照明、智慧校园等建设，引进社会化服务有力地推进了中小学后勤现代化，取得突出成效。

二、校服管理专业委员会工作情况

（一）加强组织建设，确定工作方向

1. 中国教育后勤协会校服管理专业委员会召开了全国工作会议。
2. 推进网站建设。
3. 确定 2021 年制定《中小学学生装（校服）团体标准》。

（二）重点工作推进

做好专委会的顶层设计。校服专委会建设网站、建立宣传的渠道，为企业、学校搭建平台。根据国家制定的相关标准，国际、国内对校服的认识与要求、各地学校对校服的需求开展校服专委会的工作。同时，大力发展企业会员，服务好中小学。

中国教育后勤协会专家委员会工作报告（2020）

根据《中国教育后勤协会第二届专家委员会五年发展规划纲要》《中国教育后勤协会专家委员会2019、2020年度工作计划》，现将2019年至今（含疫情期间）专家委员会（以下简称"专委会"）的工作，就目前已开展的部分做出总结如下：

一、组织建设

1. 已完成领导班子人员的岗位分工并明确职责，建立了相对稳定的长效沟通协调机制，建立了主席办公会制度。

2. 已按照2019年度中国教育后勤协会工作要点，切实完成了专委会秘书处队伍建设、规范化建设。

专委会秘书处下设五大部门：综合部、战略咨询部、内刊信息部、数据统计部、联络部，已落实负责人员聘任，明确了工作职责，制定了工作计划，目前正积极开展工作。

二、信息宣传

承办了协会内部刊物《教育后勤参考》。

（1）截至2020年11月，共出刊19期（2019年1-3期至2020年第10期）。合计发稿981篇，其中原创稿262篇，原创率由创刊初期的3%增长至约50%，完成高校后勤人物专访5篇。疫情期间《教育后勤参考》对后勤行业抗疫案例及典型进行了重点宣传，发布多篇抗疫主题相关文章。

（2）2020年5月8日，设立《教育后勤参考》理事会，理事会设理事长1名，由中国教育后勤协会会长担任；设立常务副理事长1名，副理事长5名、常务理事

12 名，理事若干（见表 1）。

表 1　　　　理事会成员明细（截至 2020 年 11 月）

理事长	中国教育后勤协会会长　刘建平
常务副理事长	苏州苏大教育服务投资发展（集团）有限公司
副理事长	1. 上海水成环保科技股份有限公司 2. 上海索迪斯管理有限公司 3. 上海生乐物业管理有限公司 4. 武汉大学后勤服务集团 5. 苏州市东吴物业管理有限公司
常务理事	1. 九江学院 2. 成都大学 3. 苏州大学 4. 浙江大学新宇集团 5. 中国海洋大学 6. 南京梅花餐饮管理有限公司 7. 苏州农业职业技术学院
理事	1. 四川长江职业学院 2. 杭州电子科技大学杭州文一教育发展有限公司

（3）通讯员队伍建设，截至 2020 年 11 月，通讯员报名合计 221 人，其中高校报名 91 人，企业报名 127 人，教育局报名 1 人，中小学报名 1 人。

（4）《教育后勤参考》拟与广东省高校后勤协会签订协议，协助其办增刊，目前因受疫情影响，相关工作暂未开展。

三、协会课题及相关工作

2019 年，开展协会重点课题"新时代高校后勤改革的顶层设计与配套政策研究"，在赴河南、湖北、四川调研基础上，形成了征求意见初稿，待讨论修改后报协会领导。

关于协会发布的申报教育后勤疫情防控专项研究的课题以及协会 2020 年研究课题，专委会已组织专家进行评审，并将意见报协会领导审核。

四、会议及高峰论坛

2019 年 5 月 25 日，专委会承办的中国教育后勤协会第二届理事会第一届会长办公会议暨第二届专家委员会第一次全体会议，在江苏省苏州市苏州大学内举行。

教育部发展规划司领导，江苏省教育厅领导，中国教育后勤协会第二届理事会会长、副会长、秘书长，第一届监事会监事长，第二届专家委员会代表，江苏省高校后勤协会领导，苏州大学领导等参加了会议。

2019年10月18日，专委会承办的首届长三角地区中小学"立足后勤现代化，实现高质量发展"后勤论坛，在江苏省苏州市召开。

来自上海市、浙江省、安徽省和江苏省"三省一市"教育后勤服务部门的领导、中小学校负责同志以及企业家代表共60余人出席了论坛。

受疫情影响，2020年中国教育后勤协会专家委员会第一次工作会议以网络会议的形式，于2020年4月24日下午成功举行。苏大教服集团全程提供了网络会议技术支持。受疫情影响，2020年专家委员会工作计划中的其余部分工作尚未开展。

中国教育后勤协会《高校后勤研究》杂志社工作报告（2020）

根据协会要求，《高校后勤研究》杂志社对2020年的工作情况进行了认真总结。2020年，是十分特殊的一年，疫情对各项工作产生了许多不利影响，但是杂志社克服了许多困难，不仅确保了常规工作，同时开创性地开展了相应工作，取得了初步成效。

一、按期编辑出版杂志

2020年以来，杂志社各位编辑没有受疫情影响，一直在按月收发、编辑稿件。在这一过程中，杂志的封面图片征集得到了天津大学、大连理工大学、沈阳大学、青岛大学的大力支持。

二、如期编辑排版增刊

协会秘书处准备在2020年出版一期增刊，将2019年的课题研究汇集成册。各位编辑积极参与增刊的编辑校对工作，共编辑文字近25万字。疫情期间出版增刊最大的困难是到教育部和新闻出版署审批报表。杂志办公工作人员克服疫情期间的各种困难，及时办理了相关手续。

三、积极吸收理事会成员

2020年是杂志理事会换届之年，受到学校和企业的关注，很多学校和企业打算加入杂志理事会。杂志社工作人员热情回复学校和企业的咨询，并积极为部分学校办理了加入理事会的手续。如沈阳工业大学在2020年3月加入了理事会，成为新一届理事会的成员。其他单位也办理了加入新一届理事会的手续。

四、积极组织开展网上培训

编辑人员的培训是一项长期、常态化的任务。几年来，通过在网上交流编辑体会、纠正编辑中的错误等方式，坚持对编辑人员水平提高的培训。2020年5月，《人民日报》发布"标点符号"的正确用法，杂志社组织各位编辑在网上进行了学习。编辑们一致表示，受益匪浅。培训工作的开展，进一步提升了编辑队伍的编辑水平，为整体提升杂志质量提供了保障。

五、制定"三审三校"制度

为进一步强化"严格管理、重在质量"的办刊意识，坚持"质量第一"的工作原则，严格执行期刊管理质量标准，保证期刊出版质量，根据国家新闻出版广电总局《关于严格执行期刊三审制和"三校一读"制度保证出版质量的通知》（新出报刊〔2001〕142号）要求，制定了《高校后勤研究》"三审三校"制度实施细则，为确保杂志出版质量奠定了基础。

六、开展论文评选活动

2020年6月16日，为全面贯彻党中央、国务院的决策部署，按照教育部关于坚持"三不"原则，积极做好高校开学准备和开学后疫情防控常态化后勤服务工作，总结高校开学后疫情防控后勤服务工作中的重点难点问题、服务标准、防疫措施、新技术应用和应急预案，为学校后勤应急管理体系建设提供智力支持，杂志社面向全国教育后勤战线开展疫情防控常态化后勤服务保障方向的论文征集与评优活动。

本次论文征集共收到论文44篇，初审符合基本要求论文32篇。经编辑部组织专家复审，评定获奖论文25篇。其中，一等奖5篇，二等奖8篇，三等奖12篇（见表1）。

表1　　　　　　　　　　　获奖论文名单

奖项	论文题目	作者
一等奖	新冠疫情危机应对中军队院校后勤管理研究——基于4R危机管理理论	陆军军医大学 徐波　伍明德　邓豪
一等奖	HACCP体系在高校食堂新冠疫情防控中的应用探索	清华大学 魏强　朱昱漩
一等奖	织牢精密智控网络 保障校园疫情防控——浙江大学后勤集团的数智战疫实践	浙江大学 楼冬量　蔡文博　钟必珍
一等奖	以"三力"建设为抓手，增强党建活力和实效——郑州大学后勤集团疫情期间党建创新纪实	郑州大学 魏新兴
一等奖	疫情防控常态下的高校餐饮企业的责任与担当	深圳中快餐饮集团 耿家发
二等奖	学生社区"防疫+"治理工作机制初探——以浙江师范大学为例	浙江师范大学 杜智盈
二等奖	疫情防控常态化背景下高校餐饮模式的创新与实践——以上海师范大学"云餐厅"为例	上海师范大学 顾中忙　孙光锋
二等奖	论高校后勤在校园新冠肺炎疫情常态化防控工作中的作为	中国矿业大学 陈仲元　杨爱东
二等奖	疫情防控中高校后勤保障人员管控及对策——以北京师范大学为例	北京师范大学 平易　万丽　冯越
二等奖	高校疫情防控后勤餐饮服务保障工作研究——以大连理工大学为例	大连理工大学 魏健雄　于晓宇
二等奖	突发新冠肺炎疫情下，高职院校后勤服务工作对策研究	河南护理职业学院 万卫党　娄渊根
二等奖	疫情防控背景下高校餐饮管理应对案例	大连海事大学 闫旭　王红莲
二等奖	疫情防控常态化高校食堂智慧管控方案研究	杭州电子科技大学 林浩　杨建芳
三等奖	筑牢"四"面关卡 打好"六"场战役 实现"战疫情、促发展"双赢	浙江农林大学 俞月华
三等奖	从新冠疫情防控浅议高校危机管理体系的建设——以重庆邮电大学防控新冠疫情案例为分析依据	重庆邮电大学 张丽　冯林　邓杰
三等奖	疫情防控常态化下的高校治理思维转变	浙江海洋大学 徐士元
三等奖	高校商贸服务保障的防疫举措和启示——以清华大学商贸抗击疫情为例	清华大学正大商贸公司 赵广刚　徐鹏

续表

奖项	论文题目	作者
三等奖	采用层次分析法探索高校食堂HACCP管理体系中关键控制点的研究	山东外贸职业学院 韩澄 王双喜
	后疫情时代高校餐饮常态化管理的几点思考	东北师范大学 徐凤德
	后疫情时代高校后勤服务保障工作的挑战及对策	湖北医药学院 赵峥
	尽心竭力服务师生，助力学校打赢疫情阻击战——华中科技大学集贸市场抗"疫"保供的实践与启示	华中科技大学 陈昌军 张福祯
	后勤智慧化成为复学"战疫"利刃——漯河职业技术学院后勤信息化应用案例	漯河职业技术学院 王磊杰 刘歌
	以后勤词源学角度论疫情期间高校物业管理	北京外国语大学 李海军 胡鹰
	疫情防控视域下高校后勤的应对与危机后策略——以成都大学为例	成都大学 李兵 唐勇
	应急机制保平稳 党员队伍急先锋——东南大学后勤党工委抗疫日记	东南大学 吕霞 沈峥嵘 顾玉剑

七、线上举办疫情常态化背景下后勤服务保障论坛

2020年6月16日下午、17日下午，由《高校后勤研究》杂志社主办、中国院校后勤信息网协办的"高校疫情防控常态化后勤服务保障重点难点问题交流研讨视频会议"成功召开。会议采用线上直播方式，由腾讯微校承办并作技术支持。

中国教育后勤协会副会长、《高校后勤研究》杂志社社长张柳华到会致辞。会议由《高校后勤研究》杂志编辑部主任、中国教育后勤协会专家委员会委员、天津大学高校物业管理研究所所长杨书元主持。

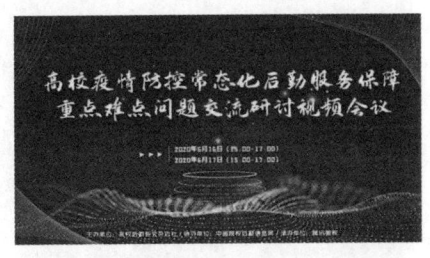

张柳华会长在讲话中代表杂志社，向奋战在疫情防控一线的杂志各理事单位、高校后勤系统的全体职工、相关服务企业及从业人员，致以崇高的敬意和诚挚的问候。他讲到，目前全国已有超过1.97亿各级各类学校学生复学复课，占在校生

总数比例超过71%，虽然全国疫情防控形势总体是好的，但防范疫情反弹任务仍然艰巨繁重。在常态化疫情防控时期，随着复学复课人数不断增加，聚集性疫情风险仍然存在。学校的后勤服务保障工作尤为繁重复杂，出现的新情况新问题和热点关切、难点问题需要加强深入研讨交流。《高校后勤研究》杂志，作为全国高校后勤系统的舆论宣传阵地和研究交流平台，一定要充分发挥自身的功能。组织本次"云课堂"，旨在对高校疫情防控后勤服务开展专项调研、重点难点问题研讨，将各地各高校复学复课和疫情防控物资储备、后勤服务保障工作的有效举措、先进经验和新技术应用等总结梳理出来，宣传推广出去，让更多高校后勤单位学习借鉴并从中受益，为各地高校科学精准防控、安全有序复学、确保校园安全、师生身心健康提供交流学习的平台，为交流研讨高校疫情防控后勤服务工作标准、防疫措施和应急预案，共同做好疫情防控常态化条件下高校后勤服务作出应有贡献。

会议邀请了众多高校后勤负责人、社会服务企业代表、知名科技公司高管，交流分享了高校开学后疫情防控伙食、公寓等服务管理的主要举措、方案、新技术应用、应急预案；高校开学疫情防控后勤服务准备工作中的防疫物资采购、员工返岗、人员管理、服务成本和价格等问题与对策；学生分期分批返校和全员返校后高校疫情防控常态化后勤服务保障主要难题及应对举措；高校疫情防控常态化要求下后勤服务实体（企业）面临的困难、对策及扶持政策诉求；以及智慧后勤管理平台建设，无接触、网络化技术在校园疫情防控常态化后勤服务中的应用。会议期间发布了《高校后勤研究》杂志关于高校疫情防控后勤服务保障征文与评奖的说明。部分资料见图1－图10。

图1　广西大学副校长刘向作"抓实抓细、从严从紧，做好疫情防控常态化下的师生后勤服务保障"汇报

图2　兰州大学后保部副部长李升红作"兰州大学餐饮服务中心疫情防控下要求食堂供餐"汇报

图3 腾讯微校产品中心副总经理关能辉作"后疫情时期的校园无接触管理模式"汇报

图4 西南财经大学后勤服务总公司副总经理张谛作"西南财经大学疫情防控期间餐饮保障"汇报

图5 中快餐饮集团董事长李五星作"高校疫情防控常态化要求下后勤服务实体（企业）面临的困难、对策及扶持政策诉求"汇报

图6 北京师范大学副总务长郑恒山作"北京师范大学防疫常态化复学复课经验介绍"

图7 中国矿业大学总务部党委书记、部长陈仲元作"抓住疫情防控关键点 助力学校春季学期复学复课"报告

图8 浙大新宇集团浙大学生公寓中心主任林干富作"浙里·花开疫散·候你归来浙江大学学生公寓返校复学复课经验介绍"

图 9　兰州大学后保部副部长苏振博作"兰州大学学生公寓疫情期间工作介绍"

图 10　浙江师范大学学生社区管理部主任杜智盈作"浙江师范大学学生社区'防疫+'治理工作机制经验交流"

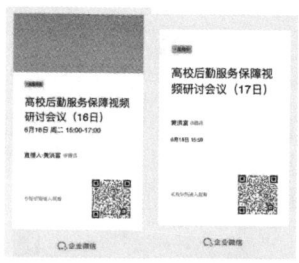

图 11　会议二维码

本次参会方式分为：个人在线观看和单位组织集中观看，单日会议注册端口 2 288 个，据不完全统计单日约有 6 000 余人同时观看会议直播。本次会议的召开受到了全国高校后期同仁的好评，为了方便因工作原因未能观会的同志，技术方提供了会议回放，方便大家扫码观看（见图 11 和图 12）。

图 12　部分集中观看现场

八、扩大编辑队伍,提升编辑质量

2020 年 5 月,根据国家新闻出版署"三审三校"的意见要求,结合杂志社实际,新聘了一位中文专业毕业的退休语文老师做编辑,确保了杂志的文字质量。

九、完成了杂志 2019 年度社会效益评价考核任务

2020 年 8 月,根据"北京地区期刊出版单位 2019 年度社会效益评价考核自评打分表",对杂志社相关指标进行了自查工作,并按时将自查情况报告给了北京市新闻出版局。

十、发布 2019 年高校后勤研究力排行榜

杂志社对 2019 年各高校公开发表的后勤研究论文进行了统计(未包括课题研究),在此基础上,对各高校的"后勤研究力"("相对研究力")进行了排行(见表 2)。

表 2　　　　　　　　　2019 年高校后勤研究力排行

序号	学校名称	发表论文数量
1	浙江农林大学	9
2	西南交通大学	5
2	中国政法大学	4
2	郑州大学	4
2	首都师范大学	4
2	南京审计大学	4
2	天津师范大学	4
2	福建农林大学	4
4	清华大学	3
4	北京大学	3
4	北京林业大学	3
4	武汉大学	3
4	湖南大学	3
4	北京师范大学	3

续表

序号	学校名称	发表论文数量
5	中国人民大学	2
	厦门大学	2
	浙江大学	2
	四川大学	2
	中国海洋大学	2
	北京工业大学	2
	西南林业大学	2
	中国石油大学（华东）	2
	南京工业大学	2
	盐城工学院	2
	集美大学	2
	苏州苏大教育服务投资发展（集团）有限公司	2
	中山大学新华学院	2
	浙江工商大学	2
	浙江大学宁波理工学院	2
	西南石油大学	2
	福州大学	2
	西京学院	2
	塔里木大学	2
	山东理工大学	2
	岭南师范学院	2
	中央财经大学	2
	对外经贸大学	2

十一、成功举办第五届大学校园服务与管理国际论坛

12月3日，第五届大学校园服务与管理国际论坛在深圳市隆重开幕。会议围绕探索交流大学校园管理与后勤服务质量保障体系建设为主题展开。

来自国内外大学校园服务管理的领导专家和服务机构高管近300人参加了本次论坛，中国教育后勤协会及广东省高校后勤协会的主要领导出席论坛（见图13）。

中国教育后勤协会会长刘建平在论坛上讲话。刘会长指出，高质量内涵发展是当今世界高等教育改革发展的共同特征。当前，中国的建设发展即将进入"十四五"时期，下一个五年是全面建成小康社会、实现第一个百年奋斗目标之后，向第二个

图 13　大会现场

百年奋斗目标进军的第一个五年。准确把握"十四五"时期我国教育改革发展宏观形势，深刻认识我国进入高质量发展阶段的新特征新要求，对谋划建设高质量教育体系和与之相匹配的高质量后勤保障体系至关重要。作为全国性行业组织，中国教育后勤协会的重要职责就是要引领全国大学后勤服务管理行业会员，瞄准教育现代化这一目标，紧扣高质量发展这一主题，聚焦"双一流"建设、"双高"计划对后勤服务提出的任务要求，突出服务高校办学需求和师生生活需求这一导向，用足改革创新这一动力，抓住互联网时代社会服务产业转型升级这一契机，适应大学校园生活消费方式和服务格局的新变化，坚持理念引领、创新驱动、标准先行、技术助力，努力建设与高质量教育体系相匹配的高质量后勤保障体系。建立高质量的校园服务体系，充分满足师生日益增长的校园生活服务需求是大学校园服务管理机构的重要责任，做好这项工作，需要共同交流探讨。

广东省高校后勤协会会长、南方医科大学副校长杨海文出席论坛并作致辞。杨会长在致辞中对论坛的成功举办表示了衷心的祝贺，对来自国内外的领导、专家及与会代表表示诚挚的欢迎，并介绍了广东省高等教育和高校后勤改革发展情况和先进经验。他希望参加本次会议的朋友们，积极适应行业发展的新变化，抓住行业发展的新机遇，推进技术创新、模式创新、服务创新，不断提升服务质量和效益，助推高校后勤管理转型升级，为构建我国高等教育高质量发展体系做出新的更大贡献。

论坛开幕式由中国教育后勤协会副会长、《高校后勤研究》杂志社社长张柳华主持。

论坛中，美国杰克逊维尔大学、华南理工大学广州国际校区、西安欧亚学院、香港中文大学等著名大学，以及美国爱玛克公司、爱玛客中国区、索迪斯大中华区、中航物业管理有限公司的相关负责人及专家根据论坛主题要求，围绕高校校园管理与师生生活服务的理念、模式、社会化方式、现代物业、学生劳作教育、节能降耗、环保、互联网应用、创新性体系、书院制管理、国际化实践、监督保障等关键性热点问题，结合各校、各地区、各公司的实际运行和典型效果进行了精彩演讲，传递出了大量具有理论与实践前沿价值的重要信息。

论坛中，中国教育后勤协会专家委员会委员、《高校后勤研究》杂志社执行主编卢彩晨作题为《适应国家"十四五"期间教育事业发展顶层设计和世界高等教育发展新趋势，准确把握高校后勤发展改革方向、任务》的主要报告。

由于疫情原因会议采用线上线下结合交流模式，代表们全神贯注，会场上座无虚席，与会者充分学习分享了各校各地区领先的校园管理与服务的成功经验。在过去四年多的时间里，由中国教育后勤协会所属期刊《高校后勤研究》杂志社，连续主办了两届"大学校园服务与管理论坛"和两届"大学校园服务管理国际论坛"，邀请了中国和亚洲、欧美国家从事大学校园服务管理的专家、同行，共同围绕大学校园服务与管理，开展交流、互动与研讨，增进了解、拓宽视野、相互借鉴好的经验，为国际和地区间大学校园服务管理领域搭建了一个高水平的交流平台，也对加深了解相互间大学校园服务管理体制改革与模式创新提供了一个互动窗口。

本次国际论坛邀请了来自美国、欧盟等国家和地区的著名大学校园服务管理部门和专业服务机构的管理专家，与高校后勤同行济济一堂，共同探讨大学高质量服务管理的理念和模式，不仅与世界高等教育发展态势相适应，也与我国"十四五"规划明确的政策导向和重点要求相契合。与会的各个学校和机构围绕主题，突出各自的特色和优势，深入交流探讨，相互借鉴好的经验和做法，共同提高办学水平、服务管理质量和大学竞争力。

本论坛第一单元由中国教育后勤协会专家委员会委员、《高校后勤研究》杂志社执行总编卢彩晨主持；第二单元由中国教育后勤协会专家委员会委员、天津大学物业管理研究所所长杨书元主持；由中国教育后勤协会专家委员会委员、《高校后勤研究》杂志社副总编赵相华进行大会总结。

本届论坛由《高校后勤研究》杂志社主办、中国院校后勤信息网、天津大学物业管理研究所协办。论坛取得了期望的成果，演讲内容时代特征突出，各校、公司特色鲜明，互补性强，考察学习安排有序，内容丰富，与会代表深受启迪。

中国教育后勤协会《教育后勤参考》编辑部工作报告（2020）

按照协会会长办公会议要求，2019年开始由协会专家委员会承办《教育后勤参考》，由苏大教服集团协办。新的编辑部成立以来，做了一系列工作。

一、加强内部管理与组织建设

1. 完成编辑部日常运营机制建设，每月定期举行期刊编审会议，就组稿、审稿问题进行商议，确定当期期刊内容。
2. 建立期刊编、审、印、发责任制，明确四大环节责任人和监督人、落实岗位职责。
3. 建立定期向协会秘书处汇报机制，每月不定期向秘书处领导汇报办刊具体情况，接受领导指导。
4. 招聘两名专职人员负责编辑部日常工作，加强编辑部专业化建设。
5. 对编辑部全体编辑进行培训提升，加强业务能力建设。

二、做好刊物编辑印发工作

1. 截至2020年11月，共出刊19期（2019年1-3期至2020年第10期）。合计发稿981篇，其中原创稿262篇，原创率由创刊初期的3%增长至约50%，完成高校后勤人物专访5篇，刊物每期印发量达1 100册。
2. 进行版面的改版，全刊彩印，封面图片为有关投稿高校代表照。开设专栏：教育要闻、协会通讯、各地动态、校园之窗、热点关注、实践探索、专家视点、后勤之光、人物专访和他山之石等。
3. 2019年至今，《教育后勤参考》对高校后勤系统多个热点关注问题进行了专栏报道，如：垃圾分类、高校扶贫、智慧校园、校园安全、绿色校园、服务育人、劳动教育、餐饮浪费等。疫情期间对后勤行业抗疫案例及典型进行了重点宣传，发布多篇抗疫主题相关文章。

三、整合办刊资源成立理事会

2020年5月8日，协会批准设立《教育后勤参考》理事会，理事会设理事长1名，由中国教育后勤协会会长担任；设立常务副理事长1名，副理事长5名、常务理事12名，理事若干（见表1）。2020年12月4日在苏州举办成立大会。

表1　　　　　理事会成员明细（截至2020年11月）

理事长	中国教育后勤协会会长　刘建平
常务副理事长	苏州苏大教育服务投资发展（集团）有限公司
副理事长	1. 上海水成环保科技股份有限公司
	2. 上海索迪斯管理有限公司
	3. 上海生乐物业管理有限公司
	4. 武汉大学后勤服务集团
	5. 苏州市东吴物业管理有限公司
常务理事	1. 九江学院
	2. 成都大学
	3. 苏州大学
	4. 浙江大学新宇集团
	5. 中国海洋大学
	6. 南京梅花餐饮管理有限公司
	7. 苏州农业职业技术学院
理事	1. 四川长江职业学院
	2. 杭州电子科技大学杭州文一教育发展有限公司

四、加强《教育后勤参考》的通讯员队伍建设

编辑部十分重视通讯员及特约通讯员队伍建设：截至2020年11月，通讯员报名合计221人，其中高校报名91人，企业报名128人，教育局报名1人，中小学报名1人；特约通讯员报名9人。

同时明确通讯员岗位职责和任务，并颁发通讯员聘书。

经协会秘书处批准，编辑部于 2020 年 12 月 1 - 4 日在苏州召开了 "全国教育后勤系统通讯员培训班"，全国高校有 130 人报名参训。

五、其他有关工作

1.《教育后勤参考》拟与广东省高校后勤协会签订协议，协助其办增刊，目前因受疫情影响，相关工作暂未开展。

2. 设立《教育后勤设施设备》公众号，并定期刊发刊物文章，提升阅读量。

3. 完成领导交办的其他工作。

中国教育后勤协会新业态及快递工作委员会工作报告（2020）

自中国教育后勤协会第二届换届大会以来，中国教育后勤协会新业态及快递工作委员会（以下简称"工作委员会"）在中国教育后勤协会的领导下，在副主任单位、委员单位的支持和努力下，夯实自身建设，认真履行职责、深入分析行业形势，汇集高校快递及后勤服务新业态的研究成果和典型经验，深化交流研讨、发挥平台自身作用为重点，有序推进校园服务新业态创新发展。特别是在全国高校共同开展疫情防控工作中，工作委员会充分发挥了纽带作用，组织召开了高校防疫抗疫线上交流会议和疫情防控新业态调研活动，为当前"外防输入，内防反弹"疫情防控常态化下的校园公共卫生安全保障与校园服务新业态发展做出积极的贡献。

一、加强组织建设，发挥组织功能

自工作委员会成立以来，积极践行成立使命，不断完善组织架构，现有（高校）委员单位172所，（企业）委员单位17家，副主任单位12个，常务委员单位59个，专家组成员28人，委员单位数量较之去年增加了10%。此外，委员会高度重视与各省、自治区、直辖市教育（高校、学校）后勤协会（研究会）的联系。在部分省市教育后勤协会设立联络组织，提高了沟通效率，形成具有活力的联动机制，共同推进校园服务新业态的健康发展。

二、以课题研究为抓手，深入探索研究校园服务新业态

当前，信息技术产业升级，在校师生对美好生活的追求促使高校后勤的管理服务，从汗水后勤向智慧后勤，从传统模式向现代模式的转变，产生出各种新模式、新业态，为了深入研究运用新业态对智慧后勤管理和便利校园服务等方面起到的作

用，工作委员会向中国教育后勤协会申请《校园服务新业态：机遇与挑战》课题研究，本项课题由程天权主任担任课题小组组长，于 2019 年 5 月在苏州正式开题，2019 年 12 月工作委员会年会中，现场向全国范围内数百名高校后勤主管部门负责人发布结题报告，本项课题重点对校园服务面临的新形势、新需求，新环境，进行了充分的分析与归纳总结，为校园服务新业态在中国高校的健康发展起到有效的推动作用。

2020 年 4 月，为贯彻落实党中央、国务院决策部署及教育部有关通知要求，响应中国教育后勤协会的号召，研究总结在抗击疫情形势下教育后勤服务保障中遇到的重点、难点问题，提升教育后勤领域应急保障水平，为学校后勤应急体系建设提供智力支持，工作委员会以《"智能+"助力教育后勤系统公共防疫抗疫应急管理研究》为题进行申报，并获得课题立项。

三、积极开展工作调研，助推高校后勤社会化改革

2019 年 6 月至 11 月，工作委员会组织部分专家围绕各省高校校园服务新业态现状、新时代高校后勤改革的顶层设计与配套政策、现代后勤管理工作的服务育人、智慧后勤建设的新经验、新举措以及高校后勤服务保障队伍建设等问题，先后赴河南省、湖北省、四川省开展调研工作。

参与调研的专家组还针对师生普遍关注的校园快递问题进行专题研究。专家组对当前校园快递校园站点经营性质还是公益性质的性质问题尚未明确；随着校园快递量的不断增加，快递站点的选址及空间布局如何确定急需参考标准，校园快递站点由第三方运营，经营利润微薄甚至亏损，服务质量难以保证，可持续经营面临挑战；校园快递在市场准入、服务标准等环节依旧存在巨大缺陷；部分高校没有实施"集中统一的末端配送"等问题进行了深入的研究和讨论。专家组建议要明确校园快递站点的性质与定位，强化其公益属性，发挥行业主管作用，规范校园快递建设，通过政府主管部门制定规范校园快递末端管理的综合性扶持政策，行业组织出台校园快递末端服务站点建设及服务规范，校方提供基本设施条件保障及参与监管，第三方企业提供优质高效的快递末端配送服务，共同推动校园快递的绿色运营和科学发展。

此外，调研组在调研过程中发现当前校园实体书店正蓬勃发展，校园实体书店作为各级学校重要的文化设施和文明载体，支持校园实体书店高质量发展是贯

彻全国宣传思想工作会议、全国教育大会精神的重要举措。中国教育后勤协会根据调研组校园实体书店的调研成果,设立专门课题对校园实体书店的发展进行研究。

2020年注定是工作委员会工作上不平凡的一年,年初的新冠肺炎疫情给各学校和工作委员会的校园后勤服务工作带来种种困难和重重考验。同时,"危"和"机"是共同存在的,为了保障校园公共卫生安全,为师生筑起第一道安全防线。在党和国家的关怀下,在教育部的指导下,在中国教育后勤协会的引领下,无数后勤同仁通过辛勤的工作,一个个校园疫情防控新模式、新方法、新业态出现在校园日常生活中。这些新模式、新方法、新业态对"外防输入,内防反弹"的疫情防控常态化下的校园公共卫生保障工作有着良好的示范作用和启示作用。

2020年10月26-28日,中国教育后勤协会专家委员会主席、中国教育后勤协会新业态及快递工作委员会主任程天权带领专家组赴江西省开展2020年度教育后勤疫情防控课题调研活动(见图1)。调研组先后前往南昌大学、江西师范大学、江西财经大学、宜春学院等高校进行实地考察并召开交流座谈会,主要围绕学校在疫情防控常态化下教育后勤服务保障中遇到的重点、难点问题、"智能+"助力校园防疫抗疫应急管理中的典型案例、学校后勤公共卫生事件应急管理体系与运行机制的构建、调研疫情防控常态化背景下高校校园快递运营状况、高校后勤领域人工智能应用推广中存在的问题及对策等方面开展深入交流与研讨。

图1 疫情防控课题组赴江西省调研

专家组指出当前江西部分高校后勤存在后勤社会化推进难、运营管理难、物价管控难、校园快递工作推进管理难、后勤社会化引入优质企业难等问题,建议加强后勤队伍建设,提升后勤队伍的战斗力、凝聚力;将后勤相关工作纳入评估验收范围,加大财政投入;制定高校投入设备设施经费的标准及后勤服务行业标准。专家组希望教育行政部门加强对学校后勤部门出台综合性指导性文件,明确高校后勤改革目标、范围、方向、措施等,加强对中西部地区支持的力度。

此次调研活动得到了江西省教育厅、江西省高校后勤协会及江西省各高校领导的大力支持,共同找难点、讲经验、享成果,各项调研工作的圆满完成对于推进"智能+"助力教育后勤系统公共防疫抗疫应急管理及推进后勤内涵式高质量发展起到了积极作用。

四、聚焦新形势,开展校园服务行业防控指南及工作交流等系列工作

在全国疫情防控工作进入常态化阶段,根据教育部《高等学校新型冠状病毒肺炎防控指南》、国家卫生和健康委员会《大专院校新冠肺炎疫情防控技术方案》、国家邮政局《关于做好疫情防控常态化下校园邮政快递服务工作的通知》等文件精神,结合高等学校校园快递服务工作的特点,为助推全国高校进一步做好疫情防控常态化背景下校园快递服务工作,工作委员会组织行业力量,编制了《高等学校疫情防控常态化下校园快递服务工作指南》。

2020年5月,为适应疫情防控常态化的要求,工作委员会创新工作模式,充分利用互联网技术,开展"切实做好疫情防控常态化背景下的校园后勤服务保障工作"专题线上交流研讨会(见图2)。本次会议得到各地教育后勤协会(研究会)及全国高校的大力支持,上百所高校,逾千人参加了本次专题线上讨论会。讨论会上逾百所高校后勤领导发来对湖北高校后勤同仁的慰问视频,同时为高校疫情防控常态化工作献计献策、鼓劲加油。与会嘉宾总结各高校疫情防控常态化下新业态技术应用的做法和经验,并一致认同高校后勤的抗"疫"实践让人们进一步感受到新理念、新科技、新产品、新模式、新业态在现代大学校园服务领域的重要性,未来常态化疫情防控将是高校后勤工作的重点任务,新业态将成为高校后勤常态化疫情防控的有效支撑。本次线上会议的召开对推动高校后勤系统充分做好后疫情时期校园公共卫生安全保障工作,和推动校园后勤服务新业态、新模式、新方式的发展具有重要意义。

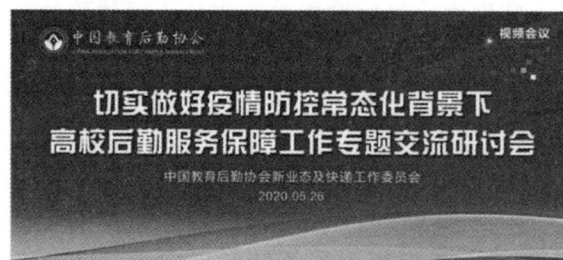

图 2 切实做好疫情防控常态化背景下的校园后勤服务保障工作

中国教育后勤协会校园假日联盟工作报告（2020）

校园假日联盟成立以来，在协会的正确领导下，始终秉承"三服务、两育人"后勤宗旨，坚持促进旅游与教育融合、产教科教融合、校企创新成果转化和推动服务育人、实践育人。截至目前，发展联盟单位59家，其中包括北京大学、中国人民大学、北京交通大学等44家高校，包括耐克中国、中投旅美、辽宁旅投集团、中青旅等15家企业。在与成员单位的共同努力下，游学研学等工作稳步推进，取得了初步成果，为联盟今后高质量高品质发展奠定了坚实基础。

一、集思广益，谋划联盟创新发展

第一届委员会第一次全体会议，通过审议确立了《校园假日联盟组织机构和人事安排》和《校园假日联盟组织规则》两份重要文件。为落实联盟工作职能，联盟先后召开三次工作会议，依据"全链"大后勤理念，立足三个平台搭建，研究讨论工作方向，确定出"1+4"的"旅游与教育"相融合的工作思路和工作内容，即以游学研学为核心平台，延伸教育培训、校友服务、校园团购、智慧校园等多项创新服务。各项工作获得成员单位广泛响应、积极配合和协作，计划工作如期完成。

二、展开调研，掌握游学研学状况

为掌握游学和研学行业市场状况，联盟针对从业机构、客源渠道、课程体系、目的地四个方面，组织开展了历时6个月的行业和市场调研工作，掌握了第一手非常具有价值的基础资料。基本结论是：未来国内游学研学将呈现纺锤形发展趋势，两头是大型综合性集团和小而美垂直领域公司，中小机构的生存空间将会被持续挤压，具备定价权的专业游学研学机构有望脱颖而出。为此，联盟游学研学工作设计出包括壁画与造像艺术、中国玉文化艺术、陶瓷文化艺术、中国茶与器等内容在内的 15 条游学路线与相关核心课程，优选并达成战略合作基地 20 个，为正式开展游学研学工作提供了保证。有关调查情况如下：

1. 从业机构。目前国内各类游学研学机构 9 000 余家。主要分为四类：一是专业游学机构/网站，包括世纪明德（青青部落）、斯达营地教育、宝贝走天下、偶们亲子出行、麦淘亲子等；二是留学中介/培训机构，包括高思教育、英孚游学、新东方国际游学、立思辰、学大教育游学部等；三是旅游公司，包括众信旅游、凯撒旅游、中旅总社游学部读行学堂等；四是其他，包括万科户外营、艺学国际教育等。

2. 客源渠道。主要有三种：一是教育行政部门组织客源，主要是对接省、市、县（区）三级教育行政部门资源，通过共同制定区域性游学研学工作计划以及签订战略合作协议的方式，整体导入区域性学生资源；二是中小学校校方组织客源，主要是对接各地区的中小学校方资源，通过游学研学课程方案招投标形式，逐个导入各类中小学的学生资源；三是市场营销手段导入客源，主要是利用网络、社区、培训机构门店等线上线下资源及各种营销手段，多渠道导入客源。

3. 课程体系。主要分为两大体系：一是研学课程体系，主要根据教育部《中小学综合实践活动课程指导纲要》规定，基于学生发展的实际需求，设计活动主题、具体内容和相应的活动方式，课程内容强调自主性、实践性、开放性、整合性、连续性；二是游学课程体系，根据"以世界为书本，引万物进课堂"原则，以"亲近自然、强健体魄，走近伙伴、学会交往，走入名胜、熏陶人文，观察事物、学习审美，体悟游历、塑造人格"为目标，精选内容。

4. 目的地。主要分为四种类型：一是"游学研学＋科技"，主要是通过 VR、AR、3D/4D 等高科技手段来静态展示或打造科技体验，实现科技教育的目的；二是"游学研学＋农业"，一种是以现代化农业示范基地、农业研究院、农业示范园等为代表的农业研究型，另一种是以农庄、田园综合体等为代表的田园体验型；三是"游学研学＋文化"，其中以传统文化、红色文化、民族文化类等居多；四是"游学研学＋拓展"，主要以专业化户外拓展营地为主。

三、创新服务，尝试延伸新业务

根据协会赋予联盟的职能定位，并经联盟工作会议研究确定的工作方向，联盟在新业务上从教育培训、校友培训、校园团购和智慧校园四个方面进行了尝试和探索。

1. 教育培训。针对当前高校毕业生就业难的痛点，联盟开展了历时5个月时间调查，包括高校、企业、学生、招聘机构、培训机构以及政府等机构100余家，经联盟研究分析认为教育培训的业务应围绕打造应用型高等人才的就业与赋能工作，在企业和大学生之间建立立业之桥，提供人才重塑的加工厂，完成从理念教育到职业教育的过渡，实现企业和人才的精准匹配。

（1）建立"大学生学习发展中心"。2020年9月26日，与新东方教育集团合作，"大学生学习发展中心"在沈阳航空航天大学落成。中心将从综合能力提升、择业就业指导、社会实践服务、校企联盟精英实训四个维度对应届毕业生进行全方位指导，促进高校毕业生的就业赋能培养。

（2）打通就业"最后一公里"。联合沈阳市人力资源协会、人力资源发布平台、沃尔玛集团、交通银行、华为、高端酒店等用人单位定期、定向向学生发布实习、就业信息，并组织100余名学生获得技能认证证书，积蓄就业优势。

（3）成立"教师直通车"专题项目。针对教师行业成为吸纳本科生毕业生数量最大的行业，特别是中小学教育领域对本科毕业生的需求逐年增长，与新东方等教育机构合作，为有志走向教师岗位的50余名学生提供了培训、实习等服务。

2. 校友服务。校友资源是各高校十分重视的宝贵财富，校友通过母校与校友、校友与校友、母校与社会之间所产生的物质、文化、人才等方面的交流，向高校提供人才资源、关系资源、信息资源、智力资源、教育资源、产业资源、资本资源等。如何发掘校友经济，并充分利用校友资源，联盟开展了以下工作：

（1）建立校友资源线上服务平台。与校友服务产业头部企业辽宁校友汇公司建立全面战略合作关系，委托其开展地区性试点工作，目前在辽宁签约服务高校30所，线上校友资源数据已经突破70万人。成功举办"辽宁校友服务与校友经济论坛"，辽宁省内50余所高校参加。2020年12月举办"东北校友服务与校友经济论坛"，出席的东北地区高校近80所，在沈全国校友会机构65家。同时，成功举办了两届校友文化节，并依托东北大学创建了沈阳校友之家，为在沈校友提供线下生活助理服务、就业创业服务、资源整合服务以及成长赋能服务，衍生推出校友文创产品10个品类。

（2）承接校友返校活动。积极参与沈阳体育学院、辽宁科技大学等高校校友接待工作，成功接待两次一站式校友返校活动，打破传统"吃、喝、唱"聚会形式，融入岁月沉淀、青春不老、同窗往事等具有岁月情怀的文化特色体验，让"聚餐式相聚",升华为"青春的盛宴"。

3. 校园团购。2019 年以来，围绕校园文化生活的高品质要求，以及在校师生的需求变化，在对学习、生活、娱乐场景等校园消费调研的基础上，主要组织开展了两项工作。

（1）开展"美好生活从空气开始"活动。在 2020 年教师节期间，携手海尔成功策划组织了"美好生活从空气开始"活动，通过对学校办公室和教师公寓进行空调清洗，提供了安全洁净舒适的空气环境，为教师节献礼，惠及千名教师。

（2）提供教师车辆定制专属服务。与中国人保财险、平安财险、太平洋财险、国寿财险、大地财险等多家知名财险公司合作，实现了教师专属车险福利折扣及包含油卡、划痕补漆、代价、机场停车等众多增值服务，获得高价值服务教师达 300 余人。

4. 智慧校园。以校园生活智慧化为切入点，以校园不同场景的支付系统落地为突破口，将物联网、大数据、人工智能以及云计算等高新科技手段应用在校园师生生活中。

（1）推广校园餐饮移动端支付。与腾讯、阿里巴巴、禧云等合作，为辽宁、吉林等 12 所高校推广移动支付项目，服务师生 15 万余人，月均交易笔数达到 10 万笔。

（2）研发"小骊同学"掌上生活。"小骊同学"依托物联网技术，通过超级计算机和云计算服务中心将"物联控制平台"和"软件应用系统平台"进行整合，结合信息技术和用户需求，利用智慧物联技术连接，赋能线下商用设备实现智能化，为在校学生提供自助智能化、个性化的体验服务。

中国教育后勤招标采购网工作报告（2020）

党的十九届五中全会审议通过的《中共中央关于制定国民经济和社会发展第十四个五年规划和二〇三五年远景目标的建议》，为新时期教育事业和教育后勤管理工作指明了奋斗目标和方向。中国教育后勤招标采购网站根据中国教育后勤协会相关工作部署，在协会秘书处的具体指导下，认真开展既定的相关工作，取得良好成效。

现将2019年以来的主要工作、学习贯彻党的十九届五中全会会议精神情况简要汇报如下。

一、2019年主要工作情况

中国教育后勤招标采购网（以下简称"网站"）在中国教育后勤协会的直接指导、监督下开展建设和运营工作。

网站以服务教育发展为己任，为全国各级教育部门和各类学校提供学校建设项目招标与采购的挂网、咨询、培训等服务；宣传贯彻国家、地方政府、行业有关招标与采购的法律法规和相关政策，促进招投标的公开公平公正；同时，推广、交流国内外学校后勤招标采购的新理念、新发展、新经验等信息；组织开展学校后勤招标采购工作业务培训，努力搭建学校与企业共享信息、促进交流合作的新型服务平台，打造目前全国唯一一家服务教育后勤招标采购的专业性网站。

网站于2019年5月开通试运行以来，坚持后勤管理工作"为教学服务，为科研服务，为师生员工服务"和"服务育人，管理育人，环境育人"的宗旨，牢记网站服务教育、服务学校后勤的职责和使命，开展了系列工作，取得了一定的成绩。具体相关工作分为以下几个方面（见图1）：

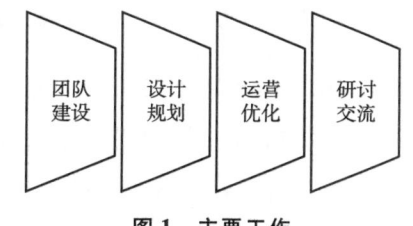

图1 主要工作

（一）组建网站运营团队，开展业务培训

通过公开招聘，择优选用，网站迅速组建了一支符合网站建设和运营、需要具有网站 HTML 语言设计和 IT 行业背景和互联网思维相应能力的 10 多人的工作团队。人员到位后，陆续组织开展了互联网 SEO 优化、互联网营销、网站运维、高校后勤发展概况、高校招标采购实务等相关业务学习和培训。

（二）网站栏目设置、功能和试运行

网站运营团队通过分析高校后勤和招标采购相关业务流程，开设了资讯中心、图片新闻、招采信息、中标信息、政策法规和经验交流等版块。其中，招采信息和中标信息版块均设有设备、货物、服务三个子栏目；政策法规版块设有国家、部委、地方三个子栏目。根据网站运行和信息服务的需要，后续计划陆续增加新的栏目版块，扩大信息量，提升服务成效。

（三）优化设计，网站正式运营

2019 年 8 月 9 日，举行了中国教育后勤招标采购网开通上线仪式。中国教育后勤协会首任会长、中国教育后勤协会专家委员会主席程天权特为网站亲笔题字。

图 2 中国教育后勤招标采购网

网站正常开通运行后，网站日常运行顺畅，各项功能达到预期效果；网站的信息主要来源于全国各高校后勤网站及全国教育部门和各级各类学校网站。网站平均每天发布或转发的学校招标采购信息达 200 余条（见图 2）。

目前，即可查阅教育后勤招标采购的招标、中标信息，国家、部委和地方关于招标采购的相关政策法规和高校招标采购的资讯动态等。

（四）承办池州、南京高校后勤招标采购工作研讨班

2019 年 8 月和 12 月，分别在安徽池州举办了"高校教育后勤招标实务与风险防控专题研讨班"，在江苏南京举办了"高校后勤遵法依规开展招标采购实操研讨班"。来自全国部分高校分管后勤工作的领导、招标采购领域的专家以及为高校提供后勤服务的企业负责人等 400 多人分别参加了两期研讨活动。

2019年招标采购研讨活动圆满举办，参与研讨的专家及代表反响强烈，他们普遍认为：研讨内容的务实性、针对性、实用性很强，尤其对提升大家的政策水平、专业能力、依法操作和按规招标等方面具有十分重要的现实意义，并希望今后尽可能到其他地区举办招投标研讨交流活动。

二、2020年工作情况

在2020年疫情期间，中国教育后勤招标采购网严格遵守国家有关规定，积极配合疫情防控政策；在做好物资保障、员工排查、内部防控管理的前提下积极推进2020年工作的开展（见图3）。

2020年疫情发生以来（截至2020年11月）的工作主要如下：

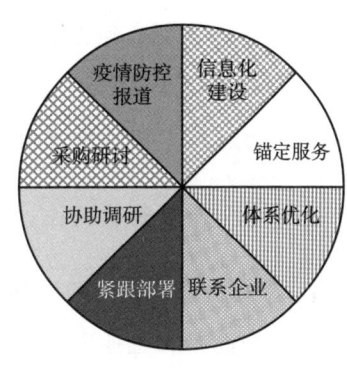

图3 工作概图

（一）牢记"服务教育事业健康发展"使命

发生在岁末年初的新冠疫情，打乱了原有工作安排。为保障后勤动态和招标采购信息能够及时发出，网站全员行动、负责分工、分片包干，积极克服困难、履行职责，迅速作出部署安排，开设了"抗击疫情，高校后勤人在行动"专门报道，及时转发国家和教育部、全国教育后勤协会及各地高校后勤抗击疫情的相关信息，报道宣传全国高校后勤部门全力抗击疫情的大量信息和典型事迹。先后在网站以文字新闻、图片新闻等形式刊发了各类疫情防控信息400余篇，全力配合国家和高校疫情防控工作，获得广泛好评和肯定。

自2020年3月下旬复工以来，网站积极为全国各级各类学校提供后勤招标与采购信息服务，宣贯国家、地方政府、行业有关招标与采购的法律法规和最新的相关政策要求。截至11月下旬，网站为全国2 000多所各类高等院校共发布66 800多条建设、货物、服务招标采购信息。这些信息和数据为高校需求侧和企业供给侧提供了良好的链接和桥梁作用。

（二）加强"网站信息化建设""网站运营管理"

网站紧盯"信息化建设"和"运营管理"两个着力点，通过增强数据管理、服务管理、采编管理、数据传输管理优化网站信息化水平和提升运维能力。

在"信息化建设"方面，通过技术手段和测试工具包找出网站信息化建设过程中的短板，投入资金升级网络服务器、网管路由设备、升级网络带宽、修改网站源代码、优化网站主题词和搜索关键词、提升网站信息安全能力，保障网站在硬件设备保障和软件功能模块方面能够高效、平稳运行。

在"运营管理"方面，网站加大人员在技术、技能方面投入，以及培训人员服务意识。截至11月，网站共组织"网站模块设计研讨""疫情期间教育后勤资讯采集原则""网站信息审核规范""云盾云安全中心安全检测""JavaScript和脚本语言"五次培训，通过技术和运营方面的提升，增强网站PC端和移动端粘性和提升服务能力。

（三）开展多项工作，积极服务后勤和招标采购业务

1. 主动服务高校和后勤服务企业，提升满意服务能力。

根据高校和企业分析供求双方特点，关注、追踪300家高校后勤管理部门，优先发布高质量锚定信息，通过"审核绿色通道机制"提升网站满意服务能力，让招采交易电子化、透明化、便捷化，解决市场主体信息不对称，节约市场主体交易成本、提升市场交易效能。

2. 优化服务体系，打造"会员联盟"和"网站会员服务体系"。

通过打造会员体系和聚合客户端数据让全国诸多优质高校后勤服务企业有机会为高校后勤管理部门提供富有竞争力的优质招标采购服务。

3. 联系企业，将企业纳入网站动态数据库管理。

网站通过关注线上、线下服务和相关活动，优化B2B、C2B业务线，通过线上宣传、线下与服务企业沟通交流，了解后勤服务企业的需求，链接供给、采购需求。组织行业专家、互联网营销公司及网站管理人员进行多次沟通会，主动拜访华东区域相关企业，为网站下一步工作开展进行市场信息和数据收集。

4. 紧跟协会行动部署，做好"制止餐饮浪费"和"美好'食'光"宣传活动。

网站根据协会"威海会议"精神迅速行动，深入学习贯彻习近平总书记对坚决制止餐饮浪费行为作出的重要指示精神，推出"粒粒皆辛苦"和"美好'食'光"专门报道，以"拒绝餐饮浪费，节约每一粒粮食"为主题，深入挖掘各地餐饮浪费和节约正面典型，在网站持续动态报道。

5. 协助中国教育后勤协会课题组开展安徽区域高校节水工作并承办座谈会。

2020年10月20日，中国教育后勤协会常务副会长兼秘书长牛维麟，副会长兼常务副秘书长黎玖高一行五人莅临安徽高校开展节水调研工作。20日下午，高校节

水工作座谈会在中国教育后勤招标采购网站会议室召开。

会议期间，中国教育后勤招标采购网站执行主任王敏陪同各位领导参观了中国教育后勤招标采购网站办公区域。牛维麟秘书长、黎玖高常务副秘书长高度评价网站在服务高校招标采购和相关培训工作中发挥的积极作用（见图4）。

图4　牛维麟秘书长、黎玖高常务副秘书长带队到招标采购网站开展节水调研工作

6. 承办下半年长沙、洛阳高校后勤招标采购工作研讨班。

2020年10月28日至31日，在湖南省长沙市举办了"2020高校招标采购首期研讨班"（见图5）。来自全国22个省及直辖市高校负责招标采购工作的领导、老师及相关企业负责人参加了本次研讨班。中国教育后勤协会常务副会长兼秘书长牛维麟作了开班动员讲话。牛维麟秘书长对中国教育后勤招标采购网站承办的招标采购研讨班给予了肯定：中国教育后勤协会委托中国教育后勤招标采购网站，负责组织开展的高校招标采购研讨培训活动，贴近我们招标采购工作实际需要，对大家进一步掌握招标采购政策法规、解决招标工作中的难点和痛点，有着十分重要的现实意义。

为贯彻党的十九届五中全会精神，实现高校后勤事业高质量发展目标，推进校园招标采购管理与服务的改革、创新，交流沟通各地招标采购工作的新经验、新做法，应部分高校后勤部门热切要求，中国教育后勤协会秘书处委托网站于2020年12月8－11日在河南省洛阳市继续承办了"2020高校招标采购第二期研讨班"（见图6）。

图5　2020高校招标采购首期研讨班　　**图6　2020高校招标采购第二期研讨班**

专题报告二　区域风貌

服务育人保发展，担当作为促改革

——安徽省高校后勤协会2020年度工作报告

一、协会的基本情况

安徽省高等院校后勤协会（以下简称"协会"）成立于2008年4月，2015年6月进行换届，选举产生了新一届理事会、常务理事会和领导机构。现有单位会员143个（其中学校会员111个，企业会员32个），个人会员271人；151名理事，45名常务理事，协会领导机构负责人11人（其中：高校分管后勤领导10人）。协会下设"餐饮、学生公寓、节能、商贸、物业和信息化"六个专业委员会，分别设在有关高校的后勤管理部门。

协会严格按照《社会团体登记管理条例》和《安徽省高校后勤协会章程》及国家有关社会组织管理要求开展工作，不断加强组织建设。始终坚持"依法办会、规范办会、民主办会、勤俭办会"的宗旨，在承担政府职能转移、履行行业自律管理、开展业务培训和课题研究、制定行业标准规范等方面做了大量工作，得到会员和上级主管单位认可，在全省乃至全国高校后勤行业产生一定影响。协会通过了中国社会组织等级AAAA（4A级）评估；连续多年荣获安徽省属"百优社团组织"称号、"全国高校后勤系统社团工作先进单位"称号。2021年上半年，协会已完成与行政机关脱钩改革工作，年内将进行第二次换届。

协会秘书处是协会的办事机构。根据协会章程规定，设秘书长1人，常务副秘书长1人，其余7名副秘书长中，6人为各分支机构负责人；秘书处设办公室主任1人，办公室工作人员若干。

二、协会制度建设与行业标准、规范制定情况

协会成立以来，始终坚持依法依规办会，健全和完善相关管理制度，不断加强制度建设。除《安徽省高校后勤协会章程》外，先后制定（修订）了 10 多项内部管理制度，包括《安徽省高校后勤协会分支机构管理办法》《安徽省高校后勤协会公文处理规则》《安徽省高校后勤协会单位会员管理办法》《安徽省高校后勤协会会费收支管理办法》《安徽省高校后勤协会服务性收支管理办法》《安徽省高校后勤协会研究课题管理办法》等。与此同时，协会积极探索行业标准规范的研究制定，2009 年率先制定出台了《安徽省高等院校餐饮行业准入管理办法》，随后又制定了《安徽省高校标准化学生食堂（学生公寓）指标体系》《安徽省高校学生食堂成本核算指导意见》《高校食堂管理制度汇编》等。2019 年，出台《安徽省高校文化餐厅建设指南（试行）》等。所有这些，为协会规范开展活动和推动高校后勤转型升级，提供了有效遵循和制度保障。

三、思想政治建设工作

（一）坚守服务育人初心，勇担时代使命

全省高校后勤系统深入学习贯彻习近平新时代中国特色社会主义思想、习近平总书记视察安徽重要讲话、习近平总书记关于教育的重要论述和指示批示以及关于党史学习教育的重要指示精神，全面落实全国、全省教育大会精神；各会员高校后勤党委（党总支）、党支部按照上级党组织的部署和要求，深入推进"不忘初心、牢记使命"主题教育和党史学习教育，聚焦"守初心、担使命，找差距、抓落实"总要求，开展集中理论学习、爱国主义教育、警示教育、学习先进典型、大兴调查研究等，实现了理论学习有收获、思想政治受洗礼、干事创业敢担当、为民服务解难题、清正廉洁做表率五个具体目标。增强"四个意识"、坚定"四个自信"、做到"两个维护"，推动党史学习教育走深走实。深学笃行习近平新时代中国特色社会主义思想，进一步加深对党的百年奋斗伟大成就和历史经验，特别是党的十八大以来的 9 年在党的百年奋斗史上特殊历史地位的认识，筑牢政治之魂，进一步增强维护习近平同志党中央的核心、全党的核心地位的坚定和自觉。持续深化"我为群众办实事"实践活动。

结合党史学习教育，协会寓专会还在暑期培训期间组织与会代表赴陈独秀墓园和邓稼先故居瞻仰学习，深刻缅怀老一辈共产党人的光辉历史，实地感受革命先辈

的奋斗历程、优良作风和崇高情怀，继承和发扬红色基因（见图1）。

为切实加强党对社会组织的领导，促进社会组织健康发展，有效促进社会组织党建工作与社会组织业务工作有机融合，协会成立功能型党组织，开展党的活动，推动党建工作与业务活动有机融合。

图1 党史学习教育

（二）助力实现扶贫攻坚，持续推进消费扶贫及面向采购

协会以高度的责任感和使命感，助力抓好高校食堂面向贫困县采购农产品（以下简称"面向采购"）和消费扶贫工作落实，并取得新成效。截至2020年12月底，全省高校"面向采购"等消费扶贫累计采购物资5 956万公斤，总金额33 015万元。其中，2020年采购量为16 763万元，占总量的51%，超过2018年和2019年两年采购量总和（见图2）。

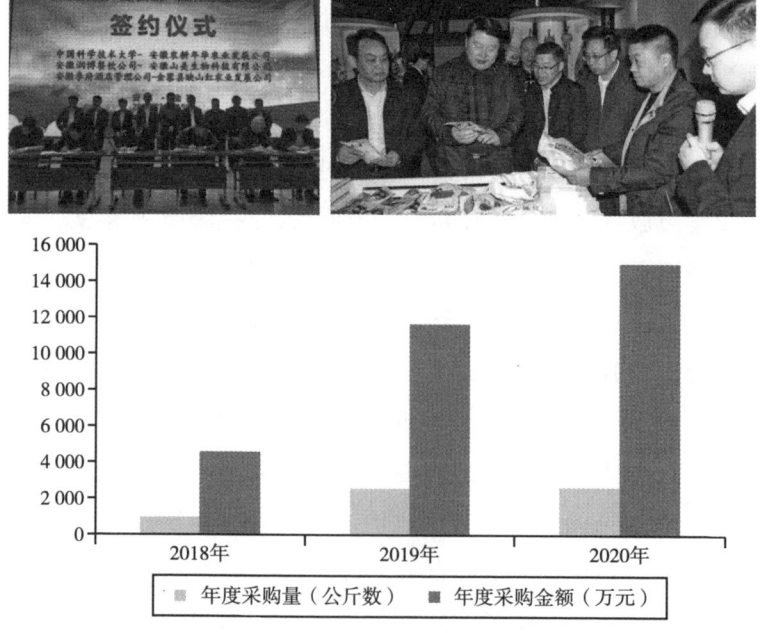

图2 安徽省高校消费扶贫情况

(三)发挥参谋助手作用,影响力显著提升

1. 深入贯彻落实党中央和省关于精准扶贫精准脱贫的决策部署,协调指导会员单位在定点帮扶中创新实施"农校对接""面向采购""集中定点"等精准扶贫模式。为配合政府开展"面向采购"工作,协会在"面向采购"的基础上,启动助力大别山革命老区扶贫攻坚项目,制定实施方案。

2. 持续推进高校文化餐厅建设。协会印发出台了《高校学生文化餐厅建设指南》之后,全省有近一半的高校完成学生食堂就餐环境的升级改造和设施设备的更新。在后勤育人氛围、师生就餐环境、文化建设上有较大提升。

3. 围绕"绿色校园"建设,主动做好培训宣传。推进"绿色校园"建设及校园垃圾分类宣传教育。

4. 后勤服务监管体系不断完善。在协会开展课题研究的基础上,创新性地提出高校食堂食品安全第三方监管模式,并在一些高校逐步推广运用,受到国家、省市场监督管理局的充分认可。

5. 围绕学校制止餐饮浪费,从组织领导、餐饮供给、宣传教育、制度体系四个方面调研存在的问题,摸清浪费现状,提出要求,推动学校采取措施,探索构建制止餐饮浪费长效机制。

四、协会开展的各项特色活动

(一)业务培训形成制度,大力提升高校后勤管理队伍的专业化水平

协会成立以来,始终坚持抓好高校学生食堂、学生公寓、校园节能管理等业务培训工作,并形成制度。

1. 连续举办 12 期高校食堂管理与从业人员食品安全知识省级骨干培训班,举办 4 期高校餐饮管理高级研修班,逾 6 000 人次参加培训与研修。

2. 连续举办 8 期高校学生公寓管理人员培训班,约 1 600 人次参加培训。

3. 连续举办 7 期全省高校后勤管理暨节能管理省级培训班,约 1 200 人次参加培训。

4. 连续举办 3 期全省高校后勤系统办公室主任及信息宣传工作研修班,共 400 余人次参加培训。培训活动贴近实际,讲究实效,具有较强的针对性。有组织地参加中国教育后勤协会的各类培训。

协会还配合中国教育后勤协会开展高校后勤招投标实务和校园物业管理方面培训。

（二）举办业务技能大赛，开展行业评选表彰

协会共组织举办 3 次全省高校烹饪技能大赛；连续 8 年举办全省高校学生公寓管理人员演讲比赛；定期开展行业评优表彰。

为纪念高校后勤社会化改革 10 周年，协会举办了"五个一工程"（一本画册、一部论文集、一部专题片、一台晚会和一次表彰），影响巨大。

（三）发挥桥梁纽带和咨政作用，承接政府职能转移，成为教育行政部门的得力参谋和助手

省教育厅充分发挥协会的职能作用，在深化高校后勤改革和规范后勤管理等诸多工作中，都是通过协会来推动和落实的。

1. 推动"农校对接"融入"脱贫攻坚"，助力"精准扶贫"。协会积极配合省教育厅、省扶贫办开展"面向采购"工作专题调研，广泛征集了意见建议，为省政府办公厅出台《安徽省人民政府办公厅关于引导支持高校食堂面向贫困县（市、区）采购农产品的意见》（皖政办秘〔2017〕299 号）提供支撑。

2. 助推出台新举措。配合省教育厅开展学生食堂工作调研和食堂工作专项检查，组织召开学生食堂工作座谈会，征求有关高校和社会企业的意见，为省教育厅印发实施《关于进一步做好新时期高校和中专学校学生食堂工作的通知》（皖教后协〔2017〕1 号）和省教育厅等 6 部门出台学生食堂保供稳价政策措施提供重要支撑。

3. 受省教育厅委托，承担校园疫情防控、安全检查、食品安全工作督查、节能考核和项目评审等工作。

4. 组织会员单位参加有关重大活动，如省政府主办的安徽名优农产品暨农业产业化交易会等。

（四）持续推进高校文化餐厅建设

食堂文化是后勤文化的代表，建设富有内涵的食堂文化，能够让师生就餐的同时切实感受到浓厚的文化氛围，对师生产生长期的、潜移默化的影响，更好地贯彻新时期"全员育人、全过程育人、全方位育人"的"三全育人"宗旨。为更好地发

挥食堂文化，协会在课题研究的基础上印发出台了《高校学生文化餐厅建设指南》，提出文化餐厅建设及评价原则（见图3）。

中医药高校食堂影壁—马头墙

中医药高校食堂墙面装饰—花草图案

财经高校食堂格物架—绿植

财经高校食堂墙面装饰—健康

齿轮墙饰（全景）

齿轮墙饰（近景）

墙体插花

彩绘磁碟

（a）工科高校文化食堂效果　　　　　（b）文史类高校文化食堂效果

特色灯饰

榫卯花架

鲁班典故

（c）建筑类高校文化食堂效果

徽商文化花架灯箱

徽商文化花架摆件

（d）工商类高校文化食堂效果

图3　安徽省四所高校文化餐厅装修案例

（五）后勤服务监管体系不断完善

协会在开展课题研究的基础上，创新性地提出高校食堂食品安全第三方监管模式，同时在一些高校逐步推广试点，积极完善食品安全管理措施，创新食品安全管理模式，引进专业人才和技术，做好食堂饮食安全工作，筑牢食品安全"防火墙"，从源头消除影响饮食安全的各种隐患，营造稳定和谐的校园环境。由过去单一的"监管部门+食堂"转变为"监管部门+第三方+食堂"三位一体的监管模式，增加了监管厚度，减少了监管的盲区。充分改善了目前监管部门因人员少，监管水平欠缺埋下的监管隐患，提高了监管效能，使食品安全的可靠性有了良好保证。2020年11月，国家市场监督管理总局食品经营司副司长刘洪彬一行来芜湖开展食品经营安全监管工作专题调研，专门参观了安徽商贸职业技术学院学生食堂和食品安全第三方监管服务中心，了解食品安全第三方监管服务模式及监管效果等有关情况，并充分肯定了第三方监管服务中心在食品安全源头控制、过程管理及监管溯源上的探索实践和技术能力（见图4和图5）。

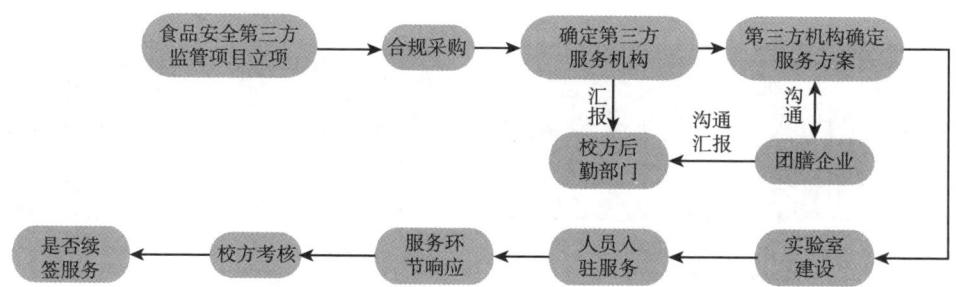

图4　校园食品安全第三方监管服务落地流程

图5　国家市场监督管理总局食品经营司刘洪彬一行参观安徽商贸职业技术学院学生食堂和食品安全第三方监管服务中心

（六）坚持问题导向，开展课题研究

新时代新作为新担当。协会制定了《研究课题管理办法》，并启动新一轮课题研究工作，通过严谨的课题申报和立项评选，首批共立项研究课题 15 项，其中重大专项课题 1 项，重点课题 4 项，一般课题 10 项。上述课题，大部分已结题，其中有的已取得成果，并运用于工作实践。

（七）大力推进高校后勤服务市场开放与规范监管

十多年来，协会坚持"营造环境，积极引导，打破藩篱，规范秩序，有序开放，加强监管"的原则，推进高校后勤服务市场稳步开放。截至目前，全省高校 90% 以上的学生食堂、校园超市由社会企业经营服务；90% 高职院校、70% 本科类院校的校园物业服务由社会物业企业承担，部分高校的学生公寓管理服务、医疗服务等也已逐步开放，交由专业机构管理运作，并建立相应的监管体系。多数高校基本实现由"办后勤"向"选后勤""管后勤"的转变，初步实现了"管办分离"。一大批社会企业进入高校，也造就了一批本土优质后勤服务企业，打破了高校后勤封闭运行、垄断经营的局面，初步实现了学校内外后勤资源的优化配置。

（八）在抗疫一线彰显担当作为

新冠肺炎疫情发生以来，协会及时开办"应对疫情、保障开学"系列讲座网络直播，先后开讲"校园公共区域消毒操作"等 5 个专题，组织高校和服务企业参加全国高校后勤行业系统线上培训七场次，逾 6 000 人次参加培训，收到较好效果。利用微信（QQ）群平台，及时发布转载官网疫情防控信息动态和兄弟省（市）做法，及高校后勤疫情防控工作提示、全国高校后勤行业疫情防控规范、指引、指南等信息 200 余条。

（九）组织行业评比，提升员工素养

疫情防控中涌现了一批先进个人，根据中国教育后勤协会评选先进集体和先进个人的安排，协会及相关专业委员会均进行了先进集体和先进个人的评选工作，表彰先进、树立典型、弘扬榜样精神。

根据全国高校物专会工作安排，结合安徽省实际，物业专业委员会还评选出了"2020 安徽省高校物业服务十强企业"。节能专业委员会评选出配合主管部门 19 所省级节水型高校。

五、展望2022，以饱满精神面貌，全面开启安徽高校改革发展新征程

（一）通过加强党的建设，提高后勤队伍的向心力、凝聚力、战斗力

一方面，通过党组织的工作，全面推进党的政治、思想、组织、作风、纪律建设，充分发挥好基层党组织的战斗堡垒作用和党员的先锋模范作用。党组织要结合实际，做好后勤员工的思想政治工作，使大家凝心聚力，把思想和干劲统一到学校发展的大局上来；另一方面，进一步落实好从严治党主体责任，完善廉政风险防控制度，不断健全责任体系，层层压实责任，层层推进落实。

（二）提升服务效能，打造后勤高质量发展的"安徽品牌"

"双一流"建设、高水平大学（高水平高职院）建设、高等教育内涵发展背景之下的高校后勤，必须在更优质的服务、更规范的管理上下功夫，需要进一步提升服务质量、管理水平、保障能力，增强服务育人功能，构建新型后勤保障体系，推动后勤工作实现高质量发展新格局。近年来安徽省高校适应校园安全和服务精细化、规范化的新要求，在规范日常管理、提升服务效能方面做了大量工作，涌现出中国科学技术大学、合肥工业大学、安徽大学、安徽财经大学等一批在全国有影响力的后勤先进单位。协会将继续努力，争取在智慧后勤建设和精细化管理上也能具有典型的安徽特色，打造"安徽品牌"。

（三）加强协会工作，充分发挥协会作用

"打铁还需自身硬"，后勤协会将继续认真贯彻落实中央关于行业协会改革的最新政策精神，全面贯彻落实新时代党的建设总要求，按照行业组织的履职要求和工作任务，加强协会各项建设，激发各分会的活力，促进工作团队的专业化，增强协会整体功能和服务能力，提升工作效率和专业化水平，充分发挥好行业协会的桥梁纽带作用，当好政府的工作参谋，助推教育后勤现代化。坚持问题导向，高度重视行业标准和规范的研制，在后勤各专业领域研制出具有安徽特色的行业标准，推进行业改革与发展。增进对外学习交流，着力落实长三角区域一体化新发展理念。发挥协会协调、规范的作用，进一步优化校园服务企业的营商环境。建立"亲、清"的校企合作关系，增强校园服务企业服务师生的能力和社会责任感。

守正创新铸辉煌,砥砺奋进续华章
——上海市学校后勤协会 2020 年度工作报告

一、协会的基本情况

上海市学校后勤协会(以下简称"协会")成立于 2009 年,是在上海市社团局注册的独立法人机构,主管单位为上海市教育委员会,是上海教育后勤系统的专业性协会,涵盖高校、普教、中职校在内的各级各类全日制学校后勤,遵循"公正性、代表性、权威性"原则,开展大量卓有成效的工作,于 2017 年获评由上海市民政局颁发的 5A 级社团组织(见图 1)。2020 年召开了协会三届三次会员代表大会(见图 2)。

图 1　上海市学校后勤协会获评　　　　图 2　2020 年上海市学校后勤协会
　　　5A 级社团组织　　　　　　　　　　　三届三次会员代表大会现场

协会下设普教、中职 2 个分会;餐饮、公寓与物业、校园、节能环保、信息化、商贸、后勤育人与人力资源等 7 个专业委员会;培训工作部、研究发展部、文化宣传部、女职工工作部等 4 个专业部门;秘书处为日常办事机构(见图 3)。现有工作人员 6 人,其中专职工作人员 2 人,挂(兼)职人员 4 人。

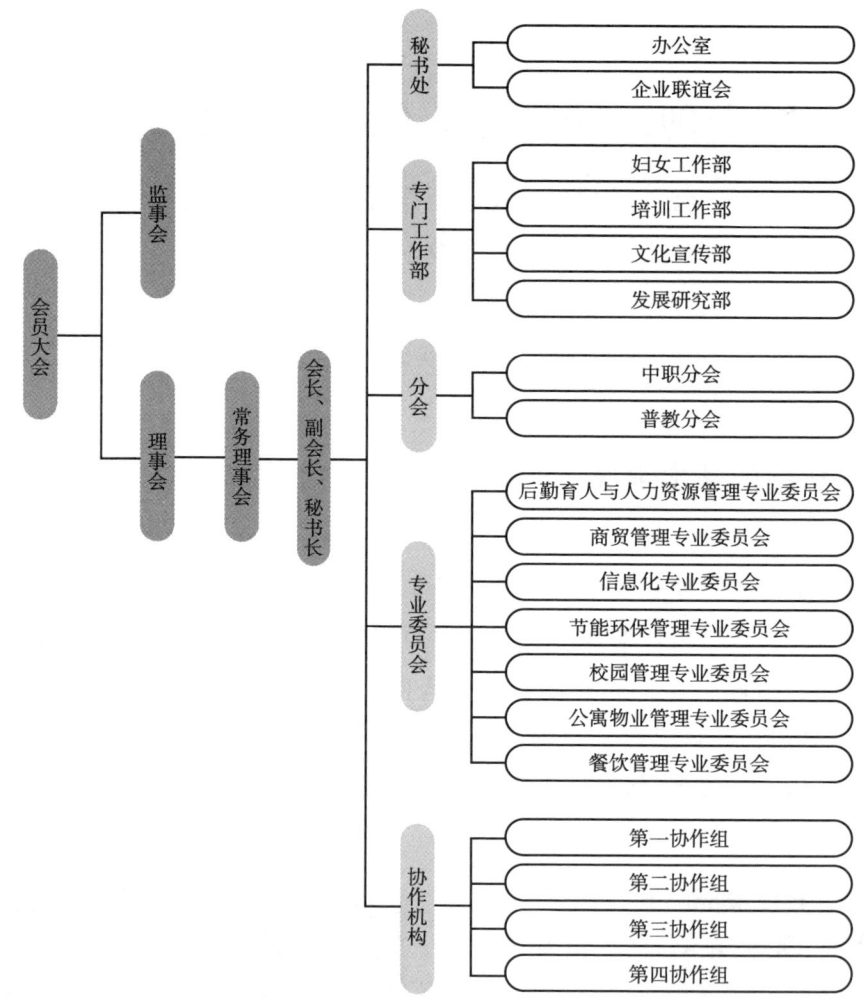

图3 上海市学校后勤协会组织架构

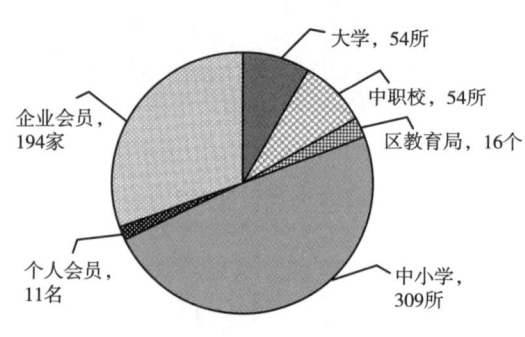

图4 2020上海市学校后勤协会现有会员情况

截至2020年12月31日,协会有会员638个,包含大学54所、中职校54所、区教育局16个、中小学309所、个人会员11名及企业会员194家(见图4)。其中,监事单位9家,理事单位81家,常务理事13人。上海市教育卫生工作委员会原巡视员李瑞阳担任协会会长,上海市教育委员会学校后勤保卫处处长张旭担任协会法人、常务副会长;部分高校后勤处长担任协会分支机构负责人。个人会员由部分高校分管校领导、原学校后勤岗位专家以及教授、学者等教育后勤行业知名人士担任；企业会员涵盖综合管理、物业保洁、信息化、节能环保、餐饮、学生公寓、设施设备等相关行业的经营管理和服务企业。

二、自身建设工作

（一）加强规范化建设，创新学校后勤管理新名片

1. 打造学校食堂"六T"标准。把学校餐饮管理 ISO 9001-2010 版和 HACCP 相结合，根据国际上常用的 5S 等先进管理办法逐步形成了具有上海高校餐饮管理特色的食堂"六T"现场实务管理。目前已有 304 个高校食堂达到了"六T"标准，占全市高校学生食堂总数的 85%，并逐步推广到上海中等职业学校、中小学乃至幼儿园（见图 5 和图 6）。

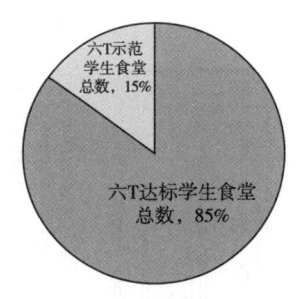

图 5　截至 2020 年上海高校"六T实务现场管理"食堂建设情况

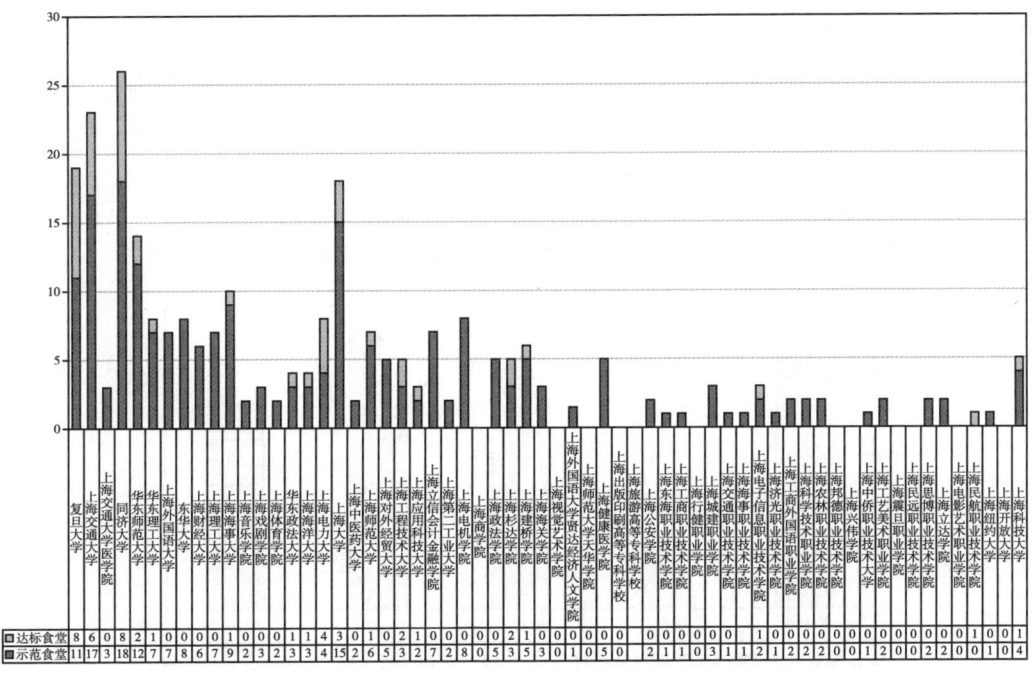

图 6　截至 2020 年上海高校"六T实物现场管理"食堂建设情况汇总

2. 开展学生公寓"六T"管理。把学生食堂"六T"管理引入学生公寓管理,创新建立了上海高校学生公寓"六T"管理标准。目前,共有466幢学生公寓达到了"六T"管理达标创建标准。约占全市1 431幢公寓的32.56%(见图7-图9)。

图7 高校学生公寓"六T"管理示范公寓

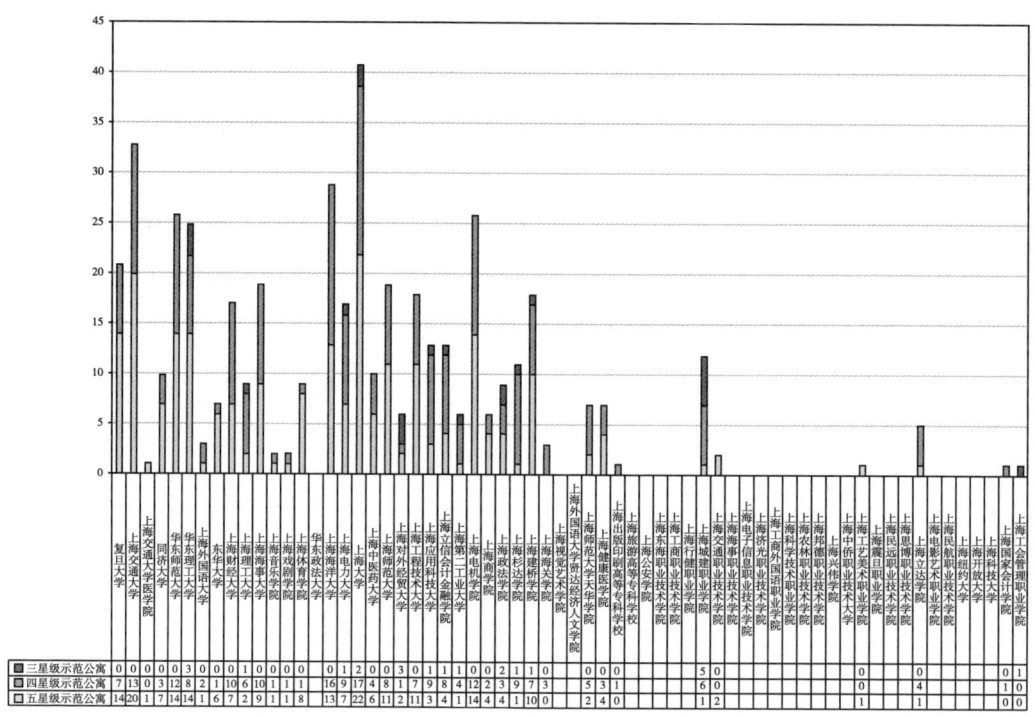

图8 截至2020年上海市高校学生公寓"六T"管理达标评估情况汇总

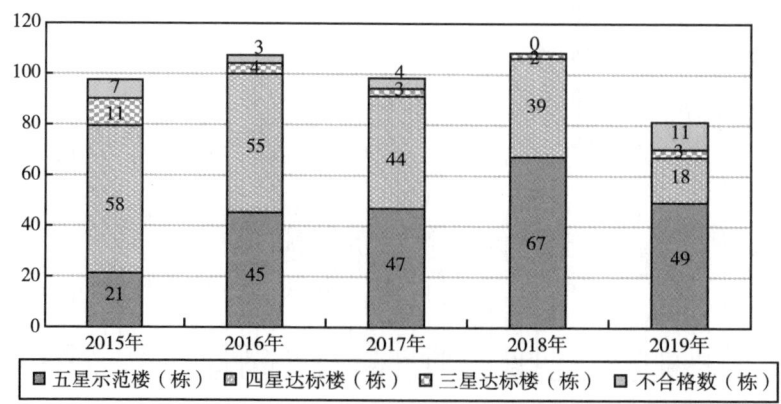

图9 截至2020年上海高校"六T实务现场管理"学生公寓建设情况

3. 完善后勤管理服务标准化建设。牵头向上海市市场监督管理局提出《智慧校园后勤建设与应用团体标准试点》申请，并获得市场监督管理局立项批准，对规范本市校园智慧系统建设，推动、提升学校后勤管理和服务水平起到了积极促进作用（见图10）。

图10 智慧校园后勤建设与应用团体标准试点启动仪式

（二）加大培训力度，强化人文关怀，助力打造一支高素质教育后勤队伍

1. 完善培训体系。2020年通过线上线下相结合的形式对上海学校近千名后勤一线员工进行职业培训，成功培训营养师100多人，食品安全从业人员321人，保洁服务人员106人等，为建设一支既敬业又专业的后勤队伍，确保核心队伍的稳定可持续起到了积极的作用（见图11）。

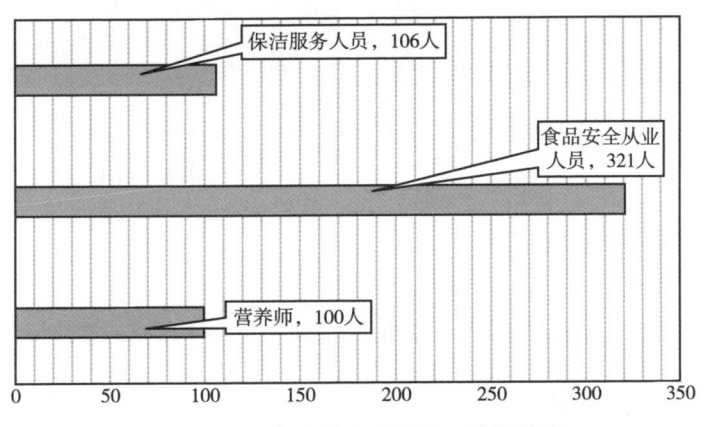

图11 2020年上海市后勤员工培训情况

2. 建立激励机制。积极配合上海市教委等部门做好"上海高校后勤标兵""上海高校校园卫士"（绿叶奖）的评选工作，定期表彰在高校后勤管理与服务中做出杰出贡献的后勤干部员工，以正向激励进一步激发了大家干事创业的热情。

3. 强化人文关怀。2020年疫情期间，上海市学校后勤协会向每一位奋战在疫情防控一线的同志发出《织密疫情防控网络、保障学校有序运行——致敬坚守岗位防控疫情的学校后勤人》慰问信，向学校后勤全体同仁和家属致以最崇高的敬意和最亲切的慰问。

（三）提升服务会员能力，助推教育后勤事业发展

1. 助力企业会员提升应变能力。2020年，为积极应对疫情冲击，邀请专家做关

于"疫情之下,中国经济路在何方"的主题报告,为会员企业分析大环境和市场方向,鼓励大家积极应对疫情,努力抓新机,开新局。

2. 切实解决企业会员的实际困难。疫情期间,为减轻企业因疫情造成的实际负担,对部分企业会员进行了走访和座谈,并形成费用减免报告,向政府部门反映现实困难;同时,在2020年对所有企业会员单位给予一定的会费减免,帮助校园服务企业共渡难关,共克时艰,进一步做好会员企业的保障服务工作(见图12)。

3. 不断完善企业会员的管理和交流机制。在2020年会员代表大会上,邀请了多家企业会员单位参与"新技术、新产品、新模式"微论坛交流会,将与参会代表一起分享了智慧校园建设的新技术、新产品和新信息(见图13)。

图12 爱心企业颁证仪式

图13 上海市学校后勤协会2020年会员代表大会微论坛现场

三、思想政治建设工作

(一)以"四史"学习教育为契机,汇聚砥砺前行的奋进力量

图14 "从党史中感悟初心使命"主题党课

通过主题报告、参观走访、交流学习等形式,将学习教育纳入协会中心工作体系,融入为推进学校后勤现代化建设工作做贡献中,引导全体党员干部坚定理想信念、传承红色基因、永葆政治本色(见图14)。

(二)发挥示范引领作用,充分激发学校后勤劳动育人功能

上海市学校后勤协会遵循教育规律,结合教育后勤和不同学校特点,打造各具

特色的劳动教育特色示范校。

上海工程技术大学打造具有工技大特色的"3+1"后勤育人工作体系建设内容；上海立信会计金融学院通过"三个结合"（结合践行社会主义核心价值观、结合优秀传统文化、结合后勤日常服务管理）和"四个联动"（与教务部门、学工部门、组织部门和宣传部门的联动），系统打造劳动教育的育人体系；华东理工大学通过学校劳动教育基地建设，结合"四史"学习教育讲好劳动课程；上海交通大学打造了"匠心讲堂""零学分"必修课等特色劳动育人课程；华东师范大学通过开设学校劳动系列课程、建设校园劳动实践基地、完善培训体系和评价体系，不断打造劳动教育新名片（见图15和图16）。

图15 后勤劳动实践教育基地　　图16 学生参与后勤体验岗活动—校园绿化保洁

（三）发挥专业优势，引导师生树立节粮爱粮新理念

通过组织举办高校食堂菜肴比赛、创新菜比赛等形式，以比赛促行动，同时获奖菜品进入各高校巡展。上海市高校之间也举办形式多样的"同城美食交流""高校美食节""网红菜"等活动（见图17和图18）；同济大学还外派厨师到全国各地的高校学习风味菜肴，有效提升整体服务水平向更高层次发展，进而助力减少浪费。

图17 上海大学生美食节现场　　图18 与会领导参观美食节展区

（四）聚焦垃圾分类新时尚，推动校园分类实效和学生分类理念双提升

2020年，上海市学校后勤协会与上海市学校生活垃圾分类工作推进领导小组办公室加强联动，紧紧围绕提升学校垃圾分类实效、提升师生垃圾分类意识两大任务，建立了科学、规范、高效的高校垃圾分类工作长效运行机制，促进了学校垃圾分类工作的长足进步。2020年底，62所高校全部达标，优秀率高达93.55%，可回收物、有害垃圾、湿垃圾的产生量占比均高于2019年，反之干垃圾的产生量占比低于2019年，达到了"三增一减"的目标（见图19）。

图19 复旦大学设立垃圾分类督导员引导学生做好垃圾分类

四、服务提升工作

（一）始终抓好食品安全这一校园后勤稳定的根本

协会在市教委指导下，每年严抓校园食品安全。每年春季组织专家组，对全市62所高校食品安全进行"地毯式"检查，并逐年提高了检查的标准要求。每年秋季对春季检查出现问题的学校，进行抽检和复检（见图20和图21）。十多年来的检查形成了一整套规范的检查管理制度，使食品安全工作达到了一个新的水平。

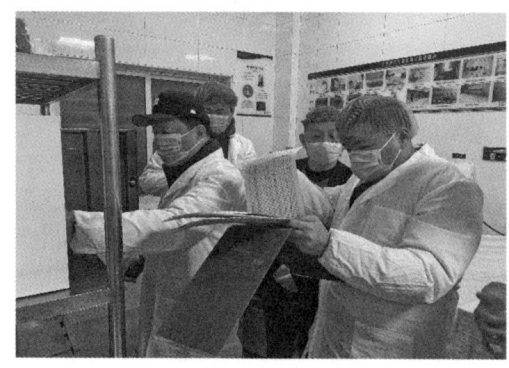

图20 专家组对高校食堂进行抽检

图21 专家和领导给予工作建议

(二) 牢牢绷紧维护校园安全这根弦

不断强化校园安全隐患综合治理，充分发挥校园管理专业委员会的专业优势，连续多年组织专家对全市高校防汛防台隐患进行专业检查；同时，组织形式多样的宣传教育活动，提高大家的防灾减灾意识。在市教委的领导下，开展全市学校防汛防台演练，逐步形成了上海高校防汛防台相关的规章制度并逐步形成了操作规范，有力维护了广大师生生命和财产安全（见图22和图23）。

图22　2020年防汛防台应急演练

图23　专家组检查防汛防台设施设备

(三) 协助做好疫控常态化背景下的后勤服务保障工作

编制《关于做好开学前后学校后勤关键服务区域疫情防控措施的提示》；发起捐赠疫情防控资金、物资倡议，共26家企业和个人为教育系统捐赠包括19.3万只口罩、2 385套各类消毒设备、1 000部人体测温仪、120台新风机以及各类消毒液等防疫物资和设施设备（见图24）。

图24　上海高校后勤服务股份有限公司捐赠抗疫物资

五、重点特色工作

(一) 依托"1+4"运行模式，协同创新促发展

为提高学校后勤工作的整体效能，上海市建立和完善"1+4"后勤工作运行新模式，即上海市教委学校后勤保卫处和上海市学校后勤协会、上海高校后勤服务中

心、上海高校后勤服务股份有限公司、上海现代高校智慧后勤研究院。在此模式下，上海市学校后勤协会不断推进学校后勤管理与服务的标准化和现代化建设，为建设智慧后勤、绿色校园、平安校园的目标贡献力量。

（二）高度重视信息化建设工作，提升服务保障能力

1. 助力"智慧公寓"建设。上海师范大学导入"精细化管理、规范化服务、全方位育人"的服务模式，智荟园区以"超级宿舍"云平台为核心，线上线下联动管理（见图25和图26）；上海建桥学院对新建两栋宿舍楼进行智慧化物联改造。利用智能网关，基于物联网技术实现对房间、空调、插座、照明灯进行电量计量、能耗统计、远程控制、动态警报等功能（见图27）。

图25 上海师范大学智荟园区之学习共享空间

图26 上海师范大学"超级宿舍"云平台

图27 上海建桥学院智慧宿舍建设

2. 打造学校食品安全智慧管理平台。上海市学校后勤协会发挥专业优势，积极配合上级主管部门建设高校食堂运行监测系统，一方面实现高校食品溯源与仓储管理；另一方面实现高校食堂运行数据监测，全方位实时监控、安全风险评估、自主规范食堂服务。

3. 探索"互联网＋餐饮"新模式。上海师范大学率先推出了"云餐厅"就餐模式，根据师生需求，适时扩大校内外优质餐饮产品供给，形成强大的供应链云，满足师生变化的新需求（见图28和图29）；复旦大学设置了校园移动餐车（见图30）；上海理工大学用科技赋能推动食堂革命，南校区新建食堂"思餐厅"采用国产先进人脸识别自动结算系统，减少师生就餐排队时间，同时实时获取报表数据，指导食堂有效提高服务能力（见图31、图32、图33）。

图28　上海师范大学"云餐厅"

图29　上海师范大学食堂红外检测系统

图30　复旦大学校园移动餐车

图31　上海理工大学南校区食堂

图32　上海理工大学人脸识别自动结算系统

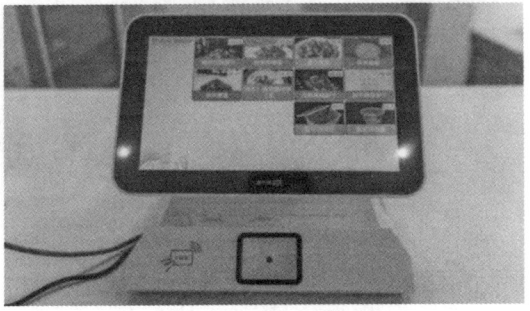

图33　智能点餐叫号机

（三）践行绿色发展理念，共建智慧节约型校园

复旦大学在食堂整体改造期间引入餐厨垃圾智能处理系统，极大地改善了项目所在地食堂的卫生环境和后勤压力，带来了良好的环境和经济效益（见图34和图35）。

图34 复旦大学餐厨垃圾智能处理系统

图35 复旦大学食堂节能灶具与天空烟灶

上海科技大学探索尝试清洁能源替代，打造低碳智慧校园。通过合同能源管理，统一运维服务，对能源利用开展全过程管理与保障服务（见图36）。

上海电力大学借助具有电力学科发展特色的智能能源系统，实现了能源系统高效、可靠、稳定运行，降低了能源系统运行成本（见图37）。该项目是国家发改委能源局首批批复的28个示范项目之一，同时也是目前唯一建成的项目，引来能源电力行业的广泛关注。

图36 直饮水设备

图37 上海电力大学新能源微电网鸟瞰图

上海理工大学对标"双碳"目标，通过物联网＋saas云平台打造专属的浴室能源管理平台，加大科技投入，对校园路灯进行整体改造，实现"灯随光变"，开启智

慧路灯新时代。

（四）加强课题研究，为后勤现代化建设提供理论支撑

1. 广泛开展课题研究。2021 年度上海市学校后勤系统研究课题申报中，涵盖高校、中职、普教等各类型学校。最终确定立项 45 个课题，其中重点课题 12 个，一般课题 33 个。

为保证课题研究质量，申报工作坚持与后勤重点、难点工作相结合，坚持与学校、企业需求相结合，高校与企业会员组成联合课题组，并配套 100 余万元的科研经费，为课题的研究提供了有力的团队和经费保障。

2. 高质量完成重大课题的调查和研究。联合部分会员企业，积极协助中国教育后勤协会完成《校园安全供水模式与新技术应用研究》《校园健康饮用水：现状、问题及对策》等重点课题研究（见图 38）。上海市教委学校后勤保卫处处长、上海市学校后勤协会常务副会长张旭亲自担任上海课题组组长（见图 39）。

图 38 《校园健康饮用水：现状、问题及对策》上海课题组启动暨开题会

图 39 张旭处长主持开题会，并亲自担任上海课题组组长

3. 积极开展中小学课题研究。为提升中小学后勤工作研究水平，上海市学校后勤协会充分发挥普教分会职能与作用，积极开展中小学重要应用性课题研究。"上海市中小学营养午餐调查""上海中小学教室空调安装研究"等研究成果得到政府部门和学校的广泛认可。

（五）聚焦团队文化建设 引领后勤内涵发展

上海市学校后勤协会历来重视后勤团队文化建设，围绕重要时间节点，举办各类主题活动，不断提升后勤团队的凝聚力。

2020年，上海市学校后勤协会和上海市高等教育学会保卫工作专业委员会联合举办了"上海学校后勤保卫系统'2020年度感动人物、敬业团队、爱心企业'风采展示活动"，隆重表彰奋战在抗疫一线的后勤工作人员（见图40和图41）。

在中国共产党成立100周年之际，上海市学校后勤协会在全市后勤系统组织开展"孺子牛""拓荒牛""老黄牛"式优秀后勤管理和服务人员评选展示活动，进一步激励广大员工为实现师生对美好生活的向往不懈努力。

图40 上海市学校后勤保卫系统2020年度"感动人物"获奖个人

图41 上海市学校后勤保卫系统2020年度"敬业团队"获奖团队

（六）聚焦乡村振兴 助力精准扶贫

1. 积极探索"消费扶贫"新模式。发挥高校联办后勤平台的作用，将"农校对接"和"精准扶贫"相结合，在沪遵和沪喀两地党委、政府支持下，助力优质农副产品和水果进入上海大学生的"菜盘子"和"果盘子"，为两地脱贫攻坚贡献智慧和力量（见图42和图43）。

图42 精准扶贫蔬菜供应窗口

图43 助力喀什脱贫攻坚系列活动

2. 推进贫困地区特色优质农产品进校园。2020年，主动参与各高校美食节、粮食节等活动，举办多场扶贫农产品推荐会，向全市高校学生食堂销售扶贫产品品种59个，销售量850吨，销售额1 300多万元（见图44-图47）。

图44 2020年对口支援青海果洛，签署战略合作协议

图45 上海高校后勤应邀参加《我们在行动》节目拍摄

图46 2020年7月上海高校配货管理中心赴老港镇签订框架合作协议

图47 2020年9月青海果洛农产品进上海校园

六、积极参与落实长三角区域一体化新发展理念

2019年5月18日，由上海市教委牵头、上海市学校后勤协会组织落实并成功举办了长三角高校后勤协同创新发展联盟首届峰会（见图48），共同发布了《长三角高校后勤协同创新发展联盟战略合作宣言》。为落实该宣言精神，2020年6月，在上海市教委提议下，长三角三省一市教育行政部门以及上海市学校后勤协会、江苏省高校后勤协会、浙江省教育后勤协会和安徽省教育后勤协会负责人在上海联合召开落实该宣言工作研讨会议，研讨了《长三角高校后勤协同创新发展战略合作框架协议》等工作文件。此外，上海市学校后勤协会还成功举办了"首届长三角高校后勤信息化论坛"。

图48 长三角高校后勤协同创新发展联盟成立

七、总结与思考

成绩的背后，政府主管部门的支持是保证，学校的理解是支撑，全体会员的配合是基础，后勤现代化建设是导向，内涵提升是关键。上海市学校后勤协会将坚持不忘初心，围绕中心，服务大局，聚焦重点，突破难点，从师生关切、社会关注的问题入手，进一步发挥协会的桥梁纽带和联系沟通作用。

1. 进一步加强内涵建设，提升内部运行效率和服务能力。加强协会的行业管理和专业作用，完善学校后勤协会法人治理结构，各分支机构和专业委员会要结合自身工作定位，围绕学校工作特点，通过培训、研讨、调研等形式，推进规范化、标准化建设，提升管理服务现代化水平。

2. 继续对标后勤现代化，积极探索重点领域长效机制建设。开展学校后勤现代化水平评价，发挥"评"的重要职能，以评促改，以评促建。组织行业内专家，按照学校后勤现代化基本要素制定评价指标体系，在选择代表性学校进行试点评估基础上逐步完善，促进学校后勤现代化建设。

3. 聚焦能力提升，加强学习型后勤队伍建设。通过开展系统性、针对性的学习培训，举办各类思想政治、道德文化讲座和先进事迹报告会，树立典型，表彰先进，引导后勤干部转变观念，建设一支既敬业又专业的后勤队伍，提升从业人员现代化水平。

4. 依托长三角一体化建设，加强区域内交流与沟通。站在更高站位理解长三角一体化的重要意义，积极参与和依托长三角一体化建设，联合致力于促进高校后勤系统的资源整合与共享、协同创新与共赢，进一步推动生态文明教育和绿色学校建设一体化，推进高校在建设文化后勤、标准化后勤、智慧后勤、绿色后勤、廉政后勤等工作的有效开展。

主动求变,勇于创新,续写高校后勤改革发展新篇章

——江苏省高等学校后勤协会2020年度工作报告

一、协会基本概况

江苏省高等学校后勤协会(以下简称"协会")于2014年12月23日成立,在江苏省教育厅的领导下,在中国教育后勤协会的指导下,在各分支机构及全体会员单位的大力支持与共同努力下,紧密结合江苏省高校后勤事业发展新形势,在协会组织建设、制度建设、机构队伍建设等方面做了积极的探索,在承接政府职能、规范行业秩序、维护会员权益、推动事业发展等方面取得了显著的成绩,得到了主管部门和会员单位充分的肯定和认可。

为不断完善协会组织建设,充分发挥协会、各分支机构和会员单位之间承上启下的粘合层作用,协会已形成一个办事机构、21个分支机构的组织体系(见图1)。协会秘书处下设办公室,作为协会日常工作机构;按照条块结合的运行方式和机制,按地域分为9个片区工作小组;按专业分为2个分会、10个专业委员会,从而奠定了协会与分支机构规范有序的工作基础,有力支撑协会、分支机构与会员单位更好地开展各项活动。

会员是行业协会的主体,发展和服务会员是协会的立会之本。协会成立之初,会员单位数为138个。按照协会的定位和覆盖范围规范发展会员是协会履行职能和可持续发展的基础性工作,目前会员数204个,其中企业会员数65个。

协会主要负责人如下:

会长:黄大卫　东南大学副校长

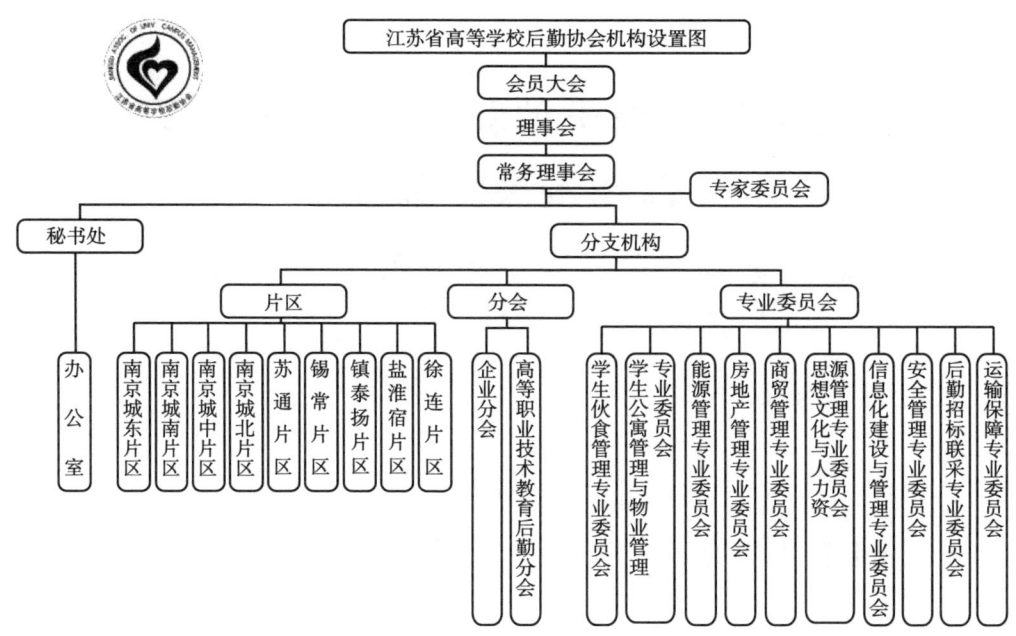

图1 江苏省高等学校后勤协会机构设置图

副会长（按姓氏笔画为序）：

韦忠平	南京信息工程大学副校长	邓海龙	江苏工程职业技术学院副院长
田　备	江南大学副校长	田乃清	江苏海事职业技术学院副院长
苏小冬	南京工业职业技术大学副校长	吴春笃	江苏大学副校长
宋长春	盐城工学院副校长	尚洪波	南京师范大学党委副书记
赵建岭	中国矿业大学副校长	姜建明	苏州大学副校长
洪　涛	扬州大学副校长	袁　浩	中国药科大学副校长
黄在宇	江苏省高等学校后勤协会副会长兼秘书长	蒋兆峰	江苏建筑职业技术学院副院长
路贵斌	南京理工大学副校长	潘玉琴	常州工程职业技术学院副院长

二、自身建设工作

（一）加强制度建设，依法依规办会

协会秉承规范管理，依法依规运行，按照民政部和江苏省民政厅对社会团体规范要求，将制度建设作为协会健康发展的重要保证。先后出台了16个内部管理制

度，有效地推动行政、财务、研究、宣传、人事、会员、培训等相关领域工作的开展，保证了协会运行有法可依、有章可循。

（二）组织干部职工培训，开展职工技能大赛，加强队伍建设

协会积极推动江苏省高校后勤干部职工队伍建设。前期依托高校等培训机构对管理干部进行培训，各专委会组织开展了食品安全员培训班、公寓管理员培训班、高职管理干部培训班、企业技务知识培训，以及调度员、安全员培训等等职工技能培训，并由协会或专委会试点颁发技能培训等级证书。

2018年，协会依托苏州大学组织了全省高校新任分管后勤校、处长培训班，有97位新任校、处长（其中副校级领导28人）脱产参加培训（见图2）。并邀请教育厅领导、行业理论专家、省内高校经验丰富的后勤校、处级领导为培训班提供了丰富的理论营养和经验分享，受到了学员们的一致好评。

图 2　培训班

2018年，经省人社厅批准，江苏省教育厅、江苏省总工会主办，协会承办高校后勤系统职业技能大赛，得到了全省高校的积极响应和参与。据不完全统计，参与岗位练兵活动的职工总数达44 196人，经过全体参赛选手的奋勇拼搏和裁判人员、工作人员的共同努力，圆满完成了维修电工等六个项目的竞赛活动。大赛前三名，由省人社厅授予"江苏省技术能手"，晋升技师职业资格；省总工会授予江苏省"五一创新能手"称号；4-10名选手也按规进行表彰奖励。这次竞赛充分调动了全体高校后勤人苦练内功、掌握技能的积极性和主动性，为建设江苏教育强省奠定坚实的后勤技能人才基础。

（三）规范行业行为，维护各方权益，培育市场主体

多次组织企业会员单位领导参加企业管理理论和国家法规的培训，提高企业领导干部遵纪守法、依规管理企业的自觉性，提高其管理企业的能力和水平。同时，协会建立了社会企业主要领导干部不定期交流谈心制度。秘书处已经多次约请社会企业董事长（或总经理）交流企业发展情况，传递学校对社会企业的期待和建议，及时指出企业发展中的一些不足，引导企业依法依规纠正偏差，帮助企业解决发展中的困难，协调学校与社会企业之间的矛盾，维护各方权益，有效促进了全省高校后勤服务市场规范有序运行。

三、思想政治建设工作

协会及各分支机构发挥行业组织的优势，组织各级领导干部深入学习习近平总书记关于教育的重要论述，引导全体会员单位把办好人民满意的教育作为我们的奋斗目标，深入总结和探索高校后勤社会化改革发展的经验和路径，推进高校后勤高质量发展。

（一）强化育人意识 多措并举开展育人活动

全省高校创建了一批育人氛围浓厚的学生食堂，拓展了食堂功能，使得传统的就餐场所逐渐转变为学生社团活动的地方、读书学习的空间、受教育的园地。积极宣传推广以江南大学为代表的部分高校开设后勤学校的做法，教会学生懂生活、爱生活、会生活，培养学生积极向上的情怀。积极宣传以南京审计大学、扬州大学等一批高校后勤积极探索劳动课计学分的举措，培养学生劳动观念。

（二）开展后勤文化活动 展现后勤干部职工精神风貌

2019年初，协会首次组织了全省高校后勤职工文艺会演（见图3）。江苏省委教育工委副书记徐子敏，协会会长、东南大学副校长黄大卫和协会副会长、常务理事、理事、部分高校分管后勤工作的领导及会员单位代表出席活动，江苏省高校后勤行业先进集体、优秀企业、先进个人及基层模范工作者代表共1 000余人参加活动。来自全省各地16所高校后勤职工呈现了一场精彩的文艺表演。全台会演完全由高校后勤职工自编、自导、自演，真实写照了高校后勤人自己的工作学习和生活，进一步激发后勤人爱岗敬业、无私奉献的自觉性和主动性。

图3　文艺会演及表彰大会

四、服务提升工作

为将分支机构情况摸透，把问题导向树牢，把解难帮困做实，把工作任务统好，协会秘书处坚持每年召开秘书长工作会议，引导各专委会、分会、片区结合自身实际，创造性地开展工作。

（一）饮食安全

学生伙食管理专业委员会坚持建立安全饮食、标准饮食、文化饮食、智慧饮食"四位一体"的特色模式。积极开展全省高校"食品安全宣传周"系列活动，以"尚德守法，共治共享食品安全"为主题，开展了形式多样、内容精彩的食品安全宣传、推广系列活动，努力守护舌尖上的安全。

（二）公寓管理

学生公寓管理与物业管理专业委员会，以"一片一标一品"为工作目标，为加速全省高校学生公寓管理与物业管理标准化建设高质量发展，出台"江苏省高校学生公寓创建指导标准"，探索制定校园物业服务标准（草案）；面对校园服务的开放和服务主体、模式、业态的多元化格局，着手研究建立社会物业企业诚信度分级评估方案；开展感动公寓人物评选、最美物业人、创新成果奖评选活动。

（三）绿色校园

为探索高校能源管理工作的新模式，加强对节约型校园建设的理论、实践研究，能源管理专业委员会对19所高校会员单位申请的37项节能课题进行立项评审，并给予其中的6项重点课题、20项一般课题经费支持。另对全省高校会员单位申报最佳节能实践案例进行评审，并作为可示范、可推广的先进案例汇编成册进行宣传推广。协助省教育厅完成省内28所高校"2015年万家企业节能目标责任考核工作"；协助省教育厅编写高校低碳发展报告，开展生态文明宣传作品征集活动。

（四）智慧校园

协会认真引领会员单位主动适应互联网技术、智能技术改变传统校园服务模式的大趋势，信息化建设与管理专业委员会以深化应用、融合创新为发展目标，举办江苏高校后勤互联网大会；汇编江苏省高校后勤信息化优秀案例，开展江苏省后勤信息化先进评优活动，有力促进了高校后勤信息化建设工作（见图4）。

同时，在江南大学、中国矿业大学等的先期带动下，南京理工大学、南京航空航天大学、南京医科大学等院校先后获得全国高校后勤信息化建设优秀示范单位和先进单位，近60所高校成立了信息化建设专门机构或在后勤部门配备了信息化建设专职人员，确保后勤信息化建设有序推进。

图4　后勤信息化优秀案例

（五）疫情防控

新冠病毒疫情的突然暴发，给全省高校后勤增加了巨大压力的同时，也给原有服务流程和模式带来了很大考验，协会及时发布《关于做好高校后勤服务领域预防新型冠状病毒疫情工作的意见》，倡导各会员单位高度重视并充分认清新冠病毒预防工作的艰巨性和长期性，充分提高思想认识，扎实做好每项工作，严防每个工作环节。

（六）消费扶贫

为贯彻落实国务院办公厅、江苏省政府办公厅《关于深入开展消费扶贫 助力打赢打好脱贫攻坚战的实施意见》等文件精神，协会高度重视消费扶贫工作。2018年，组织会员单位，在南京航空航天大学、常州扬子餐饮管理有限公司、南京梅花餐饮管理有限公司等单位的率先带领下，各会员单位积极响应，及时帮助溧水石湫镇农民销售已经滞销的塘藕20多万公斤。

同年，协会应省委驻江苏省滨海县帮扶工作队的请求，在苏州大学、常州扬子餐饮管理有限公司等众多会员单位的支持下，帮助滨海县农民销售滞销花菜5万余公斤，《新华日报》《中国组织人事报》纷纷报道，得到社会的广泛认可（见图5）。

图5 相关报道

2019年6月，协会应兰考县扶贫工作队请求，帮助兰考县农民销售滞销的西瓜4万多公斤；7月，为进一步推动经济薄弱地区滨海县农产品进校园，协会与滨海县委县政府在南京工业大学，联合召开消费扶贫推进工作会议；8月，协会依托后勤招标联采服务专业委员会牵头组织部分高校后勤部门负责人和骨干餐饮企业领导，赴江苏经济薄弱地区射阳县调研消费扶贫工作；9月初，组织南京市40多所高校后勤部门负责人与江苏省邳州市政府共商消费扶贫工作；9月末，组织南京、镇江、扬州地区高校与徐州市政府在南京大学召开经济薄弱地区农产品进高校对接座谈会，签约项目18个，交易额达1.89亿元（见图6）。

2020年7月协会秘书处先后召开两次座谈会，交流消费扶贫进展情况。根据各校的反映，协会及时以纪要形式向省教育厅汇报，并提出了相应的建议方案；10月，应省委驻泗阳县帮扶工作队和教育厅要求，组织南京、淮安、宿迁近40所高校后勤部门领导，到泗阳县参加消费扶贫活动，推动泗阳农产品进高校。

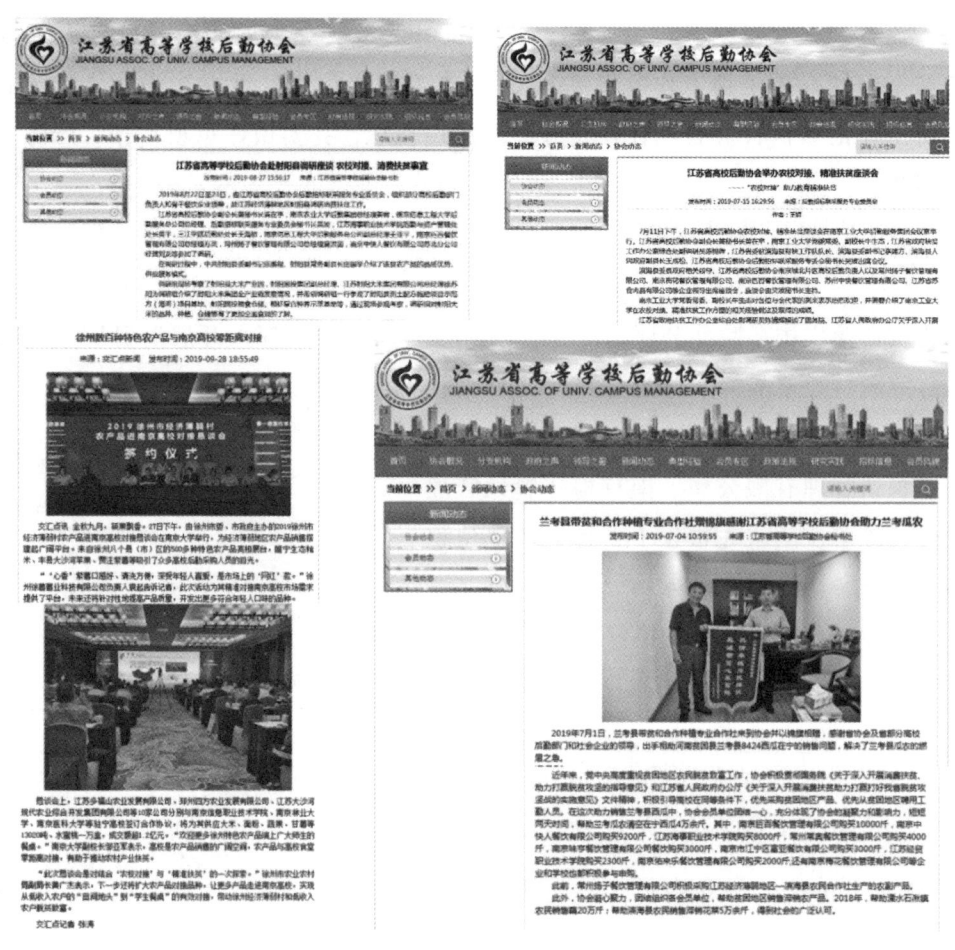

图 6 消费扶贫案例

（七）争先创优方面

协会及分支机构充分调动会员单位和高校后勤干部职工的工作热情，开展评优表彰活动，积极推荐工作优异的分支机构、会员单位和个人参与全国协会组织的各类评选，有效提升江苏高校后勤在全国的影响力（见图7）。

2018年，经各会员单位推荐、协会评审专家评审、会长办公会批准，全省各会员单位有240名职工被表彰为"江苏省高等学校后勤行业2015－2018年度先进个人"，61个单位被表彰为"江苏省高等学校后勤行业2015－2018年度先进集体"，10个企业会员单位被表彰为"江苏省高校后勤行业2015－2018年度先进企业"。评优表彰活动的开展，调动了全行业学先进、赶先进、争当先进的主动性和积极性。

在全国校园物业服务百强单位评选、全国教育后勤信息化建设评优、全国高校后勤文化建设评优、全国物业管理专业委员会"高校后勤优秀物业服务项目"评选、全

图 7　争先创优案例

国高校学生公寓工作创新成果奖评优、全国教育后勤系统信息宣传工作先进个人评选表彰、全国教育后勤协会商贸管理专业委员会"高校教育超市先进个人"评选、全国教育后勤协会商贸管理专业委员会"校园商贸优秀服务企业"评选、全国教育后勤新科技应用领跑单位遴选、全国大学校园优秀快递服务站评选、中国教育后勤协会"'校园节水·安全供水·智慧管理'样板示范校"遴选等活动中成绩优异，屡屡领先。

在省教育厅、省总工会、省人力资源和社会保障厅举办的"江苏省高校首届汽车职业技能大赛"，省机关事务管理局、省经济和信息化委员会评选的"江苏省公共机构节能示范单位"等活动中涌现出一批批争优创先的先进集体和个人。

五、重点特色工作

第一，积极承担政府职能转移工作，协助教育主管部门推动高校后勤改革发展，得到教育行政部门的充分肯定和全力支持。

一是先后两次组织力量，完成了教育厅下达的全省高校后勤安全大检查，为江苏高校安全稳定奠定了扎实的基础（见图8和图9）。

图8　2017年9月12日江苏省高等学校后勤协会全省高校后勤安全检查工作培训会议在南京工业大学召开

图9　2020年11月3日全省高校后勤安全检查专家培训会在南京工业大学召开

二是积极建言献策。在2020年疫情首发期间，又遇食堂原材料价格过快上涨，协会及时调查研究，提出建议，得到了教育厅的支持。一方面，促进省政府调拨库存肉产品平价供应高校，有效地平抑了物价（见图10）；另一方面，疫情导致餐饮企业经营困难，协会及时向教育厅提出给予企业临时性政策支持的建议，帮助企业渡过了难关。

图10　相关报道

三是积极完成了教育厅、省机关事务管理局全省高校"十三五"节能评价。

四是积极配合省委巡视办，省教育厅推动全省高校学生食堂规范化管理的建议。诸如上述工作，不胜枚举。这些工作提升了协会的影响力。教育厅对协会工作高度重视，教育厅领导经常参加协会的活动，指导协会工作的开展，参与协会工作的研究，使协会成为教育厅推动全省高校后勤工作的得力助手。

第二，紧紧团结和依靠会员单位，结合江苏高校后勤改革发展实际，推动江苏高校文化后勤、绿色后勤、平安后勤、规范后勤、智慧后勤的快速发展，提升江苏高校后勤在全国的地位和影响力，形成了前所未有的凝聚力。通过评先表彰、经验分享、文艺会演、书法摄影比赛等丰富多彩的活动，带动全省高校后勤蓬勃向上、迅猛发展。

第三，充分调动协会各分支机构积极性，形成了齐心发展、共同发力的局面。协会各分支机构主任（除企业分会外）均由各校分管副校长担任，形成了感召力强、号召力大的工作格局，各分支机构都形成了鲜明工作特色，使得协会亮点纷呈。

第四，坚持为会员单位服务，助力会员单位发展。协会在工作过程中，注意调查研究，把控会员单位的需求，帮助会员单位解决发展中的难题。急会员单位所急，解会员单位所需，发挥纽带作用。如学校会员反映，部分餐饮企业合同到期不愿撤出，导致后续工作难开展，协会及时出台《社会企业准入特别管理措施（负面清单）》，规范了市场秩序。政策出台后，就彻底解决了这一长期困扰学校的难题。又比如，随着市场竞争激烈，后勤服务企业互相挖管理人才，导致企业用人成本增加，协会及时出台企业间人才流动规则，禁止单位之间恶意竞争的行为，很好地解决了企业的难题。如此种种，让会员单位切身感受到协会是会员可依靠的家，增强了协会的凝聚力和号召力。

六、总结与思考

七年多来，协会工作在各方面取得了一定的成绩，许多工作举措是探索性的、开创性的，工作成效是全方位的，积累的经验是弥足珍贵的，对进一步加强协会建设和高校后勤事业发展具有重要而深远的影响。

总结协会成立以来的工作，主要经验是四个依靠：（1）依靠协会主管部门江苏省教育厅的坚强领导和全力支持与信任。（2）依靠协会领导班子团队的精诚团结和分工合作。（3）依靠各分支机构的全力支持和配合，发挥了各专业委员会、分会、片区组织的积极主动性和创造性。（4）依靠全省各高校会员和企业会员的积极参与和支持。

当前，我国现代化建设面临着内外部环境变化带来的新矛盾、新挑战。未来，协会和高校后勤事业也将面临诸多发展难题需要破解。结合过去七年工作的体会和当前的新形势，协会将继续贯彻落实习近平总书记关于教育的重要论述和全国教育大会精神，积极应变，主动求变，勇于担当，勇于创新，团结带领各会员单位奋进新时代，开启新征程，继续谱写江苏高校后勤事业改革发展的新篇章。

以师生满意为目标,探索高校后勤改革发展新路径

——四川省高校后勤协会 2020 年度工作报告

一、协会基本情况

四川省高校后勤协会(以下简称"协会")是 2006 年在四川省民政厅注册的地方性、行业性社会团体,是公益性、非营利性社会组织。2018 年底完成与省教育厅脱钩,2021 年 10 月获批四川省民政厅 3A 等级评估社会组织。

协会会员包括高校会员和企业会员两大类,目前已拥有会员 219 个,其中学校会员数 132 个,企业会员数 87 个。协会涵盖为高校提供后勤保障服务的基本建设、饮食、公寓、物业、园林绿化、通信、接待、能源、校园商贸、幼儿教育等相关行业或专业。

协会会长为西南交通大学副校长蒲云,副会长为四川大学等 6 所大学分管后勤的校领导;其他协会理事 26 人(其中企业理事 3 人),秘书长为高庆(专职),常务副秘书长兼协会党支部书记为教育厅基建后产业中心宋飞科长(兼职),副秘书长 18 人。

协会目前共有四个工作委员会(管理与服务、思想政治、职业教育、基本建设),六个专业委员会(伙食、公寓、能源、物业与绿化、信息化、幼儿教育),三个工作机构(咨询委员会、农副产品采购联盟、秘书处)。同时,按照地域分了八大片区活动组,形成按照专业划分的条状专委会和按照地域划分的块状片区活动组纵横交叉结构模式。

二、自身建设工作

(一)协会规范化建设

1. 协会重视制度建设,出台了《四川省高校后勤协会分支机构管理办法》等 35

个管理制度，建成了较完善的制度体系，协会的运行纳入制度化、规范化轨道。

2. 协会决策机制。协会会员大会为最高决策机构，涉及章程变动、会费标准理、财务管理办法、会长和合法人变动等重大事项，须经会员大学表决通过。协会理事会为决策机关，协会一般人事或薪酬变动、出台管理办法、内设机构变动、财务预算、评选先进、发展会员等都须经理事会审批。

3. 建立协会监事制度，引入监督机制，协会重大决策事前先征求监事的意见，同时接受监事对协会工作的监督。

4. 加强企业会员，制定企业会员管理办法，明确企业会员的权利和义务，以及进入、退出机制；建立企业会员年度评审制度，对企业会员服务于学校的情况进行评定。同时，每年召开企业会员座谈会，征求企业会员对协会工作的意见和建议。

5. 建立协会各级会议制度，协会和各专委会每年召开1次年会，至少2次理事会，举办一次培训活动；片区组每年至少开展2次片区活动；协会原则上每年召开2次秘书长工作会。明确各级决策程序和决策机构，重要事项严格按照协会章程规定的民主程序决策，制定了《四川省高校后勤协会选举制度》。

6. 协会按照《民间非营利组织会计制度》和《四川省高校后勤协会财务管理办法》并参照事业单位财务管理要求实行预算管理，财务统一管理，各专委会单独建账，独立核算。协会每年拨4万元给各分支机构，用于日常运行经费及分支机构理事会、研讨会等开会经费；年会和培训会按照以会养会的方式收取会务费。企业会员所缴的会费，按40%下拨各相关分支机构；片区活动经费按该片区所缴学校会费的30%下达，不足时协会可以进一步追加。

7. 秘书处按照《四川省高校后勤协会秘书处工作制度》运作，每周召开工作例会，及时贯彻落实教育厅和民政厅相关精神，研讨协会工作；通过比选招标选定了协会公务用车服务商和协会官网服务商；秘书处目前有工作人员7人，全部为本科以上学历，其中有专职工作人员3人，借调人员3人，兼职人员1人，每个人都有明确的分工且落实具体对口联系的分支机构和片区，既各司其职，又互相配合。

（二）注重各级理事会组成的广泛性

2020年，针对以前存在的多数学校未在协会有任何任职的状况，协会及时充实调整各分支机构理事会，增补了不同类型和不同层次的高校进入专委会理事会，进入各级理事会的学校数量由原35.29%提升到61.76%，民办学校由原11.32%提高到32.08%，高职院校由原23.46%提高到46.91%，协会各级理事会的覆盖面和代表性进一步增强。

三、思想政治建设工作

协会大力推进协会本级和所属会员单位的后勤党建和党风廉政建设工作，全面推动从严治党落地落实。

（一）建立四川省高校后勤协会党支部

2019年11月，经四川省社会组织第二综合党委批准，在协会秘书处建立了功能性党支部，四川省教育厅派驻协会的党建指导员宋飞兼任支部书记，目前有党员4名。制定了协会党支部各种管理办法，定期开展政治学习，及时传达上级相关会议和文件精神，按要求开展党史学习教育，开展党员民主评议等，党支部注意把握协会工作正确的政治方向，充分发挥思想引领作用。2021年7月，党支部组织秘书处全体成员在广安小平故里开展党史学习教育，大家深受教育（见图1）。

图1 广安小平故里党史学习教育

（二）党建工作纳入协会章程

按照《四川省民政厅进一步加强全省性社会组织党建工作的通知》要求，协会对《四川省高校后勤协会章程》进行了修订，把党建工作纳入协会章程，并经2021年4月召开的协会三届三次会员代表大会通过。

（三）协会设有思想政治工作委员

思政会是四川省高校后勤党务系统的交流平台，开展高校后勤党建、思想政治、纪检、人力资源管理和后勤文化建设等方面的理论研究、工作研讨、交流和培训等活动，有专门的宣传网页，每两年开展一次先进基层党组织，先进党务工作者和党员先锋的评选表彰；每年组织一次党性教育活动（2018年在绵阳两弹城、2019年在阆中红四方面军纪念馆，2020年在夹金山干部学院，2021年在广安小平故里）。

（四）积极组织开展制止餐饮浪费行动

1. 协会深入贯彻习近平总书记关于制止餐饮浪费行为的重要指示精神，联合四川省中小学后勤协会向会员单位发出《关于制止餐饮浪费行为的倡议书》，及时收集各高校制止餐饮浪费工作开展的情况，在协会网站、论坛等交流各校"制止餐饮浪费"，培养节约习惯的经验和做法。

2. 2021年3月，受教育厅委托，协会在全省开展了食品安全和制止餐饮浪费行为的全覆盖交叉检查。

四、服务提升工作

（一）充分发挥参谋助手作用

1. 参与政策性文件前期调研，2020年，受教育厅委托，协会伙专会多次召开会议，对教育厅规范性文件《四川省高等学校学生食堂管理办法》进行修订讨论，为政府部门决策提供重要依据；受教育厅委托，协会制定出台了《四川省高等学校学生食堂菜品供应与经营核算指导意见（试行）》。

2. 2020年受教育厅委托，组织编写《四川省高校后勤"十四五"规划》，目前已经完成初稿。

3. 协助教育厅筹备举办了2020年全省高职院校后勤工作推进培训会和2021年民办高校后勤工作推进培训会、四川省节水型高校建设工作推进会等会议，抽调协会专家库伙食、物业、能源类专家，参加了教育厅、省机关事务管理局、水利厅等部门开展的食品安全、垃圾分类、节水型高校、节约型公共机构示范单位创建、制止餐饮浪费等活动的指导或验收工作。

4. 协会立项课题"四川省中小学及高等院校物业服务规范"成果在四川省市场监督管理局成功立项为四川省地方标准，目前已经正式发布《四川省学校物业服务和管理规范》（DB51/T2769-2021）。

5. 受教育厅委托开展"四川省高校后勤保障基本条件评估标准"研究，其成果已用于教育厅指导文件《四川省教育厅关于切实加强学校后勤工作的指导意见》；协会立项课题"四川省高校学生食堂食品安全风险防控研究"成为教育厅学校食品安全风险防控评议考核工作的考核指标。

6. 受教育厅委托制定标准化学生食堂、标准化学生公寓、园林式校园和节约型校园创建标准，开展标准化创建并授牌。

（二）积极开展疫情防控业务指导

1. 2020年疫情期间，协会各种渠道及时传达上级机关关于做好高校防控新型冠状病毒感染肺炎疫情后勤工作的相关文件、通知和防疫工作指南等31份。2020年1月29日就在协会官网上新开出"新型冠状病毒新闻资讯"和"疫情防控全省高校后勤在行动"两个专题栏目。并于2月1日向全省高校后勤发出了《四川省高校后勤协会关于全力做好全省高校后勤服务管理区域新型冠状病毒疫情防控工作的倡议书》。

2. 协助教育厅起草了《四川省高校防控新型冠状病毒感染肺炎疫情工作指南》并及时下发各校；同时，对全省高校后勤疫情防控工作以及各校后勤防控物资储备等情况进行调研和统计，及时让上级有关部门掌握各高校后勤在防控工作中所面临的困难及各类防疫物资的准备情况。

3. 成都中横通科技有限公司等五家协会企业会员积极向高校后勤捐款捐物，还有更多的企业会员单位默默地为所服务的高校提供各种支持，共渡难关，彰显了协会企业会员单位的社会责任担当。

4. 协会联合"学习部落"远程培训软件平台特别制作了《新型冠状病毒感染的肺炎防控知识》课件。于2020年2月12日上线，供给全体会员单位职工免费学习，在2020年疫情期间，线上学习人数达到12 916人次。

5. 按照民政厅相关要求，对企业会员和学校会员单位2020年协会会费减半收取。

（三）每年开展学生食堂食品安全交叉检查

按照教育厅的安排，由伙专会牵头，八大片区组每年开展片区内的学生食堂食品安全交叉检查，2020年和2021年更是按照"食品安全风险防控考核指标"对照检查打分，教育厅根据各片区交叉检查的结果对做得好的学校给予了通报表扬。

五、重点特色工作

（一）信息宣传工作实现新提升

1. 协会网站和微信公众号。2018年10月开通协会官网，到目前已发稿4 569

篇，网站设有协会新闻、通知公告等栏目，同时还为会员提供收集到的后勤管理文件、讲课课件、招投标信息等。另外，协会还为各分支机构开出单独的网页，由各分支机构自行管理。协会在2019年推出"四川省高校后勤协会"微信公众号，现在已经发推文643条，协会公众号关注用户达到1 100余人。

协会建立了通讯联络员队伍，制定了网站管理办法和信息宣传先进集体和先进个人表彰办法，每年对在信息宣传工作中成绩突出的先进集体和先进个人进行表彰奖励。

2. 开办电视专题节目。配合教育厅后产中心和四川教育电视台开办全国首档反映学校后勤的"走进后勤"专题栏目的策划和拍摄动员，有力地宣传了学校后勤，引起良好反映（见图2）。

图2 "走进后勤"栏目

（二）积极助力脱贫攻坚

2018—2020年四川省高校后勤协会在上级各行政部门的领导下，积极开展扶贫工作：

1. 协会出资先后向雷波县大坪子乡中心校捐赠3.5万元厨房设备，向雷波县耐巴村困难户捐赠电视柜56台，价值2.5万元。

2. 推进高校消费扶贫。2020年底，协会采购联盟在成都组织了全省高校后勤扶贫产品联合采购活动，省内27所高校参与，最终联合采购贫困地区农副产品约130吨，成交金额约42万元，充分发挥了高校在教育扶贫、消费扶贫战场的主力军作用，用实际行动助力脱贫攻坚。

3. 协会幼专会所属高校幼儿园在三年中，对口扶贫地区20余所幼儿园32次，扶贫方式涵盖影子跟岗、暖冬行动、一村一幼、名师讲堂、以购代捐、爱心义卖善款和大型户外玩具、支教活动、师资培训、教育教学质量引领、了解帮扶对象家庭情况，送慰问物品等约 2.5 万元。

（三）评选后勤孺子牛活动

根据省教育厅的安排部署，四川省每三年进行一次"后勤孺子牛"推送活动，在全省高校和中小学推出 20 名"后勤孺子牛"，2018 年已经开展了第一次"后勤孺子牛"推送活动。协会协助教育厅具体组织在片区层面的评比遴选，今年又开始了第二届"后勤孺子牛"的推送活动。通过这项活动，后勤职工的荣誉感、自豪感得到极大提升。

（四）协会专家库建设

协会从 2017 年开始组建专家库，专家库专家的职责是：提供咨询和建议，参与标准认定、达标创建评估、业务指导、研究课题论证、项目验收，开展技术攻关、方案论证、物资采购评审，普及新技术，指导员工技能提升等工作；现有管理、伙食、公寓、动力、物业与绿化、基本建设、信息化和幼儿教育 8 大类，目前已经聘请了两批共 122 名专家。

六、其他

（一）搭建交流沟通平台

1. 协会及各分支机构、各片区的各类会议是高校后勤人沟通交流最有效的渠道，协会每年都会对各类会议的召开情况和效果进行总结，力求年会、理事会、片区会、研讨会、培训会开出效果，提高凝聚力。

2. 川渝重庆高校后勤互动，助力成渝双城经济圈建设。2019 年 5 月和 2020 年 10 月，两地协会负责人互访，达成轮流举办川渝高校后勤专题论坛、川渝两地后勤专家库互通共用、加强分支机构之间的互动等共识。2021 年 5 月，在成都成功举办首届成渝地区双城经济圈教育后勤论坛，来自重庆和四川的 160 所高校后勤战线的 300 余人参加了论坛，重庆高校后勤的代表还到成都的三所大学进行了实地考察。近两年来，川渝两地的协会各分支机构之间也开展了多项互动。

3. 按照教育厅要求，开展对标学习，协会组织省内高校后勤分批去兄弟省市学习调研，走访了北京、上海等 11 个省市；同时还派员参加了中国教育后勤协会组织的湖北、河南、江西高校后勤调研活动。

（二）加强与中国教育后勤协会的沟通联系

协会积极加强与中国教育后勤协会的沟通和协调，寻求全国协会的指导和帮助。

1. 全国协会领导一直关心、重视四川协会的工作，全国协会的主要领导亲自到会参加指导了 2018 年 12 月召开的四川省高校后勤协会三届一次会员代表大会和 2021 年 4 月召开的四川省高校后勤协会三届三次会员代表大会。

2. 积极推荐四川高校的后勤负责人到中国教育后勤协会以及各分支机构理事会任职。目前，四川在中国教育后勤协会有副会长 1 名，副秘书长 1 名，专家委员会委员 1 名，理事 10 名，在各分支机构中有副主任 10 名和副秘书长 7 名，提升了四川高校后勤在全国的影响力。

3. 协会积极组织会员单位参加中国教育后勤协会相关活动，同时协助中国教育后勤协会及各分支机构在四川开展各项活动；协会每年组团参加中国教育后勤协会举办的中国教育后勤设备展，参加中国教育后勤协会会员代表大会和理事会等活动。

（三）开展评优评先活动

协会层面的评优评先每三年开展一次，分支机构层面的评优评先每两年开展一次，并对评选比例有明确的规定。在政府职能部门严控评优的背景下，协会的评优活动成为高校后勤人展现自我、创先争优的重要渠道。

（四）培训活动

2020 年，因为新冠肺炎疫情影响的原因，协会没能组织更多的培训活动，这里主要展示 2019 年协会的培训活动。协会的培训有三类：

1. 专题培训班：2019 年举办情况（见表 1）。2020 年 9 月，协会联合成都市总工会在双流举办了"四川省高校后勤应急救援安全技能培训"（免费），来自成都地区的 78 名高校后勤职工参加了为期四天的应急救援技能培训，学员全部取得"四川省应急救援员（五级）培训合格证"。

表1　专题培训班

序号	培训班名称	举办单位	时间	参加人数（人）	培训地点
1	通讯联络员培训	秘书处	3月	120	成都大学
2	处级干部培训	教育厅	5月	106	苏州大学
3	物业管理及校园绿化业务培训	物专会	7月	65	北京
4	办公室主任培训	管服会	10月	71	西南大学
5	人力资源管理干部专业能力提升培训	思政会	10月	97	成都理工大学
6	成都四片区园林绿化养护管理实用技术培训	物专会、成都四片区	10月	65	中医药大学
7	川西片区物业绿化培训	物专会、川西片区	11月	50	交大峨眉校区
8	绿色校园论坛	能专会、秘书处	11月	150	西部博览城
9	学校食堂管理论坛	伙专会、秘书处	11月	300	西部博览城
10	后勤伙食管理人员提升培训	伙专会	12月	52	四川旅游学院

2. 线上远程培训。从2019年底开始，协会开展了食品安全知识远程培训；培训方案由伙专会审定，教育厅后产中心和市场监管局认可；培训对象分为高校食堂管理人员和一般食堂操作人员两大类，在线学习40个学时。现已经举办两期，近1 700人参加培训，已有1 287名后勤饮食从业人员通过考试取得培训合格证。

3. 年会同期举办培训活动。各专委会一般都会利用年会的机会，请相关专家就当前的热点问题或新技术新知识进行培训。2019年就有5个专委会在年会上开展了8个专题的培训。

（五）课题研究

按照《四川省高校后勤协会课题研究管理办法》，协会课题由咨询委员会进行管理，协会每两年进行一次课题立项，立项课题均获得经费资助。

1. 2018—2019年立项课题21项，课题经费19万元（协会出资11万元，教育基金资助8万元）。

2. 2019—2020年立项课题22项，课题经费17万元（协会出资11万元，教育基金资助6万元）。

七、总结与思考

四川省高校后勤协会在四川省教育厅和民政厅的领导下，在中国教育后勤协会的指导下，紧紧围绕教育厅中心工作，一步一个脚印往前迈进，取得了一定的成绩，获得了上级业务管理部门和会员单位的认可。下一阶段，协会将紧密围绕教育厅中心工作，以办师生满意的后勤为目标，履行好咨政辅政、桥梁纽带和参谋助手职能，服务好会员单位，在以下几个方面开展进一步的探索：

第一，高校后勤在学校全员育人中占有重要地位，如何发挥后勤员工在育人中的自觉性和主动性，如何进一步明确后勤职工是"不上讲台的老师"的地位，如何将后勤队伍建设与学校整体发展结合起来，针对这些问题，行业协会如何有所作为，是下一阶段需要进一步思考研究的问题。

第二，加强高校后勤改革的理论研究。虽然高校后勤改革已经探索了21年，但是与我国高等教育体制和机制相适应的改革方向和路径并没有得出一个清晰明确的模式。当前，全国高校后勤战线在确保学校教学、科研和师生生活保障的前提下，后勤管理模式和运行机制呈现多种模式、多种做法并存的现状，要做的研究还有很多。

第三，进一步强化服务意识。一是脱钩后的协会务必在观念上摆正自己的位置，对业务主管部门要秉承"脱钩不脱管"的理念，主动寻求他们的支持和关心，主动为行业发展出谋划策，切实完成业务主管部门布置的各项工作；二是始终以饱满的热情对会员做好贴心服务、搭建好沟通交流平台，做好业务指导、行业监督和新技术新产品推介，把为他们排忧解难作为己任，真正把协会办成会员的温馨港湾。

第四，行业协会的重要功能之一是了解并反映行业诉求，协调解决会员在工作中遇到的政策性问题。协会要能把握政策方向，了解行业的实际情况，明晰问题的来龙去脉，评估解决问题的可行性，及时找到问题的突破点，主动作为。

第五，作为公益性非营利民间社团组织，后勤协会既要体现公益性，也需要营造自身的造血机制，这是协会优质发展的重要环节；仅仅依靠会费维持协会的运转是不可持续发展的，收取高额的会务费办会也与协会的公益性初衷相悖。协会要充分利用自身的智库优势、机制优势、资源优势，在做好为会员服务的前提下拓展服务领域，以其他服务收入来弥补协会经费的不足，用更好的服务来回馈会员。

新理念，新思想，新战略，推动教育后勤工作迈上新台阶

——湖南省教育后勤协会 2020 年度工作报告

一、协会的基本情况

湖南省教育后勤协会（以下简称"协会"）成立于 2010 年 2 月，是经湖南省民政厅登记批准，由湖南省高、中职院校，中、小学校及教育行政部门和为学校提供后勤服务的优质企事业单位自愿组成的非营利性社会团体组织。经会员代表大会选举通过，由湖南省教育厅原副厅长、正厅级巡视员杨定忠担任现任会长，长沙理工大学后勤集团原党委书记夏智勇担任协会法人代表，并担任副会长兼秘书长职务，协会接受教育厅业务指导和民政厅监督管理。

协会宗旨为"服务社会、服务学校、服务企业"，充分发挥政府有关部门与学校、企业等会员单位之间的纽带作用。在会长领导下，在全体会员单位的配合下，认真履行职责，深入学习领会各项方针政策，紧密结合行业实际认真抓好贯彻落实，完善机构及制度建设，各专业委员会积极开展业务活动、探索学校后勤管理行业规范、行业标准、开展宣传与交流、承接政府对行业质量管理和绩效评估等，开展业内指导和监督协调等工作。

目前，协会以秘书处为日常办公机构，下设中小学后勤分会及各专业委员会，其中专业委员会包括：伙食管理专业委员会、学生公寓管理专业委员会、能源管理专业委员会、基建管理专业委员会、物业管理专业委员会、信息化建设专业委员会和商贸与接待服务专业委员会。同时，协会设立有专家委员会，该专委会主要负责协会的重要的决策咨询和政策指导工作。目前，已有会员单位 676 个，其中学校会员单位 107 个，企业会员单位 569 个。

二、自身建设工作

（一）搭建交流平台，发挥协会桥梁纽带作用

1. 协会日常运营及协会内部期刊的征集与发行。自 2016 年 9 月换届至今，应各会员单位要求，协会印制内部交流资料《湖南教育后勤》（见图 1）。资料内容包括四个板块。一是政策宣传：宣传教育后勤领域最新政策及动态；二是资讯平台：各会员单位开展工作的动态、协会及各专委会的活动及大事件报道等；三是标准规范：各会员单位年度推荐名单，国家行业标准以及中国教育后勤协会团体标准供各会员单位参考等；四是经验交流：各会员单位在后勤管理各个板块的成果展示及宣传等，探讨促进全省教育后勤系统的发展策略。如：食堂文化建设、推进绿色后勤建设、推行集中加工以及扶贫等领域的成功经验等。

图 1　交流资料

2. 网站、QQ 群、微信群的日常维护管理（见图 2）。积极进行网站建设及维护，及时公布协会最新通知、协会动态、学校招/投标以及会员单位最新动态等，为学校会员和企业会员搭建信息共享平台。注册专用微信公众号，公众号名"湖南省教育后勤协会"，定期推送协会的通知公告，以及学校的招标信息，为学校会员和企业会

图 2　网站建设

员搭建信息共享平台。创建协会QQ和各专委会微信工作群号,在遵守国家法律法规的前提下为校企会员单位提供一个同行业的实时沟通平台。QQ群、各专委会微信群严格实行会员准入制,严格控制入群人员,确保每一位成员都是协会的会员单位。制定群公告,群交流须遵守国家法律法规及相关网络信息管理规定,禁止出现不良政治倾向、宗教、色情、暴力等内容。

3. 定期更新会员通讯录。由于高校会员单位任职的调整以及企业会员的变更,协会每年定期及时更新协会会员通讯录,确保各会员联系方式的有效性。

(二) 加强与中国教育后勤协会的沟通交流

图3 专项工作会议

1. 积极参加中国教育后勤协会组织的专项工作(见图3)。

(1) 响应中国教育后勤协会号召,积极组织湖南省高校后勤领导拍摄关于慰问湖北抗疫的短视频,组织会员单位学习收看中后协关于节能节水以及抗击疫情的云课堂。

(2) 与中国教育后勤协会共同承办组织中国教育后勤协会"2020高校招标采购首期研讨班",组织号召湖南各大高校积极参与研讨学习。

(3) 积极组织高校会员单位向中国教育后勤协会寓专会专家库专家推荐专家,认真收集与汇总全省高校社会化学生公寓的现状相关数据及存在的问题,及时报送到中国教育后勤协会和教育部发展规划司。向中国教育后勤协会提交《湖南省高校学生公寓管理存在的主要问题及对策建议》调研资料。

2. 积极参加中国教育后勤协会组织的评优评先。

(1) 公寓管理专业委员会组织5个会员单位参加了2020年10月24日在浙江杭州召开的"全国高校星级公寓标准"研讨会,组织13所高校参加了2020年12月13日在广西桂林召开的学生公寓管理专业委员会"疫情防控先进集体和先进个人表彰大会"。

(2) 信息化专业委员会组织湖南省教育后勤协会会员单位参加2020中国教育后勤展览会;组织并参与第七届中国教育后勤互联网大会。在全国专家换届评选中,全国15位专家中湖南省占2名;2所湖南学校荣获全国后勤信息化建设先进单位,2人被评为先进个人。

(3) 2020年11月中南大学生活服务中心、长沙理工大学国际学术交流中心,获"中国教育后勤协会接待服务分会2014—2020年度建设突出贡献单位";中南大学生活服务中心主任刘宝林、长沙理工大学国际学术交流中心总经理曹红英、湖南大学后勤服务总公司副总经理魏万国、湖南农业大学后勤保障中心主任王江,获"中国教育后勤协会接待服务分会2014—2020年度建设突出贡献个人"。

三、组织活动常态化,促进协会健康发展

(一)积极组织各会员单位考察交流、调研活动(见图4)

1. 2020年协会召开了一次会长办公会议,一次线上常务理事会议,多次专委会正、副主任会议及秘书长工作会议,协助筹备并指导专委会各项活动,积极推动行业标准规范化工作。

2. 协会开展"喜迎新年,争创中国好食堂"现场考察活动、"同心抗疫、喜迎新年"书法联谊会等,增强会员单位凝聚力。

3. 2020年4月杨定忠会长一行前往长沙航空职业技术学院调研,9月召开星沙片区"后疫情时代校园餐饮安全"研讨会。

图4 交流、调研活动

（二）各专委会（分会）积极开展考察交流、调研论坛等活动

1. 中小学后勤分会。

（1）积极做好疫情防控指导和物资捐赠倡议工作。

（2）组织开展省级课题《新管理模式下中小学学生餐饮成本控制调查研究》的开题和调研工作。

（3）组织开展省协会成立十周年布置的相关工作，在全省中小学中向省协会推选了一批优秀会员和先进个人，并遴选优秀后勤系统论文、调查研究及工作案例、后勤文化艺术作品，提供给会员单位借鉴学习。

（4）2020年11月，组织各市州秘书长单位、部分学校会员和企业会员单位召开了2020年度分会秘书长（扩大）会议，部署分会当前工作重点和下步工作要点，计划启动会员单位摸底和会员代表变更登记工作。

（5）组织相关会员单位参加2020年12月中国中小学分会在上海召开的年会。

2. 能源管理专业委员会。

（1）优化专委会力量，增补5所高校为副主任单位、6名同志为副秘书长。

（2）组织部分单位前往威胜信息参加"智慧城市论坛及物联网新品发布会"；组织开展一次"节水网络课堂"线上讲课；组织到南京学习绿色建筑节能技术。

（3）积极在湖南高校中开展节能新模式、新技术的推广活动。目前有湖南工程学院、邵阳学院、中南林业科技大学开展了合同节水试点，初步形成了示范效应。

（4）组织各会员单位开展全国节能宣传、节水宣传。

图5 宣传牌

3. 伙食管理专业委员会。

（1）积极响应国家抗疫号召，及时与中国教育后勤协会伙专会联系沟通，共同商榷研讨学生食堂疫情防控工作方案及应急方案，为高校食堂抗击疫情提供理论指导。启用多项防疫措施筑牢高校学生食堂疫情防控安全线（见图5）。

（2）组织高校企业交流探索制止餐饮浪费应对策略。

（3）对部分会员单位进行调研，深入了解疫情对餐饮企业、物资配送企业及高

校会员单位的影响。

4. 信息化建设专业委员会。

（1）参加协会和中国教育后勤协会组织的各项活动。

（2）积极开展后勤信息化建设的研究，根据工作需求向软件开发公司提出建设性意见。

5. 学生公寓管理专业委员会。

（1）疫情发生后，各会员高校迅速成立了学生公寓疫情防控专项工作组，制定了疫情防控工作方案，克服各种困难，冲锋在抗疫最前沿。

（2）采取线上和线下相结合的方式，组织会员单位有关人员认真学习和讨论中国教育后勤协会寓专会草拟的《全国高校星级学生公寓评价标准》和《高等学校学生公寓管理服务规范》。

（3）积极申报科研课题，2020年度，获中国教育后勤协会科研立项1项，获湖南省教育后勤协会立项9项。

6. 物业管理专业委员会。

（1）疫情期间，制定了一系列防控预案，落实各项决定安排，切实把做好疫情防控工作作为当前的首要政治任务和头等大事。

（2）积极协调各会员单位共同组织开展疫情防控技能培训，普及防控知识，采取情景模拟和现场演练相结合的方式，进行疫情防控实操和应急演练。

（3）专委会积极在会员单位中组织各类学习和交流活动，同时密切保持与中后协物专会的联系，加强与全国高校和先进的物业服务企业联系。

7. 基建管理专业委员会。

（1）专委会通过建立微信群，共同研讨；通过网络发送、传递各项资料，交流工作经验，分享新的工作办法。

（2）通过广泛征求各高校后勤、基建同仁的意见，对高校基建普遍关注的重点、热点、难点问题开展了深入的学习和调研活动。

（3）成功举办2020年年会。全省高校和建筑企业会员单位积极参会，规模空前，其中参会高校达57所，总参会人数达200余人（见图6）。

图6 2020年年会

8. 接待服务与商贸专业委员会。

（1）积极传达、落实教育部关于疫情

图 7 主任会议

防控的各项工作要求。各高校商贸会负责人直接上到前线指挥，深入了解疫情防控情况，及时储备防疫物资，宣传科学防疫知识，全力以赴做好疫情防控工作。

（2）召开主任会议，邀请湖南省教育后勤协会会长杨定忠、秘书长夏智勇以及其他高校后勤负责人参加（见图7）。

四、重点特色工作

（一）开展学校后勤管理研究课题，促进湖南高校后勤的改革和发展

通过"关于开展高校后勤管理研究课题"的提议，协会相应制定并向各会员单位公示《协会科研课题（专题项目）管理办法》《协会资助课题研究方案》《立项申请评审书》《课题设计论证》活页等，同时向各会员单位就高校后勤中的热门问题、瓶颈问题征集课题及论文。目前，总共有10多家有科研能力的单位申报20多个高校后勤课题，协会积极组织专家对这些课题进行评审及遴选，并跟踪课题研究进度，制定经费使用制度等。

协会于2019年10月向全体会员单位发起科研课题研究征集工作的通知，得到会员单位的积极支持和踊跃参加，经综合评审并报二届五次常务理事会审定，共选定并立项23个课题研究项目。2020年11月，协会组织开展课题中期检查，各项研究工作均按计划如期开展相应研究工作，并发布相关研究成果。截至2020年12月底，共有15个课题的资助经费17万元已经落实到位。

（二）开展协会十周年系列活动

2020年是湖南省教育后勤协会成立十周年。十年来，协会在科学发展观、习近平新时代中国特色社会主义思想指导下，在上级管理部门的正确领导下，全体会员单位共同努力，始终坚持教育后勤必须为社会主义教育事业服务的理念不动摇，坚持教育后勤服务社会主义公益性不动摇，发奋图强，扎实工作，取得了十分喜人的业绩。为了总结成绩，表彰先进，展现自我，激励未来，协会开展十周年系列庆祝活动，组织召开专家会议讨论并发布协会十周年系列活动细则——"风采后勤"文化展示活动评选实施细则，后勤系统论文、调查研究及工作案例评选细则，会员单位评优评先实施细则等。

活动得到了会员单位的积极响应，共收到作品116部。其中，论文35篇，书法绘画类作品21个，摄影类作品20个，案例6个，调查研究1个，征文22篇，视频11个。收到会员单位评优申报材料100份，后勤突出贡献奖申报材料35份，后勤服务标兵申报材料78份。协会已组织专家对申报材料进行评选（见图8）。

图8　申报资料专家评审

（三）抗疫评优评先及推荐中国教育后勤协会抗疫评优评先名单

为落实中国教育后勤协会以"后勤抗疫"为主题的各项活动，展现教育后勤系统抗疫斗争的伟大实践，表彰疫情防控工作中的先进典型，协会开展抗疫评优评先活动，经各会员单位自主申报，专家评审评选出31个湖南省教育后勤系统疫情防控工作先进集体及45名湖南省教育后勤系统疫情防控工作先进个人。其中，推荐2名参加中国教育后勤协会"2020年度感动人物"评选活动，最终湖南工业职业技术学院民族餐厅厨师马海青荣获中国教育后勤协会"2020年度感动人物"称号。

各专委会积极响应中国教育后勤协会抗疫评优评先活动，根据中国教育后勤协会下发的指标，推荐疫情防控工作先进集体和先进个人参评。

（四）做好后勤生活物资生产企业推荐管理工作，为高质后勤把好关

为了促进学校后勤服务市场的良性发展，更好地规范学校后勤服务市场，规范服务企业推荐管理行为，提升学校后勤系统服务品质，协会连续4年开展高校后勤企业推荐管理制度工作。各专业委员会通过采集企业会员单位提交的近三年经营业绩、合作单位评价、社会贡献（扶贫、抗疫、助学等）、履行会员义务及协会沟通协作力度等方面综合考核评估；对新申请推荐企业通过公开发布信息、企业会员单位自愿报名、企业资质审核及专家现场考察、专家组综合评定等考核办法，公开公示并推荐年度餐饮企业，生活物资供应企业，学生床上用品生产企业，公寓家具企业，物业服务企业，能源设备及管理企业，基建建设、设计及咨询企业，信息技术管理类企业，商贸服务及经营企业等。

协会持续倡导全体会员单位做好后勤领域的疫情常态化防控工作，加大制止餐饮浪费、节水节能的宣传工作，继续把"新理念、新思想、新战略"思想全面准确落实到湖南省高校后勤发展的工作实际中去；加强协会自身建设，做好换届选举工作，健全各专业委员会机构及建章立制工作；组织考察学习和各项活动，进一步提高服务能力，不断增强协会的凝聚力，推动湖南省教育后勤工作发挥新水平、迈上新台阶。

专题报告三　校园气象

坚守初心使命，建设一流后勤
——浙江大学后勤集团服务保障工作案例

一、基本情况

浙江大学后勤集团（杭州浙大同力后勤集团有限公司，以下简称"后勤集团"）是学校所属功能性后勤服务企业，承担着保障学校、服务师生的重要职责，拼搏在拓展市场、参与竞争的社会领域，业务范围涵盖餐饮、物业、水电、商贸、幼教、科教等服务板块。作为全国最早注册成立的高校后勤服务企业之一，浙江大学后勤集团始终在改革中探索发展，逐步推进从传统后勤服务向新型后勤服务转型升级。

伴随着学校的快速发展，后勤集团逐步建立了符合浙江大学发展实际的服务保障体系，探索出一条具有浙江大学特色的后勤服务产业发展之路，成为全国高校后勤改革的一面旗帜。

后勤集团始终坚持"三服务、两育人"的服务宗旨，坚持"保障学校、服务师生"的发展方针，坚守"立德树人、服务育人"的初心使命，秉承求是创新精神，贯彻新发展理念，完善体制机制，加强内涵建设，不断推进改革发展和转型升级，不断提升综合实力和市场竞争力，以优质服务、优良作风、优美环境，为浙江大学"双一流"建设提供一流支撑服务保障。

二、组织架构及队伍建设

近年来，为贯彻落实中央高校所属企业体制改革试点工作要求，适应浙江大学

"双一流"建设需要，后勤集团积极推进所属企业体制改革，对业务板块进行重组整合，进一步优化资源配置，提高运行效率，提升服务质量（见图1）。浙江大学后勤集团现下辖4个中心和5个公司，员工9 300余人。浙江大学后勤集团党委下设5个在职党总支、3个直属党支部，共有27个在职党支部，另设有1个退休党总支、13个退休党支部。

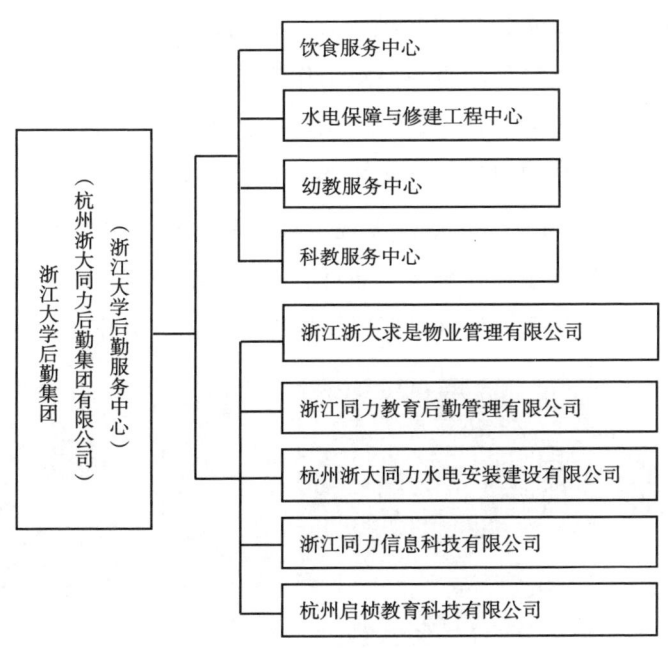

图1 浙江大学后勤集团组织架构图

后勤集团高度重视人才队伍建设，持续加强员工培训，形成了"集团——二级单位——用工部门"三个层级的培训管理主体；"经营管理能力培训——专业技术能力培训——岗位技能培训"三个层次的培训体系。做好员工职业规划，使员工与企业共同进步共同发展。不断加强劳动用工风险的防范和控制，保障关键岗位人员的相对稳定。加强高素质人才储备，全面优化后勤集团人才队伍结构。推进后勤培训学院建设，努力打造样板培训班级、企业内训师以及精品内训课程，提高队伍的专业化水平。

三、亮点工作

（一）坚守抗疫一线，守护校园平安

自新冠肺炎疫情暴发以来，面对服务保障与疫情防控的双重压力，后勤集团第一时间启动了防控部署，面对来势汹汹的疫情，没有丝毫退缩，全力以赴与时间赛

跑,精准发力切实保障师生健康。积极构建"党建引领+疫情防控"的工作模式,及时制定并动态调整防控措施;加强员工教育管理,运用信息数据加强监控督导,动态摸排员工状况,实现员工零感染;在校园餐饮服务、物业服务、交通服务、邮政快递、超市物资供应、水电保障、幼教服务等各方面多措并举,多项防控措施走在前列,严格落实防控要求,夯实基础管理,运用现代信息技术创新服务模式,确保校园服务场所安全措施到位和服务保障工作到位(见图2)。疫情期间,推出校园防疫定位追溯系统,借助"一座一码""一房一码""一车一码",实现网格化管理,为校园疫情防控精密智控提供了大数据支撑;推出食堂就餐拥挤指数,师生可实时在线查看当前食堂人数和剩余容量,实现错峰就餐,减少食堂就餐人员过度聚集。同时,通过大数据找准师生需求痛点,推出时令夜宵,升级外卖平台,引进产地直供的优质农产品,研发幼儿在线网络课程,促进了产业转型升级。

图2 浙江大学食堂防疫措施

积极承担社会责任,作为附属医院的后勤服务提供方,全力以赴做好浙大一院、浙大二院相关保障工作,组建党员突击队、紧急招募志愿者,助力医院打赢疫情防控阻击战;从整体上实现了疫情防控和服务发展"两手都要硬,两战都要赢"(见图3)。

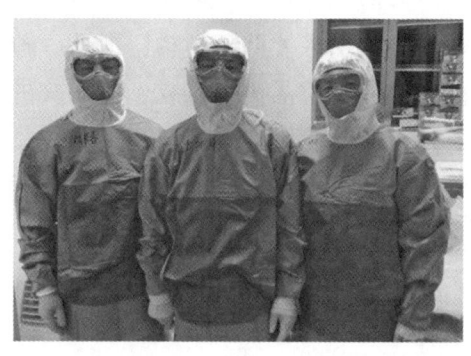 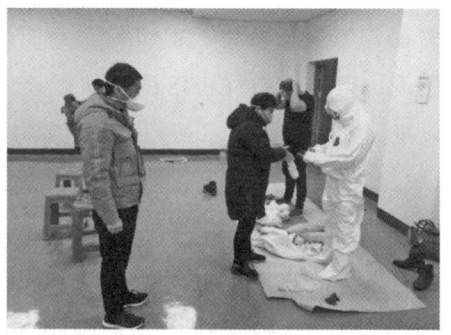

图3 疫情期间做好附属医院后勤服务保障工作

在后勤保障的大后方,涌现出一大批战"疫"中的逆行者,坚守在校园服务保障的岗位上，后勤集团被评为学校"抗击新冠肺炎疫情先进集体"，涌现了一大批抗击新冠肺炎疫情先进个人。

（二）聚焦消费扶贫，助力脱贫攻坚

后勤集团积极响应教育部扶贫攻坚相关要求，推进农校对接和农产品订单化生产。根据教育部工作部署，自觉响应号召，结合浙江大学定点扶贫的云南景东县工作实际和后勤集团工作特点，以消费扶贫为重要抓手，进一步探索构建消费扶贫长效机制，采用食堂采购猪肉、超市开设专柜、工会实物福利、个人爱心认购等多种方式，助力景东脱贫攻坚、实现全面小康。

学校食堂开设了景东红烧肉、景东排骨、景东狮子头专窗（见图4），食堂厨师们用心开发，将景东地道的农家有机原料，制成东坡肉、狮子头、大排等师生们日常评价较高的菜品，专门出售这些来自远方的美味。在保证景东产品品质上乘同时，这三个菜品价格和平时一样。景东东坡肉、景东狮子头等菜品在5个校区的17个食堂供应，平均每天供应狮子头2 500份、红烧肉2 000份，受到师生们的广泛好评，景东东坡肉和景东狮子头"肥而不腻、瘦而不柴"，香浓软糯、开胃下饭，成为食堂的招牌菜之一，形成了良好的口碑。

图4　浙江大学食堂景东专窗

在浙大教育超市设立了景东农特产品专柜，售卖核桃乳、核桃干果、核桃仁、玫瑰花茶、切片装火腿、紫金普洱茶饼、火腿、小黄饼、茶叶等商品（见图5）。组织景东农特产品爱心义卖活动，在各校区及学校家属区开展多场景东农特产品展销会，推出"互联网+消费扶贫"的新模式，在线上求是商城开设"扶贫产品"专栏，以零差价组织爱心义卖活动，景东香肠、核桃、酱油肉、普洱茶叶等农特产品深受师生喜爱。

图5　浙大教育超市景东专柜

（三）制止餐饮浪费，共创美好"时"光

一直以来，浙江大学食堂将"绿色"作为品质团餐的核心理念，积极致力于引导师生形成绿色就餐行为理念和习惯，营造"厉行节约、反对浪费"的浓厚氛围，拒绝校园"舌尖上的浪费"。

做师生爱吃的饭菜是遏制浪费的重要一步，后勤集团饮食服务中心成立了由技师、营养师、烹调师为主要力量的菜肴研发团队，利用大数据、消费研究等方式，深入研究就餐群体的口味需求与消费偏好，不断优化产品结构与品质，研发新式菜品，让菜肴入盘更入胃。同时，严格食材采购验收、储存加工过程的精细管理，通过菜肴标准研发、加强技能培训、设备优化升级等，提高原材料利用效率，降低加工过程中的损耗。推出食堂大锅向中小锅的生产模式变革，提倡小份细作，合理控制单批出菜量；提出部分菜品中餐西做理念，减少汤汁，既避免汤汁对油脂等食材的浪费，又减少泔水，减轻对环境的影响；还通过监测每日食材用量、损耗量、餐厨垃圾量等，加强厨务管理考核，进行针对性的改善提高；实施明厨亮灶工程，建立透明厨房，将厨房生产加工过程置于公众监督之下。

通过新技术的应用和模式的创新，形成引导节约消费的产业力量，率先推出"智慧称重计价刷脸结算系统"，改变了传统"按份出售"的饭菜出售方式，实行按重量计价的方式，并能通过智慧系统精准记录食物的卡路里，更加便于就餐者合理适量地选择菜品，新模式下就餐者的光盘率明显提升（见图6）。

后勤集团饮食中心还将节约教育与食育劳育结合起来，与学校社团等联合，推出"暖暖小食光"食堂工作体验，派出大厨在学园开设美食精品课程，支持学生开展餐后垃圾分类回收、废物利用创意设计等调研实践活动，2020年与学校思政部推出"有风景的思政课"，开出"跟着大厨看粮食经济"课程，让学生思政教育走进食堂，该活动视频还入选了学习强国慕课平台（见图7）。

图6　智慧称重计价刷脸结算系统

图7　浙江大学饮食服务中心举办"光盘"宣传活动

(四)创建"绿色校园",打造节约型校区

后勤集团积极融入绿色校园建设,为绿色校园建设提供绿色后勤保障,为师生提供更加绿色健康的校园环境和后勤服务。以校园的基础设施建设为依托,在后勤服务中通过采用国家规定的节能环保技术、标准和产品,提升校园绿化美化水平,促进校园内自然环境和建筑景观小品的协调,成为师生员工宜学、宜居、宜业、宜游的共同家园。

大力推进绿色校园运营,利用新技术进一步提升能耗监测水平,深化节能减排工作(见图8);以"节约型校园"建设为切入点,着力打造能源智控系统,实现基于能耗监测的信息化平台;加强节能宣传,采用节能提示牌,提示人走关灯、关空调;严格执行学校节能运行要求,贯彻落实节水节电措施;增强后勤保障人员的资源节约意识,培养运行人员节能意识和节能知识;进行垃圾分类,环境清洁尽可能使用环保试剂以及可再生能源;借助新设备降低作业噪音、污染物等排放,减少后勤保障运行给校园生态环境带来的影响,降低生产能耗和服务能耗。推进光盘行动,倡导节约适度环保健康的生活理念。

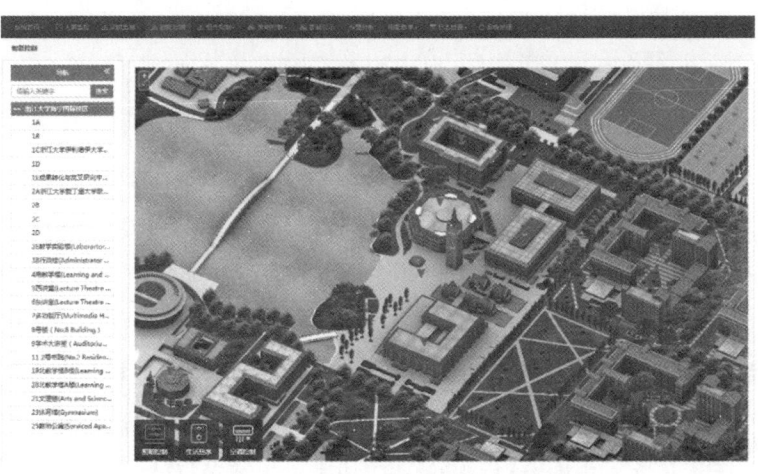

图8 浙江大学海宁国际校区能耗监测平台

作为绿色节能校园的典范之一,浙江大学海宁国际校区获 ECO – CAMPUS 金级认证、北教学楼 A 楼和图书馆获得 LEED V4.1 O + M ARC 认证体系最高等级的铂金级认证等荣誉。

(五)赋能传统服务,打造数字后勤

后勤集团以"构建全场景服务生态,打造数字化校园服务样板"为目标,加快信息化发展和数字化建设,以教学科研和师生生活服务保障的场景为切入点,推动

科技融入和整合，适应移动互联发展趋势，着力打造基于微信的一体化校园服务平台，实现了统一入口、统一门户和统一支付，整合线上线下的校园空间资源、后勤业务资源和师生客户资源，优化服务流程，推出个性化服务和定制化服务，满足师生多元化的对美好校园生活的需求。

在内部管理运营方面，推出基于"钉钉+专属协同系统"的一体化管理运营平台，覆盖9 000余名员工，实现组织在线、沟通在线、协同在线、业务在线，推进管理扁平化，提升组织沟通效能。疫情期间，通过该平台推出"一人一码"，全员借助"一人一码"实现返校返岗审批、健康打卡和出省审批等流程。在业务运行方面，对传统后勤服务进行全方位、全角度、全链条的改造，打造应用智慧食堂、能源智控、智慧交通、校园新零售、智慧物流、智慧幼教等业务系统。

智慧食堂系统融入"营养健康"和"低碳节约"新理念，涵盖用餐预定、智能订料、集中加工、统一配送、自动生产、安全监控、智慧结算、营养推送、反馈分析等食堂生产经营管理服务的全流程，基本实现了智慧管理、智慧服务和智慧溯源，大大提升了食堂的运行效率和师生就餐体验。能源智控系统实现了基于能耗监测的信息化平台，涵盖水电计量、路灯控制、空调控制、热水管理等内容，提升了管理水平。智慧交通系统包括班车信息查询、网络预约用车、车辆任务调派、车辆定位查询、实时视频监控、支付结算等功能，有效提升了班车运行效率和班车乘坐体验。面对传统零售业的发展瓶颈，通过对人、货、场的数字化重构，将供应链、IT技术、门店运营等资源进行整合，实现传统门店的升级转型，打造智慧新零售系统。智慧物流系统已于2020年实现师生24小时无人自助取件和寄件，与阿里达摩院合作，成为杭州第一家启用无人快递车送件的高校。借助新技术新装备，推进传统物业服务加速向现代物业服务转型升级，大型扫地机器人、道路清扫机、草坪修剪机、自动洗地机、巡逻无人机等智能化设备逐步引进，取代传统人工服务；物联网、人工智能技术广泛应用，实现校园管理的远程监控、无人值守、集中控制，降低用工成本，提高运行效能（见图9和图10）。

图9　智能扫地机器人"小白"

图10　无人快递车送件

后勤集团曾先后获得"全国高校后勤信息化建设工作优秀示范单位""全国高校后勤事业发展先进单位(信息化管理)""全国教育后勤信息化建设优秀示范单位"等多项荣誉。

(六)坚持立德树人,推进服务育人

后勤集团在后勤服务中主动落实学校立德树人的根本任务,紧贴学校教学科研需要,紧贴师生生活需要,积极创造服务育人场景。搭建与学生沟通的渠道,保持与浙江大学学生会、研究生会、博士生会、学生社团的良好互动态势,常态化举办学生座谈会,建立与师生面对面的交流沟通的渠道,注重师生互动、体验与分享。

大力推进"第二课堂"建设,与校内学生社团联合开展"后勤职工能量加油站"系列活动,让学生为后勤员工开展手机摄影、常用英语口语等提升培训,设立勤工助学和志愿者服务岗位,让学生担任食堂大堂副理、物业引导管理、食堂秩序维护、食堂宣传员等等岗位,进一步培养学生"勤创"精神。

营造丰富的劳动育人场景,通过开设烹饪培训班、"我的家乡最美味"厨艺大赛、药膳烹饪大赛、教职工家常菜培训班、"粽情浙大"端午文化体验活动、"包饺子"体验活动、"中秋寄相思"月饼制作体验、清明节"包青团"体验、校庆日制作"给母校庆生"蛋糕活动等师生互动活动,让更多师生在走进食堂的同时,为他们提供更多现场操作体验机会(见图11、图12)。将园林绿化工作打造成校园中为师生提供美学教育、行为教育、劳动教育的重要载体。2019年以来先后组织开展秋色树叶制作拼图、废弃香樟木再利用、园丁带您游校园、冬季暖树活动等"行走的课堂"系列活动(见图13)。还组织了学生参与收割油菜籽、灌木修剪劳动体会课程、与农业试验站开展花籽播种活动、协助环资学院开展南华园土壤水质采样、邀请学生设计参与建工学院内庭院施工建设等活动,让更多学生参与园林养护、工程建设工作,体会劳动付出与成果收获。浙大海宁国际校区校园服务中心与校区团委合作开展劳育实践活动,开垦校区内一处绿地种植瓜果蔬菜等作物。让学生体验种植的乐趣,加深对劳作的认识。

图11 大厨进课堂　　　　　图12 "我的家乡最美味"厨艺大赛

图 13 "行走的课堂"系列活动

后勤集团饮食中心还与浙江大学公共卫生学院合作设立了营养小屋，通过营养健康宣教和咨询、体脂检测、减肥训练营、个性化膳食方案定制等，向全校师生宣传"合理膳食，均衡营养"理念，促进师生健康生活方式的养成。

（七）探索用人机制，服务教学科研

2020 年，在浙江大学加快"双一流"建设背景下，后勤集团以服务外包形式承接学校部分工作内容，探索以创新的用人机制做大一线服务人员队伍。支持院系配备一批"专业管家"或者"职业协理员"，专门服务一线教师，让"最多跑一次"转变为"最多找一人"，切实将广大教师从繁琐事务中解放出来，并加快将这支队伍打造成一支"讲政治、守纪律、会办事、能奉献"的专业化、职业化、高素质、高水平新型后勤服务人才队伍，尽快提高教师事务服务工作专业化、规范化水平，更好地适应学校教师服务支撑体系建设。

目前已完善出台了教师事务服务专员考核、培训、管理等各项办法，开展教师事务服务专员年度系列培训，定期走访服务单位，听取教师事务服务工作评价和建议，有效提升教师事务服务工作质量。截至 2021 年 9 月，浙江大学后勤集团教师事务专员队伍已有近 120 人。

四、展望与思考

展望"十四五"，后勤集团将继续以高质量党建引领高质量发展，巩固深化"不忘初心、牢记使命"主题教育成果，认真开展党史学习教育，不断增强党员干部运用习近平新时代中国特色社会主义思想武装头脑、指导实践、推动工作的意识和能力，切实承担起建设一流后勤服务体系的重要职责。

继续围绕学校"为党育人、为国育才"中心工作,落实立德树人根本任务,创建高质量校园后勤服务育人新平台,探索学生参与后勤服务管理的有效方式。

进一步增强服务意识,改善服务环境,完善服务标准,改进服务作风,创新服务举措,坚持后勤服务一盘棋,补齐后勤服务工作的短板。

持续推进数字化改革,提高企业运行效率,丰富服务体验感,培育新业务增长点,持续赋能企业转型发展,做好企业体制改革后半篇文章。

加强高素质人才引进和培养,优化后勤人才队伍结构,建立健全标准化、系统化的培训体系,完善师徒制、"传帮带"等基层技能人才成长的政策机制,培养一批具备专业化职业技能的专家型后勤人才。

加强内控体系建设,完善党风廉政规章制度体系和廉政风险防控责任体系,突出重点领域、关键环节开展专项督查,探索推进基层监督员队伍建设,营造干事创业、廉洁从业的良好氛围。

后勤集团将坚持以习近平新时代中国特色社会主义思想为指导,围绕学校总体目标和任务,坚持"三服务、两育人"宗旨,持续探索实践保障有力、特色鲜明的一流后勤服务体系,为学校迈向世界一流大学前列提供一流支撑保障。

师生至上，服务为先，做师生满意的高校后勤
——北京林业大学后勤系统服务保障工作概述

一、基本情况

北京林业大学后勤系统在学校党委的正确领导下，坚持"师生至上，服务为先"的工作宗旨，发扬"务实、高效"的工作作风，稳步推进校园后勤服务保障工作。学校后勤服务与管理涵盖工程修缮、校园节能、物业、水电暖保障、学生公寓、校园环境绿化保洁、餐饮等内容。在校园环境建设、智慧校园建设、绿色校园创建、校园生活垃圾分类、校园餐饮品质提升及服务育人、劳动教育等方面均采取了创新做法，取得了良好成绩。2020年，北京林业大学荣获"全国教育后勤信息化建设优秀示范单位""2020年中国教育后勤协会高校餐饮工作先进集体""北京市生活垃圾分类推进工作先进集体""海淀区学院路街道垃圾分类先进集体"；垃圾分类工作案例被收录在北京市教育系统垃圾分类工作简报，作为首所高校被北京电视台在"北京您早"和"特别关注"栏目报道介绍垃圾分类工作经验做法，建设13号楼生活垃圾驿站被作为示范项目列入北京市教委垃圾分类"小妙招"，创新性的工作模式被收录在《北京市生活垃圾分类典型经验汇编》中，获批成为海淀区第一家厨余垃圾就地处理试点单位。相关资料见图1至图7。

图1　全国教育后勤信息化建设
优秀示范单位

图2　中国教育后勤协会高校
餐饮工作先进集体

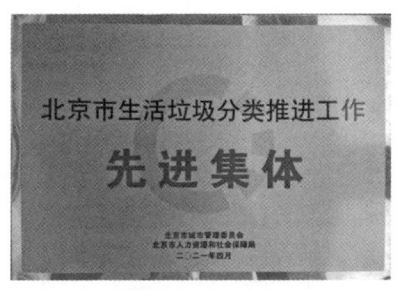

图3 北京市生活垃圾分类推进工作先进集体

图4 海淀区学院路街道垃圾分类先进集体

图5 垃圾分类工作案例被收录在北京市教育系统垃圾分类工作简报

图6 北京电视台介绍垃圾分类工作经验做法

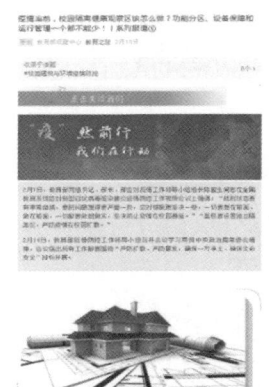

图7 列入北京市教委垃圾分类"小妙招"获批成为海淀区第一家厨余垃圾就地处理试点单位

二、组织架构

北京林业大学后勤保障体系包含基建处、总务处、信息中心、校医院、计生办、附属小学、后勤服务总公司、综合服务公司、学生事务中心9个职能部门,均为副处级以上单位,由1位校领导分管,逐步构建起"大后勤、大服务、大保障"工作格局,为学校各项事业发展提供集基础保障、条件保障、民生保障、运行保障职能于一体的综合保障系统支撑。

三、亮点工作

(一)疫情防控——坚决落实疫情防控条件保障职责,构筑师生生命健康安全坚实屏障

1. 迅速建设隔离点。2020年初,新冠肺炎疫情全面暴发,北京林业大学在72小时之内紧急建设科贸楼51间、学6号楼70间疫情防控隔离观察点,同时完成了隔离工作方案和工作规程制定。目前健康观察点已完成1 100余人的隔离任务,日常管理资料2 200余份,两个健康观察点建设与管理工作被教育部规建中心列为典型案例进行推广(见图8至图10)。

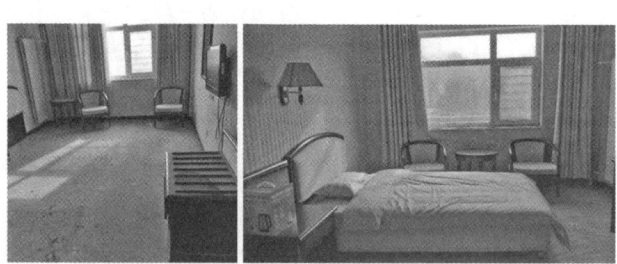

图8 师生健康观察点改造前后对比

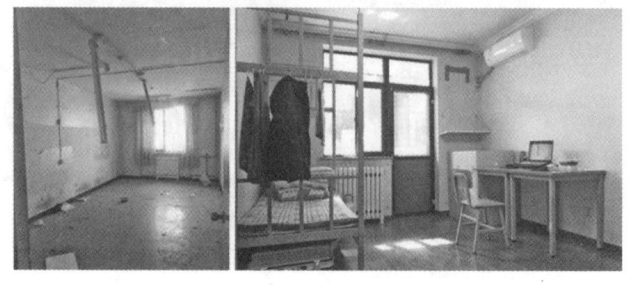

图9 后勤人员健康观察点改造前后对比

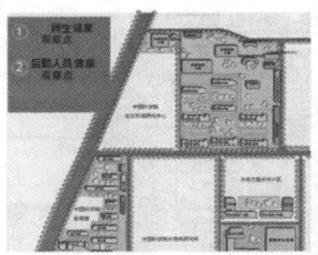

图 10 教育部规建中心报道学校隔离区案例

2. 大力筹措防疫物资。在防疫物资紧缺时，多方筹措口罩、消毒用品等物资，共筹集到口罩 25 万余支、体温计近 3 万支、消毒液 600 余公斤、洗手液 400 公斤、酒精 100 升、一次性手套 4 000 支等，向在校师生免费发放，确保在校师生防疫物资供给。

3. 创新校园划区划片管理。迅速制订校园划区划片管理方案，设立楼长和区域指挥长，划分责任落实疫情防控要求。搭建 420 余米的隔离围挡，实现校内家属区、公司企业与校园的完全硬隔离（见图 11、图 12）。

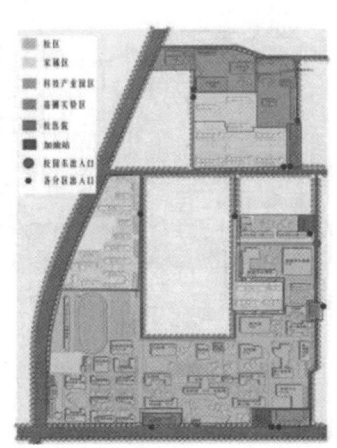

图 11 学校封闭管控及分区围挡搭设　　　图 12 校园划区划片示意图

4. 做好疫情态势严峻期间餐饮保障。坚持基本伙不停伙，克服原材料采购渠道受阻、在岗人员长期不能休息等困难，保障在校滞留学生、各类防疫保障服务人员、来校工作教工和校园健康隔离观察点隔离人员的餐饮需要，做好送餐服务，每天分散送往校园30多个地点（见图13及图14）。根据师生返校情况，动态调整开放各食堂，并严格落实上级关于取消堂食、限流堂食的要求，规范进入食堂就餐、打包取餐的流程，避免食堂成为聚集场所。

图13 为隔离点做好送餐服务

图14 倡导1米线无堂食就餐

（二）制止餐饮浪费——深化饮食供给侧改革，厉行勤俭节约，开展光盘行动劳动教育活动，积极培育良好校园饮食文化

1. 调整供餐模式。按照《教育系统"制止餐饮浪费 培养节约习惯"行动方案》

（教发厅〔2020〕9号）和学校要求，基本伙食堂全面推出小份菜、小份主食，重点做好供给侧改革，合理核算小份菜售价，满足不同食量学生就餐需求，减少浪费（见图15）。

图 15　推行小份菜

2. 完善饭菜标识。完善菜牌标注信息，做到窗口标识与菜品有效对应，实现饭菜质量、品种、价格与就餐师生预期的有效印证，进而有效稳定师生对饭菜的预期，减少就餐期望与实际供应错位带来浪费。

3. 开展"光盘行动"。为落实习近平总书记对勤俭节约杜绝浪费的重要指示精神，联合开展"光盘行动"专项活动（见图16），联合校团委开展"A4210"光盘集赞活动，有关做法得到"北京卫视"报道。联合经管学院开展桌面清洁劳动教育活动，促进校园饮食文化向好发展。

图 16　开展"光盘行动"专项活动

（三）绿色校园创建——积极推进绿色、低碳校园建设，倡导学生低碳、绿色、节能、环保的生活与学习方式

1. 开展节能环保工程，建设节约型校园。2020年，学校加强对各项能源的管理力度，修订《校园绿化用水规定》，推广节能新技术，通过节能改造等措施，提高师生生活用能质量和能源使用效率。先后对学7号楼、学10号楼，学13号楼及学研大厦中心公共区域灯具进行智能照明改造约1 900余只，平均节能率达82.5%。完成北京市发改委"绿色照明"项目——"一教、二教教室和公共区域照明智能化升级改造"，节能率达到69%，在保障楼内日常生活和学习照明的同时，实现了按需照明、智能节电的效果（见图17）。开展第十届"节能宣传周"系列活动以及"讲好节能故事"微视频、摄影及征文大赛，引导师生树立厉行节约、反对浪费的生活理念，倡导简约适度、绿色低碳的生活方式，增强北林学子的低碳节能环保理念，进一步弘扬北林特有的绿色文化。

图17　学7号楼照明节能改造前　　　图18　学7号楼照明节能改造后

2. 营造绿色校园环境，强化绿色生态教育。

精心打造了学校面积最大、功能最完善、内涵最丰富、建造最复杂的"林之心"校园精品景观群（见图19、图20）。该景观总占地面积约为1.2万平方米，包括林中博物馆区、林沼区、生物楼北景观区、浮丘植物园区、校史纪念轴区五个主要分区，20个重要景观节点，6个互动艺术装置，新增植物品种30余种，并集中展现学校"新优植物品种培育""智能滴灌技术""智慧园林技术""海绵城市技术"等创新科研成果。该项目的建成既是对党中央关于绿色生态发展理念的贯彻落实，是绿色校园建设的空间实践，也是对北林"知山知水、树木树人"育人理念的践行，同时也为学校"双一流"建设和推进"环境育人"提供丰富的服务保障和支撑。目

前，该景观项目共被国家部委、北京市教委、各高校领导参观百余次，受到一致好评。

图 19　林之心景观鸟瞰图

图 20　林之心景观特色节点图

3. "软硬兼施"开展校园垃圾分类工作，成效显著。学校高度重视垃圾分类工作，严格按照《北京市垃圾分类管理条例》及高校垃圾分类工作要求，以"坚持全校一盘棋谋划，明确两个工作目标，建立三个工作机制，组建四支工作队伍"为工作思路，通过坚持宣传引导、规范硬件设施、创新工作方法、健全奖惩体系等措施全力推动垃圾分类工作取得实效。

一是坚持全校一盘棋谋划。成立了以书记和校长为组长的生活垃圾分类工作领导小组，召开北京林业大学校园生活垃圾分类动员部署会，印发《北京林业生活大学垃圾分类工作方案》，率先在北京高校中实行"垃圾下楼、定时定点投放"的方式。

二是明确两个工作目标。到2020年底，学校生活垃圾分类知识知晓率、普及率、参与率要达到100%，要基本建成垃圾分类投放、收集、运输、处理标准体系；到2021年底，实现校园生活垃圾分类"队伍专业化、流程标准化、管理精细化"目标。

三是建立"三项工作机制"。建立部门责任制，各单位落实"投放责任"，教育监督师生履行垃圾分类投放义务；各物业管理公司落实"收集责任"，形成"收集＋投放"责任联动机制。建立指导监督机制，生活垃圾定时、定点投放时段，实行"桶边值守"，组建指导员和志愿者团队，共同开展指导监督工作。建立综合评价机制，将垃圾分类开展情况纳入师生考评体系，落实垃圾分类党员责任制。

四是组建"四支队伍"。组建由各单位选派的优秀人员组成的联络员队伍，负责本单位"投放责任"的落实。组建由物业服务人员组成的指导员队伍，负责开展集中投放时间段"桶边值守"工作，对分类不正确的进行指导及协助分拣工作。组建由物业管理人员组成的督导员队伍，进行监督检查及师生的联络沟通工作。组建由教职员工和学生组成的志愿者队伍，让师生员工积极参与垃圾分类工作，逐渐形成自建自管的良好局面。截至2020年底，学校已建立起100多人的联络员队伍、40余人的监督员队伍、80余人的指导员队伍以及400余人的志愿者队伍，形成了"全员参与、全员教育、全员宣传"的工作格局。

五是开展"宣传培训"。印制各类宣传培训材料5 000余份，全校范围内组织开展各种形式垃圾分类宣传活动近百场。

六是建设"硬件设施"。建成71个垃圾分类集中投放点，定制垃圾分类集中收纳区不锈钢设施架及宣传板20余个，购置以及更换符合最新标准的垃圾分类收纳容器400余个。规范设立多个再生资源可回收驿站，创新性建设13号楼生活垃圾驿站，备受师生好评。

七是推进"就地处理"。争取获批海淀区第一家厨余垃圾就地处理试点单位,可实现厨余垃圾就地资源化处理,减轻厨余垃圾收运及终端处置压力。

八是倡导"源头减量"。将厨余垃圾管理纳入食堂标准化建设,实施"光盘行动",强化源头减量,成效显著。

九是健全"奖惩体系"。根据上级部门文件要求出台《生活垃圾分类实施管理办法》,进一步深化生活垃圾分类工作实施方案和学生公寓楼长制网格化管理工作方案,严明管理责任与奖惩细则(见图21至图31)。

图21 召开校园生活垃圾分类工作动员部署会

图22 桶边值守

图23 垃圾分类集中投放点

图24 垃圾运输校园短驳车辆

图25 13号楼生活垃圾驿站

图26 可回收驿站

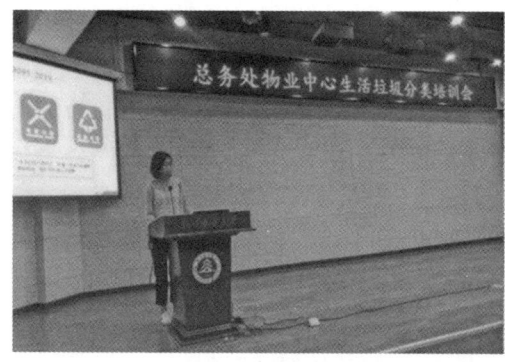

图 27　开展宣传培训

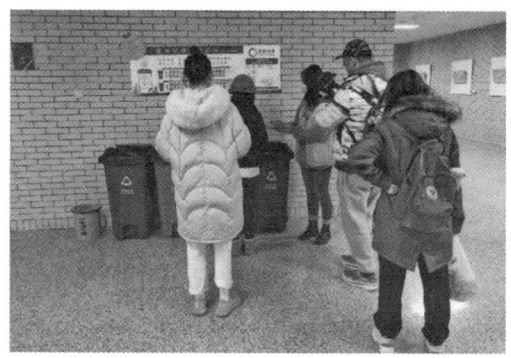

图 28　学生志愿者桶边值守

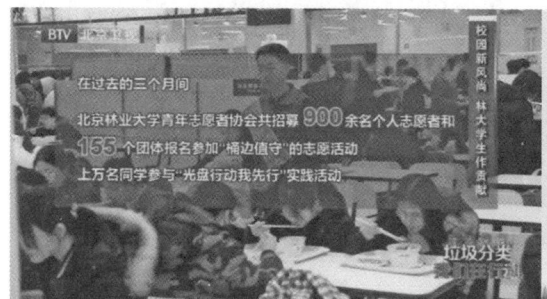

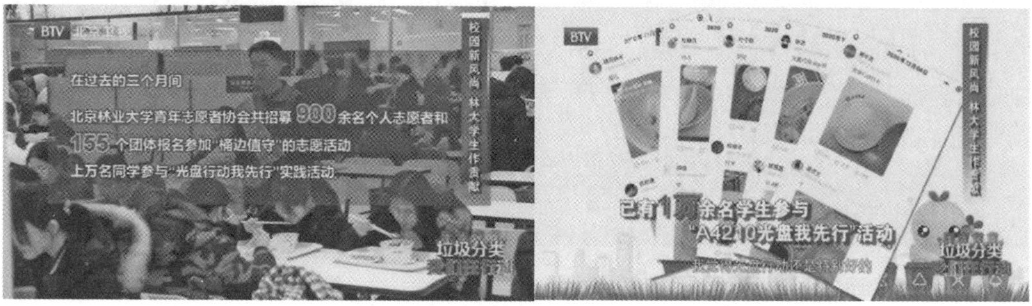

图 29　源头减量光盘行动

北京林业大学文件

北林校发〔2021〕5号

关于印发《北京林业大学关于进一步深化生活垃圾分类工作的实施方案》的通知

各单位：

现将《北京林业大学关于进一步深化生活垃圾分类工作的实施方案》印发给你们，请遵照实施。

北京林业大学

2021年3月2日

- 1 -

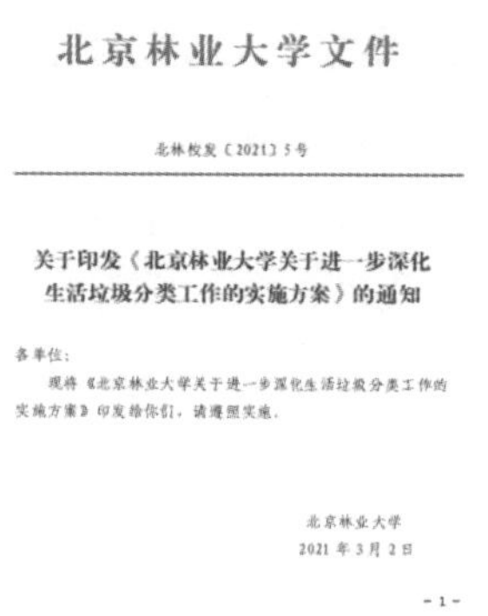

图 30　出台管理办法

图 31　规范垃圾收运体系

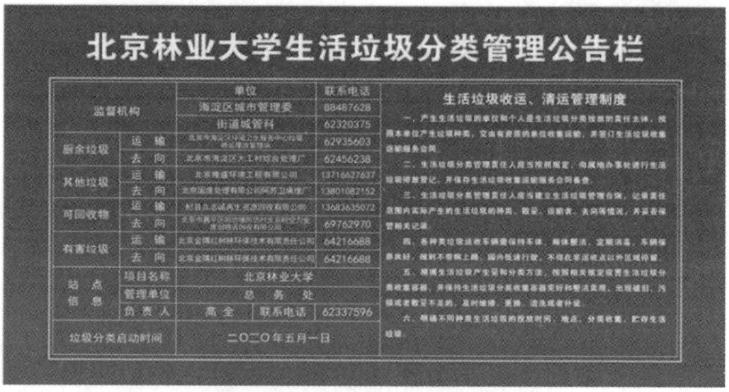

（四）智慧校园建设——基本建成“一个中心，三个功能区，12 大平台”为一体的“智慧校园”系统

在过去两年“北林智慧总务”建设的基础上，2020 年，又增加了“再生能源平台”“生活热水平台”两个智能化管理平台。同时，打造了智慧校园运行监管中心，将网络报修、再生能源、宿舍管理等十余套平台的关键数据进行对接，实现了智慧

后勤大数据的可视化和统一管理，极大地提高了智慧化管理水平，形成了以"总务服务中心"为中心，PC端、移动端、微信端、客服电话和线下服务大厅"五位一体"的全覆盖保障服务格局，初步探索了后勤服务保障信息化建设之路（见图32）。

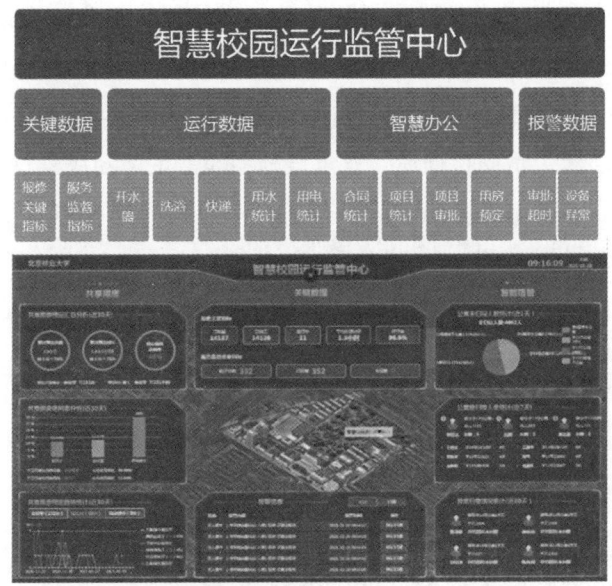

图32　智慧校园运行监管平台

（五）服务育人——深入挖掘后勤育人功能，推动形成服务育人工作体系

学校充分发挥后勤系统育人功能，深入挖掘后勤育人元素，推动"示范场所育人""体验岗位育人""优美环境育人""先进管理育人""文化创新育人"的五个服务育人体系建设。

1. 示范场所育人。进一步整合后勤独特、优质的育人资源，为学校课程教学提供了多个育人空间场景。将厨余垃圾就地处理站、景观水系水处理系统及中水处理站等作为环境学院师生专业教学实习场所，并安排专业技术人员为师生提供技术讲解，充分发挥后勤示范场所育人作用（见图33）。

图33　活动展示

2. 体验岗位育人。组织3 000余人学生志愿者进行垃圾分类"桶边值守",发挥学生主人翁精神,体验一线保洁人员的艰辛。推出"A4210光盘我先行"志愿活动,招募大量志愿者在各个食堂向师生推广光盘行动并引导师生打卡参与活动(见图34)。目前已有1万余名学生参与"光盘我先行"活动,倡导节约粮食,避免浪费,珍惜劳动果实。校内超市设立"林享·麦芽"助学金,各商家三年来累计为120余名同学提供各类勤工助学岗位(见图35)。举办后厨开放日活动,让师生能够深入食堂后厨,了解体验食堂以及后勤一线人员岗位性质,尊重后勤一线员工劳动成果(见图36)。

图34 "A4210光盘我先行"志愿活动

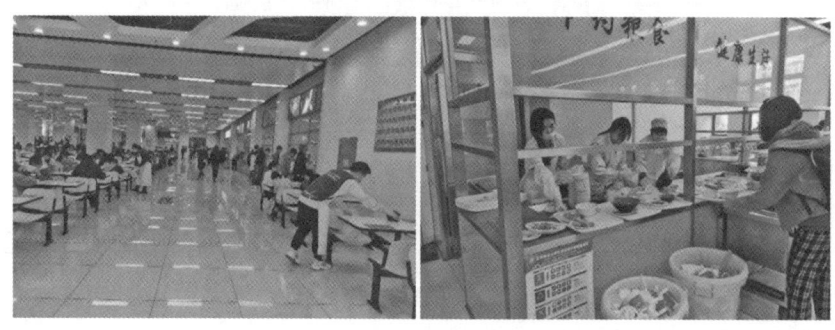

图35 提供勤工助学岗位体验劳动育人

图36 食堂开放日参观食堂后厨

3. 优美环境育人。"林之心"景观改造建设项目,是集教学、科研、文化交流功能于一体的自然教育实践基地,打造了首个承载学校发展历史和文化意蕴的室外景观和首个将现代科技、交互技术及绿色理念融为一体的智慧园林景观,与学校已有的 10 余处校园景观构成系统完整的生态文化景观群,不断满足师生对校园优美环境的需要,培养了学生感知美、欣赏美、保护美的意识。与此同时,组织学生团支部开展清理"林之心"景观区域卫生的实践活动(见图 37),引导学生参与绿化美化校园,培养学生保护环境和爱护校园的好思想、好风尚,实现优美环境育人。

图 37 清理"林之心"景观区域卫生

4. 先进管理育人。完成校园一卡通售饭系统的整体升级,开发并运行手机端订餐平台,提高疫情期间的就餐效率。"智慧校园"系统建设,实现了信息化的后勤管理,把规范管理的严格要求和春风化雨、润物无声的教育方式结合,在潜移默化中促进广大师生提升思想道德品质、养成良好行为习惯,实现先进管理育人。

5. 文化创新育人。加强文化创新育人载体建设,举办"之里之外"校园书店读书会(见图 38)、签售会、鉴赏会等活动,"林享·创造"文创大赛(见图 39、图 40)以及饮食文化节和学生烹饪大赛等,把文化育人理念融入校园文化活动之中,使学生深入全面体验学校优秀文化传统,为建设校园文化、丰富校园生活、提升学生素质、促进学生成长成才发挥良好作用。

图 38 "之里之外"书店举办校园读书会

图 39 林享·律动音乐节　　图 40 林享·校园文创大赛获奖作品

四、总结与思考

立足新的事业发展起点,聚焦北林新的事业发展需求和局面。后勤工作体系的事业应坚持"驱动内核、提质增效"的原则,聚焦以下几点开展进一步的探索和研究:

(一)站位新时代,着力改革升级后勤管理体系

高校后勤保障系统要基于"大系统"的"大思维"进行系统策略的创新改革,以"大后勤"向"强后勤"转变,在系统建设、结构优化、服务升级等方面进行"控制体系"的供给侧改革,在组织构架、机构职能、人才队伍、部门统筹等方面着手进行改革,才能不断积累经验,形成具有后勤管理特色的系统遵循,才能不断面对教育新需求,打开工作新局面,创造性提升后勤工作格局和平台。

(二)面对新要求,着力构建后勤育人特色文化内涵

后勤树人育人的文化品牌形成,既是对后勤各项教育工作的总结、凝练和提升,又是各项育人事业成果的汇总和代表。学校后勤可以通过"一部门、一文化、一品牌"的特色创建思路和育人文化先锋岗的培育,逐步孵化具有校园特色的"后勤品牌",创造具有校园文脉的"后勤文化",让后勤文化的建设走在高质量发展的前列,让树人育人的后勤站位起到重要的示范引领作用。

(三)应对新形势,着力探索后勤机构改革新机制

深化机构改革,可以有效破除制约后勤事业发展的落后机制,更好地围绕推动高质量发展。后勤机构改革是一个连续、系统、整体的动态概念,坚持后勤机构改革,通过打破传统后勤工作格局,按照管办评分离的原则构建职责清晰、体制科学、机制合理的组织架构,可以顺应教育发展新的形式,建设现代化后勤体系,构建起职责明确、执行力强、师生满意的服务型后勤体系,不断适应和满足校园的新需求、师生的新需要,从而助力提升学校整体现代化治理体系和治理水平,为扎根中国大地创办一流教育提供有力的综合保障。

转变新模式，谋划新发展，开创新局面

——天津大学后勤保障工作综述

天津大学后勤保障部在学校党委的正确领导下，坚持通过加强党的建设引导后勤事业发展，积极转变工作思路，紧密围绕业务提升、畅通渠道和节能降耗等重点工作，为学校教学和科研做好服务保障工作，全面推进"暖心后勤"，用心服务，用爱暖心。

一、基本情况

后勤保障部是为学校提供后勤保障的职能部门，其基本职责是为教学、科研和师生日常工作、学习、生活等提供基础性服务保障。伴随着教育事业的发展大势，为满足师生日益增长的对美好校园生活服务的需要，后勤保障部经历数次变革。2000年，学校实行第一次后勤改革，由学校关起门来办后勤变革为"小机关—大实体"的后勤服务模式，成立后勤服务集团作为乙方，负责学校膳食、物业、水电、维修、环境等基础后勤服务。由总务处作为甲方，代表学校对后勤集团进行监督和管理，同时负责学校大型修缮工程的管理和服务等。2012年5月，根据学校指示精神，后勤实行大部制改革，撤并原总务处和后勤服务集团，成立后勤保障部，代表学校行使整体后勤管理、服务职能，整合资源，逐步由"管办结合"向"管办分离、只管不办"的方向发展，逐步建立起"服务外包、学校监管"的高校后勤社会化天津大学模式。

二、组织架构

当前，后勤保障部共设15个科室，开展包括物业、能源、食堂、商贸、校园环境、应急抢修、计划生育、红十字会、爱国卫生运动委员会等管理服务工作（见图1）。

1. 完善制度体系建设，加强廉政风险防控。后勤保障部坚持加强制度体系建设，开展制度梳理、汇编工作，用完善的制度作为后勤事业发展的坚强支撑。同时，后

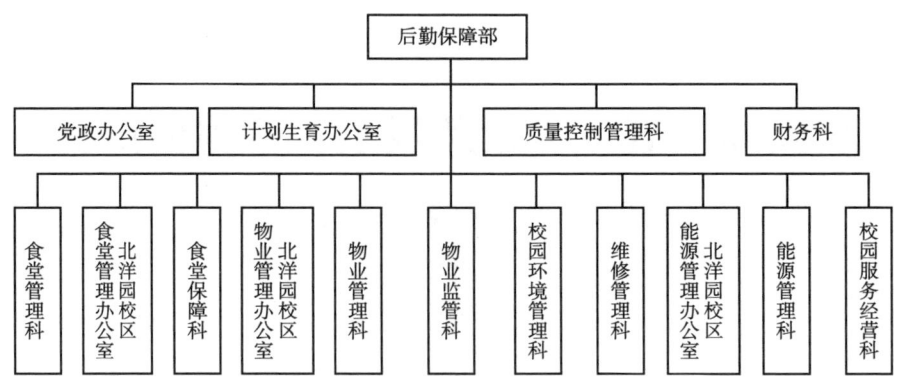

图 1 天津大学后勤组织架构

勤保障部开展公章使用情况自查,并在此基础上对后保部的印章使用进行规范管理,制定内部管理办法;开展资产清查,解决历史遗留问题;规范合同管理,实行二级管理、专业归口,建立合同档案,做到"一合同一档",规范合同编号规则等。

自2020年起,后勤保障部实行科室主要负责人年度党风廉政建设责任承诺制度,并有各科室主要负责人牵头,落实"一岗双责"。一是各科室主要负责人签署《落实党风廉政建设责任承诺书》,压实责任;二是各科室对职责范围内的廉政风险点进行自查,制定风险防控举措,填写"廉政风险自查报告表",提交主管领导审核备案。此外,后勤保障部还制定了非标采购办法,修订党政联席会议事规则,进一步规范业务管理和决策流程。

2. 丰富一线实践经验,提高管理人员水平。打铁还需自身硬,管理人员的专业化是加强精细化管理的前提,后勤保障部组建"实践体验队",结合各科室工作特点,组织管理干部开展实践体验活动(见图2)。不同工作领域的管理人员在实践体验中增进了友谊、加强了学习、获得了灵感,通过实践体验活动,管理人员能够从一线工作发现问题,总结经验,从而从实际出发提升管理工作水平。

图 2 实践体验活动

三、亮点工作

1. 做好疫情防控。面对突如其来的新冠肺炎疫情,后勤保障部领导班子坚持服务大局,第一时间统一思想,大年初三便号召全体员工返回工作岗位并带头示范,制定各领域疫情防控方案并落实好疫情防控工作,坚决守护在校师生的健康和安全。

(1) 不辞劳苦,勇于"逆行"。当别人都在紧张的疫情中居家自我保护时,后勤人成为美丽的"逆行者",每天30余名管理干部和600余名后勤一线人员的坚守,换来了营养均衡的可口美食,换来了洁净安全的工作、学习环境。为保护学生安全,后勤工作人员在日常工作中主动与学生保持距离、错峰吃饭且不堂食、承担为隔离楼送餐任务、返津核酸检测无异常才返回岗位。

(2) 严格管理,细化落实。在没有明确指导性文件的情况下,后勤员工坚持边学边实践,结合工作特点和现有条件,第一时间制定各项操作规范,编制各类防控方案、建立人员内控机制,共形成各类方案及操作规范30余份。物业方面制作防疫工作手册,建立防疫消毒通风登记制度,双校区分别筹备隔离专用楼;食堂方面制定多情景用餐方案、食堂员工操作方案、冷链食品采购工作流程等。后勤保障部多措并举,严格管控,筑牢了校园防疫安全屏障(见图3)。

图3 防疫现场

(3) 扎实推进,快速反应。疫情暴发后,后勤保障部第一时间成立天津大学应急物资采购中心,赶在防疫物资市场高度紧张之前备足防控物资。现已与供应商形成长期合作关系,能够多渠道获取保障物资,根据实际需要随时采购补充库存;同时,制定严格、可落地的应急反馈机制,方便迅速应对突发情况。

2. 助力脱贫攻坚。按照学校打赢脱贫攻坚战的部署要求,扎实推进消费扶贫工作。以食堂和扶贫超市为主阵地,促进消费扶贫和帮助消费,为加强农产品销售和宣传,建立扶贫超市,设立消费扶贫专柜、专区,食堂开设"扶贫菜窗口",为在校师生提供健康、生态、无污染的安全特色产品。开通线上购物平台,鼓励师生"以购代捐""以买代帮",助力消费扶贫。

扎实开展党史学习教育,后勤保障部党委认真贯彻落实习近平总书记在党史学习教育动员大会上的重要讲话精神,按照学校开展党史学习教育相关要求,突出学党史、悟思想、办实事、开新局,推动党史学习教育高起点开局、高标准起步,在全体党员干部中迅速掀起学习热潮。

3. 全面提升服务。物业管理方面：一是业主参与管理，科学降低成本投入。后勤保障部对物业实行分区、分级管理。以服务评价作为物业服务质量的主要衡量标准，每月度以学院为单位对物业服务进行打分。根据业主评价执行合同经费，既节约了经费，也加强了院级单位和物业公司的磨合，进一步提升了物业服务水平。二是提升智能化水平，强化精益管理。物业新一期合同在较上一合同期总额大幅下降、新增服务面积大幅增加的情况下，通过提升智能化水平，带动校园整体物业管理水平再上新台阶。主要变化体现在：提高院级单位接待水平和防范安全，增加门禁监控智能化管控，统一调度；加大机械化投入，总体比上一期增加600余万元；优化物业员工队伍，选用大专及以上学历，善于沟通，具备一定的综合协调能力担任门值；将暖心服务举措、增值服务内容等加入合同约定内容，节能降耗、三全育人列入考核范围；疫情防控内容加入物业服务合同。

膳食服务方面：双校区部分食堂先后完成改造，"暖心空间"正式落地。该工程前后历时两月余，采用"一层装修另一层供餐"的模式，保障就餐与升级改造两不误。改造工程由设计专家带领团队量身定做，采用简约现代风格，通过优化空间布局、改造软装陈设，从质感、观感、设计感触发用餐者美好的视觉、触觉体验，为师生打造了一个多元、舒适的用餐场所（见图4）。整体营造了一个兼具舒适度和实用性的校园生活氛围，让师生在食堂用餐过程中感受舒适、心情愉悦；食堂积极开展特惠日活动，双校区每周轮流推出"半价菜品"，饭菜美味又实惠的食堂成为"暖心空间"。

图 4 餐厅环境

能源管理方面：为满足师生的需求，安装了多个电动汽车、电动自行车智能充电桩（见图5），并根据师生使用需求适时增加点位；秉承主动服务师生的理念，分别于供暖季结束、供冷季运行期间、供暖季开始前组织三次对各服务单位的走访工作，完成供暖、供冷运行情况意见反馈的收集工作，院级单位满意度达到了100%；在各楼宇的公共区域与房间内的空调面板处，粘贴报修电话小贴士，方便师生遇到故障时及时联系（见图6）。这是能源的"暖心"举措。

图 5　电动自行车智能充电桩　　　　　图 6　粘贴报修电话小贴士

商业服务方面：通过公开招标，引进 24 小时服务的高端超市品牌，以贴心服务和独特的消费体验，满足了师生差异化的商业需求，深受师生欢迎；在丰富品类的同时，依托引进超市的优质供应链体系，提供优质的商品货源，满足来自不同地区广大师生的购买需求（见图 7）；同时，根据学校需求做好开学季、校庆、运动会等重大活动商品保障及学校集中采购需求。通过完善校园商业竞争机制，有力地促进了商户服务水平的提升。

图 7　超市设置

4. 三全育人。发挥专长，融入日常，为育人做贡献力量。设置"后勤大课堂"，依托物业、能源、商贸、食堂等科室资源，建设生活技能、绿色节能、餐饮文化、商业经营四大系列课程体系。提供实践平台，主动发挥后勤劳动育人优势。后勤工作领域具有丰富的劳动育人资源，主动挖掘校内外资源，开发建设劳动实践育人基地，以劳树德、以劳增智、以劳强体、以劳美育。联合学工部开设劳动实践小课堂，通过"桌椅变身记"让学生自己动手，改善学习环境，体验劳动成果；坚持举办"海棠杯"学生设计竞赛，并联合校友企业设专门活动基金，用于支持实践平台建设（见图 8）。

图 8 "后勤大课堂"

5. 畅通沟通渠道。通过畅通渠道，问计于民，让师生的意见落地有声。师生满意是后勤工作永无止境的奋斗目标，后勤保障部重视听取师生意见，增进与师生的交流，立行立办改善工作，努力提升用户体验度和满意度。畅通渠道，倾听需求。定点不定人，为加强交流，后勤保障部刀刃向内，主动召开"吐槽大会"（见图9）。公开面向全校师生听取意见建议，两校区轮换进行，每月召开一场。定人不定点，为改进工作，聘用后勤保障部服务监督员。面向双校区公开征集监督员，并颁发了监督员聘书、召开了座谈会，组建了监督员群，便于监督员随时提出意见建议，指出发现的问题。不定人不定点，全时接待，急师生之所急。后勤保障部拓展一站式报修电话、微信公众号客户端、电子邮箱等渠道，做好校长信箱、"8890"的接待，不仅要高质量完成师生报修，还要用好这些渠道，积极听取师生意见建议，按照师生的意见建议改进工作。沟通顺畅，解除了师生后顾之忧，为师生心无旁骛地开展学习科研提供后勤保障。落地有声，立行立办。在倾听师生需求的同时，后勤保障部坚持立行立办，让师生提出来的意见和建议都能落地有声。对于监督员反馈的问题、吐槽大会上发现的问题、从其他各种渠道听到的师生意见，都要按照"首办负责"的要求，第一时间指定负责人进行整改，并坚持落地有声，在固定时间给予反馈。问计于民，凝心聚力。问计于民是满足师生需求的最直接的方式，后勤保障部紧密依靠师生，对师生需求强烈的工作，面向师生公开发布"问计于U"邀请，征集并吸纳优秀"点子"，汇聚民意民智。让学生为校园后勤建设建言献策，既符合学生的期待，也引导学生主动关心学校事业发展。

图 9 倾听需求

四、其他工作

1. 狠抓节能降耗。节能降耗是后保部重点工作之一。后勤保障部通过狠抓管理节能、技术节能，倡导行为节能，大力推进校园节能降耗工作（见图10）。管理节能提升软件水平，加强宣传教育。后勤各工作领域坚持将节能降耗意识镶嵌在工作细节中，面向师生发布节能降耗、禁止浪费的倡议，勿以善小而不为，倡导师生养成节能降耗的好习惯；制定并发布《天津大学水电收费管理办法》，对能源的使用进行科学规划和管理。技术节能夯实硬件基础，强化细节管控。实施空气源热泵改造项目、能源站节能改造项目；持之以恒做好水管网的查漏补缺。2020年至今，双校区共查出漏水点100余个。在后勤运行经费紧张的形势下，主动思考，科学推进精细化管理，在推进节能降耗的同时，深入挖掘各领域服务潜力，减少成本投入。2020年度，双校区能源费减少2 000多万元，其中通过节能措施取得的成效为接近1 000万元。

图10 节能环保行动

2. 打赢垃圾分类攻坚战。2019年，天津市启动垃圾分类工作后，由后勤保障部代表学校起草《天津大学生活垃圾分类实施方案》，为生活垃圾分类工作稳步进行奠定了基础。由后勤保障部制定垃圾分类宣传方案，将"垃圾分类新时尚、文明环保天大行"作为垃圾分类的主题，设计天津大学垃圾分类的标识，智算学部师生无偿设计垃圾分类专用版"海小棠"形象，也应用到垃圾分类宣传中。此外，邀请师生代表拍摄身边人的垃圾分类海报，筹拍垃圾分类宣传视频，设计垃圾分类道旗，在公共区域的分类垃圾桶棚、果皮箱和楼内二分类桶上贴涂天津大学垃圾分类专有标识,让垃圾分类标识随处可见。师生自进入校园,就体验到倡导垃圾分类的良好氛围。

工欲善其事,必先利其器,健全的设施设备是开展垃圾分类工作的前提。后勤保障部在开展垃圾分类过程中,坚持计划在前、沟通协调在前,借助政府资源完善健全垃圾分类设施设备,为垃圾分类工作开展打下良好基础。分类设施完善。为响应天津市垃圾分类的要求,北洋园校区建立垃圾中转站,购置垃圾压缩箱设备(见图11)。垃圾中转站的建成,能极大地缓解校内垃圾存放的压力,垃圾转运处置能力得以提升。垃圾压缩箱自动化程度高,安全性能好,提高了垃圾的车载效率,减轻了人工劳动强度,大大降低运行成本。分类设备落地。为进一步提升校园垃圾分类水平,对垃圾进行资源化、减量化处理,后勤保障部与市、区城市管理委密切沟通,取得了政府部门的认可和支持,配置三套厨余垃圾处理设备和两套可回收物智能回收柜,设备价值金额近百万元。可回收物智能回收柜可实现分类投放、兑换积分、在线换购等功能;并可实现可回收物种类和数量的汇总统计,有利于对垃圾分类的效果和进展进行评估,为改进垃圾分类工作,提高服务水平提供参考依据。分类试点启动。后勤保障部与校青协、学工部等部门合作,前期通过集中座谈、问卷调查、模拟演练等方式掌握学生基本诉求,提前解决疑难问题,制定可行的设施配备方案。配备两套大型垃圾分类箱房,并根据前期调研的生活垃圾比例,科学合理分配投放口数量,进而将可回收物细分,投放中可进行智能称重、奖励积分,积分可在在线商城兑换商品,鼓励引导学生参与垃圾分类。分类容器到位。后勤保障部按照天津市垃圾分类相关要求,增加分类桶,在两校区人流密集的显著节点配备喷涂天津大学标识的四分类垃圾桶棚,桶棚上除了喷涂垃圾分类标识和天津大学宣传口号外,还别出心裁地制作了"我是垃圾分类第×××位参与者"和"我参与垃圾分类×××天"的翻牌,增加了参与性和趣味性。

图11 垃圾中转站

五、总结与思考

一流后勤保障体系的建设需要遵从社会经济发展规律、顺应高等学校发展建设趋势，从长远发展的角度来谋划学校后勤的发展。展望未来，天津大学后勤通过进一步确立"服务外包、学校监管"的运行模式，构建天津大学后勤服务系统，完善三方监管体系，力图在以下方面实现突破：

一是监管服务精细化：随着后勤社会化改革的进程不断向前推进，后勤保障部未来将通过管理和服务的标准化、规范化和精细化构建符合高校发展定位、满足师生需求的后勤服务。

二是后勤工作多元化：多元化是社会主义市场经济发展和高等教育改革的必然产物。后勤保障部将继续引进多方优秀企业参与学校后勤事业，实现服务主体的多元化，刺激高校后勤同社会企业共同为师生提供多元、优质的服务产品。

三是运行管理智慧化：在未来高校后勤信息化建设中，后勤保障部将以培育信息化思维为起点，建设一体化管理、服务和运营平台为途径，从师生需求和管理服务痛点出发，利用"互联网＋"、大数据、云计算等新科技，整合硬件、融合系统和聚合数据，促进管理信息化、服务信息化和运营信息化深度融合。

四是服务内容国际化：后勤保障部应主动适应高等教育改革发展的新态势，贴合国际化办学过程中对于人才培养的高层次要求，将国际化视野、发展理念纳入高校后勤工作的总体目标。根据外事服务特点，借鉴国外高校及国际合作办学项目的先进经验，不断提高后勤工作人员应对跨文化、跨国别管理服务的能力。

五是育人功能系统化：新的时代赋予高校后勤育人工作新的内涵，后勤保障部可将育人活动渗透到服务保障当中，探索课程设置和活动开展。通过后勤课堂等形式使育人功能充分发挥，形成系统化育人体系，在为学生提供实践平台的同时达到育人目标。

面对"双一流"建设对高校后勤工作的更高要求，天津大学后勤保障部将以"双一流"建设的根本需求为导向，在推进后勤的转型升级、提质增效上不断攻坚克难，全面提升后勤服务保障能力，持续开创后勤的发展新局面，推进保障体系和服务能力现代化发展，建设一流的后勤支撑服务保障体系，为学校"双一流"建设保驾护航。

奏改革强音，谱保障新篇，有力支撑服务双一流建设高质量可持续发展

——安徽大学后勤社会化改革概况

党的十九届五中全会通过的关于"十四五"规划和2035年远景目标的建议，明确了"建设高质量教育体系"的政策导向和重点要求。高质量后勤保障体系是高质量教育体系的重要组成部分。十届安徽省委第十二次全会通过的安徽"十四五"规划和2035年远景目标的建议，提出了"推进高等教育内涵式发展""加快提高省属高校办学水平"的要求。"双一流"建设高质量可持续发展需要持续完善后勤保障机制，健全支撑保障，提高后勤服务保障水平。

安徽大学是国家"211工程"重点建设高校、国家"双一流"建设高校，被誉为省属高校的"排头兵、领头雁"。自2000年启动后勤社会化改革，经过二十余年的探索与实践，后勤设施建设取得新进展，后勤运行效率与服务质量获得新提升，后勤管理水平和服务质量不断提高，市场机制在后勤资源配置中的基础性作用逐步得到发挥，有力保障了师生学习、工作、生活，为学校改革发展稳定作出了积极贡献。先后获得"全国高校节能工作先进单位""全国高校节能管理先进院校""中国教育后勤协会高校餐饮工作先进集体""安徽省高校后勤工作先进集体""安徽省节能示范单位""合肥市节能先进单位""安徽省节约型公共机构示范单位""全国教育节能示范单位""国家级节约型公共机构示范单位"等称号。

一、改革的背景与思路

近年来，随着学校"双一流"建设和内涵式发展不断深入，办学规模不断扩大，后勤保障服务工作逐渐进入社会化改革过渡期、精细化管理提升期、育人功能发挥创新期、管理模式结构优化期和文化品牌打造期五期叠加的阶段，面临的矛盾也逐

步显现。其中较高要求与较低投入的矛盾、高质量保障与低水平队伍的矛盾、现代治理体系建构与传统后勤管理理念的矛盾以及追求社会效益与实现经济效益的矛盾日益突出，日常工作的一些问题逐渐暴露。一是职责边界不清晰。机构设置职能交叉，管理边界不分明，管理服务、经营发展的定位不够准确。二是社会化程度不到位。市场化、企业化运行程度不高、运营机制不活。三是队伍建设不完善。身份壁垒未打破，专业人员吸引力不强、晋升渠道不畅，专业化程度不高、技术力量薄弱，存在一定用工风险。四是日常监管不完备。成本控制不严，监管不够、效率不高、奖罚利用不充分。五是育人成效不明显。管理育人、服务育人、环境育人、文化育人作用仍有待提升。

2021年安徽大学主动对接师生新要求、新期待，系统总结以往改革经验，全面分析遇到的新形势、新情况，认真结合巡视审计发现的问题，启动实施了新一轮的后勤社会化改革。计划通过3年左右的时间，以安全高效、满意度得到提升、育人作用得到发挥为目标，按照后勤市场化、服务标准化、监督精细化、管理智慧化、育人系统化的方向，构建保障有力、服务规范、运行高效、监管到位、效益明显的高质量后勤服务保障体系，努力建设平安校园、智慧校园、绿色校园、幸福校园。其中，2021年重点推进管理体制改革、优化资源配置。加快推进后勤社会化，开放校内市场、探索建立监管体系，力求平稳有序、提质增效。2022年着力加快后勤服务管理制度体系建设，完善监督考核体系，探索后勤育人模式。2023年重在加快后勤安全风险防控体系建设，完善后勤服务制度体系。建设数字化后勤、打造后勤文化品牌。

二、改革的内容和做法

学校高度重视新一轮的后勤社会化改革，党政主要负责人多次召集专题会议，分析研判形势问题，整体谋划细致布局，协调各方扎实推进。高质量的教育体系要有高水平的后勤配套的理念不断固化，改革推进以后出现的问题不会少于改革前的判断得到验证，改革的代价必须全部消化吸收的决心持续坚定，坚持学校的利益不受损害，个人利益得到保护，既解决学校问题，又保证个人权益的要求得到落实。重点围绕六个方面的内容，深入推进新一轮后勤社会化改革。

（一）改革内设机构，厘清责权边界

撤销后勤管理处、后勤服务中心，合并成立后勤保障处。撤销后勤产业集团，

整体并入资产经营公司。加快建立新班子新机制，统筹动力保障、物业管理、餐饮服务、绿化保洁、维修改造等服务保障与监督管理职能。着力解决好管理、经营与服务的责权不明、职能重叠、监管不力等弊端，聚焦保障，剥离经营，由自办后勤转变为监管后勤。

（二）剥离经营资产，引进社会资源

全面推行后勤社会化，将后勤产业集团所属经营资产以及目前后勤服务中心面向社会服务的经营业务等，交由资产经营公司经营管理。招标引进社会企业，稳步实现面向师生服务经营业务等的全面社会化。引进优质社会资源，以专业化为标准，以合同为依据，实施契约管理。

（三）深化人事改革，加强队伍建设

依法依规，坚持国有资产不流失、学校利益不受损、员工利益不受侵害原则，合理分流在编职工，依法清退聘用员工。统筹全校干部和人力资源，逐步引进专业人员、培养高级管理人才，建立有技术、懂业务、专业化监管队伍，健全标准化、系统化的培训体系，全面提升后勤服务保障、监督管理队伍整体能力和水平。

（四）改革监督模式，完善监管体系

积极构建以专业监督为核心、鼓励引导全员监督、落实技术手段全过程监督的监督管理体系。建立并完善"只需找一人"后勤服务保障机制，做到一站式服务、一体化运作。

（五）加快数字转型，建设智慧校园

加大信息化建设力度。推动后勤生产、经营、管理、服务等各环节的数字化、网络化、智能化，有效提升运行效率，依靠信息技术创新驱动，不断培育后勤服务新业态和新模式。

（六）更新育人理念，助力学生成长

积极构建与学校精神气质相符合的后勤育人新理念，深度融合社会企业文化，选聘一批工匠名师、一线团队作为师资力量，打造一批生活技能、绿色发展、安全

健康课程，协同推进劳动育人与服务育人。

在改革进程中，紧紧围绕高质量发展，坚持社会化经营、标准化服务、专业化监督、智能化管控、后勤文化育人协同推进，不断完善顶层设计，开展调查研究，坚持依法依规，强化统筹协调，多措并举，强力推进。当前主要完成了以下9项重点工作：

1. 加强组织领导，明确责任分工。成立后勤社会化改革工作领导小组，学校党政主要负责人任组长。党委组织部、发展规划处、审计处、人事处、财务处、国有资产与实验室管理处、后勤管理处、后勤服务中心、资产经营公司等单位主要负责人和学校法律顾问参加，各部门分工负责、紧密配合，落实改革各项重点举措。

2. 深入调查研究，科学编制方案。一方面，向外对标先进。赴华东地区和华北地区部分知名高校，学习先进经验。另一方面，对内瞄准需求。广泛征求师生对后勤社会化意见建议。根据学校实际，内外结合，几易其稿，形成了较为科学的改革方案。

3. 细化重点任务，倒排时间节点。将机构设置、剥离部分经营职能、资产清查、招标采购、财务清算、分流在编职工、清退聘用人员、资金保障八项重点工作任务逐一细化，明确牵头单位和配合部门，注明启动时间和完成时限，挂图作战，倒排工期，确保各项改革任务保质保量如期完成。

4. 坚持依法依规，做好分流清退。合理分流在编职工，依法清退中介聘用人员。加强改革分流政策宣传，加大岗位推介力度，精心布置、精准统计、精确到人，一人一案。依法合规实施补偿清退和就业双选，帮助有就业意愿的人员尽快落实工作岗位。截至目前未发生一起校外上访事件。

5. 开放校内市场，拉高服务标杆。结合学校实际和师生现实需求，站稳学校立场、师生利益，对标一流大学建设，进行总体考虑和布局。科学设置标的指标体系，争取知名企业、高水平管理团队进校提供标准化、规范化、专业化的服务。

6. 强化统筹兼顾，平稳无缝衔接。改革推进与日常服务两不误、两促进。牵线搭桥，指导社会企业落实工作程序，完善具体细节。紧扣时间节点，抽调专人督导，推进社会企业整体进场。将移交工作与人员分流结合起来，确保服务队伍基本稳定。

7. 落实合同约定，紧抓日常监管。以专业化为标准，以合同为依据，强化日常监管。严格对标合同规定的双方权利与义务，明确服务师生的鲜明导向，持续丰富监管方法，不断强化法律意识和合同观念，确保合同履行质量。

8. 抓牢抓实党建，发挥引领作用。紧密结合正在深入开展的党史学习教育，传承红色基因，汲取发展力量，推动学习教育融入日常、抓在经常，着力发挥基层党组织战斗堡垒作用和党员先锋模范作用，不断推进改革向纵深发展。

9. 凝聚改革共识，营造浓郁氛围。广泛宣传改革的重要性和必要性，积极落实各项配套措施，统一思想，加强协调，为改革创造良好的舆论环境，确保改革平稳推进和后勤保障服务等工作有序开展。

三、改革的初步成效

（一）体制机制更"清"

一是体制机制清楚明晰。将后勤管理处、后勤服务中心和后勤产业集团撤销，成立了后勤保障处，负责全校后勤一体化管理保障工作。将后勤产业集团整体并入资产经营公司。破解改革前"校内甲乙方制度"产权隶属不清、利益关系不明，职责边界不清、管办区分不明的情况。让经营的归经营，保障的归保障，市场逐步在后勤资源配置中发挥主导作用。二是核心队伍有力加强。合并成立的后勤保障处，核心职责在于统筹后勤计划、工程、信息等服务保障，对餐饮、物业、绿化、保洁等社会化实施监督。重视班子建设，选用经验丰富、年富力强的同志担任主要负责人。从基层和机关抽调3名年轻干部充实到新组建的后勤保障处班子。将机构人员调整与队伍建设结合起来，进行校内双选，确保选得上、用得上、顶得上。三是内设机构职责分明。后勤保障处下设综合办公室、餐饮监管办公室、物业监管办公室、绿化管理办公室、水电气管理办公室、修缮监管办公室、交通运输保障办公室和劳动教育办公室，对涉及学校后勤保障的各项事务履行监管职能。同时，积极加强与学工、教务、科研等单位的沟通和联动，建立了联席会议制度、重大事项沟通制度，回应需求更加快捷，服务师生更加深入。

图1 后勤区展示

（二）社会化程度更"高"

一是服务市场化比例高（见图1）。改革前，安徽大学餐饮膳食和绿化保洁服务的社会化水平与全国平均水平尚有距离。对标长三角，尤其上海地区高校，社会化程度明显偏低。引进优质社会企业，实现100%的全面市场化，促进了后勤服务市场的校内竞争，提高了后勤服务水平和服务质量，让师生员工得到了优质的后勤服务和最大的实惠。二是服务品牌知名度高。经公开招标,南京梅花餐饮管理有限公司、安徽润博餐饮管理服务有限公司等10家餐饮企业进校为师生提供服务,浙江浙大新宇物业集团有限公司等4家知名企业来校从事物业服务和绿化保洁工作。企业上规模有能力,经验足服务好,在业内具有一定的社会影响力和美誉度。三是服务保障水平高。驻校企业人员更新快,服务意识好,服务理念新,专业化程度高,管理更规范,日常业务培训抓得比较紧。他们秉承各自的管理服务理念,结合学校实际,融入校园主动服务,积极树立企业形象,受到师生的广泛好评。

(三)保障力量更"强"

一是有效聚焦监管主业。清退非必要不保留的聘用人员657人,大大减轻了用工成本和人员压力。帮助有就业意愿的412名中介聘用员工不出校园实现"解聘"到"上岗",助力服务工作的有效衔接,占比超过62%。通过后勤社会化改革每年节约办学资金近1 000万元。学校能够拿出更多的精力和财力投入监管工作,推进监管的标准化、规范化和制度化建设,为建设发展提供有效支撑和有力保障。二是有力推进资源整合。完成了机构调整,完善了体制机制,以往各占一块、有所交叉、各自为政的局面被打破,减轻了管理成本,提高了管理效能,资源整合和优化配置的可操作性更强,整体盘活的潜力更大。三是有效提升保障条件。引入优质社会企业,结合自身实际和学校现有条件,投入资金对学生食堂、宿舍进行装修改造,对设备、设施进行更新换代,节省了学校投资,有效提升了师生的学习和生活条件。

(四)监管体系更"严"

一是严格监管标准。坚持依法监管,落实契约精神。以法律法规为准绳,以招标需求、各驻校企业投标文件及校企签订的合同为依据,涵盖驻校企业管理制度、设备资产、日常用能、卫生安全等全过程和各方位,本着"细化标准、全面考核、量化指标、奖罚挂钩、规范管理、创新提高"的原则,做好日常监管工作。二是织密监管网络。完善主体监管、民主监管、专业监管和第三方评价相结合的监管模式。后勤保障处履行主体监管职责。选聘学生监督员、教师监督员,监督检查后勤服务与保障情况。定期召开学生代表座谈会,及时听取师生员工的意见和建议。邀请市场监督部门及水、电、气供应单位等定期来校协助检查指导,充分发挥政府部门和专业机构的监管作用。三是丰富监管手段。实施周检查、月核查、年考核，运用好约谈、违约提醒和强制退出三种监管处置措施。坚持实地走访，及时公布信箱、邮箱和监督电话，强化技术手段与监管业务的有效融合。通过互联网＋，实现远程化监管、可视化监管和智能化监管。

（五）校园环境更"靓"

一是实施"亮化"。维修保障企业完成了磬苑校区北运动场增设灯光及篮网球场套改项目。通过安装北运动场安装高杆灯，加高篮球场围栏安装照明灯具，对校园路灯进行全面检修，解决了师生晚间锻炼照明不足问题，有效满足了学校体育教学和师生课余锻炼需要。二是推进"美化"。驻校绿化企业坚持将绿化美化与校园文化有机结合，充分利用校内原有地形、植被、建筑等自然、人文条件，充分发挥植物生态功能，以植造景，"春有花、夏有荫、秋有果、冬有青"，四季常青、三季有花。承担校园环境整治提升，建成水面面积3.2万平方米、蓄水量5万立方米的琵琶湖。亭台楼榭、小桥流水，有效提升了环境品味（见图2）。三是持续"优化"。驻校餐饮企业利用暑期完成各校区食堂的装修改造，就餐环境大幅提升（见图3）。如磬苑校区桂园食堂以"国风水墨江南"为主题，用现代手法传达中式意境，将水墨江南神韵有效融入，兼具现代设计的艺术美感与静雅的中式韵味，成为师生口中"网红"餐厅。

图2　校园

图3　美食节

（六）服务体验更"优"

一是推进规范化、标准化。驻校企业纷纷引进了专业规范的环境管理体系、质量管理体系、食品安全管理体系及生产安全管理体系等服务标准，持续推进规范管理，改进服务品质，规范化、标准化水平不断提升。二是践行多样化、特色化。结合企业特点和校园文化，为师生提供多样化的服务选择，企业特色工作有声有色。餐饮企业落实低价菜、免费汤，集中力量汇聚南北各色风味，推出多种特色菜肴，提高师生就餐体验。物业服务企业心系师生，服务校园，先后开展了教师节献花慰问、"文典阁寻宝"、清理教室涂鸦等活动。三是服务更贴心、更舒心。物业企业通过数字化网络平台迅速回应师生需求，学生投诉率大幅降低。在教学楼、图书馆购置了粉笔盒、雨伞收纳架、爱心药箱、爱心雨伞、简易工具箱等免费设施，受到师生的一致好评。餐饮企业进校服务以来，守好把牢食品安全红线，餐食品种持续丰富，赢来师生纷纷点赞，学生外卖购置人次从35%降至5%。

四、体会与规划

（一）新一轮的后勤社会化改革成效初显

在思想观念、管理体制、运行机制和服务质量等方面有效完善了后勤的工作模式，在优化资源配置，为在校师生提供更优质的物质条件，提高服务质量等方面取得了一定的成效，也获得了一些基本的经验。一是紧紧依靠学校党委行政的统筹指挥。学校党政主要负责人在后勤社会化改革中的坚强领导、主动指导、积极支持、全力推进，是新一轮后勤社会化改革取得成效的重要保证。二是始终坚持依法依规。人员调整清退，既要坚持学校的利益不受损害，又要保证个人权益的合理要求得到落实。严格依法依规有序推进、稳妥处置，是改革进程平稳的重要基础。三是牢牢把握重点关键。改革打破既有格局，涉及重新布局，要切实把握好人员清退、队伍建设和引进优质社会企业三个关键环节，持续深入，一体推进，确保实效。四是不断完善体制机制。持续强化监督体系，大力加强制度建设。坚持问题导向，针对改革中出现的新情况、新问题，探索实践不断深化的长效机制。

（二）改革成果催人奋进，但在制度建设、队伍建设、智慧转型、协同育人等方面仍有需要改进和提升之处

一是逐步完善制度体系。持续完善后勤服务质量标准体系、监管考核评价体系、规范化管理制度体系。引导师生共同参与后勤相关事务，制定完善服务标准与监管细则，完善考核体系，做到事前有准入，事中有监管，事后有退出。二是大力加强队伍建设。开展调查研究，加强交流互动，强化业务培训，打造一支信念坚定、敬业奉献、一流追求、敢打敢拼、团结奋发、懂教育、会管理，满足"双一流"建设

需要、师生个性化需求、与现代化后勤治理能力相适应的高素质后勤管理年轻干部队伍。三是全面推进智慧转型。以服务师生为核心，通过现代数字技术，建立完善各类设施、资源平台，实现全面数字化，推进管理服务流程的智能化。结合学校教管服一体化建设，建立统一的校园智能指挥系统，实现信息共享和校园管理智能化。四是用心用力协同育人。加强党建引领，凝聚发展共识，积极探索后勤优秀文化品牌。重视后勤内涵建设，强化固化文化成果，浓郁特色文化氛围，引导师生了解后勤、认同后勤、关心后勤、热爱后勤，让后勤在学校有美誉、有市场、有尊严。将后勤文化建设与大学生劳动教育相结合，探索适合大学生特点的劳动教育形式和内容，形成特色鲜明的劳动育人新模式。

坚持绿色创新理念　构建"两型两化"校园

——中国石油大学（华东）绿色校园建设实践

一、基本情况

中国石油大学（华东）是教育部直属全国重点大学，是国家"211工程"重点建设和"985工程优势学科创新平台"建设的高校之一，2017年学校进入国家"双一流"建设高校行列。青岛校区2002年开工建设，2004年陆续投入使用，现有3万名师生、建筑面积80多万平方米、占地约1 530亩。

新校区建设初期，学校提出了"三高三新"的原则，即"高标准、高起点、高水平，新思路、新模式、新机制"。利用新校区建设契机，后勤社会化改革一步到位，后勤服务全部委托给社会企业，实现了真正意义上的小机关多实体，一举卸掉了"高校办后勤"的沉重包袱，服务观念得到转变，后勤资源得到整合，精简了后勤队伍，拓宽了服务功能，节省了学校投入。

二、组织架构

后勤管理处作为中国石油大学（华东）青岛校区后勤管理与服务部门，代表学校对后勤各服务企业和单位进行监督管理和考核评价。后勤管理处现有正式职工10人。

在"社会化模式、市场化机制、规范化管理、专业化服务"思想的正确指引下，学校引进社会上有信誉、有品牌、有专业化水平的队伍提供后勤服务保障。餐饮、绿化保洁、宿管、动力运行、基础设施维护维修等全部采用社会化运作模式，服务企业的规范化和专业化管理，后勤人员的热情周到服务，校园环境的焕然一新，赢得了广大师生的一致好评。学校荣获"全国高校后勤十年社会化改革先进院校""全国物业管理示范住宅小区""全国公共机构节能示范单位""全国绿化模范单位"等多项荣誉称号,被列入2018年庆祝改革开放四十年暨高校后勤社会化改革高峰论坛典型案例。

三、亮点工作

近年来,作为能源类高校,学校将争创公共机构能效领跑者为目标,坚持绿色创新发展理念,深度融合新旧动能转换,高度重视节电、节水、节粮、垃圾分类、智慧后勤等工作,稳步推进节水型校园、节约型校园、生态化校园和智慧化校园等"两型两化"校园建设,在提高能效、节能节约方面取得了良好成果。2015年,学校被国家机关事务管理局、国家发展改革委、财政部联合授予"节约型公共机构示范单位"。

(一)坚持节水优先,创建节水型校园

根据"节水优先、空间均衡、系统治理、两手发力"的十六字治水方针、《国家节水行动方案》《关于深入推进高校节约用水工作的通知》,结合学校实际,提出了"一少、一大、一提高"的节水工作指导思想,即减少常规水源(自来水、地下水等)利用,扩大非常规水源(雨水、再生水、浓水等)利用,提高师生节水意识,形成良好风尚和自觉行动。学校节水工作主要体现在管理节水、技术节水、教育节水三个方面。

1. 严格管理节水。

计量到位:严格按照《中华人民共和国国家标准计量器具》(GB 17167—2006)配备远传水表,建设学校能源监管平台,实现全校用水计量和动态监测,为学校用水管理、节水挖潜和节水评价提供数据支撑。

计量收费:洗澡水、直饮水、洗衣等用水设备全部安装了智能计量收费装置,可通过微信、支付宝、NFC等多种支付方式,实现"谁节水、谁受益,谁浪费、谁受罚"。

中水浇灌:将市政中水引入校内,对学校绿地进行浇灌。

2. 重视技术节水。

应用节水器具:学校自来水龙头全部采用感应式水龙头或节水阀芯,浴室采用节水喷头,公共卫生间安装红外感应小便器。在学校部分公共卫生间试点安装免冲洗小便器,收到较好效果。

绿化自动喷灌:全校大块绿地采用自动喷淋系统,小块绿地采用移动式喷淋设

备,杜绝人工浇灌造成的费工、费时和费水。

科学谋划"三水"(洗浴、洗衣、直饮水)工程:统筹考虑节能(水)性、经济性、便捷性、安全性、专业性等多种因素,系统解决学生洗浴、直饮水和洗衣等难题。

(1)洗浴项目。一是节能节水("一水两用"):该项目用空气源热泵替代燃气锅炉作为热源,采用中国科学院陶文铨院士研究开发的"一水两用"新技术,即系统每使用1吨热水,就会产水1吨废水,有1吨废水又会制取1吨热水,同时将洗浴废水经过处理,又产生1吨中水,可利用中水进行冲厕或绿化浇灌,系统实现供需自动平衡(见图1和图2)。该技术按照"就近收集、就近制取、就近使用"原则,一栋楼或几栋楼安装一套系统,可实现系统管道最短、热损最小、运行成本最低。经对比测算,该洗浴项目每年可节约各项费用支出130余万元,其中节约能源费用近100万元,节约蒸汽锅炉清洗以及冷凝水排放等用水费用30余万元,减少污水排放7.5万吨。

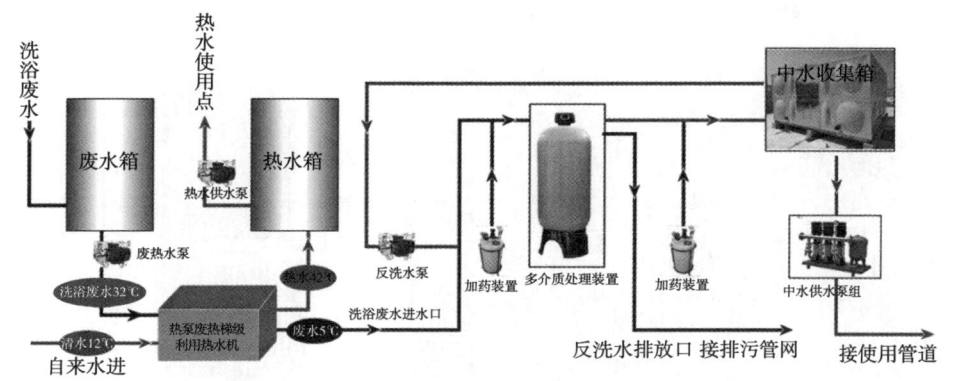

图1 "一水两用"运行流程图

图2 余热回收及中水处理装置

二是方便学生:在学生公寓内,充分利用既有盥洗间或活动室,改造作为淋浴间,学生足不出楼即可洗浴,大大方便学生日常生活。

三是节约空间：废除锅炉房、浴室、换热站等洗浴用房，腾出空间 1 980 平方米，缓解学校活动用房紧张等压力。

四是节省投资：项目采用 BOT 融资模式 2 000 余万元，设备、装修、运行维护和人力等成本全部由中标企业承担，学校不投入 1 分钱，学生洗浴费用不变，节省了学校办学资金。

五是消除隐患：原有蒸汽锅炉废除后，压力容器存在的安全隐患消除，校园环境得到整治。

（2）直饮水项目：该项目采用"集中制、管道供"，确保饮用水干净、卫生、方便，使开水房和电开水器供水成为历史。同时，对尾水进行了系统改造，实现了尾水 100% 回收利用。一是对尾水进行净化处理，水质达标后送至洗澡水水箱，为洗浴供水；二是将多余的尾水送至建筑屋顶既有废弃水箱，为拖布池和大小便器供水。该项目每年可节约尾水 6 600 吨（见图 3）。

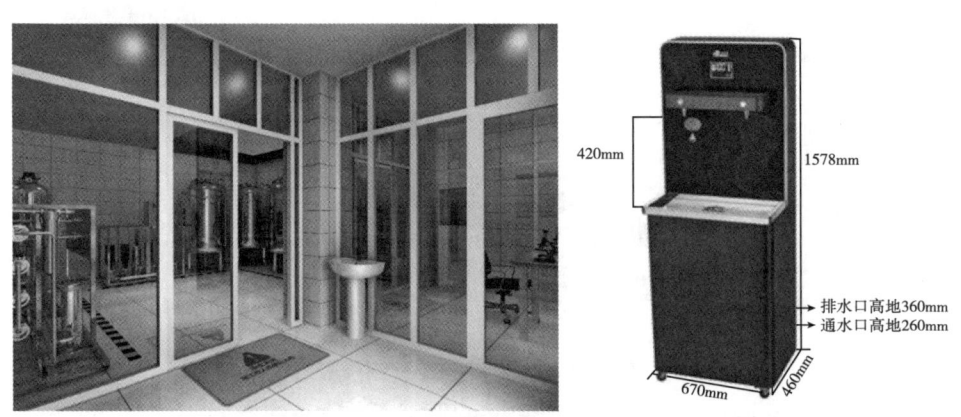

图 3　直饮水制水机房及终端取水设备

图 4　换热站供暖真空脱气设备

（3）洗衣项目：自助洗衣机全部采用喷雾式进水方式，内筒采用 37°倾斜设计，打湿衣物更均匀，日常使用更节水。

（4）引进供暖自动脱气设备：在全校 5 个供暖换热站安装了 10 台荷兰原装进口真空脱气机（见图 4）。该设备可将供暖系统内的游离气体、溶解气体等自动排掉，使供暖系统循环通畅，无须人工排水放气，在改善供暖效果的基础上还可以节约供暖补水，根据计量水表统计，一个供暖季节可节约补水 135 吨。

（5）设置海绵绿地：学校非常重视海绵校园的规划建设与维修改造，正在建设中古镇口校区，除校园主干道、外全部采用透水铺装，周边设置下凹式绿地；唐岛湾老校区在道路维修改造过程中，较多采用了透水混凝土、透水花砖、植草砖等路面材料，具有较好吸水、蓄水、渗水、净水作用，促进雨水资源的利用和生态环境保护。

3. 崇尚教育节水。

（1）充分利用节水周、世界节水日、节水设计大赛、节水讲座等形式，宣传节水知识，提高广大师生的节水意识。

（2）在卫生间、开水间等公共用水部位张贴节水标识，时时处处提醒师生节约用水，营造浓厚的节水氛围。

（3）引导师生广泛参与节能创新，研发的"压差式止漏水表"荣获全国高校节水创意方案大赛科技发明类一等奖。

（二）制止餐饮浪费，建设节约型校园

为深入贯彻落实党中央关于厉行节约、反对浪费的重要精神，坚决制止餐饮浪费行为，切实培养节约习惯，结合学校实际，通过广泛宣传引导、开展主题教育、强化食堂管理，在全校范围形成制止餐饮浪费行为、培养节俭美德的良好风尚，引导全校师生自觉践行文明、健康、绿色、节约的生活方式，共同参与节约型校园建设。

1. 广泛宣传引导。

（1）高度重视制止餐饮浪费工作，制定《中国石油大学（华东）开展"制止餐饮浪费 培养节约习惯"行动实施方案》，成立专项工作领导小组。

（2）通过发布倡议书、播放宣传视频等多种形式，广泛传播"爱惜粮食""科学用餐""健康生活"观念，营造浪费可耻、节约为荣的浓厚氛围（见图5）。

图5　厉行节约反对浪费倡议书和宣传标语

2. 开展主题教育。

（1）深入推进"光盘行动"。结合世界粮食日、全国爱粮节粮宣传周等活动，开展主题鲜明的宣传教育和勤俭节约体验活动，以多种形式激励师生自觉践行"光盘行动"，把"要我光盘"变成"我要光盘"，让"光盘"成为新"食"尚（见图6和图7）。

图6 师生积极参与"倡导光盘行动，建设节约校园"签名活动

图为学生吃完饭后拿"光盘"兑换水果奖励。中国教育报-中国教育新闻网记者 孙军 通讯员 王大勇 摄影

图7 学生积极参与"晒光盘"打卡活动及媒体关注报道

（2）定期开设"劳育课堂"。通过走进后厨参观餐饮制作环节、烹饪体验、大厅志愿服务等让学生在劳动实践中体验劳动的艰辛和食物的来之不易，教育引导学生尊重劳动成果、自觉养成勤俭节约的良好习惯（见图8）。

图 8　组织开展学生劳动教育进餐厅活动

3. 强化食堂管理。

（1）严格后厨精细管理。完善从原材料采购、库房储存、物流配送、生产加工到成品销售的全链条节约管理（见图 9）。餐厅实行集约化加工方式，配备了先进的米饭生产线、智能炒菜机、洗菜机、全自动洗碗机等，提高了食材利用率和能源利用率，最大限度地减少损失和浪费。

图 9　餐厅采用集约化加工方式

（2）优化供餐服务。加强食堂用餐分析和预测，建立就餐大数据分析，做到动态加工配餐；及时调整菜品和分量以满足不同需求，提供"小份餐""小碗菜""自选称重"等供餐方式（见图10）。

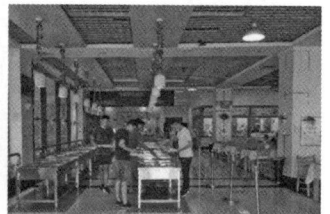

图10　提供多种供餐方式

4. 取得明显成效。

倡导"制止餐饮浪费　培养节约习惯"一系列活动受到师生支持与理解，颇见成效。师生的节约意识越来越强，餐具回收处的剩菜剩饭也大大减少。据统计，较2019年同期相比，日均餐厨废弃物减少了约30%（见图11和图12）。

图11　师生自觉践行光盘行动　　图12　餐厨废弃物日均处理量明显减少

（三）严格垃圾分类，建设生态化校园

为加快推进学校生活垃圾分类工作，制定了《中国石油大学（华东）生活垃圾分类工作行动方案》，形成了校园垃圾分类两级体系，实现了校园垃圾减量化、无害化、资源化、生态化。

1. 建立生活垃圾"大分流"体系

为实现垃圾处置减量化，在垃圾分类前端，将校区产生的装修垃圾、大件垃圾、园林垃圾、餐厨废弃物进行分类分流收运处置。

（1）装修垃圾：此类垃圾由施工企业负责外运。

（2）大件垃圾：此类垃圾由物业服务企业负责外运。

(3) 园林垃圾：此类垃圾由物业服务企业负责粉碎处理后作为绿色肥料循环使用。

(4) 餐厨废弃物：此类垃圾由市政企业负责外运。

2. 完善生活垃圾"小分类"体系

将校园日常生活垃圾分为可回收物、有害垃圾、其他垃圾。此类垃圾由物业服务企业负责制定具体分类处理方案，分别清理外运（见图13、图14）。

(1) 可回收物，指适宜回收、再利用的高价值生活垃圾。

图13 已安装的智能垃圾投放箱

(2) 有害垃圾，指对人体健康有害的重金属、有毒的物质、对环境造成现实危害或者潜在危害的废弃物。

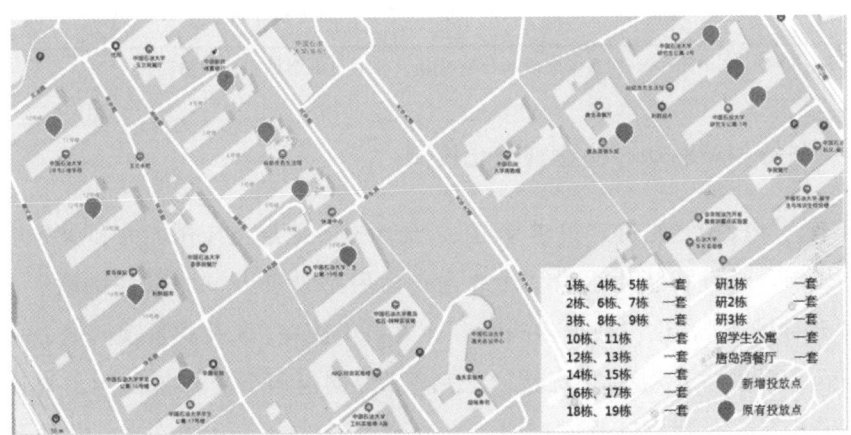

图14 智能垃圾投放箱校园分布图

(3) 其他垃圾，指除以上之外的其他垃圾，包括沥干水分的易腐垃圾、严重污染的废纸、纸尿裤等。

3. 完善全员参与的奖励兑换机制

为提高广大师生对垃圾分类的参与度和获得感，在全校投入20套智能垃圾分类设备，做到"谁投放、谁积分、谁受益"。学校通过智能垃圾柜的在线平台，将学生投放的分类回收可回收垃圾兑换为相应积分，再用积分兑换成洗浴、直饮水、洗衣、肯德基、餐厅套餐、移动流量、校园纪念品等各类校园消费产品（见表1）。通过"参与—收益—参与"，引导学生从被动参加到主动作为的垃圾分类习惯养成。

表 1　　　　　　　　　　　垃圾分类积分统计表

序号	类别	计量单位	分值	类别说明	备注
1	纸质类	100g 起	500 分/KG	纸盒、纸箱、书本、报纸杂志、纸张、明信片等纸质制品	全部设备适用
2	塑料类	100g 起	100 分/KG	塑料瓶、塑料罐、塑料盆、塑料文具、电脑键盘等塑料制品	全部设备适用
3	金属类	100g 起	200 分/KG	保温杯、罐头盒、奶粉罐等各种废旧金属制品	18、19 栋
4	织物类	100g 起	200 分/KG	衣物、围巾、毛巾、书包、抱枕靠垫、床上用品、毛绒玩具等	18、19 栋研 2、唐岛
5	塑料瓶	个	20 分/个	矿泉水瓶、果汁瓶、可乐瓶、易拉罐、饮料瓶等	18、19 栋
6	玻璃类	次	公益投放	玻璃餐具、茶杯、镜子、酒瓶、酒杯、碎玻璃片等	18、19 栋
7	有害垃圾	次	公益投放	电池类：纽扣电池、充电电池、普通干电池。含汞类：荧光灯管、节能灯、水银温度计、水银血压计、荧光棒等。药品类：过期药品、药瓶、药罐。其他：油漆、农药、杀虫剂等残余液体和包装容器。	全部设备适用

注：1. 每 100 分 = 0.1 元；2. 如遇废品收购价格变动，分值也将会做相应调整。

（四）坚持创新驱动，构建智慧化校园

多年来，学校始终坚持"追求卓越"，全面提升信息化应用能力和服务水平，建设智慧化校园。通过智慧化手段，让数据作为后勤管理人员"勤快的腿""瞪起的眼"和"延伸的手"，让"数据多跑路、让人员少跑路"，及时发现问题、分析问题和解决问题，帮助"小机关"玩转"大后勤"，倒逼服务企业提能力、提质量、提效益，不断满足广大师生日益增长的美好校园生活需求，为学校改革发展和"双一流"建设保驾护航。

1. 良好的支撑体系

通过与信息化建设处和其他部处的良好合作，获取学校各业务平台的数据，完成后勤数据仓库建设，并将后勤业务系统数据返送回学校数据中心，实现了后勤数据的统一性和唯一性；完成后勤业务服务平台与数字石大的统一认证，广大师生只需凭借学号或工号和数字石大密码登录一次，即可完成在后勤平台与学校平台的直接跳转。

2. 完善的监管体系

（1）能源监管平台。该平台覆盖学校水电气暖等，实现了能耗数据的实时监测、记录、分析，实现了建筑分类分项能耗计量，并开展重点楼宇电耗三级分户计量，通过数据查询统计、能耗追溯、评估审计、诊断评判等提高了学校能源管理效益，

并为学校能源管理提供科学决策的依据（见图15）。

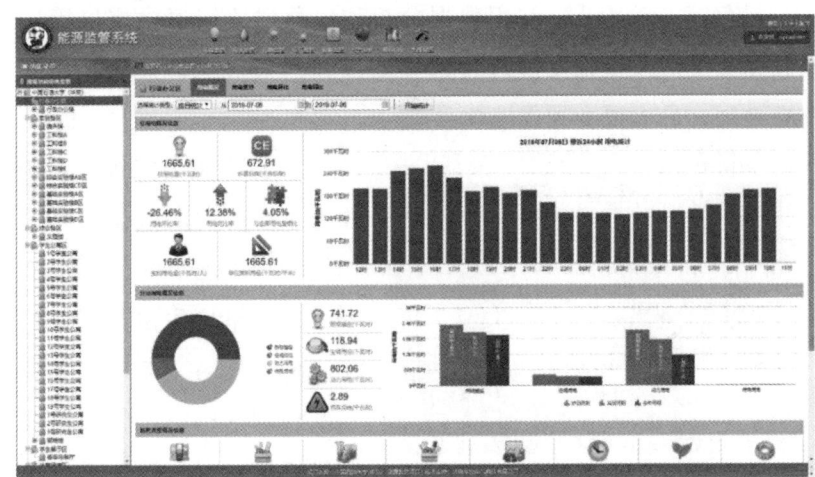

图15　能源监管平台界面

（2）暖通空调智能控制平台。借助教育部及青岛市节能补助资金近1 000万元，建立了暖通空调远程集中控制平台。该平台利用"互联网＋节能技术"，充分运用气候补偿技术、分时分区控温技术、二次网热力平衡调节技术、设备投入自动增减技术、管网防冻控制技术以及人体舒适性理论等技术手段，使校内83万平方米建筑实现了供暖系统运行状态远程监控以及运行参数自动优化调节，实现了分时分区分温智能自动控制，使校区暖通空调系统综合能耗下降21%，年节约供暖（冷）费用近200万元，节能效益明显（见图16）。

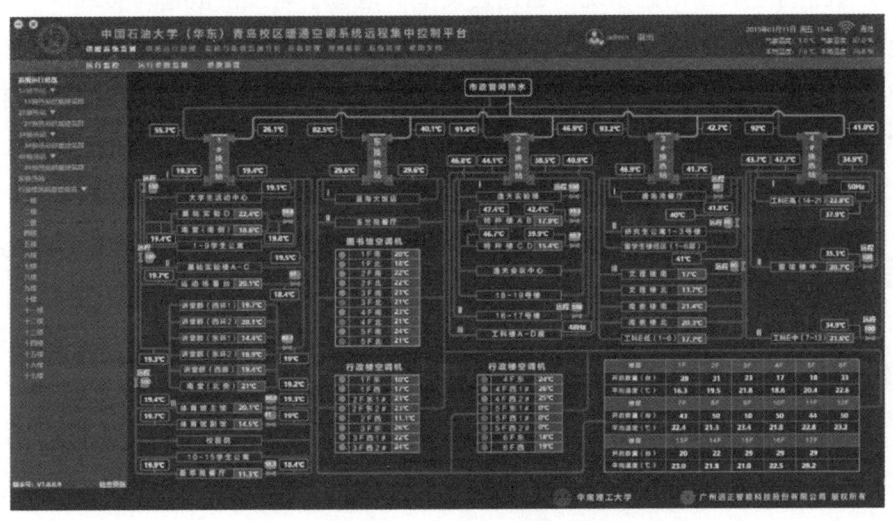

图16　暖通空调智能控制平台界面

（3）学生餐饮安全管理系统。该平台建立起了食品安全溯源体系，抓住了采购、验收、加工、保存等关键环节，利用数据分析和农药残留快速检测仪等先进的检测技术对影响食品安全的关键控制点进行前置监控和纠偏措施，实现对食品安全事件的预判和前置处理，最大限度地保障食品安全。

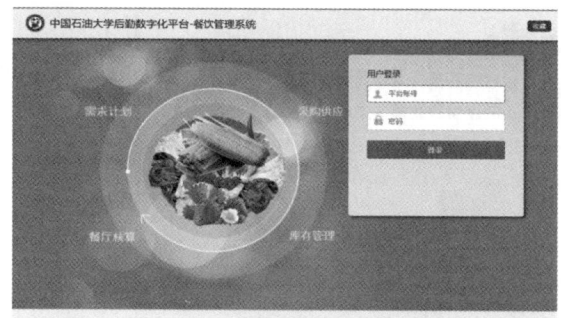

图17　餐饮管理系统界面

（4）学生公寓管理系统。该平台整合了多部门的数据信息，从空间和时间两个维度对学生住宿情况进行管理，及时掌控住宿和床位信息，实现了学校、片区、楼宇三级管理数据统一；根据学校学生管理需要，实现按类别智能分配，提高工作效率和数据准确性（见图17至图19）。

图18　学生餐饮安全管理系统

图19　学生公寓管理系统界面

（5）数字绿色校园信息系统。通过建设植被地理字典，植被管理实现从全校一大片到地理小斑块；通过养护检视，实现养护轨迹留痕；通过土壤温湿物联网，实现植被管理精准养护；通过病虫害模块预判预防，实现从被动处理到主动防御。该系统确立了"管什么、怎么管、管得怎么样"的绿化管理标准，逐步构建起精细化的绿地养护管理流程，学校绿化工作模式完成从粗放型管理向精准化养护的转变（见图20、图21）。

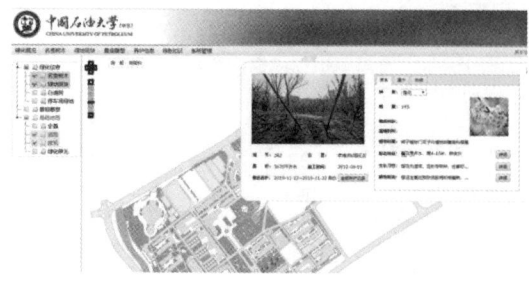

图20　植被地理字典

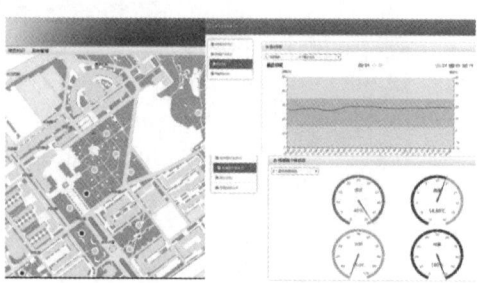

图21　土壤温湿物联网

（6）后勤服务质量监督平台。该平台打破了原有"大锅饭"模式，实行后勤服务网格化，做到"服务重担大家挑，人人头上有指标"。管理人员通过信息化监管手段，对网格范围内的"一格八要素"即"人、地、事、标、时、量、质、评"等进行全面信息采集管理，重点解决"谁在干、在哪里、干什么、啥标准、何时干、干多少、怎么样、谁监督"。平台以任务为主线，实现对后勤服务日常工作运转情况全方位监管。该平台可实现让后勤服务人员服务到位、让主管部门管理到位、让后勤管理人员考核到位、让全校师生监督到位"四个到位"（见图22）。

（7）学生公寓智能测温监控系统。针对2020年新冠肺炎疫情，为做好返校学生的体温监测工作，更好地维护在校学生身体健康，学校研发了学生公寓智能测温健康系统。该系统覆盖全部学生公寓，实现入楼学生额温实时采集、动态监测。通过该系统，实现了从体温测量到入楼轨迹的学生出入安全信息记录，并结合其他业务平台优化了学生住宿安全管理与风险预警（见图23）。

图22　后勤服务质量监督平台

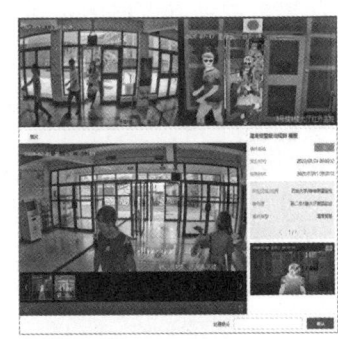

图23　学生公寓智能测温监控系统

（8）报修服务平台。该平台依托后勤实体服务大厅，再造后勤服务流程，并开展实体服务与网上服务相融合的线上线下服务新模式，通过维修内容流程化，维修进度可视化，维修监管层级化，实现了维修限时、监管闭环的良好服务运行体系。同时，借助直观的工作量统计体系，配套制定了相应奖惩机制，奖勤罚懒，极大地提高了员工的工作积极性和维修服务质量（见图24和图25）。

图24　挂牌服务与工作量统计

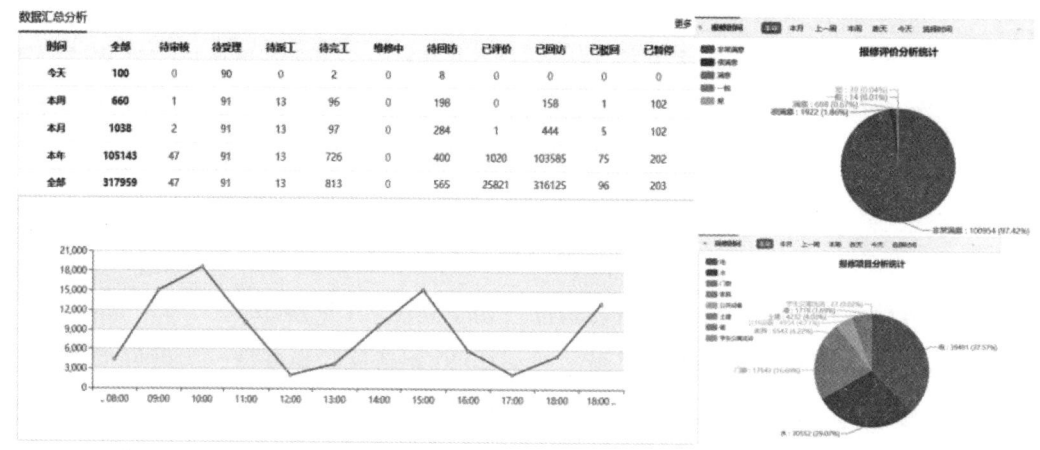

图 25　报修服务平台数据分析

"两型两化"绿色校园创建项目的实施，进一步提升了学校节水、节粮、垃圾分类以及智慧后勤等方面的工作成效，取得了经济效益、社会效益以及环境效益的三丰收。近年来，学校获得"全国后勤十年社会化改革先进院校""节约型公共机构示范单位""全国高校节能工作先进单位""全国城市节水基础管理工作先进院校""全国绿化模范单位""全国教育后勤新科技应用领跑单位""中国教育后勤信息化建设先进单位""山东省能源管理和节能减排先进单位""山东省优秀节能成果奖"等荣誉称号10余项。

四、总结与思考

绿色校园建设不仅仅是校园自然景观和学校管理建设，而应是集办学思想、教育模式、人才观、学校管理和校园文化建设等为一体的综合概念。将绿色校园建设标准纳入一流大学建设体系，纳入一流大学发展战略规划中，从顶层设计、制度设计、资金支持和队伍建设等各方面给予充分保障。这也是目前绿色校园建设应该重点关注的方面。只有将校园管理与人才培养评价体系、科研体系、校园文化体系建设等进行充分的融合，把绿色理念渗透到校园学习和生活的方方面面，才能为一流大学的建设提供强有力的支撑。

产教深度融合的校园节水精细化管理模式
——广东轻工职业技术学院服务保障工作案例

一、学校情况

广东轻工职业技术学院创建于1933年,是广东省属唯一一所国家示范性高等职业院校,全国"双高"高职院校建设单位。前身是"广东省立第一职业学校",至今已有88年职业教育历史,其中1959–1963年和1978–1983年两个时期,学校开办本科教育,现有全日制在校生2.8万余人。学校现有广州新港校区、广州琶洲校区、南海校区南区和南海校区北区四个校区,校园总面积约1 900亩,校舍建筑面积约48.2万平方米,其中教学科研实训用房约20万平方米,图书馆约3万平方米,学生公寓约18万平方米。学校现有教职工1 300余人,其中高级职称教师约400人(二级教授9人),珠江学者9人,"双师"素质教师800余人;国务院特殊津贴专家2人,全国模范教师2人,国家级教学名师2人,国家级教学团队2个,国家"万人计划"教学名师1人,全国技术能手2人,广东省教学名师、专业领军人才等名师专家近70人。

学校2006年以优秀等级通过教育部高职高专院校人才培养工作水平评估;2007年被列为广东省示范性高职院校建设单位;2008年被列为国家示范性高职院校建设单位;2011年以优秀等级通过教育部、财政部组织的国家示范性高职院校验收;2016年学校被列为广东省一流高职院校建设单位;2019年学校被列为广东省优质专科高等职业院校、国家优质高职院校、"双高计划"建设单位(全国30强)。学校获立项"全国党建工作标杆院系"1个、"全国党建工作样板支部"2个,并先后获得全国高职高专院校排行榜(GDI)第3名。学校是广东省节约型示范高校,也是国家机关事务管理局、发改委、财政部授予的节约型公共机构示范单位。

二、模式创新

（一）健全管理组织结构

学校于 2009 年成立了节约型校园建设领导小组；2010 年成立了节能管理小组；2011 年成立了学校水电管理工作小组；各小组均下设办公室，明确节能小组各成员工作职责；2018 年校长办公室会议纪要再次调整确定了以学校领导为组长的节能工作领导小组，并成立节能办公室。学校还明确设立了能源资源管理岗位，配备了专职的能源管理员与多名兼职的节能、节水数据管理员，负责对本单位的用水、用能状况进行监督检查，并每月统计与分析相关数据，对学校各项节能项目效果严格把关。

（二）完善管理规章制度

学校在节水（见图1）、节电、节气和水、电、气管理方面进行了一系列节能改造和管理改革，加强对建设节约型绿色校园工作的领导，相继出台了《广东轻工职业技术学院节约能源资源实施方案》《广东轻工职业技术学院节能目标责任制度》《广东轻工职业技术学院能源管理办法》《广东轻工职业技术学院水电管理暂行规定》《广东轻工职业技术学院图书馆能源管理制度》《广东轻工职业技术学院计算机机房节能管理规范》《广东轻工职业技术学院实训室节能管理规范》《广东轻工职业技术学院节能管理实施方案》《节水节电通用操作规范》《广东轻工职业技术学院空调使用和管理暂行办法》等相关节能制度，为全校加强节能工作的落实提供了制度上的保障。同时，为了推动学校节能降耗工作深入开展，学校还对节能工作先进个人进行了通报表彰，以激励全体员工共同为学校节能工作贡献力量。

图1 节水监管中心

（三）引入专业资源

基于学校后勤总务部各管理人员的专业特点以及高新科技企业的技术优势，针对学校无法内部解决的多年常态化"疑难杂症"难题，通过公开招标模式引进专业化的高新科技企业合作，发挥各自优势，进行"精、准、细、严"的精细化管理，最大限度发挥学校资源节约和利用效率。"精"是精益求精，追求最好；"准"是准确的信息和决策、准确的数据和计算、准确的时间衔接和工作方法；"细"是操作要细化，管理和服务要细化，特别是执行要细化，要将所有执行的工作细化到每个人、每件事和每一天；"严"是严格控制偏差，严格执行标准和制度。

每周例会和每月总结协调上，各分管负责人员有意识地引导并强化推行，使精细化逐步成为大家潜意识的行为，彻底改变过去粗放式管理的习惯，精细化管理强调将工作做好、做细，应用到学校后勤总务的每个环节。比如维修操作流程是否合理，各类工作人员的衔接方式、服务态度、技术水平是否达到设备的技术要求，后续维保是否到位等，后勤的管理人员认真考虑和分析，找出偏差并加以改进，从而提供使全校师生满意的后勤特色服务。

（四）实施有效监管

一部手机监控同步，针对地下管网的"跑冒滴漏"问题，在实践中将合同节水单位的各个维修服务岗位的人员责任和权力进一步细化和完善，从接报、分派，到实地维修、手机 APP 点击完工，再到科室满意度点评，最后后勤管理部门对完工时效每日一小结，每周一点评，每月一公布，实现了后勤综合服务流程精细化闭环管理。

1. 管网系统完整优化。

（1）管网勘测：安排专业的技术人员，运用专业的地下管网物探技术，对南海校区占地范围内约 8.50 千米地下供水管网进行勘测确认，精准掌握管网的走向和控制阀门位置，绘制完善管网供水运行 CAD 图和系统计量网络图，建立科学管理基础（见图 2）。

图 2　供水管网勘测

（2）漏损探测精准定位及维修：根据供水运行 CAD 图，全面探测检测项目范围地下管网的漏损情况。截至 2021 年 7 月，共探测排除了 43 个地下暗漏漏损点，极大减少了地下跑漏滴冒现象，减少用水浪费（见图 3）。

图 3　管道漏损定位修复维护

（3）全校进行分区管理：根据校区的用水情况，把项目区域划分为教学区和生活区两大用水管理区，并进一步细化用水功能为学生用水、办公用水、教学用水、绿化用水、饭堂用水、中央空调用水及基建用水等用水性质管理（见图4）。

图 4　二级表分区安装

（4）供水系统次序平衡优化：基于每个用水区域单元用水流量和压力的动态变化，安装优化调整系统供水平衡，减少水锤冲击力对管道的影响（见图5）。

图 5　平衡优化安装调试

2. 用水终端节水优化升级。

学校南海校区终端用水器具有水龙头 13 118 个，沐浴花洒 4 393 个，冲厕 2 589 个，小便池 569 个，洗手盆 540 个，进行 100% 的普查检测和造册管理。针对现状，对应必要的终端进行节水技术升级（见图 6），调试达到恒流恒压的效果，让人用水感觉更舒服。

图 6　饭堂水龙头优化升级

（五）做好教育宣传

建立节水宣传教育中心进行长期常态化的节水管理宣传，通过全校师生参与的节水教育、劳动教育、节水宣传周等活动深入引导教育学生增强节水意识、养成良好行为习惯和生活方式的有效途径，扎实提高学校有效用水率，减少水资源浪费，明显降低学校办学管理成本，极大提升学校用水安全及应急保障能力，实现生态效应、经济效应和社会效应多方面共赢，使学生生活在"节能无处不在"的环境中，形成无声之教，交流互动。

1. 围绕"节能攻坚，全民行动"的主题，通过各种形式的节能宣传活动，在全校广泛开展资源节约宣传教育，传播节能理念，普及节能知识，调动学校各部门广泛参与，引导绿色消费，形成更加浓厚的节能减排社会氛围。

2. 成立校园节能宣传周活动小组，组成人员有节能领导小组班子、各职能部门及学生会代表和团委代表；并召开小组成员参加的节能宣传专题会议，对宣传工作进行全面安排部署。各组人员根据节能宣传专题会议要求，明确分工，落实责任。

3. 将节能教育纳入团组织活动教育中，针对学生日常的生活，采取合适的教育方式，在全校学生中进行节能、节水节电等内容的课程教育，介绍我国的资源利用形势及节约潜力，使广大学生了解节约资源的重要性和紧迫性，形成"节约资源，从我做起"的观念，自觉养成节约资源的良好习惯。

4. 利用学校宣传栏等开展"以人为本，节约资源（节约用电、节约用水、节约粮食）"的主题宣传，倡导节约光荣的观念。组织师生观看介绍我国资源、能源利用形势及节能潜力方面的宣传片。

5. 充分利用校报、宣传板、图书、广播、网站、论坛等各种现代宣传工具，校内悬挂宣传标语，各部门网站打出节能宣传标语，制作节能宣传板，营造节能宣传气氛，大力宣传国家的能源政策、普及节能知识。充分利用各种媒体，开展形式多样、内容丰富的学习和宣传活动。

6. 在校园内开展"节约能源，从我做起"主题班会活动，并开展"节约资源——我们共同的责任"专题讨论会。组织全校学生开展资源节约知识竞赛活动。在世界水日、节能宣传周、世界环境日、全国爱惜粮食宣传周期间，组织学生开展主题宣传活动，并在暑期组织学生开展以宣传资源节约为主题的社会实践活动。

7. 通过学校工会、共青团、学生会、团委等组织，定期开展以节能为主要内容的活动，如鼓励学生对校园节能进行实地调查与研究，成立校园节能督察队对建筑内的能源设施进行节能检查，组织青年志愿者与社区群众联合开展宣传与教育活动，等等，切实成为"节能型"校园建设的主体力量。

8. 开展"节俭倡议"活动。号召全校师生员工积极行动起来，节能从我做起，从节约一滴水、一度电、一粒粮、一页纸做起，养成节约的良好习惯。做到随手关灯、关水龙头；多用自然光，少用电灯；多分层次用水，少制造生活污水；能重复利用的东西坚持重复利用，大力弘扬"节约光荣，浪费可耻"的社会风尚（见图7）。

图 7　校内节水宣教基地

三、节水成效

（一）监控同步，实现真实有效节水

广东轻工职业技术学院南海校区占地面积 1 300 亩，在校用能人数 15 100 人（5 个教学区，学生宿舍 44 栋，2 900 间宿舍，教职工宿舍 10 栋）。2020 年 10 月通过合同节水模式，联合中山大学产学研单位、国家高新技术企业广州绿众水务工程管理有限公司，应用以效果为导向、监与控同步的 6F 节水交互技术。截至 2021 年 6 月，以自来水公司收费发票为依据统计，以 2018 - 2021 年各年 1 - 6 月每月用水量同比统计，节约用水 22.35 万吨，实现月均节水率达 38.57%（见图 8）。

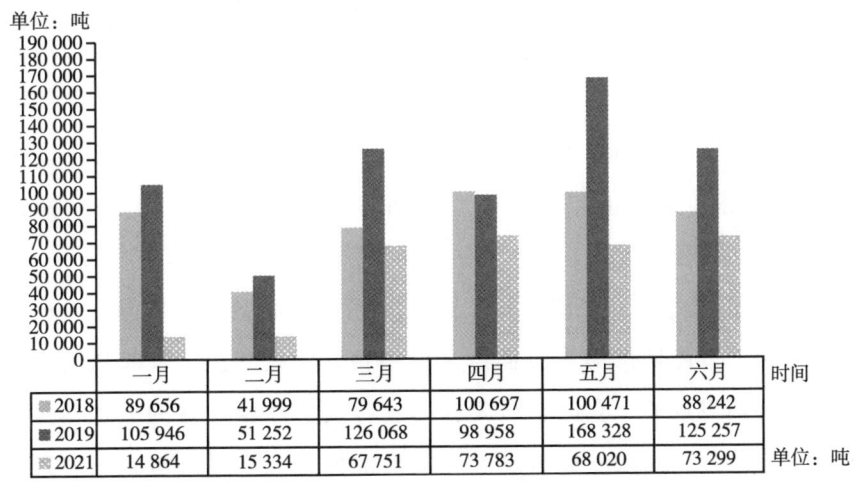

时间	一月	二月	三月	四月	五月	六月
2018	89 656	41 999	79 643	100 697	100 471	88 242
2019	105 946	51 252	126 068	98 958	168 328	125 257
2021	14 864	15 334	67 751	73 783	68 020	73 299

图 8　广东轻工职业技术学院南海校区用水量同比统计图

注：用水量数据来源自来水公司收费发票。

（二）科技创新，建成6F数字化监控平台

在节水监控过程中，实现智能化实时监测、数字化精细管理和控制，同时与手机云平台应用一体化，实现监与控同步，科学高效。对供水管网系统的用水数据24小时在线监测、收集、分析以及水平衡分析、用水额度的管理，用水异常情况报警提示，用水异常信息同步发送给维保技术人员跟进处理，对用水异常区域在线标识热点交互。

（三）多维共赢，综合成效明显

深入实施国家节水行动，贯彻"节水优先"治水思路，落实《国家节水行动方案》和《水利部 教育部 国管局关于深入推进高校节水用水工作的通知》（水节约〔2019〕234号）等文件的精神要求，开展创建节约型绿色学校，学校通过合同节水的实践，取得的综合成效如下：

1. 社会效应：建成节水宣教基地，成为节水标杆，为教育部门以及高校等领导同行交流学习，推进学生节水教育工作提供了样板平台。

2. 用水安全：提高后勤用水安全保障及日常爆管异常响应速度，特别是校园在突发用水或者暴雨之后的应急情况，需要专业的人员及时处理，因为有节水单位成员的常态化管理，避免发生地下漏损冲空路面导致意外塌陷威胁师生安全。

3. 经济效益：以2021年1-6月的节水22.35万吨效果推算，每年预计每年可节约44.70万吨，即每年节省水费126.50万元；同时，相应节省日常管理维护费、水泵耗用电量和管理人工费，降低办学成本，延长供水设备寿命，减少固定资产投资。

4. 生态效益：8年节约用水约357.60万吨，有利于水资源节约和生态保护，减少357.60万吨污水排放，也相应减少水泵加压输送耗电量，提升水资源的有效利用，践行低碳校园，保护生态。

5. 发挥社会资源力量，采用合同节水模式建设节约型绿色校园，是既有国家政策要求又有经济、节能环保等多方面意义的事情。学校零投入、零风险。全社会进行招投标，选择最专业的、有高新科学技术支撑的、经验丰富的节水单位。让专业的人做专业的事，弥补高校后勤节水管理的专业性人才不足的短板，做到校企产教融合优势互补，并实现了"三个有利、两个节省"：利国、利民、利校，省水费和省日常维保设备和人员等方面的经费开支，实现真实有效节水。

四、总结思考

1. 校企协同，跨部门规范管理。在不影响学校教学秩序和学生生活的前提下，学校后勤总务部开展精细化管理，通过招标模式，挑选有真实技术综合水平的高新科技企业进行合同节水，需要得到学校各部门的支持，特别是学校层面的顶层设计管理以及后勤总务部各交叉业务的协调过程管理。

2. 完善制度，让高校合同节水有据可依。在合同节水过程中，企业需要不断投入资金和设备和维保开支，耗费大量的时间和人力，有些地区水价较低，以效果为导向的结算模式会导致节水效益过低，节水优惠政策不到位，无法吸引真正专业技术的企业参与。上级财政部门对合同节水项目有贷款优惠政策或者有专项激励、奖励政策，对真实踏实执行的学校和企业，可以实现正面积极推动作用。

3. 精挑细选，让专业人干专业事。近年来合同节水的作用和案例宣传比较多，可是全过程全方位进行深度对比，多个单位只是实现了校园内的某教学区或者生活区域的少范围节水，实施了过程管理却没有实现真正有效果的节水。实现有效节水真实节水，需要找到有高新技术背景、扎实开展产教融合单位，而且有稳定技术团队的企业进行综合考量，有立体节水技术的企业开展合同节水，让专业人干专业事，可以实现事半功倍。

4. 宣传培训，各高校间互相深度交流。经过近年来的研究和实践，合同节水政策各高校后勤部门和相关工作者都有所认识，可是对如何实现有效的合同节水过程，学校分管领导层面的沟通交流比较少，没有严格考核或者检查的节水创新工作，多数处于观望或者不信任状态。需要教育行政部门、后勤行业协会进行统筹组织，对成功节水样板高校进行宣传，以及通过线上线下融合培训模式，让全国研究节水的专家、高校后勤监管执行人员多维度参与，理解真实、科学、有效的节水模式，让每一滴水不再无辜浪费。

坚持"以客户为导向",打造有温度的校园后勤服务

——西安欧亚学院后勤保障体系建设综述

一、基本情况

西安欧亚学院创办于 1995 年,是一所经教育部批准,以管理、经济为主,艺术、文学、教育、工学等协调发展的国际化应用型普通本科高校,是全国唯一一所获批国家教育信息化优秀试点民办高校,陕西省唯一一所国家教育体制改革试点院校。

西安欧亚学院实施本科教育和高等职业教育,下设会计学院、金融学院、工商管理学院、文化传媒学院、人文教育学院、艾德艺术设计学院、信息工程学院、人居环境学院、通识教育学院、高职学院 10 个二级学院,开设本、专科专业 64 个。自建校起,学校坚持公益性办学原则,在"国际化、应用型、新体验"的办学定位指引下,秉持"为学生提供高质量的教育服务"的使命,以"成为中国最受尊重的私立大学"为愿景,始终坚定"以学生为中心"的办学理念,并确立了以知识的有效应用为最终评价标准的教学价值主张。

西安欧亚学院全面贯彻党和国家的教育方针,落实立德树人根本任务,坚持公益性办学,不断提升服务地方经济、文化、城市建设的能力和应用型人才培养水平。建校 26 年来,学校坚持"以学生为中心"的教育教学理念,坚持战略规划引领学校发展,坚持领导力与学习型组织建设,坚持高品质的育人环境建设,坚持信息技术与教育教学深度融合,取得了长足的发展。学校先后获批省级教育信息化培训基地,被授予"ACCA 白银级教育机构";陕西省民政厅认定的"民办非企业规范化建设评估"5A 级单位,连续 8 年蝉联中国校友会网"中国财经类民办大学排行榜"榜首等。校区环境见图 1 至图 3。

图 1　校园喷泉景观

图 2　南区教学楼

图 3　校园整体规划

西安欧亚学院后勤集团（以下简称"欧亚后勤"）成立于2004年1月，是学校的二级部门，在学校的价值链中处于支持及保障地位，实行"非法人模拟企业化运营"模式，定位为"校园大管家"，全面负责学校的教学辅助、生活保障、校园基础运行等工作。作为服务型组织，欧亚后勤围绕学校教育教学核心业务和师生的需求，持续进行组织变革和服务创新，竭力为师生提供高品质的校园服务体验。

二、服务模式

欧亚后勤围绕学校发展战略和工作目标，秉承"以教学为中心、以客户为导向"的指导思想，2014年率先引入管家服务模式，由管家总揽校园服务。并且结合自身实际，不断改革创新，形成以"管家"为前端、客服中心为支撑的"线上＋线下"的服务保障体系，由管家或客服整合后台各类服务资源，为客户提供全方位、系统性的解决方案，实现了"一站式"管家服务。同时，管家主动贴近客户、及时洞察和挖掘服务需求，提供便捷、高效、专业的校园服务（见图4至图9）。

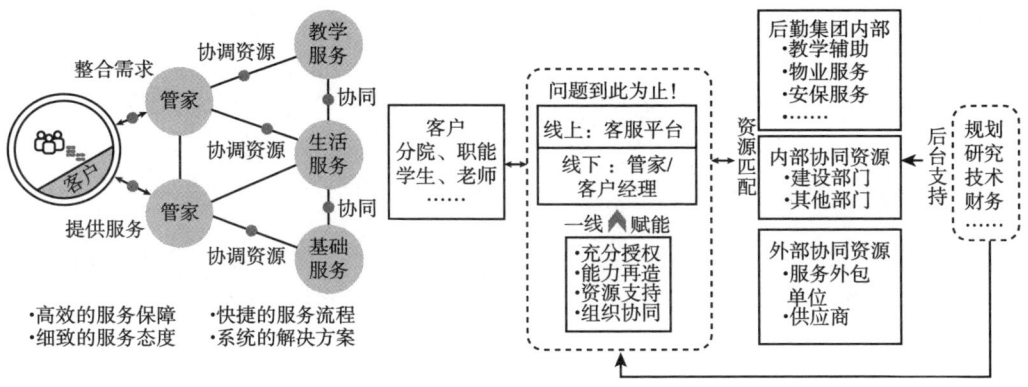

图4 "一站式"管家服务模式

图5 图书馆

图6 南客厅

图7 商业街

图8 琴岛

图9 虹桥中心

三、组织架构

匹配学校战略发展,随着大部制改革,学校将服务类业务进行剥离,2012－2015年相继将安保服务、车辆服务、会务服务、IT资产管理与维修服务等业务划归后勤。在此期间,欧亚后勤通过持续的组织转型和服务模式优化,按照客户属性将业务分为"教学服务、生活服务、公共服务"三大版块(也称三大管家,即"教学管家、生活管家、公共管家"),形成了具有欧亚特色的"大后勤"服务体系,其组织架构如图10所示。

| 教学服务
（教学管家）
·教学空间管理
·教辅服务
·会务服务
·产学研活动
·IT设备及通信维修 | 01 | 生活服务
（生活管家）
·生活空间管理
·公寓服务
·健康服务
·餐饮服务 | 02 | 公共服务
（公活管家）
·安保服务
·物业服务
客服
能源保障
工程维修服务
环境服务
·车辆服务 | 03 |

行政人事部、研究与品质发展中心、资产部

图 10　组织架构

欧亚后勤在建立良好的服务模式基础上，高度重视组织文化建设，坚持落实以"以客户为中心、持续变革创新、终身学习、爱＋玩＋规则"等内容的组织文化体系，以文化推动组织成长。同时，注重员工能力的培养，建立"选、用、育、留"的全流程培养体系，强化人员队伍建设，推动"人才发展计划"，打通员工成长发展通道，为员工搭建职业发展路径。通过营造四个氛围（营造学习的氛围、营造发展和关爱员工的氛围、营造"能扛事"的氛围、营造"平等、开放、信任"的氛围），培养职业习惯、落实"员工幸福计划"，持续提升组织效能（见图11、图12）。

图 11　团建活动

图 12　员工关爱活动

四、亮点工作

(一)疫情防控工作

高校作为疫情防控的重要阵地,牵一发而动全身,为确保全校师生的生命安全和身体健康,欧亚后勤领命扛责,充分发挥组织战斗堡垒作用,统筹学校常态化疫情防控和后勤服务保障两个大局,始终坚守在服务与保障的最前线,守护师生生命安全与身体健康。

1. 坚定信心,科学布防校园疫情防控体系。

疫情就是命令,防控就是责任。面对疫情防控工作,根据上级部署和学校实际,学校全面开展风险评估和形势研判工作,并及时成立疫情防控工作领导小组。小组办公室设在欧亚后勤,作为校内疫情防控工作牵头单位,全面负责校园运行与防疫工作落实。欧亚后勤围绕上级疫情防控部署要求和学校统筹安排,把打好疫情防控阻击战作为首要政治任务,以高度的政治责任感和强烈的使命感,第一时间采取有效措施,制定防控工作方案和应急预案,明确疫情防控"决策审议制度、会议制度、信息报送制度、应急响应制度"等保障机制,形成疫情防控"三案七制"、疫情防控指导手册等,为做好疫情防控打下坚实的基础。同时,持续健全常防常控机制,落实"五个常态化措施"(组织领导常态化、责任落实常态化、措施执行常态化、物资储备常态化、师生员工关爱常态化),筑牢疫情常态化防控防线(见图13)。

图13 疫情防控

2. 众志成城,勠力同心打赢疫情攻坚战。

快速反应,积极部署。自疫情发生以来,欧亚后勤全体人员全力投入疫情防控保障工作,落实校园疫情防控各项措施。特别在抗疫初期,面临抗疫物资紧缺和交通不便、在岗工作量增大的困难，全体员工迎难而上，奋发坚守，完成校内安全管控、临时留观区建设、防疫防控物资储备、校内防疫自检等工作，构筑疫情防控安全防线。

联防联动，落实举措。根据各地有关疫情防控的要求，欧亚后勤抓紧抓细抓实各项疫情防控措施，通过全面开展线上防疫安全教育、健康动态监测、疫情防控演练等措施，明确责任分工，熟练掌握开学及日常保障期间各个场景的工作规范和应急处置流程；积极组织完成全校2万多师生的疫苗接种和分期核酸检测工作，保障正常的教育教学秩序和师生在校的生活体验（见图14、图15）。

图14 疫苗接种

图15 核酸检测

3. 落实暖心举措，传递美好体验。

为进一步做好关爱服务，在疫情常态化防控期间，欧亚后勤在师生返校前主动开展线上师生服务需求征集，为师生进行办公室、宿舍卫生清洁消毒、通风及晾晒被褥等工作；学生返校时，特别推出24小时行李免费运送服务，全力营造舒心的返校环境，使学生感受到了家的温暖与关怀；在恢复教学后，最大限度减少人员聚集交叉感染，积极采取线上订餐、错峰就餐、错时消杀等措施，后勤员工自动放弃休息时间，加班值守，有效解决了疫情防控和服务保障工作的平衡问题（见图16、图17）。

图16 被褥晾晒服务

图 17 免费行李运送服务

欧亚后勤用实际行动践行服务使命，守护全校师生安全，确保校园稳定，在疫情防控工作中成效显著，获得"陕西高校物业服务疫情防控先进单位""陕西高校学生公寓疫情防控先进单位"等多项荣誉。同时，西安欧亚学院后勤集团总经理任龙刚荣获"全国高校疫情防控物业服务先进个人"称号。

（二）平安校园建设

长期以来，学校高度重视校园安全稳定，把"平安校园"创建纳入学校重点工作。2008年12月，学校首次被评为陕西省"平安校园"，2014年12月和2020年12月，又先后两次高分通过省级"平安校园"复检验收。学校坚持以习近平新时代中国特色社会主义思想为指引，严格按照陕西省"平安校园"建设的总体部署，深刻把握新形势下校园安全稳定工作规律，以更高的政治站位、更有力的工作举措、更强的责任担当，围绕学校事业发展和教育教学改革、人才培养等核心任务，不断深化"平安校园"创建组织领导、安全保卫、校园稳定、环境治理、校园安全文化建设和突发事件预防与处置等工作，全面创建高质量的"平安校园"，营造"安全、稳定、文明、健康、和谐"的育人环境，持续提升师生的校园安全感和高品质的学习生活体验。

1. 校园安全工作满意度持续提升。

近年来，学校在日常校园安全防控和"平安校园"创建期间，严格落实上级有关要求，不断提升师生校园安全感，各项工作得到了上级部门和师生的一致好评。

2. "平安校园"创建成效显著。

按照《陕西省普通高校"平安校园"创建指标体系》和相关文件要求，全面组织做好学校安全稳定和"平安校园"创建工作，近年来"无群体性事件，无暴恐事件，无重大治安和刑事案件，无涉及邪教和黄赌毒等违法人员，无火灾、交通及食品安全等事故"，保障校园安全稳定和持续发展。

3. 开展"平安校园"建设研究，形成创建知识体系和成果。

在做好学校安全稳定和"平安校园"创建工作的同时，积极进行知识积累和专题研究，形成了多项研究成果，对指导高校安全稳定和"平安校园"创建工作具有重大意义。

2019 年 3 月在全国核心期刊《安全》杂志刊发《基于平安校园建设的高校安全管理体系构建—以西安欧亚学院为例》。2020 年 9 月，完成了陕西省高等教育学会疫情防控专项研究课题《公共突发事件下校园应急管理体制和危机管理研究》。进行全面风险管理体系研究，形成"高校安全稳定风险管控体系"，从风险识别、风险分析、风险控制及风险体系的固化四个方面，通过设计风险管理的组织体系、制度体系、运行机制、文化建设及风险指标数据五大体系，实现对学校各项风险的常态化、体系化管理（见图 18 至图 20）。

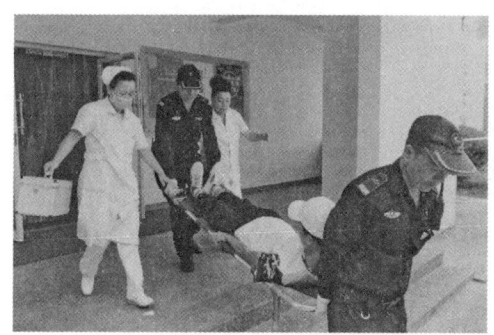

图 18　常态化的应急演练

图 19　安全宣教

图 20　"体验式"安全教育

（三）绿色、智慧校园创建

欧亚后勤牢固树立"创新、协调、绿色、开放、共享"的生态文明发展理念，坚持"健全组织、精细管理、推动技改、量化调控"的节能工作推进方针，全面提高能源效率,一直以来,积极创建省级优秀"绿色示范校园"建设,推动学校可持续发展。

1. 健全绿色、节能校园管理网络。

成立学校绿色节能专项管理小组,并将用能指标分解至各部门,推行用能定额考核,形成"学校→部门→个人"的节能三级管理网络。

2. 树立节能意识,构建节约型校园。

欧亚后勤结合学校实际,积极推行校园节能减排等系列举措,协同学校承办首届绿色学校"厕所革命"研讨会,并充分发动各二级分院、学生社团广泛开展"校园绿色园区保护认领区域、植树节、节能宣传周、清洁节水日、光盘行动"等形式多样的实践活动(见图21、图22)。通过师生在校园开展亲身体验及实践,使广大师生员工树立科学发展观、适度消费观与正确价值观,养成节约习惯,形成节约风尚。

图21 "厕所革命"研讨会　　　　图22 节能领跑,绿色共享活动

3. 整体布局,助力学校构建智慧校园。

欧亚后勤围绕学校战略与后勤自身发展规划,不断创新、逐步实现了数字化转型。近年来在信息化建设方面先后建立了以教学为服务对象的管家巡查系统、空间管理系统、OA、一卡通系统等;以生活为服务对象的订餐系统、户籍办理、自助购电系统、宿舍管理系统等;以基层设施维护为对象的能耗管控系统、报修系统、楼宇自控系统、客户服务平台、HR系统等信息化系统(见图23)。

4. 运用大数据驱动运营管理和服务提升。

在校园运行过程中,欧亚后勤特别重视数据的定期整理和分析,通过大数据的分析,找到工作中的规律和可优化的空间,以大数据应用驱动运营管理和服务提升。如:利用一卡通系统消费数据分析,联合教务处实行错峰上下课改革,较好地熨平了就餐波峰波谷,餐厅的拥堵现场基本消失;对维修数据进行分析挖掘,通过预防性检修、维护,客户报单量明显下降,有效保障基础设施设备良好运行等。

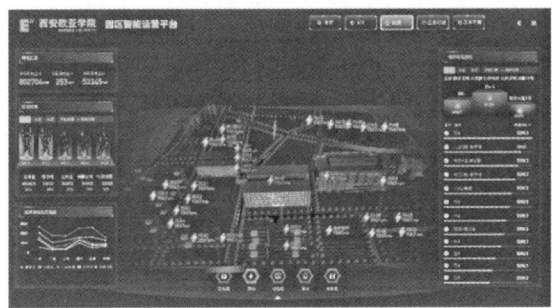 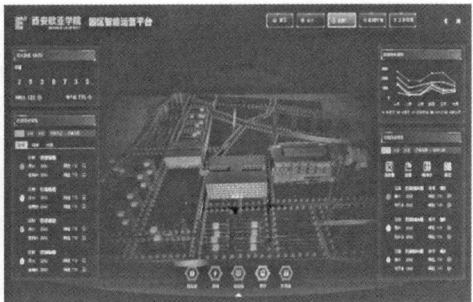

图 23　智能运营平台

（四）对外服务拓展

在做好校园服务的同时，欧亚后勤高度重视后勤研究和知识积累，不断总结提炼工作成果，形成知识体系，将亮点工作和好的做法转化为方法论，尝试着进行智力输出。近年来，先后承接了重庆、云南、陕西等省份一些物业企业、高校后勤集团的咨询服务；为多所高校后勤部门提供了相关的定制培训服务，推进欧亚后勤的行业新价值（见图24至图26）。

图 24　培训服务

图 25　后勤管理研修班

图 26 物业管理品牌建设交流暨现场品质学习研讨会

（五）助力脱贫攻坚

脱贫攻坚是我国为实现"两个一百年"奋斗目标的重要战略部署，西安欧亚学院积极响应国家号召，勇担社会责任，把扶贫工作列入学校社会服务的重要工作。学校从2012年开始就与榆林市子洲县淮宁湾镇前淮宁湾村建立起了结对帮扶关系，2014年开始驻村帮扶，欧亚后勤连续多年抽调专人前往学校定点帮扶村，采取多项举措助力学校"两联一包"精准扶贫活动。对陕北子洲县前淮宁湾村贫困村民王占军结对帮扶，制定多项针对性措施帮其脱贫（见图27和图28）。

同时，欧亚后勤协同学校积极开展校内勤工助学、困难员工帮扶活动。增设学生勤工助学岗位，如联合高职学院设置高职小管家，由物业管理专业学生全面辅助教学管家，负责教室开关门、卫生打扫；积极推动教职员工送温暖活动，并且设立了困难教职工专项帮扶基金；每年协助学校工会采取"点对点"的员工帮扶活动，通过一系列帮扶举措，已帮助多名教职员工顺利脱贫。

图 27 慰问　　　　　　　　　图 28 义诊

五、总结与思考

欧亚后勤通过持续地服务转型、组织优化、模式创新，全面提升了校园服务品质,近几年取得较好成效,获得业主、行业及政府的一致认可。

(一) 成果总结

1. 客户满意度。

欧亚后勤的客户满意度持续提升,经第三方测评,连续4年服务满意度位居全校职能部门第一(见图29)。

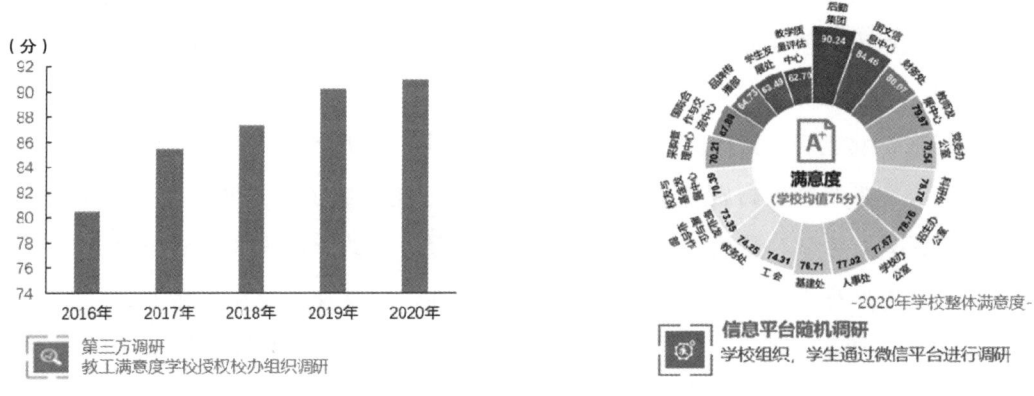

图29 学校满意度测评

2. 获得荣誉(见图30)。

全国学校物业管理50强、教育部全国党建工作样板支部、全国高校后勤文化建设优秀标杆单位、全国高校物业管理优秀标杆项目、全国教育后勤信息化先进单位、全国高校后勤论文二等奖、陕西高校物业服务疫情防控先进单位、陕西高校学生公寓疫情防控先进单位、陕西省平安校园、陕西省节水型高校、陕西省绿色学校、陕西高校学生公寓先进集体。

图30 获得的荣誉

（二）未来的思考

1. 全面推动后勤服务育人作用发挥。

环境育人与服务育人是高等教育质量内涵建设的重要内容，高水平、高质量的后勤服务能够潜移默化地影响学生。欧亚后勤始终坚持"以客户为导向"的服务理念，持续将营造优美的校园环境与高质量的服务作为服务育人的基础工程，把后勤作为服务育人的主战场，努力把每一次有形的服务保障转化为无形的育人课堂，培养服务育人意识，创新服务育人机制载体，切实发挥好后勤服务育人的功能。

2. 持续深耕管家服务模式。

多年来，欧亚后勤持续落实学校"以学生为中心"的教育理念，围绕学校教学和科研核心业务及师生高质量的校园生活体验，已经形成了独具欧亚特色的赋能型管家服务模式。未来，欧亚后勤将持续深耕管家服务模式，深入研究管家服务内涵，全面拓展管家服务内容，完善管家全流程服务标准，形成管家服务指导手册，"深入服务支持教育教学活动" + "客户体验管理"，充分发挥"后勤大管家"的作用，保障校园高效运行。

3. 加大质量保障体系建设。

"质量"一直伴随欧亚的发展，是欧亚真正的生命线。基于学校的战略与后勤自身发展，随着各业务模块服务内容的不断深化，欧亚后勤持续进行高校校园生活质量保障体系建设研究，不断优化服务质量管控体系，加强高校后勤管理研究与实践，支撑和保障学校发展，助力行业发展。

打制高效"燃料推进剂",助力"神舟飞天"

——中国人民大学附中航天城学校智慧后勤建设概述

人大附中航天城学校(以下简称"人航")是一所由海淀区教委新建、人大附中承办的区属公办学校,是人大附中联合学校的成员校。人航 2015 年开始筹建,2017 年正式招收第一批小学生,2019 年新校址启用,占地 97 亩,建筑面积 8 万平方米。目前学校共有小学一至五年级、初中三个年级及高中一年级(国际部)共 56 个行政班,约 2 700 名学生。

人航秉承人大附中"尊重个性,挖掘潜力,一切为了学生的发展,一切为了祖国的腾飞,一切为了人类的进步"办学思想,努力创办"国际领先、国内一流"面向未来的教育。

一、精准定位后勤在校园组织管理体系中的角色

航天工程由三大系统构成:一是运载器系统(火箭);二是航天器系统(空间站);三是地面支持系统(地面站、发射场等)。如果把学生比作"航天员",把培育学生成才的过程比作"飞天",那么一线教师就是护送学生上天的"神舟火箭"(见图 1)。而学校的行政管理部门,特别是后勤部门,就是助推火箭升空的"推进剂"以及护航飞天安全的"发射场和地面站"。

图 1 神舟十三号

细致分析校园后勤工作的特点,和保障火箭飞天十分类似:一方面要做好"燃料推进",为校园各项教育教学工作提供坚强支撑;另一方面要做好"地勤保障",为学生和教师提供安全可靠的校园秩序。

在校园后勤系统日常实际的运转过程中，校党委科学地筹划和决策，并通过财务支出现金流，购买了两大类"火箭制造原料"：一是有形的物料资产；二是无形的服务。前者包括物资（采买和管理）和不动产（工程），后者包括餐饮、保洁、维修、保安等各类维持性服务。有形的物料和无形的服务通过财务部门购买进入校园内后，而后勤部门的工作就是将它们高效地转化为支撑一线教学、助推学生起航的"推进力"（见图2）。

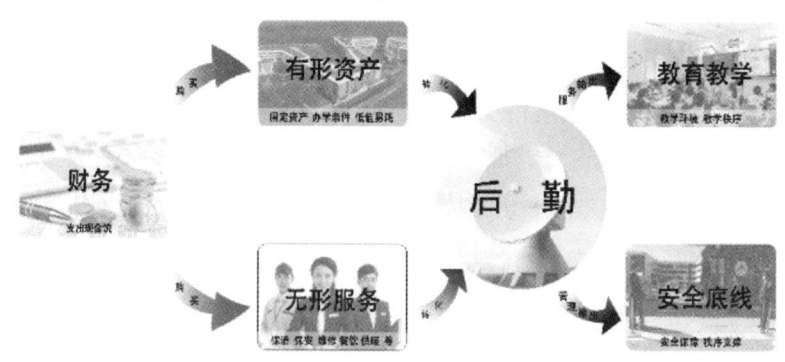

图2　校园组织系统中后勤功能定位示意图

因此在当前"双减"政策的大背景下，如何减轻一线教师非教学负担、更好地发挥"地面站"的安全管理职能；如何建立高效友好的后勤服务体系，更好地提升"燃料推进剂"的助推功效，是摆在人航后勤部门面前的必修课。

二、服务端"to-C"思路下的后勤移动端交互式管理变革

后勤部门输出的"推进力"包括两大部分：一是提供安全保障、支撑教学秩序、确保安全底线，人航把这部分称为"管理端"；二是为一线教育教学提供服务，维护教学环境、保障教师学生校内学习生活、提升体验度和幸福感，这部分称之为"服务端"。

在校内，教职员工和学生与后勤部门发生信息交互的场景主要有：面对面、电话、邮件、微信等。无论是"管理端"还是"服务端"，在何种场景下，师生如想通过后勤部门调取使用相应的资源，通常都需要"先找人——后办事"。而师生们办事的效率，一则取决于领导的重视程度（先找领导，通过领导再找后勤）；二则取决于与分管后勤老师的熟识程度；三则取决于后勤老师的责任心；四则取决于后勤老师的能力素质。此模式下的后勤服务保障，是以"管理者"为轴的，是受个人因素影响较大的，其输出的服务保障是不稳定的。

有没有更好的办法呢？有。人航在借鉴互联网"to-C"的服务思维的基础上，以智慧校园建设为抓手，面向未来移动端交互式管理变革，重新梳理了学校后勤服务保障体系，按照"以事为轴"的主线，将过往"找人——办事"的流程，逐步改变为"找APP——办事"（见图3、图4）。把每一位老师、每一位学生所提出的每一个合理需求，都视作一个必须完成闭环的"任务包"，并最大限度减少"任务包"传递的信息节点，压缩信息交互的层级，最终提升"任务包"的信息处理效率。

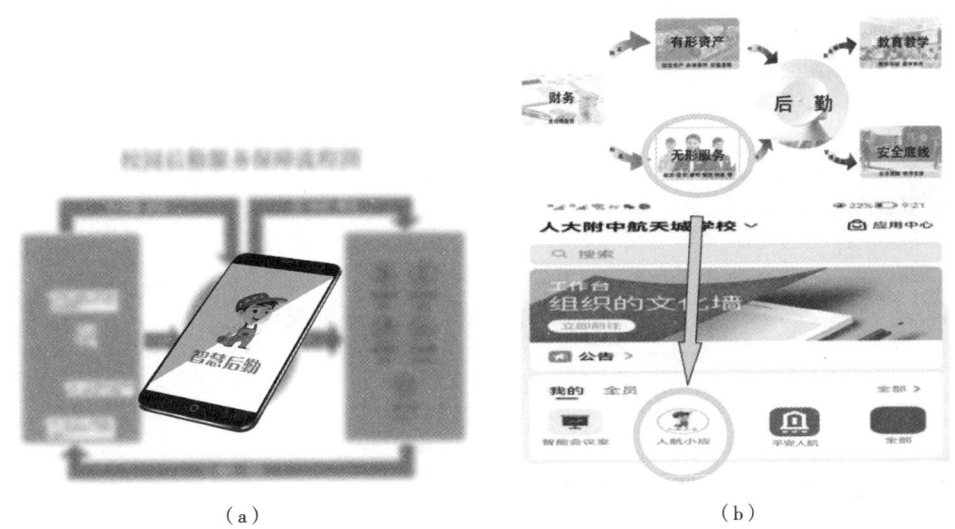

图3 智慧后勤

三、探索与实践

在对后勤角色准确自我定位，以及树立"to-C"思路下的移动端交互式管理改革的方向后，尝试开发了"人航小应""平安人航""人航采买与领用""人航资产地图""绿色人航"等APP。

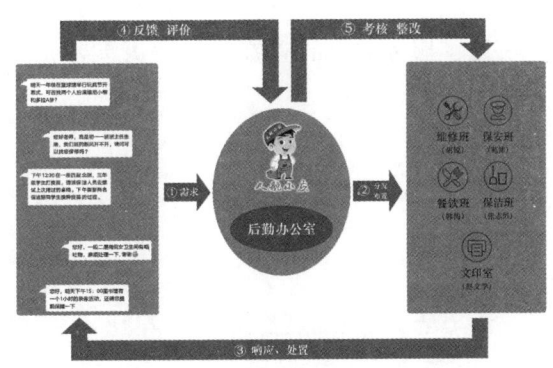

图4 校园后勤服务保障流程图

1. 集成所有人力"无形服务"功能的"人航小应"APP。

"人航小应"有两大基础功能：一是服务需求应答；二是应急预案的一键启动。

校园后勤服务包括维修、空调、安保、保洁、餐饮、绿化等各个方面，老师的需求有可能是单一的，也有可能是综合的。将所有后勤服务功能全部集成在"人航小应"

里，老师们不需要"找人"，只需要提报需求，后续的分发、组织落实和闭环都交给"小应"负责搞定，相应后勤的服务人员也会在规定的时限内主动去找老师。

为了提高教师端的便捷和友好性，参照外卖下单的"订单模式"设置了"人航小应"的流程。把每一位老师所提出的每一个需求，都视作一个必须完成闭环的"订单任务包"，老师有任何服务需求，下订单即可。而在教师端的界面上，该服务的整个流程信息从提报、响应、上门服务、完工的时间轴都有记录，一目了然。如果特别着急，可以加急处置。响应过长时间，还可以催单。工单完成后，教师还可以评价或者吐槽（见图5、图6、图7）。

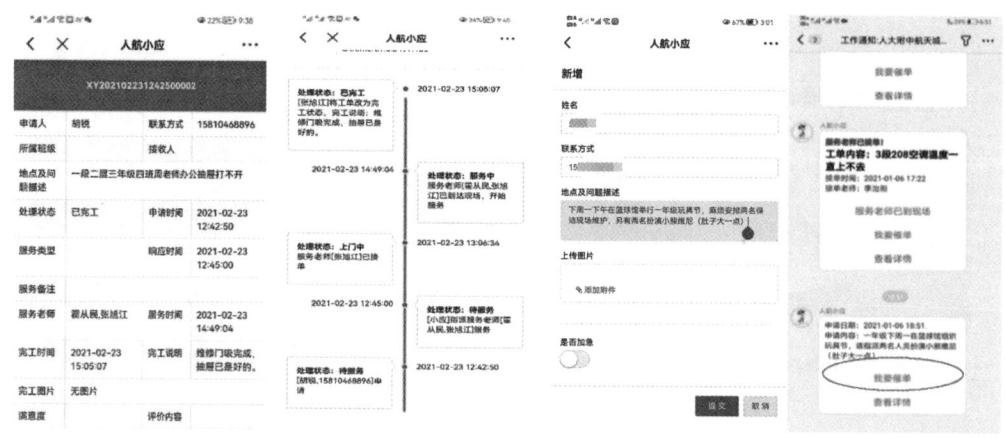

图5　服务界面　　　　　　　　　图6　催单界面

除了服务需求的应答外，"人航小应"还集成了SOS应急预案一键启动功能（见图8）。

图7　评价界面　　　　　　　　　图8　"SOS应急预算"

点击红色"SOS"按钮,进入二级菜单。二级菜单内,目前纳入了"呕吐腹泻""伤害事故"和"火险"三种应急情况。

比如二年级一班在上体育课时,发生了一位同学崴脚的事件。任课的老师只需要点击伤害事故,信息提交之后,系统会同时向应急预案组织架构中的所有预设人员同时发送信息。

消息的发送分为两条线:第一条线是行政线,包括校领导、校办、德育、医疗以及后勤的相关人员,这条线的人员是固定的;第二条线是教学,现根据学生所在的班级相应地通知其班主任、班副和年级组长。第二条线是动态的。

火险应急预案的启动则稍有不同。火险来临之时千钧一发,时间窗口非常宝贵,因此这种情况下,老师只需要输入地点即可,不需要选择班级。提交之后,系统会自动发送到全校所有的教职员工,以便全校教师第一时间组织学生疏散(见图9)。

2. 集成"有形资产"中"低值易耗物品"全周期管理功能的"人航采买与领用(教师领用＆库房采购)"APP(见图10)。

图9 "火险"界面　　　　　　图10 领用界面

用财务支付出的现金流换回的"有形资产",按照1 000元的限额,大体可以分为"固定资产"及"低值易耗"两大类别。其中1 000元以上"固定资产"类别的管理较为规范,以北京为例,有专门的"久其"系统来管理统筹。而"低值易耗"

物品的采买和领用管理（除少量政采项目外）却大多处于"纸质管理"阶段。总结起来，有以下两大痛点：

一是质量、价格管控不易。校园低值易耗物品的采购范围繁杂而零散，采用目前通行认质认价的办法——"三方比价"，来控制价格和质量，存在时间精力成本过高、质量和价格"摁下葫芦浮起瓢"的现象。除此之外"三方比价"自身也存在漏洞。以口罩采购为例，京东上普通一次性口罩价格从0.2元到1.5元不等，实际使用中0.5元以内的产品即可保证质量。但如果"三方比价"时选择的品种单价分别为1.0元、1.2元、1.5元，看似最低价1.0元省钱了，但实际学校却吃亏了。

二是采买和领用之间的链条不通。在1 000元以上"固定资产"的管理中，从发票到领用人，整个链条是通畅的，即通过发票可以找到领用人，通过领用人也可以追溯到采购时的发票（见图11）。但是过往1 000元以下的"低值易耗"物品采买和领用的实践当中，链条却不太通畅，从发票到领用人的正反向查询，都很难做到精准追溯。

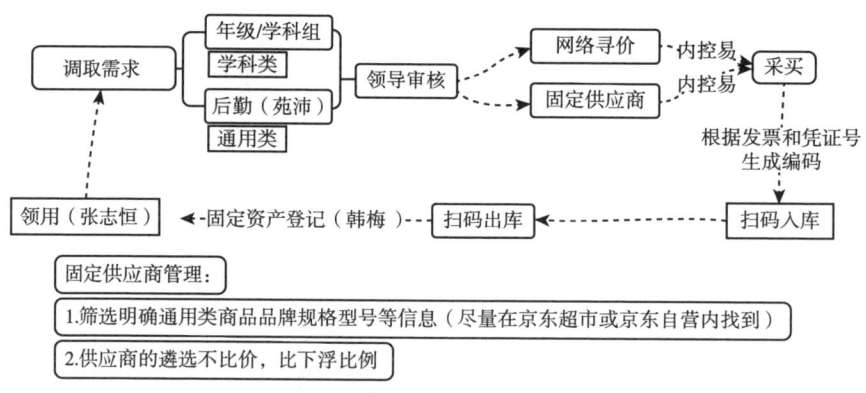

图11 采买链路

为了解决上述痛点，高效有力地管控质量与价格，人航对采买流程进行了改革。

首先，将"低值易耗"物品采买分为两类：一类为标准品；一类为非标准品。标准品类的商品，由采购员和库管员结合老师们的使用实际情况，事先框定该商品的具体品牌、型号（以商品编码为准）（见图12）。

其次，组织供应商进行年度性竞价。竞价的标的不是价格，而是"一年内为学校供货商品之对应京东或天猫相应商品时价的下浮比例"，即标准物品的采买价格，一律以京东该商品（以商品编码为准）旗舰店中的时价为锚定上限，并辅以供应商相应承诺的下浮比例。

最后，供应商竞价时，按照"保洁防疫""五金维修""文化办公"分别报价，下浮比例最高者中标（见图13）。最终三类物品的下浮比例分别为：-26%、-27%和-26.5%。

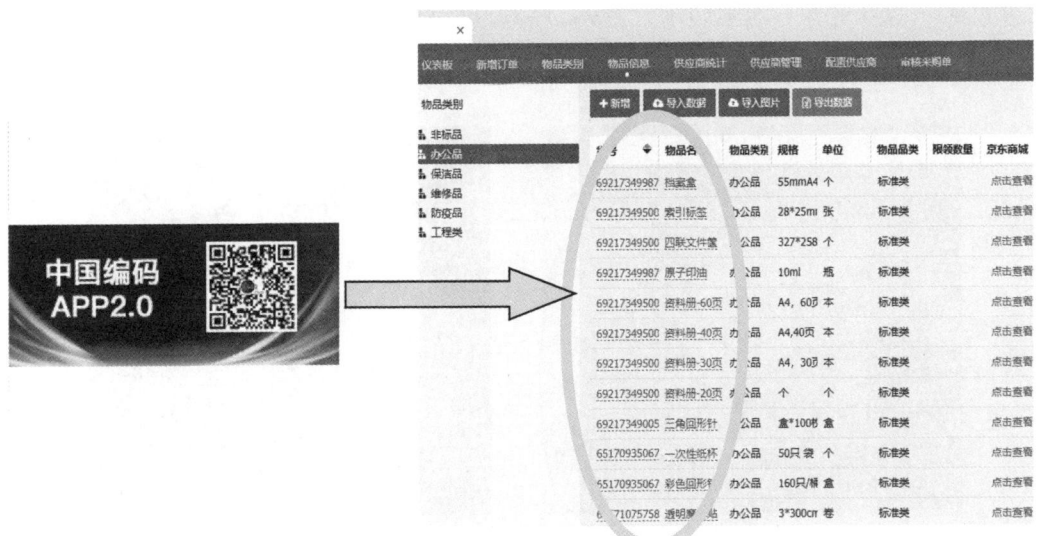

图 12　分类编码

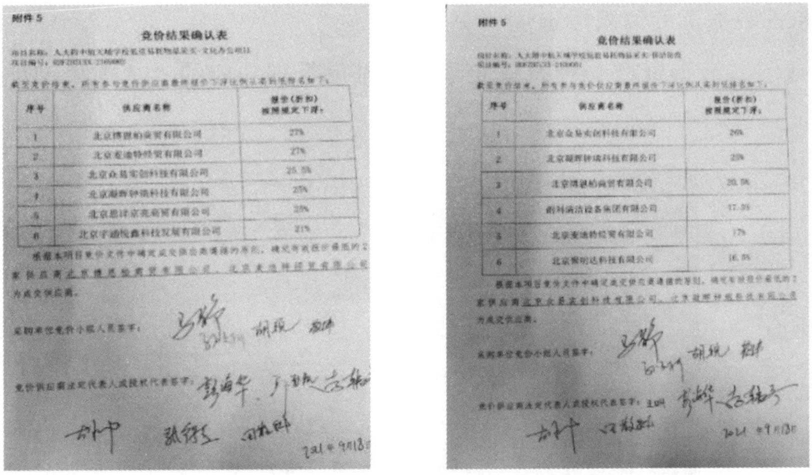

图 13　竞价案例

标准品库的建设和竞价下浮比例的确认，将质量和价格中的不确定的因素全部排出，采买员仅需对采购的必要性及数量进行考量，在有效控制了经费的同时，大大减轻了工作量。

除此之外，针对"链路打通"的问题，人航研发了"教师领用"和"库房管理"两个专用APP，一个负责教师端，一个负责管理端，并将数据全部打通。

然后引入"订单身份证（二维码）"管理制度。采购员在下单的当时，系统自动为订单中每一种商品生成"身份证"——二维码。供应商在送货时需打印包含"身份证"的订单（与发票明细一致），库管员在点货入库时，需要进行扫码，方能完成入库（见图14）。

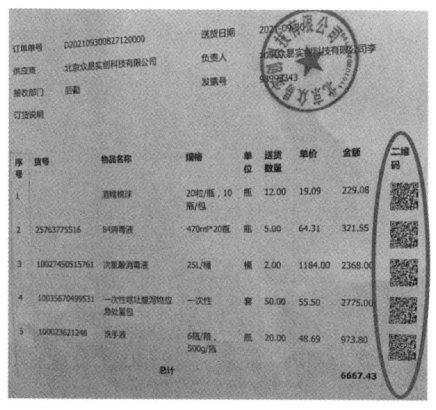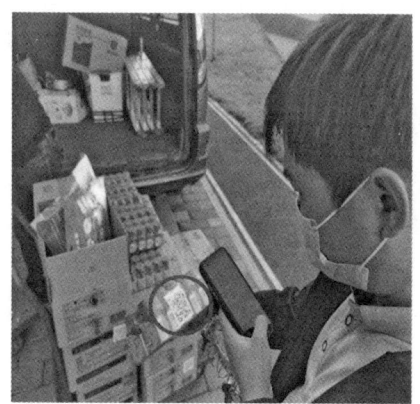

图14 订单身份证列示

最后，在教职员工有需求去库房领用时，再次扫码，即可打通全部链路，从发票到领用单的数据沉淀清晰可追溯（见图15）。

3. 集成了"有形资产"中"固定资产"辅助管理功能的"人航资产地图"APP（见图16）。

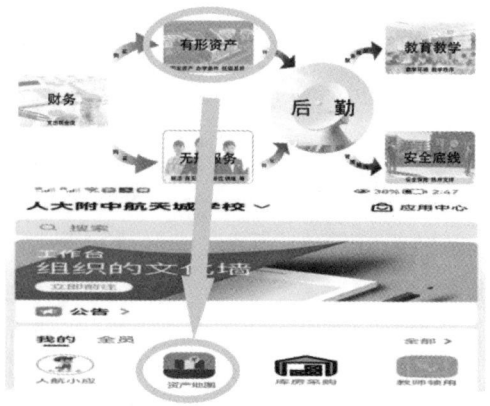

图15 领用列示　　　　　　　　图16 人航资产地图

在资产的全周期管理过程中，从入账之后到报废之前，资产的管理人和所处的位置一直处于动态变化之中，因此才有了资产定期盘点的各项制度。

而对固资动态变化的管理，存在一个普遍的痛点，即资产盘点的效率问题，往往容易发生"腿跑断、表填乱"的问题。为了提高效率，减轻资产管理员和保管老师们的负担，人航尝试开发了"人航资产地图"APP，将"楼层平面图"和"资产表格清单"集成起来，方便管理员用手机随时随地修改、增删不同房间内的资产变动情况（见图17）。

4. 确保底线，提供安全秩序功能的"平安人航"APP。

确保校园安全底线，提供良好的教学秩序，是学校各项工作能够顺利开展的基本前提。在实践中，我们将安全管理分为了三个层面："心理层""组织层"和"制度层"。其中，"心理层"是核心，"组织层"是骨架，"制度层"是血肉。而校园安全管理工作的开展，也需要紧紧围绕着这三个层面去筹划和落实（见图18）。

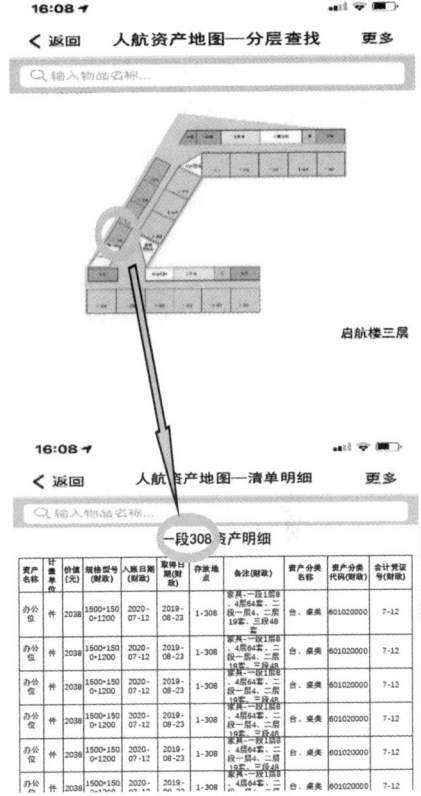

图17　人航资产地图

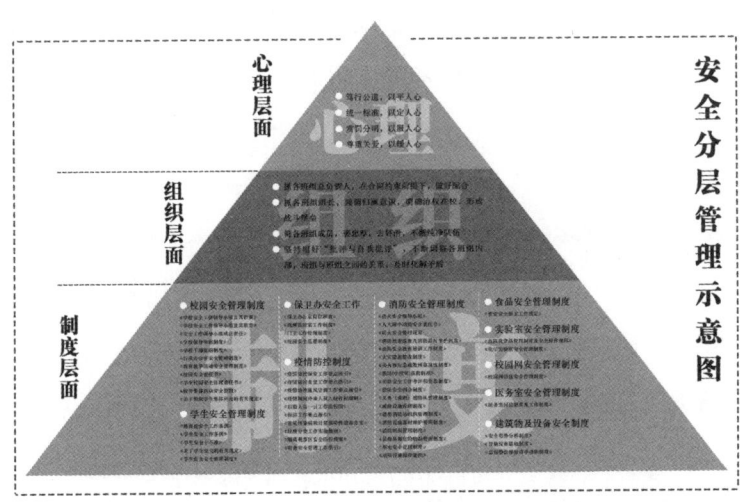

图18　安全分层管理示意图

心理、组织、制度三层安全秩序的营造，是一个系统工程，不可能一蹴而就，需要集全校之力。后勤作为此项工作的牵头部门，依然还是基于对"有形资产（硬件）"和"无形服务（软件）"的高效整合，进而营造三层安全秩序的稳定结构（见图19）。

为此，人航开发了"平安人航"APP——一个以安全隐患排查为牵引，以"安全形势分析"为抓手，集成了安全心理管理、组织管理、制度管理的综合安全管理软件（见图20）。

图19　三层安全秩序　　　　　图20　人航安全隐患排查系统

软件的一级界面包括"清单排查"和"隐患台账"两部分。进入"清单排查"二级菜单，将安全隐患的排查分为了建筑（含实验室）、消防、食品、医疗、心理五个方面，并按照北京市及教委系统的要求，将各类安全管理制度以清单表格的方式集成进去（见图21及图22）。

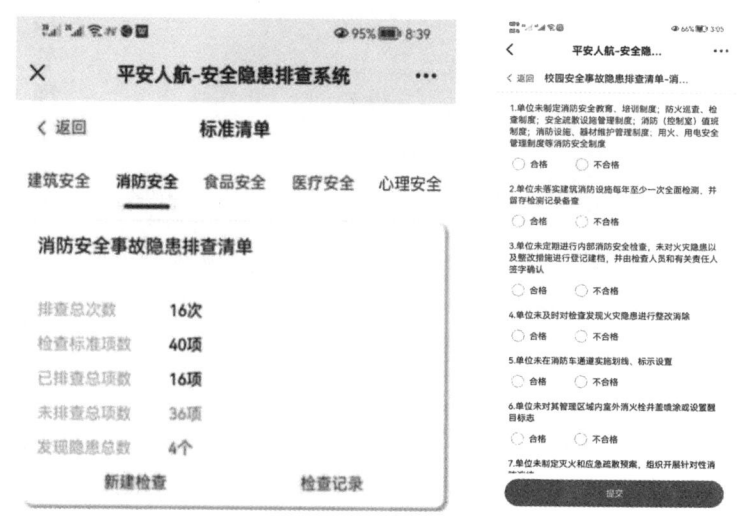

图21　安全隐患排查系统

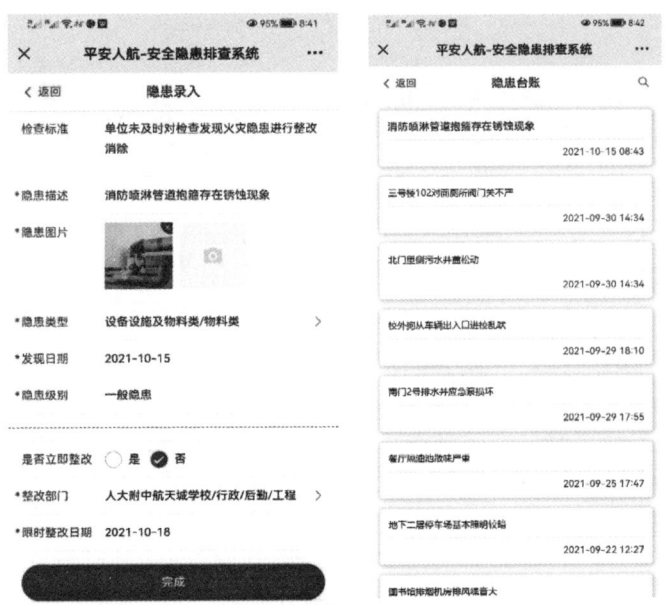

图 22　隐患录入及台账

在日常的管理实践过程中,根据不同类别清单的安全管理特点,实行了若干相应的安全管理措施,在落实安全制度的同时,搞好后勤队伍的组织建设:一是针对性地组织人员进行常态化培训;二是拉单挂账,循名责实合理分工,压实管理责任;三是定期组织安全形势分析,以隐患整改为纽带,以隐患分析为抓手,举一反三反思提高,促进后勤队伍的组织管理能力的提升。

5. 集成了能耗实时管控和分析功能的"绿色人航"APP。

学校属于新建校园,面积 80 478 平方米,建设定位高,办学规模大且配套齐全,建筑功能类型多。采用了多项节能、绿色、可再生能源应用技术,满足 2019 年版绿色建筑标准二星级标准,年二氧化碳减排量预期可超过 1 500 吨。

学校的采暖与制冷保障方面,采用了地源热泵为主、太阳能和空气源热泵为辅助保障热源,满足全部供暖和供生活热水需求,可再生能源供热占比可达到 80% 以上。因此,校园内能源消耗基本由电力驱动。

目前,学校已经对全校 105 余条配电线路实现了功率和电流的实时监控和抓取,数据每小时更新一次,由此便具备了对能耗进行管控、分析、改进的基础(见图 23)。

在此基础上,还实现了校园内公共区域的"智慧照明"全覆盖。通过手机即可对除教室和机房外的全校所有公共区域照明进行远程操控。同时,根据节气日照长短的变化,针对性设置了不同区域的不同启停时间,大大降低电力的消耗(见图 24)。

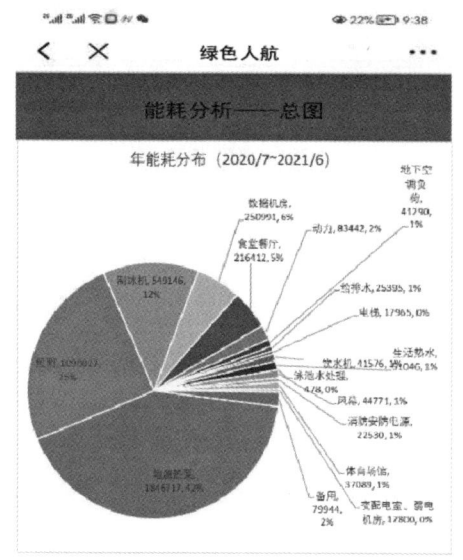 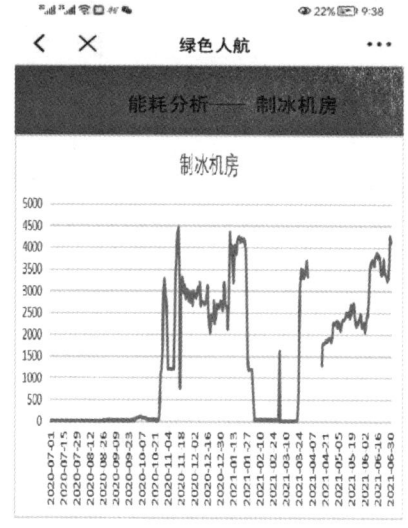

图 23　能耗分析

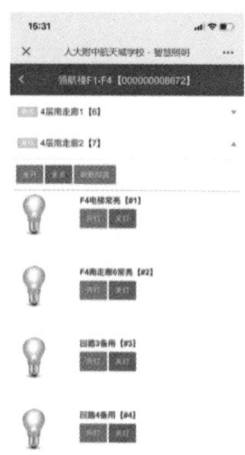

图 24　智慧照明

经专业测算，与照明标准节能现行值比，LED 照明和智能照明控制系统每年可节能 1 234 324kWh/a，预计节能率为 66%，全校年减少的二氧化碳排放量为 730.72 吨。

诚然，目前开发出的 APP 仍显简陋，许多地方还存在不足，眼下的版本，仍处于 1.0 阶段，还有大量提升和改进空间。未来，在各级领导的关心下，在社会各界的支持下，人航后勤作为"推进剂"和"地面站"会越来越高效友好。

下一步，人航将坚持不懈地以智慧校园建设为抓手，面向未来移动端交互式管理变革，按照"以事为轴"的主线，将过往"找人—办事"的流程，逐一改变为"找 APP—办事"的模式，不断提升后勤服务保障管理水平。

专题报告四 企业典范

把好服务带给校园
——丹田物业管理股份有限公司2020年度高校服务总结

珠海市丹田物业管理股份有限公司是一家专业的中国高校后勤服务企业，自2000年开始为中山大学校园后勤提供服务，从而开启了探索高校建设和保障服务之路，见证着中国教育后勤社会化的变革。

二十多年来，丹田人不忘初心，筚路蓝缕，秉承"把好服务带给校园"的宗旨和使命，坚守"后勤助手，现代管家"的服务定位，贯彻"师生至上，尽心尽责"的管家精神，致力于建设高效率管理体系与高素质员工团队。校园业务占公司整体业务比例超过95%。全国现有14个区域运营中心，汇聚各类专业技术管理与服务人员近8 000人。服务于中山大学、厦门大学、东南大学、中国石油大学（华东）、安徽大学、大连理工大学、福州师范大学、东北大学、暨南大学、中南大学、江汉大学、北京邮电大学、首都师范大学、河海大学等各类高校100多个项目，服务师生超过200万人。全方位校园服务包括：学生公寓服务、校园物业、校园安保、体育场馆、楼宇管理、学术交流中心、设备设施运维管理、能源管理、智慧校园建设、校园餐饮、校园交通、校园快递、校园会务、资产运营等业务，打造出"品质丹田、育人丹田、智慧丹田、文化丹田"的品牌特色。

2020年，丹田股份携手万科，结合丹田在校园后勤服务的专业优势与万科万物云在中国物业管理行业中的人才、技术优势，运用云计算、大数据、人工智能、物联网以及5G技术，布局行业万物互联，创建空间服务平台，进一步提升"智能+"，助力现代化校园物业高质量服务新模式（见图1）。

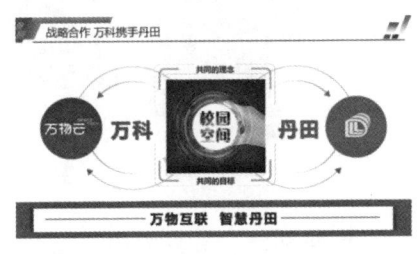

图1 丹田携手万物云携手战略合作图

一、品质丹田　师生至上

"品质第一"是丹田股份的价值标准和文化核心。丹田始终以中国高校后勤服务为社会责任和企业使命,追求认真精细、快速反应、主动承担、创新求变。坚持"师生为本",把握校园服务发展趋势,满足师生对美好校园生活的需求。

2020年初,一场突如其来的新冠肺炎疫情打破了校园日常工作学习生活的常态。丹田股份公司上下高度重视疫情防控,各项目进入疫情防控紧急状态。所有项目现场的丹田人放弃休假、牺牲团聚,奋战在抗疫前线,以平凡而坚韧的姿态、忠于职守、迎难而上,用自己的实际行动守护在校师生的健康安全。

为适应高校疫情防控要求,丹田股份根据教育部应对疫情工作领导小组要求和中国教育后勤协会的指导,针对校园疫情防控工作要求制定了《新冠肺炎疫情防控管理工作方案及突发应急预案》,并重点对返校前的准备工作、返校期间关键环节及返校后续防护事项等做出要求和指引。为利于公司在管项目快速落实《防疫抗疫工作指引》,丹田股份拍摄视频版《高校开学返校防疫抗疫工作指引》,为一线员工提供了直观、规范的作业指引。

疫情初期,武汉区域作为全国疫情重灾区,成为全国人民共同关注的抗疫防疫重点区域。公司领导亲自前往武汉江汉大学的项目一线指挥防疫抗疫现场工作。在时间短、任务重、风险大的情况下,项目服务团队主动加班加点、不计报酬、及时筹备防护物资,同时按照抗疫防疫要求,全面清理各类垃圾,及时更换公寓内所有垃圾桶,配合学校清理更换用于隔离病房的课桌椅近5 000张,累计修缮和更换隔离用床近2 000个,保障了防疫工作的正常进行(见图2)。

图2　丹田校园防疫抗疫一线场景

同舟共济,共克时艰。新冠肺炎疫情防控工作进入关键时期,公司现场全体员工在坚守抗疫一线、积极保障在管项目的校园安全和师生安全,同时也为抗击疫情多次献出公司的绵薄之力,通过多方渠道购买紧缺的口罩、消毒液、防护服等防疫物资捐赠给急需的学校。"爱心无价,抗疫同心",谱写了丹田人的爱心之歌。

防疫期间,丹田结合高新技术产业的发展,积极引入校园服务新业态技术,助力高校疫情防控工作,购进自动驾驶消毒喷雾车、无人配送机器人、红外热成像相机等一系列利于防疫抗疫工作的产品,减轻校园后勤人员的工作负荷,有效保障了校园消杀需求(见图3)。在校园运营中投入使用无人配送机器人,既保障了紧急物资运输和师生快递配送,又减少了员工的感染风险。

丹田股份武汉分公司全体员工,经过100多个日日夜夜的守候与奉献,保障学校的安全,员工和师生感染病例为零。还有更多坚守在抗疫一线的丹田人,闻令即动、敢于担当、无私奉献,为疫情防控工作作出积极努力,成为校园疫情防控的中坚力量和坚强防线。一群平凡的人在特殊时期里书写着不平凡的事迹,受到学校各级领导的高度赞赏(见图4)。

图3 自动消毒喷雾车　　　　　　图4 防疫一线工作人员

一封封致谢函从全国各地传到丹田总部,表达着对丹田一线工作的认可以及对员工的关怀。北京工业大学、华中科技大学、江汉大学后勤服务中心党总支相继为时任项目负责人寄来表扬信,向项目服务团队在疫情防控期间的辛苦付出致以称赞与敬意(见图5)。

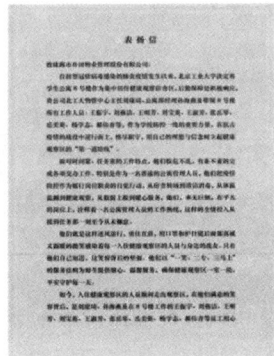  

图5 公司在防疫期间收到的部分荣誉

二、育人丹田　历久弥香

中国高校后勤服务社会化，必须坚持高校办学的方向和目标，将"立德树人"融入校园服务。丹田股份多年来坚持"管理育人、服务育人、环境育人"的基本原则，做到每一个岗位都有育人的职责，每一项流程都有育人的环节，每一个场景都有育人的氛围（见图6）。

图6　品质宣贯严格督导实施

学生公寓管理是校园服务关键组成部分，也是学生异常行为主要的"监控中心"。创建公寓管理文化，搭建沟通平台，实现与师生共建共管是公寓管理的重点。公寓管理职责明确要求公寓管理员需了解学生的生活习惯、掌握学生的思想动态、上报学生异常行为。在积极配合学校做好学生服务管理工作的同时，为学生排忧解难，给予暖心关怀，增强在校学生的归属感与幸福感。

2020年末，石家庄再次暴发疫情，中国石油大学（华东）校内一名河北籍的学生暂时无法返乡过年。期间，丹田股份宿管阿姨韩淑娟在当值夜班时，发现有留校学生无法回家过年，便邀请同学回家与家人一同过年，使同学感受到过年的喜悦与回家的温暖。宿管阿姨的暖心举动感动了在校师生，并得到了校方的一致好评（见图7）。

图7　丹田阿姨暖心育人场景

为进一步发挥"丹心育人"精神，强化服务宗旨，增强服务能力，丹田项目物管中心与山东科技大学学生公寓服务中心联合成立学生公寓"丹心育人"临时党支部，充分发挥临时党支部的战斗堡垒作用，提升学生公寓整体建设和服务水平（见图8）。

图 8　党建活动场景片

2020年，公司启动了一项R计划——热忱服务育人计划，即寓教育于优美舒适的环境之中，寓教育于勤奋工作和细节操作之中，寓教育于标准化流程化管理服务规范之中，将服务育人的理念和意识渗透到一言一行之中。

丹田通过关键岗位，首先以仪容仪表、言谈举止、年轻心态打造专业的丹田阿姨及丹田师傅团队，通过礼仪服务规范标准化、职业化，形成标准的服务动作和流程，呈现美好的仪容仪表岗位形象。

丹田通过设定形象IP，通过职业素养、规范化服务进行岗位画像，制定标准职业动作，坚持"一笑二专三马上四意识五图表"的丹田服务法则。结合公司丰富的物业管理经验，公司定期对员工进行一系列专业培训，宣导培养主人翁意识。

丹田通过一线服务用户场景，关注与师生的关键触点，共建共享空间，培育家庭式关怀、书院式环境氛围，全面升级宿舍楼栋公告栏形式，增加校园通知、社团园地、留言互动区等学生功能区。

为了将热忱服务管理理念充分发挥到诸多用户场景，丹田股份新增共享雨伞服务、学生与公寓管理员谈心、开展爱心图书捐赠等活动。在开学季、毕业季时期，组建党员先锋队，打造红色物业，协助学生处理生活困难（见图9至图12）。

图 9　阿姨为学生介绍校内设施　　图 10　共享雨伞　　图 11　毕业季合影

图 12　毕业季学生与丹田阿姨合影

多年来，丹田股份怀揣着校园服务情怀，积极配合校方输出一大批德、智、体全面发展的高新人才。结合丹田股份在深化产业合作、推进劳务输出、帮扶教育等方面具备的自身优势，2021 年 9 月，丹田股份正式与贵州省遵义市务川县柏村镇长脚村签署结对帮扶协议，提高村企结对帮扶实效，助力巩固拓展脱贫攻坚成果，推进乡村振兴。丹田股份提供资金支持乡村产业发展和乡风文明建设，提升公共服务质量，推动村居集体经济。在劳动就业方面，丹田股份根据柏村镇长脚村富余劳动力情况及个人就业意愿，帮助求职人员匹配就业岗位。此外，公司定期组织员工开展爱心帮扶活动，集中资源献爱心（见图 13）。

图 13　帮扶荣誉证书

三、智慧丹田　标杆引航

近年来，移动互联网、云计算、大数据、人工智能技术的飞速发展，不仅为师生学习生活模式带来了巨大变化，也为校园后勤服务带来了更大的进步空间与实际意义。丹田股份始终紧跟校园服务信息化数字化潮头，致力于研究校园信息化数字化解决方案。2016 年，丹田股份建设了一站式、跨平台、跨校际的云丹田校园服务平台系统。云丹田以校园综合服务出发，提供高校后勤服务便捷师生，建立校园物业管理体系，提供完整作业流程服务、设备设施监管服务、机械设备轨迹定位服务，创建监管服务与综合考评等。截至2020年，公司已研发出包括公寓管理、在线报修、安保巡逻、设备设施运维、场所管理等多项信息化模块，覆盖多所重点高校服务项目，获得国家多项软著证书。在全国城市服务中心区域创建起信息化标杆项目，引领公司不断走向数字化管理、智能化运营的新阶段。

2020年丹田与万物云达成战略合作关系，丹田股份提出了新发展战略——"丹田慧服务"H计划，基于校园空间管理，利用新一代信息技术提升教育后勤管理数字化、网络化、智能化水平，以信息化支撑高校后勤管理现代化。

丹田"慧服务"系统平台的组成：1+2+3+N（见图14）。

一个数据中心：集"企业数据集控、现场业务监管、项目运营数据"于一体的集控中心最终以数字大屏的方式全方位展现校园动态。

二套支撑平台：校园后勤服务子平台、现场作业管理子平台。

后勤服务平台：后勤服务平台主要是提供具体业务日常操作，主要功能模块包括在线报修、设备管理、公寓管理、安保管理、机械设备、绿化管理、消防管理、场地管理等多个业务系统。

现场作业平台：现场作业管理平台主要保证业务标准化、流程规范化、作业可评价、学习系统化、作业现场化、运营数据可视化。

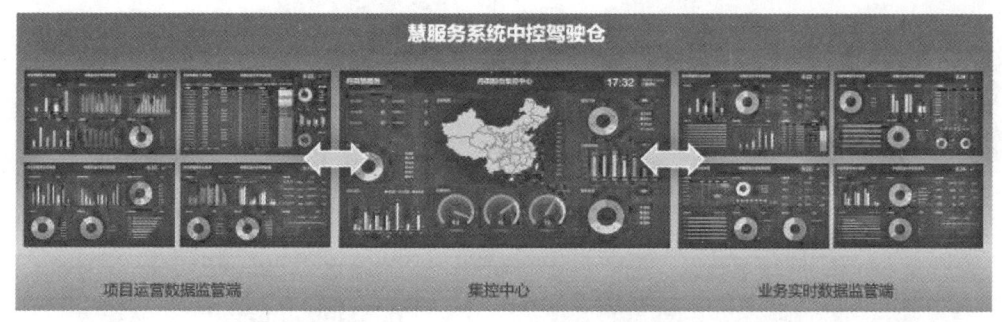

图14　丹田"慧服务"系统平台示意图

三大面向用户：面向在校师生，面向主管部门，面向现场管理。

N个应用子系统集成：集成校园后勤第三方应用和IOT（物联网）智能设备。

"慧服务"IOC（智慧运营中心）服务于丹田的业务范围内，把后勤服务平台、现场作业管理平台等数据接入IOC中展现和管理。除云丹田的后勤信息化平台之外，学校中还有其他信息化平台或第三方应用，用于促进校园的信息共享和交换，增加后勤部门获取信息的渠道,加强企业服务管理与学校后勤工作的融合度。"慧服务"已在丹田服务的重点院校逐步落地,由此优化校园后勤信息系统,充分发挥数据效能,提升服务体验,建立起多元后勤管理应用生态。

四、文化丹田　再创辉煌

丹田秉承"以人为本"的服务精神,"用心呵护,以爱育人"的服务文化,坚守"把好服务带给校园"的服务理念,致力于建立学习型组织。通过各种形式积极开展团建活动及员工培训,组织成立了丹田之家,举办员工生日会、员工困难帮扶等各项团建活动(见图15)。为培养员工积极阳光的生活方式,调节紧张繁忙的工作节奏,营造良好的工作氛围,公司成立"丹田乐跑团"(见图16)。成员在乐跑中强身健体、放飞心情、凝心聚力。在员工队伍建设方面创建了"丹田师傅传、帮、带"的企业管理文化,不仅如此,丹田还为充满校园情怀的丹田人创作了《校园的小路》歌曲。为更好地提供优质服务,丹田股份定期对项目员工进行专题培训,讲解企业文化与服务标准。人力资源部还专为员工开设商务礼仪培训课程,组织会务人员进行礼仪规范实训,有益提升服务水平(见图17)。

图15　物管中心为员工庆生现场　　　　图16　丹田乐跑团合影

图17　员工礼仪规范实训现场与丹田培训讲座现场

品质是企业发展的核心竞争力。二十多年来,丹田坚持校园服务,守护教育情怀。面对市场环境和校园需求的不断变化,丹田通过不断思考,开展积极探索与研究，充分发挥企业特色，坚持以人才培养为核心，强化团队建设，坚守企业品牌之路。

丹田对校园服务充满信心，将从以下几个方面去展望：一是高校后勤要坚定持续推进校园服务管理社会化、专业化、现代化高质量发展；二是充分发挥企业的优势，整合业界优质资源，布局校园万物互联，助力校园服务向现代化数字后勤管理、智慧校园服务转型，推进现代化校园建设；三是坚持"立德树人，劳动育人"精神，校园后勤人员以身作则、言传身教，用实际行动正面影响学生思想品德。四是以可持续发展方向为指导，与学校共同建设绿色校园；五是完善校园服务管理制度，构建安全防范体系，打造平安校园。

对标国家"十四五"总体战略规划和"2035教育现代化"目标，丹田股份将准确把握教育改革发展宏观形势，坚定探索高校后勤服务的新理念、新业态、新场景、新模式，努力在构建新发展格局中有所作为，为建设高质量教育和后勤保障体系贡献力量。

践行服务育人，共筑品质校园

——明德物业管理集团有限公司2020年度高校服务总结

山东明德物业管理集团有限公司（以下简称"明德物业"）成立于2004年，从2005年服务第一个高校项目——山东师范大学至今，明德物业始终秉承社会主义核心价值观，坚持"为教学服务，为科研服务，为师生服务"和"服务育人，管理育人，环境育人"的高校后勤服务宗旨，以"亲情化管理，个性化服务"为服务理念，为师生提供服务。"物业管理是一种服务，更是一种文明。"明德物业从日常服务到校企合作，从生活服务到学习就业，搭建全方位育人体系，在实践中践行"三育人"宗旨。

一、企业背景：明德起航，打造高校服务王牌

自2004年成立以来，明德物业坚持全国化发展战略，服务项目遍及山东16地市及全国29个省市、自治区，在管项目700余个，搭建起"大后勤""物业+专业"的现代服务企业体系，名列"中国物业服务百强企业"第14位。经过十余年的发展，明德物业目前已形成以高校物业为主，医院、环卫、商写、政府办公为辅，覆盖场馆、旅游景区、交通枢纽、产业园区等全业态，成为公建类物业特色明显的第三方物业服务企业。

定位于"学苑管家"，以"做中国高校物业管理第一品牌"为企业愿景，明德物业秉承"大学之道，在明明德，在亲民，在止于至善"的价值观，深耕高校业态，打造具有明德物业鲜明特色的高校物业服务体系。凭借"高校物业管理"的先发优势，从2005年10月服务于山东师范大学开始至今，明德物业已经在全国管理了中央民族大学、吉林大学、中国政法大学、华中科技大学、山东大学等200余所高校，是目前国内管理高校最多的物业管理企业，名列"全国校园物业服务百强单位"企业榜首，担任中国教育后勤协会物业管理专业委员会的秘书长单位，在全国教育后勤系统具有较高影响力。

二、服务师生：德润人心 多角度践行服务育人

随着服务范围的不断扩大，明德物业率先提出"大物业""大后勤"的理念，研究高校物业管理规律和特点，提供一站式、全方位服务。除保洁、绿化、秩序维护、工程维修等日常服务外，服务延伸至图书修缮、实验室管理、中水处理、浴室改造、餐饮服务、合同能源管理等。明德物业服务高校、服务师生，重视细节，精益求精，全方位、多角度不断完善高校物业服务，服务传爱心，育人有温度。

（一）创新服务，传递温情

在明德物业在管的山东铝业职业学院中，自2017年开始，每逢暑期毕业季及开学季，服务中心便开展"爱心传递"活动，向毕业生征集可循环使用的闲置物品，如脸盆、暖壶、衣架等校园生活用品。服务中心将闲置物品收集后进行统一消毒处理，在开学季时向有需要的新生赠送，将学长学姐的爱心传递下去，为新生送上一份暖心转接的礼物（见图1、图2）。

图1 开学季温馨服务

图2 铝业职业学院"爱心传递"活动

在众多高校项目，如北京工业大学、首都师范大学、吉林大学、济南大学、天津理工大学等，都成立了明德服务驿站、学生生活馆。这里不仅为师生提供衣物熨补、照片打印、鞋子清洗、配钥匙等生活服务，还提供报事报修、五金借用、车轮充气等物业服务，更成为大家读书自习、交流休憩的空间。同时，服务驿站为学生提供勤工俭学岗位，践行劳动育人，让学生参与管理，培养学生的生活素质，肩负起为他人服务的责任。"服务驿站""生活馆"的服务模式将在更多高校推广。

在与高校师生的相处中，明德物业重视现代学生的生活、情感诉求，以"不在讲台上的老师"身份与学生相处、服务，如在新生开学时创新性地使用"明德滴滴"帮助学生运送行李；在毕业季为毕业生放送浪漫灯光秀，给足毕业生"仪式感"；宿管阿姨闲暇时会教学生织毛衣，秩序维护员下班后会和学生一起打球；在元宵节、端午节、中秋节等传统节日，高校服务中心会组织学生一起包粽子、做汤圆、DIY月饼，共度佳节（见图3至图6）。

图3　明德滴滴

图4　明德服务驿站

图5　为行动不便学生设立爱心宿舍

图6　与学生温馨相处

（二）疫情防控，多措并举护好一校人

2020年初，自新冠肺炎疫情暴发以来，明德物业高度重视、迅速部署，针对高校防疫工作安排部署系列防疫措施。

出台标准，引领行业科学防疫。疫情初期，受中国物业管理协会委托，明德物业牵头起草编写并发布《学校物业新冠肺炎疫情防控工作指南》，学校物业疫情防控提供技术支持，并免费发放到集团服务的各学校，得到广大学校的认可，为学校的防疫工作提供了切实可行的指导（见图7）。2020年4月21日，作为中国教育后勤协会物专会秘书长，明德物业组织行业专家编写发布了《高等学校校园物业新冠肺炎疫情防控工作指南》，为物业管理行业及高校后勤领域疫情防控工作提供了标准技术参考。

图 7　发布疫情防控工作指南

大灾显大爱，物资捐赠暖人心。2020年1月29日，明德集团通过武汉红十字协会，向武汉物业管理协会捐赠首批防疫物资。2月10日，明德集团再次驰援湖北，防疫物资定向捐赠湖北省高等学校后勤管理研究会，为湖北高校后勤防控工作助力。疫情暴发以来，明德物业先后向曲阜师范大学、湖南省高校后勤协会、安徽物专会、大悟县人民医院、中国教育集团捐赠防疫口罩、酒精、喷壶、消毒液等物资近百万元（见图8）。

图 8　物资捐赠

备战开学季，严守校园安全。2020年3月，随着疫情防控形势逐步向好，全国高校陆续发布开学通知，明德物业对在管的近200所高校开展开学前防疫工作部署，提前准备消杀物资，配备到位，并对在岗员工进行防疫知识培训。各服务中心每日对校园进行全面无死角消杀（见图9），配合校方对留校学生情况进行排查，每日将

图 9　全面消杀现场

留校学生体温监测、健康状况向校方主管部门汇报,建立健康跟踪档案,随时注意体温异常变化。开学当天,明德物业做好超值暖心服务,为学生准备了随身携带的防疫礼包,包括酒精消毒湿巾、免洗消毒洗手液、口罩、创可贴、风油精、花露水……

(三)厉行节约 与文明同行

作为教育后勤工作者,明德物业立足于培养什么人、怎样培养人的高度,助力"立德树人",注重培养学生节约光荣、浪费可耻的思想意识,养成文明就餐、禁止浪费的行为习惯,让学校形成"崇尚节俭、反对浪费"的文化氛围(见图10)。

图10 "厉行节约 反对浪费"

图11 厉行节约宣传

坚持以上率下,营造节约型校园。明德物业将加强厉行节约、反对铺张浪费教育纳入各学校服务中心员工教育培训内容,并融入领导层队伍建设和日常管理之中,采取"三会一课"等方式,组织服务中心经理深入学习习近平总书记关于制止餐饮浪费行为重要指示精神。教育引导领导层要以身作则、率先垂范,以说到做到、带头执行的态度坚持勤俭节约。引导学生崇尚健康文明生活方式,身体力行、勤俭节约、禁止餐饮浪费,用自身行动引领时代风尚,营造节约型校园,将中华传统美德发扬光大(见图11)。

加强宣传教育,形成鼓励勤俭节约的"软环境"。"一粒粮食饱含滴滴汗水,一张餐桌传承优良品德。"倡导文明用餐,关键要提升全体师生、职工的节约意识。明德物业精心设计制作"倡导节约、文明用餐""谁知盘中餐,粒粒皆辛苦"等文明用餐宣传海报、标语、展板,张贴在校园餐厅,并制作宣传贴画,张贴在每张餐桌显著位置,时刻提醒师生节约粮食,营造浓厚的文明用餐氛围。同时,发挥新媒体及传统媒体优势，在集团微信公众号，各餐厅、宿舍宣传栏等宣传阵地，及人员集中的校园广场、学生操场开展大规模、集中性宣传，教育引导全体师生及职工认识到节约粮食的重要性，从思想深处树立节约意识，进而养成节约的行为习惯，做到从实际需要出发，合理消费、文明消费，从而在全校营造健康向上的节俭型餐饮文化。

争做节俭表率，助力文明校园。明德物业在校内组织师生积极开展多种主题活动，争做文明节俭表率。青海师范大学、井冈山大学等服务中心联合学生组织开展了以"杜绝'舌尖上的浪费'！厉行节约，我们在行动"为主题的承诺签名活动，明德物业积极带头，广大师生踊跃参加，迅速在各校园掀起了杜绝浪费的承诺热潮。印发主题倡议书，积极向学生进行宣传教育。为鼓励学生将节约行动坚持下去，明德物业制作"光盘行动代言人"认证卡，当学生做到"光盘"，明德员工会发向其放一张认证卡，学生每集齐三张卡片，即可向服务中心兑换精美礼品一份。

三、社会责任：推动校企合作 育人回报社会

17年发展中，明德物业始终坚持文化立企，建立了以"明德至善"为中心价值观的企业文化体系，秉承"人才至上"的理念，积极开展校企合作，并以奖学金、助学金等多种形式助学，把企业的服务延伸至育人中。

（一）定向培养 推动校企合作共赢

作为国内校企合作的先锋，明德集团先后与曲阜师范大学、吉林大学、山东师范大学、菏泽学院、山东财经大学、山东建筑大学等建立了良好的校企合作关系。明德集团在部分高校开设"明德物业班"，为学生提供实训基地，实施"订单式教育""零距离就业"，学校也为公司输送品学兼优的学生，为公司人才梯队建设奠定了良好的基础，实现校企合作的良性循环，优势互补、合作共赢（见图12、图13）。

图12 山东财经大学社会实践基地落户明德集团

图13 山东建筑大学实习就业基地落户明德集团

（二）设立奖学金 助力学子腾飞

2005年，从明德物业踏入校园物业管理领域开始，就开始在所服务院校设立"明德奖学金"。十多年来，明德集团先后在山东师范大学、曲阜师范大学、山东财经大学、黑龙江东方学院等二十余所高校设立奖学金，每年发放奖学金、助学金数十万元，资助学生上百人，资助品学兼优的学子完成学业，奋发图强。2020年7月，明德集团董事长刘德明以个人名义向曲阜师范大学捐款1 000万元，用于支持学校教育事业发展（见图14）。2021年6月，明德集团向菏泽学院捐款千万元设立"明德奖学金"，助力有需要的学子腾飞（见图15）。2014年，明德物业十周年庆典之时，集团提出"十年明德梦"，要于2024年在50所高校设立"明德奖学金"，激励学子，回报社会，明德正朝这个方向大步迈进。

图14　明德物业为曲阜师范大学师生颁发"明德奖学金"

图15　明德集团向菏泽学院捐资千万设立"明德奖学金"

四、亮点工作：智慧服务 用科技的力量贯彻服务育人

明德集团定位于"学苑管家"，坚持"为教学服务、为科研服务、为师生服务"的高校后勤服务宗旨，用科技的手段，积极主动地以优良的管理和优质的服务，围绕学校的中心工作，用"三大标准"贯彻落实"服务育人"的观念。

2019年8月，明德集团正式面向高校师生推出轻量级的"学苑管家"微信小程序应用，并率先在吉林大学进行试点落地。截至2020年6月，"学苑管家"微信小程序已在全国103所高校全面落地使用，累计用户超45万人。"学苑管家"微信小程序依托物联网、移动互联网、大数据等新兴技术，无须下载注册，打开微信即可直接使用，给师生提供报事报修、校园资讯、云客服、投诉建议、校园活动、爱心助学等线上功能，致力为广大学子带来丰富多彩、便利快捷的校园生活服务（见图16）。

图16 开学季,"学苑管家"微信小程序在各大高校进行全面落地推广"学苑管家"提供多种线上活动形式

(一)标准一:主动服务

报修需求是师生对后勤服务最常提及的服务,如果对师生们的报修需求屡报不修,或一拖再拖,师生必定会感到失望,进而对教育产生不利的影响,在教育学生关心集体,关心他人时就会缺乏说服力。针对报修问题,"学苑管家"微信小程序上可支持线上发起报修,报修提交后将马上派发到对应的后勤管理员和维修员的手机上,并且可实现抢单、派单等模式,快速响应,及时维修损坏的教育教学或生活设施。维修完成后,维修结果将及时反馈给师生,师生可对维修结果进行评价,形成完整的服务闭环。"学苑管家"微信小程序报事报修功能自上线以来,累计产生工单已超过11万单,工单及时处理率高达98%。

同时,针对学生从入学到真正融入校园生活,"学苑管家"微信小程序还提供入学指引、校园指南、云客服、失物招领等功能,坚持以"亲情化管理"服务师生,照顾到学生在校园生活中的方方面面。

除此之外,"学苑管家"微信小程序还提供投诉、表扬和服务评价功能,可以及时收集师生的意见,不断改善师生的学习和生活条件,使广大师生感到家一样的温暖,产生归属感,形成强烈的主人翁意识和集体主义观念。

(二)标准二:规范管理

在服务标准化上,明德集团对工单的处理时效等有完整的规范及考核要求,每位新员工入职时都会进行相应的培训,通过标准的制度管理,确保了人尽其才,物尽其用,地尽其利,从而提高工作效率。

另外,"学苑管家"微信小程序提供"校园资讯"的功能,可帮助学校将公物管理制度、维修管理制度及赔偿制度等进行线上展示,让每一位学生都可以随时查看和学习,潜移默化地培养学生遵守规章制度的自觉性,增加他们的纪律性和组织性。

（三）标准三：持续教育

在为师生服务的同时，明德集团也与学校后勤有针对性地开展教育活动，在"学苑管家"微信小程序上的"校园活动"功能中进行相关校园活动（如教师节活动、消防安全活动等）的发布，让师生可通过线上点赞、报名、留言等互动形式参与到活动中来，帮助同学们树立安全意识，掌握消防技能等。

同时，小程序上还提供"爱心助学"的功能，学校后勤定期发布助学岗位信息，设置学生公寓督导员、校园环境监督员等岗位，让学生可以通过参与岗位体验，体会劳动光荣，提高对校园环境的爱护程度，获得相应奖励或荣誉。

（四）智慧后勤助力疫情防控

2020年疫情发生后，针对人员"零接触"的防控准则，学校及后勤均要求落实"早发现、早报告、早隔离、早诊断、早治疗"的防控工作要求，坚持落实师生体温检测与健康状况的"日报告""零报告"的制度。因此，明德集团为学校提供了数字化校园防疫解决方案，并采用物联网无线技术、红外测温技术、AI大数据分析（算法）等技术，研发并在"学苑管家"微信小程序中上线了适用学校日常开展疫情防控、隐患排查、数据分析等安全管理的"健康自查""健康日报"和"线上通行证"等功能应用。

五、总结思考：物业管理是一种文化

随着国家综合国力及经济形势的不断向前迈进，我国的高等教育事业发展同样迅速，高校后勤服务事业也迎来了新的发展机遇。在后勤社会化改革的进程中，物业如何与高校后勤协同，以实际行动为学生提供高品质服务，助力学生成长为合格的高素质人才，是贯彻高校服务育人理念的重要环节。

"物业管理不仅是一项服务，更是一种文化。"这是明德的文化观，也是明德的价值观。在与学生相处中，明德物业时刻做到工作态度平等、诚恳，管理服务语言文明、礼貌，管理服务工作周到、耐心。关心爱护学生，切实为学生办实事、解难事，体现人文关怀，积极营造文明和谐温馨优美的育人氛围，使学生潜移默化地受到影响和教育。特别是面对当今"信息社会"的新形势，加强后勤与师生之间的沟通交流，并且广泛与外界交流后勤改革成果，树立学校后勤服务的新形象，全方位提升后勤"服务育人"的工作实效，以高度的责任感使命感，积极发挥后勤育人职责，是明德集团坚定不移的前进方向。

以人为本，创新服务

——友宝2020年度高校服务总结

一、基本介绍

友宝，国内智能零售专业平台服务商，阿里巴巴经济体的重要战略合作伙伴，至今已在300余座城市布局，运营智能货柜、智能售货机、智能咖啡机、迷你KTV等多种智能零售终端超10万台，服务场景遍布学校、工厂、写字楼、交通枢纽等多种类型场所，为广大消费者提供近场化的便利智能自助零售服务。

自2011年成立以来，友宝秉承互联网经营理念，在自动售货设备上创新利用物联网、大数据、云计算与人工智能等革新技术，不断引领行业发展潮流，推动智能售货行业产业升级。同时，友宝凭借深耕行业多年积累技术及平台运营核心能力，为客户提供智能售货设备销售、专业代运营服务、商品采销服务、精准广告营销与异业品牌合作服务等一站式服务平台，实现产业各链条的无缝对接。

友宝作为中国教育后勤协会战略合作伙伴，凭借稳定多样化的智能化设备以及成熟高效的运营服务体系，已为全国1 200多所高校提供智能自助售货及专业运营服务，稳定运营超过2万台校园智能售货设备，教学楼、宿舍、图书馆、游泳馆和食堂实现校园全场景覆盖，给千万师生提供方便、快捷、贴心的智能化自助购物服务。

二、2020年度高校服务工作总结

高校后勤管理工作在学校整体工作中具有基础性、保障性的重要作用，与其他行业的后勤服务工作相比，高校后勤工作更是一项责任重大、意义深远的服务性保障工作。在2020年这个不平凡的一年里，友宝坚持"以人为本，创新服务"的服务理念和强化协同意识，与各高校后勤人一起共同努力，助力学校复学复课的同时，

积极为师生提供优质高效的自助售货服务。

(一) 智慧校园服务升级

友宝智能货柜推出为校园师生提供了更贴近的自助售货服务,让校园生活更美好,为共创高品质校园生活服务贡献力量。

1. 设备升级——从售货机到智能货柜。

友宝于 2020 年推出全新升级的智能零售设备——智能货柜,给师生带来升级服务(见图 1)。智能货柜是智能零售行业的革新产品,拥有智能识人、智能识货、7×24 小时无人售货的功能。升级后的设备,一是可提供商品选择更多,从仅提供饮品到面包、零食、牛奶全覆盖,保障师生全天候健康饮食需求。二是由支付宝赋能,芝麻信用保驾护航的刷脸支付功能,让支付更流畅,选购更方便,极大地降低了高峰期学生排队的问题。三是升级后的设备较传统售货机占地小,比传统售货机噪音小,灵活适应场地大小,方便放置于学生公寓及教学楼各楼层,极大地便利了高楼层师生使用。

图 1 智能货柜

2. 货柜上楼升级服务介绍。

友宝针对各大高校免费推出了货柜上楼升级服务。除了换新原有设备外,更是从一层大厅深入延展,灵活放置在教学楼及宿舍楼的每个楼层。

疫情期间友宝智能货柜提供无接触购买服务,除了避免聚集,降低楼层间的流动性外,还能 24 小时解决师生应急性临时性需求。另外,传统售货机商品掉落声音大,影响学生休息以及学习的问题,也在本次升级中得到了改善。智能货柜开门即取,关门自动结算,所见即所得。此外,根据对校园场景消费者需求的分析,智能货柜提供了多款零糖零卡的健康饮品以及即食加热食品,满足了师生健康饮食的需要。

3. 货柜上楼升级服务案例。

2020 年友宝在郑州大学、南通大学等多所高校完成货柜上楼升级服务。其中在北京中医药大学完成了从一个校区覆盖至全校区,两座高层学生公寓的全楼层升级(见图 2)。升级后服务人数超过了 18 000 人,校内师生的排队时间大大减少。部分同学表示,升级智能货柜后,不用下楼也能买到零食,深夜门禁后也不用饿肚子;忘记携带手机也能够刷脸购买商品,科技让生活变得更加方便。

图 2　货柜上楼

(二) 助力高校防疫工作

友宝携手高校后勤应对疫情防控常态化下的高校后勤服务保障挑战。疫情期间，友宝区别于传统智能零售企业，使用智能货柜实现零接触生活品售卖，最大限度地实现疫情防控所需人群分流，减少人群聚集。积极配合学校，使用智能货柜派发口罩、免洗洗手液、消毒湿巾等物资，深入每一层宿舍楼，最大限度减少人员流动，构筑师生健康防线，有效解决防疫物资发放过程繁琐、容易造成人员聚集的问题。此外，商品调整以充饥类自热饭、面包、泡面等食品为主，饮料为辅，保障师生就餐提质增效，为高校后勤提供更好的服务。

1. 疫情期间设备防护以及运营防护全面加强。

疫情期间，友宝进行了运营防护以及设备的全面升级政策。一是机器全面消毒升级。在校内的设备，除了定时对设备消毒，还对每台加大机器消毒清洁频率，其中重点加强门把手、机身屏幕等易接触区域消毒，为师生营造安全的购物环境。二是针对友宝运营员的防护升级。分公司为每位员工配医用口罩和消毒水，并在员工上下岗时进行体温测试和记录；集体宿舍实行统一封闭管理，除定期消毒外，对员工住宿、体温检测和出入登记制度进行严格管控，保障入校工作人员的健康。三是高校的运营服务升级。对于每所高校的专人专线服务，每次运营补货前都对车辆及工具消毒，降低人员交叉接触的风险。四是保障仓库通风及安全管控。仓库内员工全程佩戴口罩，并对仓库进行全面消毒，保障仓库室内通风，环境整洁。同时，仓库配备体温计、口罩、消毒液供工作人员使用，全面加强仓库安全防控（见图3）。

图 3 服务场景

2. 疫情期间防疫物资捐赠和派发。

友宝疫情期间也密切关注各高校的疫情防控动态，对返校复学的广大师生的生命安全和身体健康表示高度关心。得知部分高校开学抗疫物资较为紧张后，友宝践行企业社会责任，积极协调当地分公司资源主动捐赠一些基本防疫物资以解燃眉之急，共同攻坚克难。另外，为了更好地支持后勤协会基层防疫工作，友宝亦向山西省高校后勤协会捐赠了一批包含口罩、方便面、饮用水在内的抗疫物资，与高校后勤协会携手"抗疫"共迎春暖，为抗击疫情献出企业的力量（见图4）。

图 4 捐赠场景

3. 校园内疫情防控的宣传。

售货机在校园覆盖教学楼、宿舍、食堂、体育馆等多个场所，师生在校园内经常与售货机接触，因此售货机也是作为广告展示、信息传递的优质平台。疫情期间，友宝主动承担了企业的社会责任，通过校内的智能货柜宣传屏幕，投放了防疫宣传海报，科学宣传疫情防护知识，加强防疫措施教育（见图5）。

（三）友宝扶贫专柜进高校

1. 友宝消费扶贫专柜进高校工作总结。

2020年是全面建成小康社会，实现第一个百年奋斗目标的决胜之年。为了积极响应国家消费扶贫的号召，贯彻落实国务院扶贫办、中央网信办等七部委联合印发的《关于开展消费扶贫行动的通知》《消费扶贫行动推进方案的通知》等文件中提出的相关要求，创新扶贫方式，友宝积极参与"消费扶贫智能货柜项目"，以实际行动助力脱贫攻坚和乡村振兴，全力支持和配合完成消费扶贫专柜布设工作。2020年11月13日，友宝集团正式进入国扶办下发的《消费扶贫专柜建设推荐企业名录》，同时，与社会扶贫网正式签约实现扶贫专柜数据直连直报，达到对扶贫产品销售及相关数据的有力监管。

图5　宣传海报

友宝于2020年在全国各省高校布设了近2 000台消费扶贫专柜，入驻服务了包括北京工业大学、北京建筑大学、河南大学、福建师范大学等多所高校（见表1）。2020年扶贫专柜年度销售额达400万元。

表1　　　　　　　　　　2020年消费扶贫专柜入校统计

地区	入驻学校（所）	地区	入驻学校（所）
安徽	10	吉林	11
北京	20	江苏	20
福建	11	江西	11
广东	11	辽宁	18
海南	12	宁夏	11
河北	16	陕西	19
河南	14	四川	12
湖北	11	天津	16
湖南	11	浙江	15

2. 友宝助力消费助农，便利师生购买扶贫助农产品。

消费扶贫专柜是扶贫产品线下销售方式的模式创新，是国扶办定义的扶贫产品重要销售渠道"三专"之一。依托售货机的特点和优势，友宝在综合评估商品供应价格、品质、售后服务及供应能力等因素后，筛选高品质、强服务、覆盖全的扶贫商品，在校园消费扶贫专柜售卖。全国消费扶贫专柜内可售卖助农产品共计236款，其中有88款饮品以及148款食品，包含了来自河北巨鹿县的金银花水、陕西宜君县的分离式蜂蜜水和核桃乳等商品。

友宝结合扶贫商品开展多种形式营销活动，通过商品立减、折扣、优惠券发放等多种形式，挖掘校园师生消费偏好，提升大众对助农商品认知，助力消费助农，实现扶贫收益转化。

3. 友宝扶贫专柜进校园合作案例。

友宝积极响应消费扶贫专柜建设的需求，配合各高校有序推进"消费扶贫专柜进高校"对接落地工作，完成勘察、选点与设备配置运营工作。2020年9-10月，友宝在北京联合大学五个校区完成多台消费扶贫专柜的投放，上架了丰富的扶贫商品，校领导莅临视察并试用购买（见图6）。

图6　扶贫商品上架

（四）"以人为本，创新服务"

友宝结合自身创新产品及平台技术能力，为高校做服务支撑工作的同时，积极探索创新活动形式，为广大师生创造更多样化的服务体验。2020年8月，友宝携手清华研究生会和天猫校园在清华大学C楼学生服务中心前广场高科技体验区开展迎新定制水的派赠活动，利用友宝自动售货机派增新生定制水2 000瓶，努力为2020级研究生新生带来科技和人文创新结合的全新体验，获得师生们一致好评（见图7）。

图7　"新生定制水"活动

三、探索与思考

随着近年来互联网和智能技术的发展应用,传统的生产和消费行为习惯逐步在改变;与此同时,伴随我国高校规模的扩大和发展,引入更多社会企业提供更优质后勤服务也使高校后勤服务市场不断扩大开放。新时代背景下,校园生活消费群体、消费方式扩大化和多样化,也必将对高校后勤保障工作提出了新的任务挑战、更高的管理和服务要求。在机遇和挑战并存大环境下,友宝作为服务企业的一员,从整合服务资源出发点,积极探索和思考为校园提供多元服务形式和方向。

(一)共同构建校园智能自助售卖新业态以及服务标准

社会经济发展水平持续提升,自助服务项目和设施越来越多出现在校园当中,积极引进的同时急需规范有序的管理。友宝在智能零售行业耕耘超过十年,作为自助售卖行业服务标杆,倡导与后勤协会、行业专家共同探讨和规范校园场景中智能自助售卖业态关于食品健康安全、设备安全、运营服务等各项服务标准建议,促进校园后勤服务标准化管理水平。

通过助力校园智能服务设施设备的升级改造,多样化支付方式技术接入支持,如数字化人民币支付、智能型可穿戴设备非接触式支付等新型支付方式,让新科技手段融入校园服务业态,为智慧校园发展注入新动能。

(二)探索更多能满足广大师生对美好校园生活服务需求的多元服务形式

1. 通过"AED+消费助农+安全宣教+智能售货机"一体机(见图8)的形式,以智能售货机为载体,可快速实现校园应急基础设施建设升级,充分推动校园应急管理能力提升,为提供应急救护安全保障;同时亦可实现共享屏幕广告资源,作为多触点宣传阵地传达关于校园安全节能等公益宣教和重要信息通知。

2. 探索高校文化产业链上营销新思路新模式,配合友宝智能自助售货设备售卖学校的纪念品和文创商品、小吃饮品等特色产品,助力各高校基于自己特有的校园文化内涵的文创产品或纪念品实现商品化价值、市场化运营;还可结合

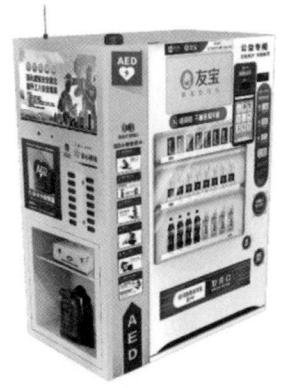

图8 一体机

图 9 主题展示

学校节日、庆典相关的人本化和个性化的体验服务项目，打造主题化网红微业态，依此构建丰富的校园业态体验，充分展现校园精神文化和校园形象风采（见图9）。

3. 大学生心理健康越来越受到重视和关注，特别是后疫情时代，除了学习、就业等精神压力，持续性的常态化管控对学生心里造成一定压力。通过友唱迷你KTV自助设备（见图10），既可以在丰富学生业余生活，让师生们在独立空间通过大声放歌的方式释放压力，起到一定改善生活感受，提高心理免疫力等辅助干预功能。

图 10 KTV 自助

四、总结

高校后勤与服务企业关系密不可分，开放合作是大潮，创新共赢是主策。展望未来，在中国教育后勤协会引领和指导下，友宝将坚持发挥自身领先的智能零售科技领域智慧和专业服务队伍核心优势，聚焦师生美好校园生活服务创新需要，致力为师生提供安全、健康、绿色的服务产品以及更加优质、高效、便捷和智能的服务，共创智慧校园服务新业态。

不忘初心,持续深耕教育后勤行业
——苏大教育服务投资发展集团 2020 年度高校服务总结

一、企业背景

苏州苏大教育服务投资发展集团(简称"苏大教服")是苏州大学贯彻国务院关于高校后勤社会化改革的精神,通过明晰产权组建起来具有教育属性的法人企业集团(见图1)。集团企业经营服务范围涉及物业管理、设施管理、餐饮服务、商贸超市、运输驾培、空调工程、教育培训、文化传媒、智慧后勤信息系统研发和校园建设改造的管理咨询等全后勤综合设施管理与服务。

图 1 集团领导

目前,集团拥有一级子公司 13 个,其他各类子分公司 80 余个,用工总数达 26 000 余人,服务遍及全国 23 个省份、40 多个城市,服务总面积超过 5 000 万平方米,纳税总额 1 亿元。集团后勤服务项目涉及高校 170 余所(其中 30% 为双一流高校)、中小学 50 余所、医院 20 余个、综合写字楼 100 余座、创业园产业园 20 余个、大型公共设施 20 余个。

二、服务师生

集团旗下物业、餐饮、商贸、车管等各子公司深耕高校,服务了全国 160 余万名师生,为师生提供全方位、高质量的后勤服务保障。

(一) 防疫工作

1. 校园物业。

2020 年初,疫情肆虐武汉,席卷全国,为早日战胜疫情,集团旗下苏州市东吴物业管理有限公司(以下简称"东吴物业")第一时间组建了由公司高层领导、中层骨干、优秀党员等组成的防控指挥组;公司克服自身资源紧缺的困难,多方筹措物资,向武汉大学定向捐赠防疫餐具 10 000 套、消毒片 10 万片、口罩 3 000 个,协助武汉大学疫情防控工作(见图 2)。

东吴物业迅速开发了智慧防疫培训系统,确保全国各地员工能及时掌握防疫知识、技能。这一举措受到了苏州市人社局、姑苏区人社局领导的高度认可和《苏州日报》、网易新闻、《新华日报》等媒体的专访报道(见图 3)。公司及时制定并发布防控工作指南,迅速摸索出"防'新冠'肺炎物业三字经",大大提高了项目防疫能力。

图 2　捐赠现场

图 3　宣传报道

在防疫工作中,各个高校项目均涌现出了许许多多先进事迹和优秀个人。例如,武汉大学项目党员郑先富,不仅每日坚持上岗值班防疫,还为同事加油打气,鼓舞大家的抗疫信心;上海复旦项目经理朱正国在疫情布控当天连续 14 小时坚守岗位,极大地鼓舞了项目员工的士气;天津大学项目武立聪、张丽敏、李学智等员工被学校授予"2020年校园疫情防控宿舍管理突出贡献奖";南开大学项目副经理李辉坚守岗位的事迹得到了天津电视台的报道;华南理工大学"云下单晒被子"服务登上微博热搜;贵州电大学校物业防疫工作得到当地公共媒体报道……

2. 校园公寓。

东吴物业起草了《江苏省高校标准化学生公寓创建指导标准(草案)》,对疫情防控期的公寓严格规范管理起到了重要的指导作用,在全国具有借鉴意义。

为做好寒假留校学生和提前返校学生的安全保障工作,各公寓项目积极配合学校有关部门、校医院工作,全力保障师生健康。例如,东吴物业苏大宿管阿姨为留宿同学单独送饺子、汤圆,让留宿学生在疫情中仍能感受到温暖和关爱。遇到有困难需返校的学生,宿管员工主动了解情况,配合学校主动帮忙寻求最优解决方案,在避免学生往返学校被感染风险的同时,帮助同学解决了困难。

3. 校园餐饮。

集团旗下苏州工业园区科桥餐饮服务有限公司(以下简称"科桥餐饮")主营校园餐饮业务。疫情暴发后,公司第一时间成立了疫情防控应急小组,迅速制定并发布疫情防控指导规范;公司摸索出"防'新冠'肺炎餐饮三字经",帮助基层员工快速掌握防疫知识与技能;迅速通过官方渠道给予客户慎重承诺,让业主放心;公司下属各值班食堂全员取消休假,坚守岗位,与学校共同保障学生用餐安全。例如,疫情暴发时正值春节期间,苏州高新区第一中学食堂项目正常供应600余名少数民族学生就餐。食堂20余名工作人员始终坚守岗位,克服疫情期间的采购、验收等重重困难,严格执行各项消毒、测温、登记等规定,保证了学生的安全用餐(见图4)。

图4 "科桥餐饮"疫情防控

另外,公司克服了疫情带来的严重损失,主动承担社会责任,捐赠防疫物资,累计捐赠84消毒液1 250公斤,口罩10 000多个,以及各类物资价值数万元。

4. 校园商贸与车辆服务。

为满足留校学生日常物资采购需求,根据学校要求,集团旗下恒信商贸公司的多个超市项目员工提前返岗,紧急采购紧缺物资,每日对超市各区域进行严格消毒。

为减少学生在超市相互近距离接触产生的风险,各超市推出送货上门服务,保障学生安全。

集团旗下汽运公司主动承担起学校各项抗疫相关的运输工作,多名驾驶员舍小家为大家,连续1个多月坚守在岗位上(隔离状态),24小时候命护送学生、医护人员和防疫物资(例如,帮助学校将与武汉同学密切接触过的留宿学生运送至隔离处等)。

(二)扶贫工作

集团坚持通过捐赠扶贫、采购扶贫、用工扶贫、定向帮扶四项举措,针对不同地域、不同情况开展精准扶贫。2020年,集团旗下各单位响应集团号召,积极履行社会责任,在全国各地的项目上广泛开展了扶贫工作。

1. 捐赠扶贫。

东吴物业公司设立了爱心基金、助学金等捐赠项目,通过直接捐赠、学校奖助金、协会基金等不同方式发放金额上百万元(见图5)。此外,东吴物业组织人员亲赴新疆霍尔果斯贫困户家开展帮扶慰问,捐赠米、面、油等生活用品价值数万元。

图5 捐赠现场

科桥餐饮公司在全国各高校的食堂项目广泛设立"免费就餐卡",与学校共建、精准帮扶困难学生,每年为贫困学生免除就餐费用十余万元。恒信商贸公司与苏州大学两名贫困学生(颜同学、赵同学)建立对口帮困渠道,每年定期捐赠数千元。

2. 采购扶贫。

东吴物业公司2020年共开展各类帮扶慰问活动5次,累计购买扶贫支援产品4 000余件,价值近30万元。公司积极参与中国扶贫志愿服务促进会、中国物业管理协会主办的"社区的力量"消费扶贫攻坚战专项行动,通过业主单位复旦大学对永平等贫困地区开展消费扶贫支援行动。

科桥餐饮2020全年扶贫采购物资金额约870万元。例如，贵州子公司身处全国脱贫攻坚主战场，全年累计定点采购扶贫物资约648万元，占原材料采购总额的63%。

集团旗下恒信商贸公司在教育超市门店开设扶贫土特产销售专柜、开展扶贫产品专卖活动，2020全年累计采购销售土特产100余种、价值5万余元。

3. 用工扶贫。

集团坚持吸纳贫困地区务工人员，特别是学历低、缺乏劳动技能的务工人员，集团为其提供合适的岗位，提供正规培训，帮助其掌握生存技能和创造财富的能力，这些员工在集团的帮助下不仅能够为社会创造价值，更从真正意义上摆脱了贫困之源。另外，集团通过勤工助学方式向贫困家庭的学生开放上百个校内岗位，不仅助力学子减轻了生活负担，也锻炼了其社会实践能力，帮助学生顺利完成学业。

东吴物业在安徽、贵州、甘肃、新疆、河南等十余个省份的贫困县招聘用工数千人，在全国高校项目开展勤工助学，总计补贴50余万元。科桥餐饮在全国各地的大学食堂项目超过50%设立了勤工助学岗位，2020全年共有149名学生参与食堂工作，勤工助学补贴共计约20万元。恒信商贸共提供30余个勤工助学岗位，提供上千张爱心助学卡，共有来自云南保山、甘肃庆阳等贫困家庭的90余名学生参加，累计发放勤工补贴近40万元。

4. 定向帮扶。

东吴物业公司组织员工亲赴霍尔果斯贫困人员家中，帮助其修建灶台；团队也曾深入边疆团场，帮助贫困村民维修家中电器、机械，免费更换灯具；为新疆村民维修水泵（见图6）；为学生捐赠购书卡，得到了霍尔果斯驻村干部、村民和社会媒体的大力赞扬，天山网、《伊犁日报》、霍尔果斯零距离等新疆及当地主流媒体都对比予以报道宣传。公司的扶贫工作也对员工产生了积极影响。例如，保安员陈宝华在公司感召下，对口帮扶贵州省贫困中学生马同学，将持续资助其到大学毕业。

图6 修水泵

（三）光盘行动

科桥餐饮公司积极开展美好"食"光主题活动，通过宣传标识标牌（如"合理点餐 不剩饭菜 文明用餐 反对浪费"）、显示屏循环播放勤俭节约、拒绝浪费的视频以及开展光盘赠送小礼品等活动，提升师生对制止餐饮浪费的认知度，引导师生合理点餐，切实参与到制止餐饮浪费的行动中来。

苏州大学项目推出"半份菜"得到央视特别报道；南开大学项目在中秋节举办"你光盘，送月饼"活动；实验高中项目举办"食品安全、厉行节约系列活动"；常工院项目、西交利物浦大学项目等举办"光盘行动"；兰大项目举办"厉行节约新食尚，共度丹桂好食光"主题活动；苏大东校区四食堂在餐盘回收处张贴"不剩饭不剩菜每日统计"，告知学生剩饭菜的量，提醒大家节约粮食……

恒信商贸公司在门店醒目位置张贴"厉行节约、反对浪费"等宣传标语，引导所有进店消费人员养成理性购物的好习惯。

（四）节能减排

集团充分发挥自身技术优势、管理优势，帮助学校实现节能减排。集团旗下东吴物业公司利用物联网技术，通过自主研发的信息系统精准地帮助学校进行能耗监测，按照相关标准分析相应数据是否符合绿色低碳要求。例如，对某个区域的空调符合进行实时监控，在不影响师生舒适度的前提下实时为部分负载较大的空调微调温度。通过2-3年的持续采集数据和管理分析，对学校绿色低碳水平进行评估，帮助学校有针对性地从某些方面入手进行节能降耗等。同时，东吴物业还通过引入智能设备（如根据校园不同区域不同时段的人流量特征，设置定时开关灯光、空调）等更多途径实现节能。

三、亮点工作

（一）全面引进FM（设施管理—非核心业务外包）服务理念，着力实现高质量

集团率先在全国高校后勤领域学习、引进、贯彻理念，助力学校平安、绿色、智慧校园建设，为提高校园教学科研工作效率提供可靠保障，全面提高师生工作、学习、生活满意度和幸福感。

集团高度重视FM人才培养，组建了专业化的人才管理梯队，积极向国际高标准理念靠拢，目前已有11名中高层管理人员成为英国皇家特许测量师学会（RICS）会员，服务方面向产业上下游发展，提供全产业链服务。例如，在学校建设阶段，集团可以提供前期咨询服务（目前已为南京大学苏州校区、华南理工大学国际校区、香港城市大学东莞校区等十余个学校新校区建设或老校区改造提供了前期咨询服务），从运营维护和用户体验角度提出专业建议，帮助学校节能降耗，进行资产设备的全生命周期管理；在项目运行阶段，除了提供常规的服务保障，集团能为高校提供实验室管理、图书馆管理、校史文化讲解、文化艺术培训（如瑜伽、茶道、西点）等 FM 综合设施管理与服务；在项目运营后期，集团可以提供专业的评估与检测服务。中国教育后勤协会领导和教育部主管领导称赞东吴物业公司在教育领域 FM 的推广实践中"重新定义了物业管理的概念"，为引领我国物业行业的高质量发展起到了重要作用。

（二）坚持"两高引领、四化融合、育人为先"的质量发展模式，多翼驱动高质量发展

1. 坚持四化建设。

在"两高一总"发展战略目标的引领下，集团旗下单位始终坚持"标准化、信息化、机械化、专业化"建设，推动高质量发展。

在标准化建设方面，集团始终坚持高标准引领高质量。一方面，集团自成立以来便高度重视标准化工作，如全面学习、导入、贯彻 ISO9001、ISO14001、ISO45001、ISO50001、ISO27001 等管理体系，积极引入卓越绩效评价准则等；另一方面，集团在参与国际和国家标准的制定和应用中取得了显著成绩，对教育后勤行业标准化发展起到了积极助推作用。如集团旗下东吴物业公司加入了全国多个标准化技术委员会，成功协办了 2021 年国际标准化组织设施管理技术委员会 ISO/TC267（FM）年会（网络·苏州）和 ISO41017《设施管理 疫情应急准备和管理指南》国际标准研讨会；成功在 ISO 国际标准化组织立项苏州首个服务业国际标准；参编了 8 项国家标准（其中有 3 项为主导起草单位、1 项国家标准即将发布）；主导、参编或制定了一系列地方标准、企业标准等。

在信息化建设方面，集团创新性地提出了服务业企业信息化与标准化两化融合，创造性地解决了各项标准在全国各地项目落地的"三难一高（监督难、培训难、落地难、成本高）"问题，切实提高了为师生解决问题的效率和效果，获得了师生和业主单位的一致好评，并得到了国家市场监督管理总局标准技术管理司的高度认可。一方面，集团自主研发的物业管理信息化集成系统已获得 32 项国家版权局颁发的软件著作权证书，目前已在全国 110 余个高校推广使用，服务对象使用人数超 50 万人；东吴物业公司荣获了高校后勤信息化建设先进单位荣誉。另一方面，集团自主研发的智慧餐饮系统，通过智能监控、食材全生产链管理等实现了对后厨安全管理的全面升级，已在越来越多的高校食堂项目推广运用。

在机械化建设方面，集团不仅投入数千万元在后勤服务各领域配备先进设备，更与多家优质供应商签订战略合作协议，引入了最先进的机械和智能化设备。多年的努力让集团的劳动生产率得到了提高，提升了服务响应速度与质量，为客户提供了更优质高效的服务。

在专业化建设方面，集团成立培训学校，建立专业的企业讲师、培训师团队（见图7），组建了30余人的硕博团队、3 500余人的大专、本科人才梯队，培养了200余名具备中高级职称和职业资格的员工；集团每年表彰先进，如评选"六类人"等，鼓励员工比学赶帮超，营造了"匠人"氛围。集团多名员工成为行业和相关高校的兼职教师，定期总结分析服务中出现的问题，根据需求开展专业化培训，中高级专业技术人员不断增加，全体员工的职业素养大幅度提升。另外，集团成立了后勤研究院，并成为中国教育后勤协会专家委员会秘书处单位，对外积极承接中国教育后勤协会研究课题，对内自主开展课题研究，为解决行业难题做出了积极贡献。

图7　专家委员会办公室组建

2. 打造服务育人共同体。

集团坚持教育属性，不断创新育人功能，成立了服务育人中心，建立了一支专业的服务育人管理团队，与高校开展"劳动实践课""走进后勤""宿舍文化节""美食文化节""后勤劳动教育实践基地""学雷锋月"等共建活动（见图8），打造文化空间（心理关怀、党团活动、生活休闲等），开展爱心帮扶工作，培养派驻专兼职辅导员，设置勤工助学岗位，打造了15个"服务育人"品牌活动。

图8　文化共建活动

2021年9月，集团旗下东吴物业西安分部为全运会蹦床和艺术体操场馆提供综合保障与服务，以零安全事故和高满意度向西北大学领导以及全运会的运动健儿交出了一份满意的答卷，获得了竞委会、校方和其他合作保障单位的高度认可（见图9）。项目勤工助学学生"18岁的全运场馆'守夜人'"曹旭阳接受了华商报报道。

东吴物业西北师大项目部与学校共建，邀请学生代表参与"今天物业我值班"、聘请部分师生担任"物业监督员"等活动，组织开展"开心花园"活动，让学生参与美丽校园的建设。商丘师范学院项目全年开展走进后勤岗位体验活动11次，参与人数达到3 000余人，同学们可以学习到绿化养护知识、体会到保洁阿姨的辛苦，也更愿意与后勤人一起保护校园环境，全年共32名同学参加了岗位体验，感悟生活。

科桥餐饮多个食堂项目开展了劳动实践课程，如北大附属外国语学校食堂项目开设了美食公开课，西交利物浦大学附属学校食堂项目成立了美食社等，科桥餐饮的西点师傅们定期教授孩子们制作点心、菜肴，上半年共计教授29节课程，餐厅已成为孩子们的第二课堂。苏大独墅湖五食堂开设了科桥苏棠烘焙大课堂，独墅湖六食堂荣获了苏大传媒学院"劳动实践基地"授牌。此外，科桥餐饮各项目均积极开展动手做月饼、水饺等中秋、端午佳节共建活动，受到师生一致好评（见图10）。

图9　蹦床比赛

图10　共建活动

恒信商贸各教育超市每年都会提供走进后勤体验岗位，至今已有200余名学生参加了超市收银、理货等岗位体验活动。

（三）推进企业文化建设，增强团队凝聚力

集团肩负"做后勤社会化改革的探索者、推动者、领跑者和FM的实践者、推广者"的神圣使命，胸怀"把苏大教服集团建设成为具有教育属性、学习型组织特征，具有创新能力和可持续发展的国际化现代服务型企业"的共同愿景，坚守"诚信、务实、和谐、致远"的价值观和"主动、热情、优质、高效"的服务理念，坚持"两高一总（高校、高端、后勤总包服务FMS）"的发展战略目标和"品质立

企、效益稳企、人才兴企、文化强企"的业务战略目标,朝着"引领高校与高端后勤服务行业,建设服务业民族品牌"的方向不断前行。

集团坚持客户至上理念,把提升服务质量当成企业的生命线。集团贯彻"追求卓越、崇尚诚信、提供优质服务,满足顾客与法律法规要求"的质量方针,始终如一地为业主与顾客提供高品质服务,在全国教育后勤领域产生了广泛影响,得到CCTV7 的特别报道。

集团坚持员工为本理念,与员工共建"事业共同体、利益共同体、命运共同体"。员工是企业的基石,是后勤服务企业面对客户的第一面旗帜,集团鼓励员工考取各类证书,提高员工素质素养;通过组织每年读一本书、党委中心组学习和干部读书会、研讨会等活动打造学习型组织,组织赴国外考察学习,不断提升干部队伍整体素质。集团持续开展"平凡好人"评比活动,弘扬了正能量;集团以党建为引领,通过党团工组织举办各类活动、比赛,开展员工生日会、青年联谊会、节假日一线员工慰问等;集团设立了"爱心帮困基金",累计帮助困难职工 1 000 余人,发放援助金上百万元;多年来连续举办员工子女夏令营活动,产生了积极的社会影响。

四、总结思考

2020 – 2021 年是集团夯实基础、锐意进取的两年,也是丰收的两年。两年内各类奖项纷至沓来:苏大教服集团团委荣获"江苏省五四红旗团委(团工委)";东吴物业相继荣获苏州市质量奖、苏州市市长质量奖、江苏省质量管理优秀奖、江苏省(省长)质量奖、"中国质量奖提名奖"等质量领域重磅奖项,成为国内首家获得中国质量奖提名奖的物业服务企业;连续六年位列中国"物业服务企业综合实力 500 强"企业 50 强;连续三届位列"全国学校物业服务企业 50 强"第一位;连续八年位列"江苏省物业服务行业综合实力五十强企业"第一位;荣获首批"江苏精品"称号;获评国家级服务业标准化试点单位;荣获高校后勤信息化建设先进单位等荣誉;科桥餐饮公司连续五年荣获"中国团餐百强企业"称号;科桥物业公司、东吴保安公司荣获"苏州市质量奖"……

随着我国教育事业的高质量发展,教育后勤行业也进入了高质量发展的新时代。苏大教服集团及旗下企业将不忘初心、牢记使命,继续深耕,做教育后勤行业的拓荒牛、孺子牛、老黄牛,与广大后勤同仁携手前行,为实现 2035 年教育现代化宏伟目标保驾护航,怀揣后勤报国的梦想,努力打造国际知名的中国后勤民族品牌。

坚守责任担当，用心服务师生

——中快餐饮集团有限公司 2020 年度高校服务总结

一、企业简介

深圳中快餐饮集团有限公司（以下简称"中快餐饮集团"）始创于 1994 年，是一家集高校、中小学餐饮服务的民营企业。随着高校后勤社会化的改革，中快餐饮集团从江西走向全国，成为全国最大规模校园餐饮服务商。

目前，中快餐饮集团 43 家分子公司分布在全国省、自治区、直辖市，中快 4.5 万名员工每天为 500 万人次提供餐饮服务。

中快餐饮集团发展宗旨秉承"服务师生，做良心食堂"理念，服务的学校有清华大学、复旦大学、中国科学技术大学、天津大学、南开大学、同济大学、北京交通大学、四川大学、东北大学、西北农林科技大学、中国海洋大学、新疆大学、南昌二中、北京大学附中等。中快餐饮集团通过打造"标准化食堂""智慧食堂"等举措，获得师生的好评。

1. 中快餐饮集团所经营餐厅致力于打造优雅舒适的就餐环境，营造具有亲和力的温馨氛围。以"简约、时尚、温馨、实用"为主题，根据就餐对象及特点，打造有文化气息的食堂，每个省市都有学生食堂经过中快餐饮集团的改造成为校园网红食堂。

2. 中快餐饮集团始终坚持标准化食堂建设，提高工作效率，完善食品安全要求，引入餐饮管理体系，如 4D、5S、6T 等。定期开展标准化食堂建设评比，每年评选出安全示范食堂，强化食品安全标准化建设。

3. 中快餐饮集团通过文明标语、人性化服务，引导文明用餐。在校园进行"光盘"活动和美食节活动，制作全国各地特色美食及外国美食，服务广大师生，提升用餐满意度，所服务的学校均获得较高满意度。

4. 中快餐饮集团为实现标准化管理模式，自 2007 年开始建设天厨商学院，14

年间共培训员工2万人次。天厨商学院培养的人才在中快餐饮集团管理岗位及全国食堂行业发光发热。

5. 中快餐饮集团27年来坚守食堂行业，建立自有特色供应链体系。先后与全国知名原材料供应企业，如中粮和金龙鱼（粮油）、双汇（鲜肉）、六和（冻品）、海天（调味品）等知名供应商合作。开创中快品牌菜，如"红烧肉""三杯鸡"等畅销全国的特色菜品体系。建有山东寿光蔬菜基地、潍坊冻品基地、南昌干货基地。凭借强大的供应链体系，中快餐饮集团采购价格始终低于市场平均价格，并将此价格优势让利于广大师生。

6. 自2011年开始，中快餐饮集团大力发展特色品牌风味，现已开发有小米姑娘（特色套餐饭）、面夫子（面点）、面行人（面条）、恬妃（西点）等自有特色风味品牌。同时，大力引进"肯德基""蜜雪冰城""季季红火锅""杨国福麻辣烫"等知名品牌，让学生足不出校就能品尝到国内外特色美食。

7. 中快餐饮集团坚持与时俱进，开创智能化食堂建设，打造"明厨亮灶"餐厅。总部建设有智能化监控平台，对分布在全国的食堂进行实时监控（见图1）。同时，大量采购智能化厨房设备，如厨房灭火设施、恒温控油设施。27年来，所经营食堂从未发生重大安全事故。

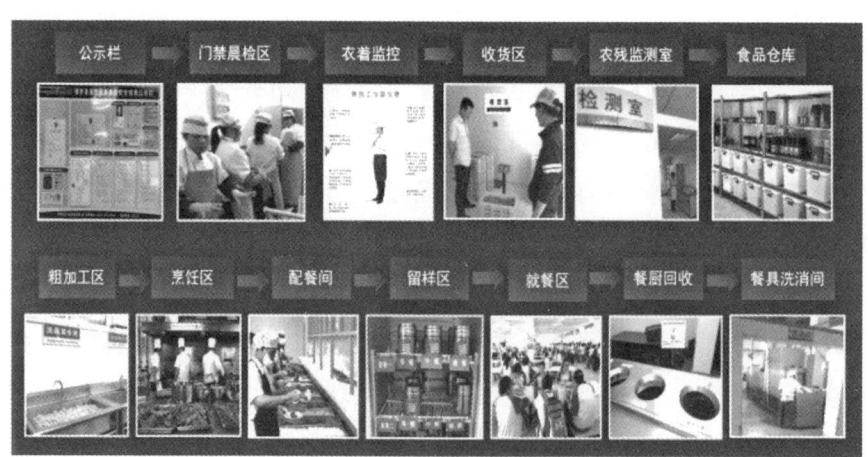

图1 防疫展示

二、食品安全

（一）采购供应信息化，全面实现源头管控

2018年3月，《政府工作报告》明确指出："创新食品药品监管方式，注重用互联

网、大数据等提升监管效能,加快实现全程留痕、信息可追溯,让问题产品无处藏身、不法制售者难逃法网,让消费者买得放心、吃得安全。"2018年9月,中快餐饮集团成立供应链总公司,着手供应链信息化建设,从采购源头进行把控,从配送物流进行监管,从入库实现电子化留痕,从出库实现扫码自动化、原材料到期预警。目前,中快餐饮集团已完成全国各配送中心、仓储中心的建设、线上统采订货平台建设,并实现原材料出入库的信息化,完成对所有大宗物资统一采购和溯源,实现了采购源头管控。

(二)全面推行"互联网+明厨亮灶",加工过程信息化

2019年2月,国务院发文鼓励企事业单位推进"互联网+食品安全监管",不断提升食品安全监管效能和治理能力现代化水平。中快餐饮集团联合海康威视、东贝食安科技,开始全面推行食堂监控体系建设,打造食堂加工全流程的可视化监管,实现从原材料公示、人员出入、着装、出入库、粗加工、烹饪、配餐、留样、就餐、餐厨回收、餐具清洗保洁等全过程监管应用。目前,已完成500家食堂的明厨亮灶建设,实现师生公众端本地化监督、学校远程在线监督、企业远程在线巡检。

(三)全面接入食安督导APP,实现移动可视化巡检

2019年12月1日《食品安全法实施条例》正式施行。与此同时,中快餐饮大力聘请行业安全专家顾问,制定新的《安全工作手册》《餐饮服务食品安全操作规范》等符合国家食品安全法律法规的安全管理制度。

中快餐饮借助科技的技术力量,将食堂明厨亮灶系统全面接入食安督导APP,实现明厨亮灶移动可视化,并在食安督导APP中定制化植入中快餐饮的安全管理巡检评分规则,大大提升了安全管理工作效率和落地有效性(见图2)。

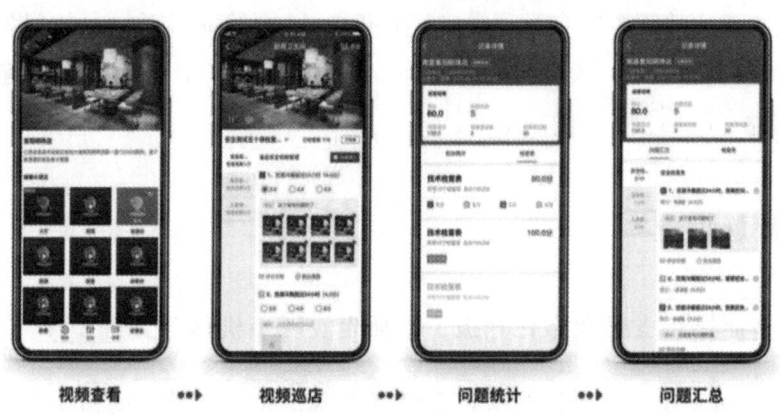

图2 食安督导APP

（四）建立集团可视化数据集控中心，实现集群化指挥调度

为了解决全国食堂地点分散、监管费时费力的问题，集团建立了可视化数据集控中心，进行远程巡查、实现集群化指挥调度，有专人负责运维巡查，对安全红线预警的实时调度与跟踪处理（见图3）。

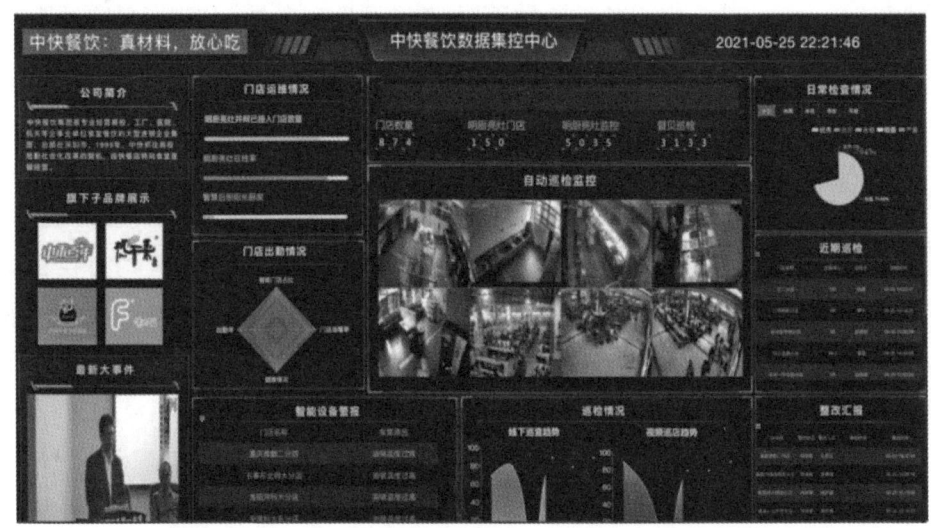

图3　集控中心

（五）引入AI人工智能技术，实现门店安全隐患自动规避和自动报警

《校园食品安全守护行动方案（2020–2022年）》明确规定，全面落实校园食品安全校长（园长）负责制，全面推行"互联网+明厨亮灶"等智慧管理模式。2020年下半年，集团在原有的食安信息化基础上，借助海康威视AI摄像头技术，深入探索和打造中快食堂的智慧安全管理模式，如智能AI刷脸测温考勤一体门禁系统、动火离人AI智能监管系统、仓库菜房温湿度AI监测系统、AI行为规范报警系统、AI鼠患监测系统。

三、智慧食堂

（一）全面进行支付数字化升级，让师生实现手机移动支付

2020年疫情发生后，中快餐饮在全国范围内，大力推行微信移动支付，在刷卡的基础上增加支持扫码等功能，学生和老师们都只要带一个手机，就可以扫码支付，

取代了先充值卡再消费的方式，大大解决了充值排队问题，缓解了用餐高峰期拥堵问题。用餐支付更高效便捷，消费者实时接收消费数据合理控制消费。同时，无接触支付，避免交叉感染，有效助力疫情防控。

（二）联合微信支付，打造中小学刷脸食堂

2020 年，在校方的支持下，中快餐饮对中小学食堂传统刷卡支付升级改造为刷脸支付，通过改造后，学生的用餐效率大大提高；同时，学生用餐支付绑定家长钱包，家长也能实时获取学生用餐消费信息，让家长更放心（见图4）。

图 4　刷脸支付

（三）升级自选餐，打造智能称重模式，自主选餐与自动计量、自动收费一体化

在科技公司的技术支持下，中快餐饮对自选餐进行智能化升级，通过智能称重营养计量系统，实现自动计量、刷脸就餐、自动收费、营养分析、会员管理，现已在井冈山大学、深圳职业技术学院、韩山师范学院等食堂使用（见图5）。

图 5　自选餐升级

（四）三方联动，打造 AI 菜品识别与刷脸自助一体的数智食堂

中快餐饮联合京江学院，打造为新一代的数智食堂，极大地方便了师生。用餐时，

推送消费记录及营养分析,提醒摄入平衡,并给出饮食健康指导和运动建议(见图6)。

图6 数智食堂

四、服务育人

(一)引进和培养专业人才,提升学校餐饮行业水平

食堂从业人员普遍文化程度较低,流动性大。为了更好地服务新时代大学生,吸收引进培养高素质队伍是适应新时期变化的重要之举。食堂企业的未来必然是标准化、工业化、规模化和智能化的发展,核心员工能力提升是必经之路,高层次、跨领域、复合型人才将成为食堂行业的主力军。

中快餐饮集团建立了针对大学生的培养方案,使大学生新员工全面了解公司基本情况,知晓公司规章制度,完成从新员工角色的转换,尽快适应工作岗位要求,并进行职业生涯通道设计。集团有专人负责大学生员工的培训组织及培养跟踪,确保方案执行到位,给每一位大学生新员工配备职业导师,负责对大学生传帮带,帮助其尽快适应工作及环境。中快餐饮集团要求各分公司管理班子必须有一定比例的高学历人才,以提升整体管理水平。中快餐饮集团与西北农林科技大学、陕西科技大学等达成校企合作协议,每年输送大批毕业生进入中快餐饮集团工作。大学生在中快餐饮集团晋升到公司经理和总监岗位及以上的有63名,店长121名,经理助理920名。

2018年起,中快餐饮集团在每个餐厅设置兼职安全员岗位,公司招聘专职的食品科学专业或有餐饮管理经验的人才,对食堂人员进行食品安全法律法规和食品安全知识培训,确保食品卫生安全"零事故",为广大师生一日三餐保驾护航。

(二)食育教育

利用学校食堂,结合学生不同年龄段特征,中快餐饮集团组织了各式各样的食育活动，旨在提升学生对中国饮食文化与历史的了解，培养健康的饮食习惯，将"粒粒皆辛苦"的理念埋在孩子们的心中。

中快餐饮集团还联合南昌二中高新校区开展劳动食育课堂，指导学生做饭做菜，进行"忆苦思甜、挖野菜、做军粮"活动，从而达到后勤服务育人的效果（见图7）。

中快餐饮集团联合学校打造的厨房操作实践基地，把厨艺教育正式列入日常教学教程，让学生做到"学会劳动、学会独立、学会生活"，让学生走进厨房，体验劳动（见图8）。

图7　劳动食育课堂

图8　厨房操作实践

同时，各地学校积极举行校园美食节，丰富学生课余文化生活，增加与学生互动次数（见图9）。

五、防疫抗疫

自2020年1月24日武汉疫情发生以来，中快餐饮集团干部员工自愿加入武汉抗疫后勤餐饮队伍，始终坚守一线，积极做好医护人员和值班工作人员的用餐服务工作（见图10）。

图9　美食节

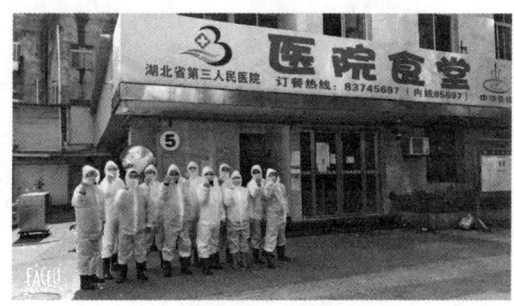

图10　抗疫后勤队伍

在疫情期间，由于防护用品库存不足，考虑到未来可能消耗量会更大，集团市场部负责人听讯后立即发动市场人员寻找货源。22名市场人员主动自愿筹集资金4.4万元用来购买防护物资，购置N95口罩200个、一次性医用口罩12 000个、免洗消毒液150斤，发往武汉医院食堂。

疫情严重时，食堂日常原材料采购困难，集团采购中心立即组织调配货源发往武汉。为了提供更好的保障，让医护人员吃到有营养的饭菜，在原材料采购受限情况下，集团联系了大型酒店、商超渠道，采购所需的各种肉类和蔬菜、并对医护人员的菜谱每餐更新，两荤两素加水果、牛奶，营养配置合理，确保医护人员的膳食营养。

集团为尽其所能勇担社会责任，还通过多方渠道采购并向武汉捐赠价值60万元的物资，其中：肉类16吨、粮油5吨、蔬菜5吨、干调3吨、包装盒10 000个。号召全体庐山籍股东和干部向庐山市捐资捐物，于2月3日（正月初十）向庐山市捐赠价值52万元的防护物资和现金5.2万元（见图11）。

图11　捐赠现场

在抗击疫情期间，中快餐饮集团涌现出了许多先进人物和感人故事，展现了中快餐饮集团员工勇担责、敢担当的良好形象（见图12）。

图 12　先进人物

六、精准扶贫

近年来,中快餐饮集团立足企业发展的同时,发挥自身优势,积极参与精准扶贫工作,用实际行动践行企业社会责任。

每年中快餐饮集团组织与学生的对话、走进后勤等活动,召开学生食堂等座谈会,倾听学生的声音,旗下各食堂都会为家庭贫困学生提供大量勤工俭学岗位,累计已提供岗位 3 700 多个。

与宁夏、贵州、江西、山西、河南等地的贫困地区建立招工基地,从贫困地区招工 4 200 多人在中快就业,在贵州、山西等地进行专项招聘,仅山西运城一地就有近 300 名当地百姓在中快天津分公司工作。

为帮助贫困学生圆上学梦,集团规定了各分公司每年资助贫困大学生指标,合计资助 260 余人,捐助贫困生每人 3 000 元。且每年为大学生提供毕业生实习和就业岗位百余个。

集团累计向贫困地区,捐赠桌椅、体育设施、书籍等物资价值共计 550 余万元。中快餐饮随教育部高教司赴云南临沧市、双江自治县、沧源自治县、河北省威县枣园乡和第什营镇开展扶贫工作,中快餐饮向双江县第一完全中学、云县高级职业中学等捐资捐物,还与多个合作社和粗粮加工厂达成了合作协议。在山东、河北、河南、陕西等地高校出资设立"中快扶贫基金""中快助学金",累计已出资 390 余万元(见图 13)。

在天津大学、中国民航大学等食堂设立精准扶贫窗口 12 个,设立专窗销售贫困地区农产品。

消费扶贫方面,中快餐饮集团利用企业的规模优势,大量采购威县枣园乡、威县第什营镇、甘肃省庄浪县、甘肃陇南宕昌县等地贫困地区农副产品,其中 2020 年采购贫困地区蔬菜(土豆、大白菜等)2 750 余吨,粗粮(小米、燕麦等)270 余

图 13　捐赠列示

吨，干货（干木耳、干辣椒、粉条等）80 余吨，水果（苹果、西瓜等）180 余吨，禽类 80 余吨，肉类 120 余吨，蛋类 20 余吨。

为贫困地区和困难群众提供真情帮扶，是中快餐饮集团践行企业社会责任及应尽义务之一。紧密围绕全面实践乡村振兴战略，积极参与消费扶贫新举措。

中快餐饮集团自觉提高政治站位，坚守责任担当，把企业发展指导思想和具体行动统一到党和国家重大决策部署上来。脱贫攻坚和乡村振兴是关系国计民生的一号工程，中快餐饮集团不仅立志打造企业品牌，也承载扶贫济困、回报社会的责任和义务。今后中快餐饮集团会一如既往地全力支持精准扶贫，促进乡村产业振兴，用实际行动诠释社会企业的责任和担当，为建设社会主义现代化强国而奋斗。

提供校园专业水系管理，引领智慧水务发展

——威派格数字技术有限公司2020年度高校服务总结

一、企业简介

上海威派格数字技术有限公司（以下简称"威派格"）是上海威派格智慧水务股份有限公司控股子公司。自2007年创立品牌以来，威派格始终以"用心于水，绿色未来"为企业愿景，以"引领中国智慧水务发展"为企业责任，坚持阳光正派的企业文化，秉承严谨务实的企业精神，紧紧围绕智慧水务相关的系列化智能硬件为产品核心构建智能制造能力，为智慧水务的实施落地打下坚实的物理基础。

威派格以现代化水务运营管理提升为中心构建专业能力，以软件平台化和数据资产化为依托，以全面服务水务企价值链为市场导向，以解决实际问题创造客户新价值的用户场景为牵引，以行业资源整合为支撑，打造"智能硬件＋专业软件＋水务平台＋行业物联网＋全面服务"的专业领域综合性解决方案。与客户建立长期的合作伙伴关系，成为本行业值得信赖的品牌，积极探索垂直行业工业互联网企业的新型商业模式，全面保障和提升居民用水品质，改良人居水环境。

威派格将继续秉承威派格严谨务实的企业精神，聚焦医疗、教育细分行业，以更专业的技术服务团队，整合行业内能源管理数字应用技术，为客户打造更安全、便捷、绿色、低碳医院与校园。现有产品及解决方案包括：二次供水、直饮水、水量管理、污水处理、雨水回用、管网建模、物探、智慧管理平台等。公司在北京、上海、济南、青岛、沈阳、南京、武汉、长沙、西安、郑州、广东、南宁、呼和浩特等全国16个省市设立了分公司及办事处，拥有各类专业技术管理人员百余位。

自2019年起，威派格与浙江省新华爱心教育基金会合作，在全国各个大区设立9个"威派格珍珠班"，共资助345名"珍珠生"，给予"珍珠生"每人每月250元的生活补助，同时各个高校也减免了"珍珠生"的学费和住宿费。"捡回珍珠计划"

帮助在山区家境贫困、品学兼优的高中生们继续前行，筑梦未来。每年9月，威派格组织员工赴各个学校进行珍珠班定期探访，给"珍珠生"的学习与生活带去帮助，时刻关注"珍珠生"的身心健康，呵护他们高中三年的成长，助力他们以优秀的成绩考入大学，实现人生理想（见图1）。

图1　威派格公益活动

2020年，面对突如其来的新冠肺炎疫情，作为保障民生的水务行业中的一员，威派格秉持着"一方有难，八方支援，万众一心打赢疫情防控阻击战"的原则，践行社会责任，积极援建方舱医院，捐款200万元和大量防疫物资，帮助水务企业复工以及恢复生产，售后人员日夜坚守在供水一线，线上线下"齐发力"。

疫情常态化管控的情况下，校园用水涉及整个校园几万师生正常的教学、科研、行政等工作的开展。保障校园内用水正常运行成为重中之重，为保障校园持续不间断用上放心、安全的水，威派格教育事业部为全国各地高校送去防疫口罩，更换提升校园用水系统，多次进校园实地调研校园供水、节水实际情况时，不管学校要求是14天内的核酸报告还是48小时内的核酸报告，威派格人都以最严格的要求来保障校园内疫情防控工作，带48小时内的核酸报告进入校园。为高校后勤正常运行保驾护航，全力做好供水安全保障，收到来自多地省高校后勤协会、高校的感谢信。同时，威派格为助力全国各高校绿色校园的创建，与高校携手达标节水型高校的建设，对校园内用水进行精细化管理。

2021年5月31日，上海威派格智慧水务股份有限公司董事长李纪玺向曹县爱心捐赠500万元教育基金，通过5A级公募基金会浙江省新华爱心教育基金会设立和实施"山东曹县百万星辰计划"专项基金。"山东曹县百万星辰计划"在2021年至2025年，每年拨付100万元善款，开展三类教育公益活动，全面助力曹县优秀青年成长。富而思源、富而思进、富而思学，李纪玺先生用实际行动回馈家乡，激励曹县品学兼优青年，促进家乡教育事业发展。

2021年7月,河南遭遇百年罕见特大暴雨,郑州、新乡、鹤壁、周口、安阳等地受灾极为严重,随着河南灾情愈发严重,威派格上海、北京、西安、兰州、江苏、河北、济南、临沂、武汉、徐州、合肥、太原、天津、滨海等多地售后人员纷纷奔赴河南,共53名售后工作人员,10个抢险队不分昼夜、一刻不停地驰援抢修。售后一线团队紧急抢修,威派格总部支援设备及物资争分夺秒,全部走特殊通道,连续4天内,3批救援物资陆续到达河南,为恢复设备供水提供后勤保障。

二、威派格2020年持续在行动

(一)《校园安全供水模式与新技术应用研究》课题结题会

2020年是高校后勤工作开展艰苦的一年,但在这一年中威格派坚持不懈努力。2020年6月13日下午,协会立项的重点课题《校园安全供水模式与新技术应用研究》,在上海威派格智慧水务股份有限公司(威派格智慧水务)召开了课题结题评审会。2019年4月19日,为贯彻落实国家政策,节约能源,加强安全用水工作,该课题在上海启动,于同年5月26日在苏州正式召开课题开题座谈会。自课题正式开题至结题,在中国教育后勤协会、各省协会的积极支持与组织下,河南、上海、湖北、江苏、山西、黑龙江、广西、山东、北京9个省份的省内开题座谈会陆续启动。会后,各省高校积极开展现场调研工作,围绕校园水系统的全流程,对各个重点环节进行摸排勘查与数据采集。这也有助于各高校在后期统筹规划和改善提升中有的放矢地开展工作。

会议通过线上线下相结合的方式组织专家对课题进行结题评审,各位评审专家对课题取得的成果予以充分的肯定,认为课题调研范围广,调研方法科学,为校园安全供水提供了综合解决方案,达到了课题预期的目标,同意该课题通过结题验收。会议也肯定了通过会企合作方式开展的有关水命题的课题研究工作取得的成果,强调面对我国水资源短缺的基本国情,校园节水意义重大,开展校园节水的课题研究,引导学校实施节水行动,树立节水意识,落实国家节水行动方案,开展节水型校园建设,是高校后勤人崇高的使命。

(二)《北京高校安全供水模式与新技术应用研究》课题结题会

北京和江苏两地召开《校园安全供水模式与新技术应用研究》课题结题及样板示范现场会。2020年10月30日,北京市高等教育学会后勤研究分会联合北京市高等教育学会后勤研究分会节能减排专业委员会共同在绿色生态美丽的北京农业职业学院成功召开了《北京高校安全供水模式与新技术应用研究》课题结题会（见图2）。北京市教育委员会学校后勤处、水利部相关部门领导及中国教育后勤协会副会长兼常务副秘书长黎玖高，北京农业职业学院院长范双喜及43位高校领导受邀参加本次会议。

（三）《江苏高校安全供水模式与新技术应用研究》课题结题会

2020年10月26日，由江苏省高等学校后勤协会主办、上海威派格智慧水务股份有限公司协办的《校园安全供水模式与新技术应用研究》课题结题评审会和"校园节水·安全供水暨智慧校园建设样板示范现场会"在东南大学召开（见图3）。中国教育后勤协会副会长兼常务副秘书长黎玖高，江苏省高等学校后勤协会副会长兼秘书长黄在宇，课题组组长、江苏大学副校长吴春笃，课题组副组长、中国矿业大学副校长赵建岭，江苏省建筑设计研究院总工方玉妹，课题参与单位代表、部分在宁高校代表以及相关领域的行业专家近50人参加了本次会议。

图2 结题会　　　　　　　　　图3 结题会

（四）助力校园智慧水务

2020年11月10-12日，为期3天的"第三届中国教育后勤展览会"在上海世博展览馆隆重举行。中国教育后勤协会会长刘建平、常务副会长兼秘书长牛维麟、中国教育后勤协会副会长兼常务副秘书长黎玖高等多位领导莅临威派格展区参观指导。据统计，在展会中，千余名参会领导参观了威派格展区，对威派格专注服务校园智慧水务建设理念给予了充分肯定，并对近年来威派格的快速发展、技术领先，以及服务高校的实力和能力表示了充分的认可。

威派格不仅展出了从源头到龙头的校园智慧水务综合解决方案，在展会期间还组织召开了首届"校园智慧水务论坛"，围绕"节约用水、安全供水、健康饮水、智慧管理"主题，各级各界领导和与会代表积极建言、共绘"十四五"校园智慧水务发展新蓝图。会议覆盖全国各区域104所高校的深入调研结题成果，并向建立的一批具有典型示范意义的优秀课题样板示范项目进行样板示范授牌。

2021年4月9—11日，为期3天的"第四届中国教育后勤展览会"在上海世博展览馆隆重举行（见图4）。本届展会以"科技后勤·智慧校园，共建教育新生态"为主题，整合行业资源，打造校园全场景管理服务平台，助力教育后勤服务增值，助推新时代教育后勤现代化建设。本次展会特设校园领域十大板块，覆盖在校师生衣食住行用各个方面。

上海威派格智慧水务股份有限公司作为校园供水领域专家应邀参展。威派格作为行业内优秀的智慧水务整体解决方案提供商，展区设置包含高校节水展区、安全供水展区、高校直饮水展区、智慧校园区的四大应用场景、高校智慧管理中心和全国校园典型案例，全方位展示威派格软硬件方面专业实力（见图5）。

图4 第四届中国教育后勤展览会　　图5 威派格校园水系统管理

三、总结与展望

因为疫情，2020年是不平凡的一年，是中国全社会各行各业守望相助、砥砺前行的一年，威派格从未停止对水务工作的实践与探索，实现了制造型企业的数字化转型与蜕变，成为水务领域集咨询与"技术服务＋智能硬件＋行业物联网＋专用软件＋行业平台"五位一体的、以工业互联网为核心理念的集成性科技公司。威派格把工业互联网架构与国内外先进经验与水务行业的应用实践与业务创新进行充分融合，以综合性的专业能力推动"顶层规划，分步实施"的建设思路落地，在"无平台，不智慧"的产业共识基础上，推出"威爱"工业互联网智慧水务平台。同时，针对校园用水系统的复杂性开发校园版水系统智慧管理平台。随着智慧校园的发展要求，需要将校园建设成提供一种环境全面感知、智慧型、数据化、网络化、协作型一体化的教学、科研、管理和生活服务，并能对教育教学、教育管理进行洞察和预测的智慧学习环境。在后勤服务类智慧应用系统中，威派格数字技术将继续以为校园提供水资源综合智慧解决方案为己任，开拓拼搏。

勠力同心谱写校企合作新篇章

——辽宁龙源集团2020年度高校服务总结

一、全业态高校后勤服务提供商

辽宁龙源集团（以下简称"龙源"）深耕高校后勤服务21年，起步于BOT模式校企合作，先后投资建设辽宁科技大学、辽宁石油化工大学、沈阳体育学院三所学校的学生公寓、学生食堂、教育超市、学府酒店等综合后勤设施，主营学生公寓、学生食堂、校园物业、校园商贸、学府酒店、能源管理等全业态学校后勤服务，并延伸在校师生需求的校园快递、校园活动、文化创意、游学研学、创新创业、就业培训等增值业务服务。

集团下设总部、专业公司、项目公司组织体系，实施职能管控、专业管理、标准运营服务体系。现有在册员工3 800人（不包括餐饮合作），其中具有本专科以上学历590人、中高级职业资格220人。业务涵盖北京、辽宁、吉林、内蒙古4个省市30余所高校，项目分布北京、沈阳、长春、呼和浩特等19个大中城市，综合业态项目占比35%以上，服务在校学生数量近80万人。

二十余年的企业成长与积淀，内化为独特的龙源企业文化。

使命：为高校提供最具价值的后勤服务；愿景：打造中国校园现代服务第一品牌；价值观：责任、专业、创新、和谐；企业精神：忠诚、执着、务实、创新；服务理念：永恒追求客户满意、用心创造客户感动；经营理念：专业铸就卓越、品牌谋求发展；管理理念：像军队、像学校、像家庭；龙源人信奉：学校的需求就是龙源存在的价值；停止进取就是退步的开始，满足现状就是落后的前兆；在认识自我、否定自我中成长，在挑战自我、超越自我中前行。

二、五条管道贯通服务保障全过程

2020年1月25日,在中央部署疫情防控工作后,龙源立即召开视频会议贯彻会议精神,成立以集团董事长为总指挥的疫情防控指挥部,组建对外工作组和对内工作组,集团班子成员分工负责,逐一细化工作事项,制定具体措施,明确工作标准,规定完成时限,落实直接责任人,第一时间建立起强有力组织保证体系,迅速形成涵盖3个省市17个大中城市200余个项目的有效防疫防范和应急救援工作网络。

(一)五条管道内容

龙源贯通校园服务保障的五条管道:一是集团主要领导与各学校领导沟通,交流校园整体安全保障、人财物等重要事项,形成关键问题解决共识;二是专业公司和项目公司主要负责人与学校职能部门及二级学院主要负责人沟通,交流工作想法计划、办法措施,研究制定工作方案并组织落实;三是中层干部与学校相关部门基层管理者沟通,交流工作实施措施并贯彻执行;四是一般干部与学生干部及民间领袖沟通,交流同学们在居家生活、在线学习以及寝室物品等方面主要诉求,帮助与辅导员老师沟通并解决实际难题;五是基层员工与普通学生沟通,交流学校、老师情况,公寓、食堂现状,生活、学习困难等,提供即时信息和周到服务。

(二)主要工作成效

五条管道,宛如钢筋、水泥、碎石、沙子科学配比浇筑而成坚不可摧的大坝,形成了抗击疫情"屏障"。通过五条管道,龙源不同层面的人员能以最短的时间,获知来自学校领导、老师和学生的各种需求,在学生公寓、学生食堂、校园物业、校园商贸等全业态服务中迅速反应,做到精准疫情需求、精细专业服务、精益防控管理,实现了环境消毒通风到位、人员培训教育到位、师生员工关怀到位、应急措施保障到位、解决具体问题到位。

2020年1月23日,除夕的前一天,清华大学决定火速将新斋楼作为集中居住健康观察点,接到命令的龙源北京项目公司42名员工立即奔赴"前线",仅用3天时间,完成3500平方米、108个房间的开荒保洁和300余件家具搬运工作,确保了首批隔离同学顺利入住。2月8日,南区3号、4号、29号楼启用为临时隔离楼座,全体员工连续加班开荒、搬运家具，并投入到紧张的疫情防控和消毒工作。2月16日，中央电视台新闻频道报道了龙源团队专业的消毒工作。

在疫情蔓延最紧张的2-4月，龙源通过多种渠道先后采购口罩（最贵价格26元/个）、84消毒液、酒精、喷壶、防护服、额温枪、测温仪等必备物资，投入资金近100万元，其中向中国矿业大学、辽宁科技大学、辽宁石油化工大学等10所服务学校捐赠防疫物资金额达50余万元。在大疫时刻、危难面前，龙源企业不讲条件、不计代价、不谈借口，充分体现了一个具有教育情怀企业的责任与担当，赢得了服务学校和师生的赞誉并被社会各界传颂。

由于疫情突发持续，学生返校推迟，居家网络上课，导致学生学习的电脑、书籍，生活的被褥、物品等存放在公寓寝室里无法正常满足学习需要和对个人物品照料，特别是即将毕业的大四学生，更是无法如期返校。龙源广大员工想学生之所想、急学生之所急，主动与学生取得联系，根据学生需要查找物品、打包邮寄。仅以辽宁科技大学为例，入住公寓学生12 300人，上半年累计邮寄快递3 800多人次，邮寄件数达8 700余件，收到来自学校感谢信5封、学生感谢信32封、各学院锦旗19面，广大师生在微信、公众号点赞无数。

6月18日，全国高校"感动公寓"十大人物马桂华与辽宁科技大学开展"特别的爱，献给特别的你"毕业季"云"游公寓活动，疫情隔离不隔爱。辅导员老师、宿管阿姨化身主播，带领受疫情阻隔无法返校的同学跨越时空云端相聚，学生们隔空"表白"，"老师好""阿姨辛苦了""想回学校了"纷纷刷屏，所有人为之动容，眼眶湿润。"云"游演很快变成"刷"楼层，一楼到五楼，M座、E座到C座，30多个寝室迎来主人"巡视"。两个小时直播，吸引近2 500人次观看，点赞超过5.2万，评论留言400余条。

2020年，龙源实现在管项目零疫区、服务师生零感染、公司员工零感染。荣获中国教育后勤协会"全国教育后勤系统'2020年度感动人物'"唯一集体形式的企业单位、"高校餐饮工作先进集体"，荣获辽宁物业学会"编制疫情工作指导手册特殊贡献奖""2020年度先进单位"，所属6家餐饮门店荣获辽宁餐饮协会"辽宁省餐饮质量安全示范食堂"，清华大学、首都体育学院等多家服务学校对龙源及员工通报表扬和给予专项奖励、奖金数万元。

三、基于高质量提供最具价值服务

突如其来的新冠肺炎疫情，使菁菁校园失去了昔日琅琅读书之声。在这场严峻的考验中，龙源果断提出"抗疫情、补短板、谋发展"的应对措施，组织广大干部员工逆行而上、冲锋在前、不怕牺牲、甘愿奉献，展现了龙源作为行业品牌企业的教育情怀和责任担当，展现了龙源人的精神风貌和崇高大爱。

（一）标准输出，贡献专业智慧

龙源业务包括学生食堂、学生公寓、校园物业、校园商贸等学校后勤全业态，各类项目200余个，点多面广，多年来基于全过程大质量管理理念下的标准化建设，展现出较高专业素养和保障能力。

在疫情严厉防控的2-3月，龙源坚决贯彻疫情防控要求，识大体顾大局，自觉配合学校开展疫情防控工作，积极组织一线员工复工，迅速展开人员排查、环境消毒、场所通风、门禁管理等系列工作。同时，组织专业人员、邀请外部专家先后编制出学生食堂、学生公寓、留学生公寓、校园物业、校园商贸、学府酒店等防疫手册和专项工作手册十余部，成为学校后勤疫情防控指导范本。3-4月，龙源参与编制中国教育后勤协会有关学生食堂、校园物业、学生公寓等新冠肺炎疫情防控工作指南（第一版、第二版）工作，面向全国高校发布。7-8月，龙源牵头编制辽宁物业学会常态化疫情防控工作指导手册，在秋季开学前，面向全省高校发布。

（二）逆行而上，传递爱的温度

龙源分布全国17个大中城市的广大员工，将龙徽闪耀在校园新冠肺炎疫情阻击战中，谱写出挺身而出、有情有爱有温度的抗"疫"战歌，感染感动万千学子。

5月18日，沈阳农业大学迎来首批返校学生。"关键时刻，我必须和学生在一起"，公寓楼长郭丽华主动请缨。14天的医学隔离，学生的一举一动、一颦一笑，她都明察秋毫，像妈妈般呵护他们。5月28日，郭丽华得知两名同学当天过生日，在隔离房间楼下用小蜡烛摆成心形，伴着熟悉的音乐奏起，同学们纷纷开窗一起唱起生日歌。当大家打开手机灯光，为过生日的同学送去真挚的生日祝福，一句句哽咽的感谢话语隔窗传出。"不见面"的生日会，成为同学们难忘的温情。该事件被辽宁电视台、新浪网等媒体先后报道。楼长阿姨"郭妈妈"的暖心故事在辽宁电视台教育频道播放了13分钟。

北京师范大学8#、9#公寓楼长韩玉华，持续工作183天，每天为学生线上服务，楼上楼下几万步，衣服不知打湿多少次，经常忘记吃饭下班，更没有时间喝口水，

"在线接单员""包裹邮递员""花草看护员""鱼类饲养员""网络直播员"成了她的新身份，帮助同学邮寄物品、浇花、晾晒被服 1 200 余次。"为了学生在家好好待着，俺们就是不辞辛苦，也无所谓。"2020 年 7 月 5 日，北京卫视云毕业专辑，韩玉华被誉为"中国好宿管"。

（三）专业赋能，打造服务能力

疫情暴发，龙源审时度势，在全力以赴抗击疫情的同时，利用难得的"窗口期"查摆问题短板，邀请专业咨询和技术机构赋能培训和新技术应用，清晰服务理念，增强服务能力。

与上海和一公司合作，以线上线下相结合的方式对中高层干部培训 20 余次，有效提升了管理"心法"和服务"刀法"。与金蝶集团合作开发的"云星空系统"，大幅提升了管理效率和工作质量。自主开发"小骊同学"微信小程序，学生实现手机端掌上操作，使服务更便利、更快捷，大大增强了学生的体验感和获得感。2020 年，龙源企业管理和服务实现跨越式发展。

四、未来校企合作的三点思考

"沧海横流，方显英雄本色。"疫情是危机，更是检验校企合作的试金石。总结 2020 年工作、思考未来服务学校，龙源感受最深的是精准服务需求、高质量提供保障和培养高素质人才。

（一）精准服务需求，摆正"三大"关系

1. 摆正经济与政治关系。高校后勤工作的服务性、后勤体系的教育性、后勤服务的价值性，决定服务学校企业必须讲政治，把政治要放到第一位。要用责任担当获得校方高度信任、要用良好沟通实现文化深度融合、要用专注服务建立优质服务模式、要用服务育人打造企业特色品牌。

2. 摆正创新与发展的关系。创新是引领企业发展的第一动力，也是学校看重与企业长期合作的关键优势所在。要以专业铸就卓越、以品牌谋求发展，建立"6+6"全方位顾客关系体系。具体是：完善"文化+品牌"营销组合，建立顾客关系；做实"专业化+标准化"服务体系，保持顾客关系；丰富"差异化+个性化"产品系列，密切顾客关系；实施顾客"分级+动态"精益管理，优化顾客关系；创新"衍

生+增值"价值链条，增强顾客关系；持续"评价+改进"服务质量，稳固顾客关系。基于校企文化融合，谋求育人战略合作。

3. 摆正质量与效益的关系。没有质量，企业不可能发展；没有效益，企业不可能生存。处理好两者的关系，必须坚持质量与效益双促进、双提升。要树立"为学校、为学生"的理念，在确保学校安全稳定的前提下，不断满足学生由"吃得饱"向"吃得好"转变的消费新需求，不断满足学生由"单一住宿"向"多元空间"的生活新需求，不断满足学生由"三自"向"双创"的实践新需求，充分发挥"第三课堂"作用，履行服务育人职责，大力应用新技术升级管理与服务，实现"汗水后勤"向"科技后勤""智慧后勤"转变，不断专注标准化提升质量，进而追求扩大规模化讲求效益。

（二）高质量提供保障，做实"四项"工作。

1. 建立"四化"并进的服务体系。基于价值链分析方法，结合专业化、标准化、品牌化服务要求，识别服务全过程。具体为三个维度：一是从过程增值的维度，将过程分为价值创造过程和支持过程；二是按照过程间逻辑关系，将过程划分为主流程和子流程；三是按照管理层级，分为决策层、管理层和操作层管理流程。运用5M1E控制方法，通过关键过程指标监控系统，监控过程实施效果，持续提升过程能力和实施效率。

2. 实施"千分"考核的评价体系。根据学校服务内容、工作标准等具体要求，细化考核体系为一级指标、二级指标、评价标准，总计1 000分。比如，学生公寓可建立"星级"体系，包括星级员工、星级寝室、星级公寓、星级项目。其中，星级公寓包括安全保障、规范管理、文化公寓、服务育人、协同共建。以项目为单位，实行季度考核、年度评估，纳入绩效考核体系。

3. 构建"+互联网"的赋能体系。基于互联网、5G、物联网等新技术，打造校园生活服务平台，以时间线、活动线、需求线为指引，通过贯穿学生在校期间的各类活动，实现学生在平台上完成学习、生活并助力其成长发展；通过数据分析进行信息反馈，促进传统业务效率和价值产出和持续赋能。

4. 打造"+主题化"的实践体系。围绕学生对"食、住、行、文、景、智"的共同愿景，展开主题化实践活动。比如劳动类、技能类、创意类、发展类等，把学生劳动和劳动教育从简单劳动到复杂劳动递进，大幅提高学生动手、动脑及协作能力，促进学生"德智体美劳"全面发展。

(三)打造核心竞争力,培养"五种"人才

1. "五种"人才画像。一是领军人才,即某一领域领导者。主要能力来源于前瞻性的视野、敏锐的洞察力,最需要的能力是凝聚人心、鼓舞士气、避险应变、带领并组织团队朝着目标前进、实现战略和战役目标。二是管理人才,即管理者。主要能力来源于确定感、制度化、商业理性,具体体现在理解和分解目标、分配任务、策划与经营、有效沟通和解决问题、处理人际关系和繁杂琐事。三是专业人才,主要指技术技能、市场和营销人才。主要能力来源于钻研精神、目标性、主动性、能吃苦、不走寻常路、奇思妙想,具体体现在动手能力、创新能力、沟通能力、理解力、执行力、人际连接力。四是标杆人才,即典型人物。具有忠诚度、说服力、示范力、导向力、感染力作用,选树标杆包括爱岗敬业、突出贡献、道德模范、服务育人、技术创新、工匠大师、团队等方面,先进人物具有道德性、民族性、时代性、群众性、崇高性特征。五是参谋人才,即智库人才。主要能力来源于足够高的站位、前瞻性和研究水平,体现在洞察机会、解析优势、破解难点。

2. 主要理念和方法。一是选才容短。后勤服务包罗万象,好人不愿干,赖人干不好。内部选人要看文化认可度、工作业绩、品行本质、发展潜力、大家公认度,重大功而不计小过、重大节而不求完美。外部选人要看资历、文化、经历、案例,注重能力和资源。二是用才避短。大材大用,小材小用,"善用人者无废人"。重在实干中用人,出成果就要出干部。综合年龄、文化、能力、贡献、性格等要素,建立互补性复合型团队,形成人才梯队;并配以人才流动和晋升机制,激发潜能、增值能力。三是育才补短。靠自身努力,靠组织培养。针对不同的人,缺什么、补什么,要什么、考什么。以绩效结果为导向,向急难险重和一线倾斜,要实时、实战和实用组合施策。四是留才知短。"骏马能历险,力田不如牛。坚车能载重,渡河不如舟。"建立职级职等、完善薪酬福利、评估胜任能力、优化组织机制,为人才提供各种保障,实现待遇留人、感情留人、事业留人。

专题报告五　行业之声

对标现代化，聚焦"十四五"
——谋划上海高校后勤事业高质量发展蓝图

上海学校后勤协会常务副会长、上海市教委后勤保卫处处长　张　旭

一、高校后勤社会化改革回顾与发展现状

（一）上海高校后勤社会化改革进程回顾

上海高校前 20 年的后勤社会化改革，有力地支撑了我国高等教育事业的快速发展，市场机制在后勤资源配置中的基础性作用逐步得到发挥，后勤设施建设取得突破性进展，后勤运行效率与服务质量显著提高，学生的食宿条件得到较大程度改善。改革进程经历了两个阶段。第一阶段是 1998 - 2008 年，在这十年中，通过市级改革载体组建、高校后勤运行机制改革、校内市场有序开放，上海高校拆除"围墙"，打破了学校后勤封闭式"小而全"的旧格局，有效解决了高等教育跨越式发展过程中后勤保障资源的"瓶颈"问题；第二阶段是 2009 年至今，上海市政府在提升政府统筹、协调能力和推进后勤内涵建设上持续发力，逐步形成了政府统筹下的后勤中心、后勤协会、高校后勤公司协调发展模式，即 1 + 3 运行模式；同时，后勤管理与服务标准体系建设、后勤信息化建设得以长足推进。

（二）上海高校后勤社会化改革主要成效

高校后勤运行效率大幅提高。在高校校园建设规模和在校生人数呈几何倍数增长，后勤市场供给日趋多元化和个性化的同时，上海高校用于生活后勤的财政性经

费投入降低了3/4,后勤事业编制人员减少了90%。

高校后勤监管体系不断完善。"政府统筹规划、中心依则监管、公司市场调控、协会行业自律"的市级平台监管机制日趋完善；各高校后勤服务部门与管理部门通过明确责任、规范分工，形成了以"契约管理"为基础的权责分明的高校后勤内部运行监管机制。

后勤市场专业化水平明显提升。后勤社会化改革极大地促进了学校后勤实体机制创新，培育了一批具有一定规模效应和专业水准的服务实体；同时，通过引进社会优质企业进入高校提供服务，逐步形成了公平竞争、相互促进的市场格局。截止到2019年，本市高校70%的校内餐饮、95%的公寓物业和95%的校园绿化皆由社会企业提供管理与服务。

后勤在高校稳定工作中的作用进一步发挥。后勤保障作为学校平稳发展的重要组成部分，通过社会化改革，保障水平和保障能力大幅提高，为高等教育改革发展和平稳运行奠定了扎实可靠的基础，为确保整个社会的和谐稳定做出了重要贡献。

上海高校后勤社会化改革，因地制宜，循序渐进，通过坚持政府主导，积极构建凸显上海特色的后勤保障机制；强调学校主体，形成与自身发展相适应的后勤运行机制；贯彻公平主线，始终坚持高校后勤公益性这一基本准则，逐步形成了符合上海实际的改革思路和发展模式。

二、高校后勤改革和发展面临的问题和困难

（一）高校后勤改革和发展面临的问题

思想认识方面。高校后勤社会化改革是为解决高等教育招生规模爆炸式增长和市场服务供给不足之间的矛盾的产物。近年来，随着我国社会主义市场经济建设成效进一步凸显，市场服务类型、规模、企业数量呈井喷式增长，后勤事业对教育现代化的支撑保障作用容易被忽视，从国家决策层面到基层执行层面，有"刀枪入库"倾向，认为后勤社会化改革基本完成，后勤社会化改革有被"遗忘"、被"忽视"的迹象。同时，学校对学生生活保障"大包大揽"的现状需要深入研究。

改革认识方面。上一轮的后勤社会化改革主要解决了校内后勤保障基础设施建设、市场机制引入、基本公共服务提供的问题，基本实现高校后勤服务经营人员，相应资源及操作运行与学校行政管理系统的规范剥离等，改革范围主要是后勤领域本身。目前，后勤社会化改革进入深水区，当前的一些全局性、深层次问题需要顶

层设计、制度创新、多部门合力、跨区域协同。

管理体制方面。有利于后勤资源优化配置的体制和长效机制尚未全面建立，上一轮后勤社会化改革的做法与新的政策环境不相适应，后勤保障运行中还存在诸多问题和影响稳定的因素，高校还没有完全摆脱办后勤的负担和办企业的风险。

（二）高校后勤改革和发展面临的困难

1. 后勤改革和发展急需顶层设计。

缺乏制度性、纲领性和长远考虑。后勤事业缺乏制度性、纲领性和长远性考虑，全国层面没有与"教育现代化2035"相统一、相对标、相适应的后勤改革和发展规划和路线图，后勤改革和发展的重点领域、重点环节、重点任务缺乏统一指导和统筹协调。高校后勤服务尚未完全与高校立德树人的目标任务同频共振。

全局性问题、深层次矛盾、普遍性困难缺乏制度性解决方案。全局性问题、深层次矛盾、普遍性困难缺乏制度性解决方案。持续财政紧平衡和后勤保障高质量、多元化需求存在矛盾，后勤服务保障长期保持在低水平，缺乏稳定的投入机制；上一轮"后勤社会化改革"中遗留问题亟待有效解决（社会投资建设的学生公寓、食堂政府回购及产证办理困难）；"保供稳价"与学生食堂长效运行机制亟需有效衔接。

后勤事业发展跟不上新发展、新变化、新情况。后勤事业发展跟不上新发展、新变化、新情况。例如第一轮后勤社会化改革解决了当时的学生"生活设施"基本建设问题，但随着学校快速发展和学生学段、人才培养需求调整，后勤服务保障资源等基础硬件设施进入新一轮的滞后期（生均公寓、餐饮、公共空间等标准不统一、配备不到位），新增校园基本公共服务（校园快递、共享交通工具、超市、垃圾处置等）公益性定位及配套公益性政策缺位，后疫情时代的后勤保障尤其是校医院及日常保健、传染病防控方面亟须加强。

2. 后勤管理体制和运行机制亟待优化。

一是从"管后勤"的角度，政府、行业、学校管理边界有待进一步梳理，政府依法行政存在越位、行业自律管理存在错位和学校承担主体责任存在空位的情况。

二是从"办后勤"的角度，混淆了"基本公共服务"和"个性化需求""公益性"和"非公益性"之间的差异，没有有效做到分类管理、分类指导，稀释了政府和学校有限的资源。

三是从"评后勤"的角度，后勤保障能力和保障水平没有列入国家对地方、政府对学校高等教育办学基本条件和办学能力综合评估体系。同时，目前仍缺乏权威性、系统性、专业化的后勤管理和服务标准体系及相应配套的评估、评价体系，也缺乏专业化、代表性的第三方评估、评价机制。

3. 后勤面对新形势、新解决问题的能力不足。

一是教育现代化要求教育治理体系、治理能力同步现代化。当前学校运行和学生生活管理服务中的矛盾虽然呈现形式单一，但问题解决却需要资源统筹、多元参与。因此，没有赋能的单一职能部门无法做到从长效机制上解决根本矛盾和问题。

二是后勤队伍建设无法满足教育管理新要求、师生服务新需求。一方面，依法治教和全员育人对后勤干部个人能力和职业素养提出了更高要求，但是目前大多数后勤干部仍然没有转变观念，也缺乏系统性、针对性的学习培训机制；另一方面，后勤服务社会化要求学校配备必要的有技术、懂业务、专业化监管队伍，但是很多学校片面压缩后勤管理和专业技术人员队伍，甚至"以包代管"，简化、弱化后勤专业管理和服务队伍建设，基本队伍严重老化和缺乏。

三是后勤管理和服务能级需要进一步提升。后勤是智慧校园重要的场景之一，信息化是提高后勤管理和服务人性化、精准度的重要手段，是提升后勤服务效能、减少运行成本的必由之路，也是提升师生获得感、满足感最直接的领域之一。当前，后勤信息化存在建设标准不统一，地区、校际、场景应用等不均衡的突出矛盾，智慧后勤支撑和服务师生的作用没有得到充分发挥。

三、"十四五"高校后勤改革与发展思考

（一）对标中国教育现代化 2035

习近平总书记在全国教育大会上讲话指出，党的十九大从新时代坚持和发展中国特色社会主义的战略高度，做出了优先发展教育事业、加快教育现代化、建设教育强国的重大部署。2 月 23 日，中共中央、国务院印发了《中国教育现代化 2035》，中共中央办公厅、国务院办公厅印发了《加快推进教育现代化实施方案（2018 - 2022 年）》。《中国教育现代化 2035》是我国第一个以教育现代化为主题的中长期战略规划，是新时代推进教育现代化、建设教育强国的纲领性文件，凸显全局性、战略性、指导性，系统勾画了我国教育现代化的战略愿景，明确了教育现代化的战略目标、战略任务和实施路径。

2035 年主要发展目标：一是建成服务全民终身学习的现代教育体系；二是普及有质量的学前教育；三是实现优质均衡的义务教育；四是全面普及高中阶段教育；

五是职业教育服务能力显著提升;六是高等教育竞争力明显提升;七是残疾儿童少年享有适合的教育;八是形成全社会共同参与的教育治理新格局。推进教育现代化的八大主要目标更加注重以德为先,更加注重全面发展,更加注重面向人人,更加注重终身学习,更加注重因材施教,更加注重知行合一,更加注重融合发展,更加注重共建共享。

当前,我国社会主要矛盾已经转化为人民日益增长的美好生活需要和不平衡不充分的发展之间的矛盾。与之相对应,当前后勤保障工作也要聚焦师生员工对校园美好生活日益广泛、日益增长的需求,着力解决供给不平衡、不充分的问题。

(二)聚焦上海2035远景目标和"十四五"发展目标

十一届上海市委十次全会决议明确了上海2035远景目标和"十四五"发展主要目标。全会提出2035年的远景目标:基本建成令人向往的创新之城、人文之城、生态之城;基本建成具有世界影响力的社会主义现代化国际大都市;充分体现中国特色、时代特征、上海特点的人民城市;成为具有全球影响力的长三角世界级城市群的核心引领城市;成为社会主义现代化国家建设的重要窗口和城市标杆。

到2035年,人民城市建设迈出新步伐,城市核心功能更加强大,人民群众生活更有品质,城市精神品格更加彰显,生态环境质量更为优良,超大城市治理更加高效,城市数字化转型更有成效。谱写出新时代"城市,让生活更美好"的新篇章。

高校后勤工作,必须把"校园,让生活更美好"作为目标,坚持"为师生服务"的宗旨,全面提升后勤各项工作能级,让校园市场更规范,校园环境更美丽,师生校园生活更美好。

(三)谋划上海市安全美丽学校"十四五"规划

上海市安全美丽学校"十四五"规划的主要目标是坚持立德树人根本任务,突出管理育人,服务育人,深化"三圈三全十育人"思想政治教育体系,为建好"三全育人"综合改革示范区提供有力支撑。满足师生日益增长的美好生活需要,推进后勤更高质量发展,让师生获得感成色更足。基本原则是坚持公益性、加强法制化、坚持系统性、坚持数字化。

坚持公益性。安全美丽学校建设涉及师生最切身的利益,推进任何改革和发展措施都要顾及大多数师生的需求和意愿。第一,要确保公益性的底线不突破,基本公共服务和困难学生的合理需求要充分得到保障。第二,要整体提升学校公共服务能级,只有质量全面提升,而且师生普遍获益,安全美丽学校建设才真正具有公益属性和现代化特征。

坚持法治化。安全美丽学校建设要全面体现依法治教、依法治校的原则,推动学校治理体系和治理能力现代化。第一,教育行政部门依法履行监管责任,学校依规落实相应主体责任。第二,按照"管办评"分离原则,发挥各主体的作用。第三,推动治理能力显著提升,监管手段和措施更加科学、精准、高效。

坚持系统性。安全美丽学校建设要对标教育现代化,加强全局性思考。第一,加强顶层设计和总体规划,形成安全美丽学校建设的制度体系。第二,充分发挥教育评价的导向作用,健全完善科学合理、符合新时代要求的安全美丽学校评价制度和机制。第三,优化管理服务、质量认证、设施设备、资金投入等软硬件现代化标准体系。

坚持数字化。安全美丽学校建设要积极适应未来教育发展新趋势,充分发挥新一代信息技术的支撑支持作用。第一,数字化成为最重要和最基本的管理手段和渠道载体。大数据的支撑极大地推动了校园管理和服务精细化、精准化和个性化。第二,校园物联网的实践极大地推动了智慧校园的理念在学校全面落地和实践,师生的获得感和幸福指数将大大提升。

上海市安全美丽学校"十四五"规划的主要任务:应社会主要矛盾的新特征新要求,构建更高质量的后勤保障体系。面对师生高品质生活的追求和教育高质量发展的态势,学校后勤保障必须主动捕捉和融入技术革新机遇,加快推进观念更新、模式变革和体系完善,提高供给的韧性和适配性,积极构建适应未来教育发展新趋势的更高质量后勤保障体系。包括:建立面向学校的新型保障体系;建立面向现代化的精细化治理体系;统筹推进公共基础设施建设;加快推进新一代信息技术应用;建立长三角学校后勤现代化协调发展机制;打造劳动教育的重要场景和实践载体。

以高质量一流后勤服务体系支撑高水平一流大学建设

——浙江大学"十四五"后勤改革发展的思考

中国教育后勤协会副会长,浙江大学原党委副书记、副校长　张宏建

一、浙江大学基本情况

浙江大学现有全日制学生 57 159 人、国际学生 7 131 人、教职工 9 377 人。在国家公布的"双一流"建设名单中,学校入选一流大学建设高校(A 类),18 个学科入选一流建设学科,居全国高校第三。学校现有紫金港、玉泉、西溪、华家池、之江、舟山、海宁 7 个校区,占地面积 6 223 440 平方米。

"十三五"期间,浙江大学以习近平新时代中国特色社会主义思想为指导,以习近平总书记对浙江大学的重要指示精神为统揽,不忘初心、牢记使命,始终坚持党建引领,贯彻落实党的十九大和学校第十四次党代会精神,围绕"三步走"战略目标,立足综合型、研究型、创新型大学的办学定位,按照"五大体系""五大布局""五大战略"部署,全面深化改革扎实推进"双一流"建设,抢抓机遇、攻坚克难、求是创新、砥砺奋进,学校各项事业蓬勃发展,综合办学水平显著提升,奋力开创了中国特色世界一流大学建设的新局面。

在全国第四轮学科评估中获 A + 学科数居全国第三、A 类学科数居全国第一,ESI 世界前 1‰ 学科数居全国第一,多个全球大学排名进入世界百强,主要办学指标进入世界一流行列,部分可比指标已经接近世界一流前列的标杆高校水平。

二、浙江大学后勤改革发展的现状

浙江大学是我国最早探索后勤社会化改革的高校之一,起步于 20 世纪 80 年代

末期，到1992年就已经基本完成了后勤系统与行政体系的分离，注册成立了我国高校第一个后勤服务总公司，同时完成了从行政拨款到服务收费的改革，基本建立起了社会化的后勤服务运行新体系。1998年，浙江大学、杭州大学、浙江农业大学和浙江医科大学四校合并，成立新的浙江大学。1999年1月，学校成立后勤管理处和后勤集团，标志着浙江大学后勤社会化改革进入了"甲乙方分离、集团化运行"的新阶段，后勤产业化步入快车道。

近二十年来，浙江大学又先后推进了两轮后勤体制调整和企业体制改革。一是2007年前后，围绕学校建设和发展总体规划，贯彻落实全国科技大会和教育部高校科技产业规范化建设工作会议精神，对产业与后勤系统进行体制改造，将学校自办后勤企业纳入产业后勤系统，所属后勤企业从全民所有制企业改造成有限责任公司。二是2018年学校后勤管理处与房地产管理处合并成立总务处，总务处负责学校房地产管理和后勤服务保障管理工作，代表学校对后勤服务进行委托，并对服务单位的工作实施监督考核。2019年以来，贯彻中央深改委《高等学校所属企业体制改革的指导意见》，落实教育部关于高校所属企业体制改革的具体要求，对所属后勤企业进行全面清理规范，实现瘦身健体提质增效，在校内保留了后勤集团及其下属若干家后勤企业，规范运行，市场运作，更好地支撑学校"双一流"建设。

高校后勤社会化改革不是不要后勤，也不是不办后勤，而是通过市场化机制企业化运行把后勤办得更好。在贯彻落实教育部关于后勤社会化改革相关指导意见的过程中，浙江大学始终结合自身办学实际，一方面持续做精做强自办后勤企业，另一方面逐步开放校园市场引入竞争机制。浙江大学后勤改革始终坚持了"四个有利于"的原则，一是有利于学校综合改革和"双一流"建设，为教学科研服务，为师生服务；二是有利于发挥后勤系统的综合优势，建立符合市场经济规律的运行机制，为后勤实体的发展创造良好的基础；三是有利于发挥广大后勤干部职工的积极性，鼓励干部职工大胆改革，大胆创新；四是有利于学校有效规避市场风险，确保国有资产的保值增值。

通过后勤改革，学校后勤运行效率大幅提高，支撑保障更加有力，师生体验有效提升，初步建立了保障有力、服务规范、运行高效、监管到位、竞争有序，既符合高等教育发展规律要求，又能有效支撑学校建设发展需要的一流后勤服务体系。

三、浙江大学面向2035的"十四五"发展目标

党的十九届五中全会明确了2035年基本实现现代化的远景目标，教育现代化将

发挥基础性、先导性和全局性作用，尤其高等教育必须先行并实现高质量发展的战略转型。浙江大学始终与"两个大局"保持战略同步，主动服务支撑我国新发展格局和现代化建设，为人类文明进步做出卓越贡献，学校坚持更高质量、更加卓越、更受尊敬、更有梦想的战略导向，引领中国特色世界一流大学建设新征程，打造未来办学新高峰。

学校力争经过三个五年的接续奋斗，实现跻身世界一流大学前列的远景目标。到2035年，高峰学科数量全国领先，更多学科进入世界前列，部分优势学科达到世界顶尖水平，汇聚一批具有世界影响的学术大师和顶尖人才，教育和创新模式走在全国前列并产生重要国际影响，办学水平和全球声誉广受认可，成为推动世界高等教育改革和学术发展方向的重要力量。

实现学校"三步走"的第二步战略目标，"十四五"的高质量发展是关键。力争到2035年，学校主要办学指标和整体实力稳居世界一流大学水平，在立德树人、学科建设、科学研究、社会服务、文化传承与创新、国际合作与交流等方面实现高质量转型，培养拔尖创新人才、服务创新驱动发展战略、创新学校治理模式取得显著成效，建成更加卓越的综合型、研究型、创新型大学。

四、高水平一流大学建设需要高质量一流后勤服务体系支撑

高校良好的条件支撑和服务保障体系，是学校得以健康运行的基础。浙江大学在推进"双一流"建设的过程中，围绕核心办学使命和发展目标，树立一流的建设理念和品质标准，实施了资源拓展工程、美丽校园工程、优质服务工程和暖心爱心工程，进一步构建完善公共服务体系，增强后勤支撑能力，促进开源与节流并举，拓宽资源筹集渠道，提高资源使用效益，提升校园人文关怀和优质服务形象，建设智慧、美丽、和谐、国际化的魅力校园，为师生员工提供一流的工作、学习和生活环境。

《浙江大学"双一流"建设实施方案》对后勤服务支撑保障工作提出明确要求，要完善和提升服务内容，实现服务保障全覆盖无死角；强化服务品质，健全完善后勤服务监管体系；进一步开放校内服务市场，引导有序竞争、用好经济杠杆、发动师生监督力量；建立管理规范、监督有力，服务项目满足需求、内容齐全、服务优质、师生满意，国内领先、保障一流的服务支撑体系。重点推进物业管理可持续发展，提出促进统一认识的措施，合理、可行的推进配套政策，优质社会资源的准确

选择和高效利用办法。

"十四五"期间,围绕治理体系和治理能力现代化,浙江大学提出优化资源治理模式,探索资源的市场化运作,提升经营性资产管理成效,深化学校所属企业体制改革,提高资产的增值能力和反哺能力;坚持专业化、规范化、现代化发展道路,构建一流后勤服务保障体系;践行绿色发展理念,加强节能、节水和生态环保工作,积极创建绿色学校;提升基层治理效能,探索教师事务服务专员队伍建设,做好基层服务保障,切实将教师和研究人员从繁琐行政事务中解放出来;增强智慧治理能力,打造线上线下融合的新型办学空间,推进学校数字化转型。这些都对后勤服务保障工作提出了更高更新的要求。

五、大力支持后勤集团推进高质量发展

(一) 后勤集团改革发展情况

浙江大学后勤集团是学校所属全资的功能性后勤服务企业,是高校后勤社会化改革进程中孕育成长并不断融入社会参与竞争的高校后勤经济实体,业务范围涵盖餐饮服务、物业服务、水电工程、科技商贸、学前教育五大板块,是服务保障浙江大学教学科研和师生生活的主要力量。同时,后勤集团积极输出品牌和文化,先后为百余家政府、高校、医院和知名企事业单位提供高品质服务。

"十三五"期间,后勤集团紧紧围绕学校高质量高水平建成中国特色世界一流大学的目标和任务,坚持办企初衷和企业定位,坚守"服务育人"初心使命,坚定改革创新理念,加快内涵发展步伐,后勤集团各项事业保持了良好的发展势头。到"十三五"末期,后勤集团年产值超过14亿元,经济规模不断扩大,运行质量稳步提高;通过新一轮体制改革,管理体制逐步完善,发展定位更加清晰;通过完善建立现代企业制度,运行机制不断理顺,运行效率有效提升;以物业和餐饮板块为核心,协同工程、商贸、幼教等各业务板块一体化发展的产业结构和布局不断优化,竞争能力不断增强;品牌形象持续提升,行业地位日益彰显。

(二) 后勤集团的目标与任务

"十四五"期间,后勤集团要以习近平新时代中国特色社会主义思想为指导,围绕学校总体目标和任务,坚持"三服务、两育人"宗旨,实现更高质量发展,提供更高水平服务,为浙江大学高质量高水平建成中国特色世界一流大学提供一流支撑

保障；探索实践"保障有力、特色鲜明"的一流大学后勤服务体系，为高校后勤改革提供示范引领；服务地方和区域经济社会发展，为学校创造效益。

通过未来5年的发展，后勤集团要全面融入市场竞争，着力打造成教育后勤的领军企业，一流的后勤综合服务运营商，致力于校园、园区的一体化运营，提升校园、园区品质，创造美好生活。到2025年，具有浙大特色的一流后勤服务体系建设向更高质量迈进，高校后勤服务的"浙大模式"展现新内涵，实现新发展；物业板块打造国内知名、教育物业管理领域领先的综合物业企业，餐饮板块打造浙江团餐第一品牌，学前教育板块打造国内知名的儿童教育品牌，其他各业务板块的品牌形象和声誉进一步提升，行业影响力进一步扩大。

（三）后勤集团"高质量发展，高水平服务"的实施路径

1. 坚持党建引领。一是积极引导全体党员和干部职工在思想上、政治上、行动上同以习近平同志为核心的党中央保持高度一致，不断增强党员干部运用习近平新时代中国特色社会主义思想武装头脑、指导实践、推动工作的意识和能力，切实承担起推动后勤集团"两个发展、两个延伸"、建设一流后勤服务体系的重要职责。二是围绕企业改革发展中的重点热点难点抓党建，让基层党建工作更加切合生产经营管理目标，实现党建使命与企业目标的有机结合，推动党建工作与业务工作融合发展。三是持续提升基层党建工作质量，不断完善党风廉政规章制度体系和廉政风险防控责任体系，推进全面从严治党向基层延伸。

2. 强化服务育人。围绕学校"为党育人、为国育才"中心工作，落实立德树人根本任务，创新服务理念和服务模式，把后勤服务育人、管理育人、环境育人纳入学校培养德智体美劳全面发展的社会主义建设者和接班人的教育体系之中，深入贯彻落实教育部《大中小学劳动教育指导纲要（试行）》，使后勤服务劳作更好地融入思政课程建设和学生劳动教育，利用后勤的丰富资源和有利条件，创建高质量的校园后勤服务育人新平台，在"三全育人"体系中彰显学校后勤工作的重要作用。提升"三服务，两育人"工作的针对性和有效性，构建和谐发展的校园后勤服务生态。

3. 提升保障能力。加速后勤集团从传统服务向现代服务的提升，从传统后勤向现代后勤的转型，使后勤服务结构更加优化，业态更加丰富，产品更加创新，品质更加精良，运行更加高效，保障更加有力。持续深入开展"创三优争一流"服务竞赛活动，扩宽活动载体，丰富活动内容，提升活动内涵，进一步增强服务意识，改善服务环境，改进服务作风，创新服务举措，探索完善服务品质提升的长效机制。

围绕学校"暖心工程"建设，实施后勤服务"爱心工程"，为师生办实事办好事。加强服务协同，坚持后勤服务一盘棋，构筑校园服务大平台，补齐后勤服务工作的短板，推进各校区各行业后勤服务的协调、均衡发展。

4. 满足师生多元需求。紧贴学校"双一流"建设需要，紧贴教学科研需要，紧贴师生需要，深入开展"服务院系、服务基层、服务师生"活动，积极回应师生关切，提供新型后勤服务，更好地满足师生日益增长的对美好校园生活的需求。进一步加强教师服务专员队伍建设，在做好教师事务服务工作的基础上，拓宽服务领域，积极提供实验技术和工程技术服务。推进"最多找一人"改革，切实将教师和研究人员从繁琐行政事务和辅助研究工作中解放出来，助力学校院系行政服务体系改革，助力学校人才队伍优化。

5. 建设绿色智慧校园。积极融入绿色校园建设，在节约型校园建设的基础上，践行生态环保理念，降低作业噪音、污染物等排放，减少后勤保障运行给校园生态环境带来的影响，推行后勤绿色服务，构建美丽校园生态。积极融入"网上浙大2.0"建设，以智慧后勤建设为抓手，以现代装备和信息技术的广泛应用为基础，使高效的标准化生产和精准的个性化服务更好地结合，进一步提升服务效率和师生体验。

6. 持续深化后勤集团内部改革。坚持向管理要质量、要效益、要发展，对标一流管理，深入查找企业管理的薄弱环节，持续加强企业管理的制度体系、组织体系、责任体系、执行体系、评价体系等建设。一是通过内部管理架构和管理体系的改革，有效提高各级管理人员的执行力，凝聚推进后勤集团更高质量发展的合力；二是通过考核激励约束机制的改革，激发干部职工的活力，有效形成推进后勤集团更高质量发展的驱动力；三是通过科技驱动创新领跑，深入推进智慧后勤转型。要通过改革创新来营造"活力迸发，锐意进取"的良好发展环境。

（1）集约化经营。一是继续坚持"量质并举，以质为先"的市场方针，进一步实现以质量为核心的内涵式发展。二是持续优化资源配置，发挥规模效应，集中精力打造核心运营平台，提升市场竞争力。三是始终坚持效益优先，坚决杜绝"高成本、低效率"状况，全力向"低投入、高产出"的经营目标努力。四是加快数字化转型，推动后勤生产、经营、管理、服务等各环节的数字化、网络化、智能化，有效提升运行效率，依靠信息技术创新驱动，不断培育后勤服务新业态和新模式。五是完善建立优胜劣汰、能上能下的选人用人机制，选用优秀人才参与日益激烈的市场竞争。六是大力加强品牌营销，树立品牌意识，加强品牌管理，输出品牌文化，做好品牌推广，提升品牌形象，从而有效提高品牌影响力和竞争力。

（2）集团化管控。后勤集团从战略层面推进管资产和办经营相对分离，对各业务板块主要采取战略管控型+财务管控型的管控模式。集团总部负责集团的财务、资产运营和集团整体的战略规划，每年向所属企业下达财务目标，各所属企业（业务板块）制定自己的业务战略规划，完成集团每年下达的财务目标。在校内运行上，基于校内服务市场在整个集团发展中的战略地位，坚持以师生满意为目标，加强全面预算管理和绩效评价。主要采取操作管控型的管控模式，集团总部从战略规划制定到具体实施都要全程管控。加强指导、协调和监管，确保校内服务品质。

（3）平台化运营。加快企业内部平台化建设，围绕后勤集团核心运营平台，加速教育后勤的全产业链布局，一是将核心平台做强做大，提升综合实力和市场竞争力；二是加速内部具有上下游关系的产业链整合，充分发挥各业务板块的优势，实现效率和效益的最优化。谋划推进企业的平台化运营，充分发挥现有成熟的管理体系和作业标准的优势，建立平台运营规则和管控体系，对接可靠合作伙伴，共同提供优质产品和服务，打造教育后勤服务平台，形成创新协同、竞争合作的教育后勤服务生态，从而减少企业运营的成本和风险，提高企业快速扩张能力，提升企业效益，逐步推进从生产型企业到平台型企业的转型。

规划未来 赋能发展

——对教育后勤改革发展的思考

江南大学原副校长 田 备

"规划"是对未来整体性、长期性、基本性问题的思考和考量，设计未来整套行动的方案。"规划"与"计划"具有一定的相似性，不同之处在于：规划具有长远性、全局性、战略性、方向性和概括性。从字面上看"规"是战略层面的法则、章程、标准；"划"是战术层面具象、落实、部署，两者是"起"和"落"的关系，也是辩证统一的关系。习近平总书记对"十四五"规划编制工作作出指示时也强调，"要把加强顶层设计和问计于民统一起来"。后勤是学校发展的重要支撑部门，后勤的规划和布局应是有"起"有"落"，不仅要与大学现阶段的发展同频共振，更要具有超前的眼光和战略的思维为学校未来发展赋能。

一、服务为本，体制赋能

大学的职能包括人才培养、科学研究、社会服务、文化传承创新以及国际交流合作，学校主要工作的开展均是围绕这几方面展开。在不同的高校这五者侧重点不同、运行的规则不同、相互作用的内在机制也不同，形成的大学文化也不相同。因此，后勤体制机制的设计应充分考虑大学所处的历史时期、发展现状、内外环境，要与大学发展同向而行。具体来说，高校后勤的改革与发展在宏观层面看要着眼于全球发展趋势和国家对高校赋予的历史使命，从微观层面看要因地制宜、因校制宜，要立足学校发展实际，着眼于学校改革发展的整体性全局性工作，围绕学校各阶段工作重心，适应学校教育事业发展的形势和要求。在总体规划部署上要与大学的发展规划同步设计，在战略目标设定上要与大学目标同频推进，在后勤文化建设、品牌打造上要与大学形成文化共振。

(一) 体制赋能

随着教育现代化的深入推进，校园保障与服务事业与大学本体的发展密切关联，早期阶段我们称之为"大总务——1.0阶段"，大多数高校设有总务处，负责除了党政事务、组织人事、教学科研之外的所有事务，所管事务极其繁杂且艰巨，时至今日，还有不少大学设有总务处，但是职能相较于过去已经发生了巨大变化。21世纪初，许多高校进入后勤体制改革阶段，厘清了后勤处的管理职能与后勤集团企业化运营的两权分离，建立了契约关系，我们称之为"甲乙方——2.0阶段"，甲乙方契约式关系的不足之处在于，以自身利益诉求为重的乙方，将逐渐游离于学校事业发展的主流。进入21世纪，为使得校园保障与服务部门适应系统化、协同化、现代化的升级要求，学校再度对校园保障服务体制进行重大调整，取消甲乙方运行模式，建立大后勤保障系统，我们称之为"混合式——3.0阶段"。目前，我们正在向"现代化——4.0"阶段迈进。4.0阶段将以专业化、标准化、信息化、智慧化为基本特征演绎推进，其核心是体制机制，关键是创新驱动，是社会化、自主化、多元化有机统一，协调发展的整体。

对于社会化改革的推进，既不走老路，对学校后勤事务大包大揽，又不单纯以甩包袱为主要目的，趋从所谓的完全社会化，而是通过高位思考、理性统筹、有序分工，通过嵌入式社会化服务，找好平衡点，优化公益性资源配置，激发服务运营活力，回归学校本体，服务学校发展，融入学校事业。

(二) 组织赋能

从组织赋能角度上看，以江南大学为例，自2011年起，我们结合学校后勤管理与服务的状况和特点，顺应学校发展所需，实质性推进学校后勤体制改革和创新，凸显教育性，释放公益性，增强协同性，推进建设了以"现代化、新后勤"为基本导向的大部制"新后勤模式"，组建了后勤保障系统，实现了单一分散的后勤服务向大后勤保障服务转变，实现了"权利与责任挂钩，权利与利益脱钩"的目标，实现了"甲乙方互相制衡"向"后勤与学校融合发展"的转变，实现了"后勤单一监督"向"全校师生监督"的突破，从根本上激发了后勤队伍服务运营活力，降低了服务成本，在保障校园安全稳定和谐发展的同时，最大限度地满足了师生对校园管理和服务的新需求，为学校快速发展提供了支撑和条件保障。

立足新形势下的新发展要求，"新后勤模式"实现了部门运作从单一到综合、从分散到协同的转变，创立了"师生为重，服务为先"的服务宗旨，建立了"大后勤、大系统、大保障、大服务"的运行格局，推行了"一站式服务、一条龙保障、一体化运作、一盘棋谋划"的运行模式，树立了"服务手段信息化、服务产品标准化、服务队伍专业化、服务设施现代化"的建设目标，形成了"平安校园、智慧校园、绿色校园、幸福校园"的建设愿景。"师生为重，服务为先"的理念深入人心，后勤队伍的精神面貌焕然一新，整体服务水平逐年提升。

作为重要协调机构的后勤保障系统党委以协调办为抓手，充分发挥"核心、协调、智库、助推"的作用对后勤保障系统党建工作、干部工作、人事工作以及其他各项交叉工作统筹部署，大大提升了大学后勤组织能力和综合协调能力。

（三）机制赋能

1. 条块结合

为不断推进后勤管理体制和运行机制的改革，我们探索推进实施了"条指导、块管理、条块结合"的后勤运行新机制，把各部门服务管理的项目作为"条"，成立以"条"为主的纵向中心，将区域服务为主的服务项目作为"块"，进行综合管理与协调。随着建设的不断推进，我们在"条指导、块管理、条块结合"的思路上进行了"总分结合"的梳理，进一步加强条块矩阵建设，"条"线负责标准制定、业务指导；"块"面负责进行业务聚合、流程整合，加强了业务在服务管理终端的延伸，实现了条线职能与块上资源的系统整合。

2. 业务聚合

校园服务运行指挥中心是学校业务聚合现代化综合协调指挥平台，是"条指导、块管理、条块结合"模式的具象化体现。平台以"总揽全局、监督管理、服务咨询、应急指挥"为功能定位，以"条块结合、总分结合"建设为主线，系统设计推进态势平台、监督管理、服务咨询等体系建设，创新管理模式与服务业态，增强了对校园基础设施运行的智慧化管理，提升了服务内涵和保障能力。

二、劳动育人，协同赋能

在 2018 年全国教育大会上，习近平总书记指出，要培养德智体美劳全面发展的社会主义建设者和接班人。要在学生中弘扬劳动精神，教育引导学生崇尚劳动、尊重劳动，懂得劳动最光荣、劳动最崇高、劳动最伟大、劳动最美丽的道理，长大后能够辛勤劳动、诚实劳动、创造性劳动。高校后勤管理服务与学生的衣、食、住、行、学紧密联系，有着天然的育人优势和育人传统，是学校立德树人工作的重要组成部分，是"劳动教育"最好的载体。

后勤育人是后勤生产关系的高阶体现，与后勤服务水平提升密不可分，是后勤本职内生属性之一，随着时代的发展和社会的进步，后勤育人工作呈现出新的时代特征。大学生从家庭走进校园再到毕业进入社会，其生活服务将经历由家庭单个供给到学校后勤集体供给再到社会分散供给的变化，大学时期的"集体供给"具有特殊作用，其社会价值、教育价值影响深远。作为后勤要牢牢把握大学"文化之魂"，努力构建与大学精神气质相符合的后勤育人价值观；要回归大学"育人之本"，努力培育与学校育人目标相一致的后勤服务；要培育后勤"育人之壤"，努力构建与时代特征相吻合的后勤育人平台。

（一）环境育人，以物化人

校园景观是学校文化精神最直接的表达载体，好的校园景观设计不仅可以丰富校园景观层次、提升校园生态效益，还可以形成校园特色景观视觉，传承大学文脉，发挥育人作用。精心设计的桥梁、河流、飞禽、植被等，每一处风景都能成为学生美好心灵健康成长的寄托；充分磨合打造的校训、校标、吉祥物、图书馆、教学楼、食堂、宿舍等每一处功能载体都能成为学生的良师益友。学校在绿色环保、信息化、疫情防控等方面的每次创新都能为学生带来启发教育。

（二）行为育人，以行化人

后勤育人的功能是校内其他体系的教育所不可替代的，经过多年的发展，后勤已经实现了从基础服务到技术提升再到认识提升的质变，已经逐渐具备从台下到台上开展教育的独特资源和可行性。为此，我们创造性地提出"学校后勤办后勤学校，服务育人为育人服务"的工作理念，并建立了全国首家"后勤学校"教育载体。后勤学校充分发挥员工个人能力和技术，开设多样兴趣课堂。截至目前，后勤学校开设生活技能、绿色发展、安全健康、信息素养、后勤管理等五类课程148门次，学员22 000余人次，课程预约场场爆满。通过"后勤学校"我们真正把"懂生活、会生活、管生活、爱生活"的价值理念带给了学生，学生也学会从"学校提供服务，学生享受服务"逐渐向"学生自我服务，共享服务学习"的转变。可以说，后勤学校是学校后勤服务与学校管理体制机制深度融合的重要成果。

（三）文化育人，以文化人

在中国教育后勤协会的指导下学校成立了"江南后勤研究院"。这是在"后勤学校"基础上的一次全面升级，未来后勤研究院将坚持把"立德树人"作为目标导向和根本任务，深刻研究大学精神、大学文化、后勤精神、后勤文化的内涵。与此同时，我们也在原有建设基础上，进一步丰富后勤学校文化内涵，打造了系列文创产品，让师生把后勤的文化穿在身上、带在身边、用在手中。立足学生生活成长服务的各个重点环节，借力于当前涌入校园服务的各类新科技、新业态，我们围绕餐饮、物业、环境、会务、健康等各个环节均打造了独具特色的文化品牌，实现了爱在后勤、家在后勤、美在后勤、精在后勤、仁在后勤的全方位文化浸润。

三、信息技术，数字赋能

（一）业态协同，数字赋能

近年来，随着互联网和信息化大潮席卷社会生活的各个方面，教育事业也随之产生了巨大改变。智慧校园是新一轮技术变革和知识经济发展的产物，是数字化、信息化在高校充分利用的进一步深化。大学校园服务走向智慧建设之路是一条必然之路。智慧校园的建设，将在一个新的层面上，对学校管理特别是后勤管理和服务的各个环节和要素进行全面的整合和重构，这对推进学校教育事业科学发展具有十分重要的现实意义。智慧化不可能一蹴而就，需要统筹规划、分期实施、专注业务、优化流程，要打牢基础、建好平台、做强应用，要高度关注业态协同，要能在物联平台实现万物互联，在应用平台上满足管理和服务的需求。

（二）条块协同，数据赋能

随着数字化校园建设的持续推进，我们围绕"智慧后勤"总体建设目标，通过"数字化""信息化"两路并举，将"数字化""信息化"逐步渗透于后勤管理的全过程和各环节，并将众多业务系统进行系统整合建成校园运行指挥中心，在数据层面实现了对数据的科学提取和智慧管理，在业务层面实现了对校园管理的业务聚合、流程整合和数据融合，发挥了总揽全局、监督管理、服务咨询和应急指挥的作用。

（三）云边协同，服务赋能

数据是新的黄金，而"边缘到云"使组织可以从任何地方获取所有数据是未来趋势所在。通过集成新一代物联网、大数据、云计算、人工智能等信息技术，融合新时代高校后勤管理办法，构建后勤信息化云生态平台。平台通过设备中心提供各类设备的统一接入和智能管理，通过数据中心为各类数据提供规范的组件，通过工具中心提供接口调用服务，通过算法中心提供自有算法模型库实现能力共享，通过运维中心实现应用系统的全生命周期运维监控，最终实现并加速高校后勤信息化的数字化转型，促进高校后勤信息化行业的生态铸造。在未来，我们还将探索建立国家级高校智慧云服务，形成中心云和若干边缘云的生态分布，中心云为边缘云提供充足的虚拟化资源，边缘云通过独立的资源管理系统进行自治管理。

后勤的规划要拨准航向，要紧密贴合大学立德树人根本，服务好学校战略发展目标，立足学校"十四五"规划、"双一流"建设等重大战略举措同向发力；要坚持好导向，为大学的使命、愿景和目标等赋予新的内涵，以持续创新实现后勤管理服务质量提升和可持续发展为大学赋能，更好地适应和应对未来社会形态的多样性和复杂性；要定好走向，随着中央过"紧日子"的持续推进，后勤的发展更加需要坚持一张蓝图绘到底，要克服困难，小步快走，强化项目追踪问效，用实际效益向大学交出满意答卷。

"十四五"高等教育改革发展形势与任务
——对高质量教育体系建设的思考

《高校后勤研究》杂志执行总编 卢彩晨

一、高等教育面临新形势

党的十九届五中全会指出，我国发展环境面临深刻复杂变化，当今世界正经历百年未有之大变局，新一轮科技革命和产业变革深入发展，国际力量对比深刻调整，国际环境日趋复杂，不稳定性、不确定性明显增加，新冠肺炎疫情影响广泛深远，经济全球化遭遇逆流，世界进入动荡变革期，单边主义、保护主义、霸权主义对世界和平与发展构成威胁。

我国发展不平衡不充分问题仍然突出，重点领域关键环节改革任务仍然艰巨，创新能力不适应高质量发展要求，农业基础还不稳固，城乡区域发展和收入分配差距较大，生态环保任重道远，民生保障存在短板，社会治理还有弱项。

当前，中国高等教育面临三大挑战：面临科技革命的挑战、国际形势的挑战、国内形势的挑战。

从科技发展趋势看，历史证明，每一次科技革命都会引发高等教育变革。西安交大校长王树国认为，第四次工业革命也必将引发高等教育的深刻变革：一是知识的垄断已经不复存在，大学不能继续高高在上；二是产业结构变化催生新的学科组织方式；三是知识更新的高频节奏催生新的培养模式；四是市场对新技术的高度敏感性在催生科研方式的转变。

从国际形势看，网上资料显示，中国有13所高校被美国列入实体制裁清单。高等教育国际化面临许多阻力，我们向其他科技发达国家高等教育学习的路可能会变得十分艰难。历经百年沧桑的中华民族的高等教育站在了一个新的起点。大学作为"国之重器"已然到了冲锋陷阵的时刻。

从国内形势看，坚持稳中求进工作总基调，以推动高质量发展为主题，以深化供给侧结构性改革为主线，以改革创新为根本动力，以满足人民日益增长的美好生活需要为根本目的。以高质量发展为主题，构建"双循环"新发展格局，要求高等教育必须高质量发展。

二、高等教育改革发展的任务

"十四五"规划建议在创新方面提出：坚持创新驱动发展，全面塑造发展新优势。坚持创新在我国现代化建设全局中的核心地位，把科技自立自强作为国家发展的战略支撑。加强基础研究、注重原始创新，优化学科布局和研发布局，推进学科交叉融合，完善共性基础技术供给体系。瞄准人工智能、量子信息、集成电路、生命健康、脑科学、生物育种、空天科技、深地深海等前沿领域，实施一批具有前瞻性、战略性的国家重大科技项目。制定实施战略性科学计划和科学工程，推进科研院所、高校、企业科研力量优化配置和资源共享。加强创新型、应用型、技能型人才培养，实施知识更新工程、技能提升行动，壮大高水平工程师和高技能人才队伍。支持发展高水平研究型大学，加强基础研究人才培养。加快科研院所改革，扩大科研自主权。

"十四五"规划建议在教育方面提出：改善人民生活品质，提高社会建设水平。建设高质量教育体系，全面贯彻党的教育方针，坚持立德树人，加强师德师风建设，培养德智体美劳全面发展的社会主义建设者和接班人。健全学校家庭社会协同育人机制，提升教师教书育人能力素质，增强学生文明素养、社会责任意识、实践本领，重视青少年身体素质和心理健康教育。坚持教育公益性原则，深化教育改革，促进教育公平，推动义务教育均衡发展和城乡一体化，完善普惠性学前教育和特殊教育、专门教育保障机制，鼓励高中阶段学校多样化发展。加大人力资本投入，增强职业技术教育适应性，深化职普融通、产教融合、校企合作，探索中国特色学徒制，大力培养技术技能人才。提高高等教育质量，分类建设一流大学和一流学科，加快培养理工农医类专业紧缺人才。提高民族地区教育质量和水平，加大国家通用语言文字推广力度。支持和规范民办教育发展，规范校外培训机构。发挥在线教育优势，完善终身学习体系，建设学习型社会。

根据上述"十四五"规划建议，我认为，今后一段时期我国高等教育改革发展的主要任务在于：提高高等教育质量，加快培养拔尖创新人才，加快解决"卡脖子"

科技问题。

三、如何构建高质量教育体系

为什么我们与高等教育发达国家差距大？根本原因在于，一百年来，中国高等教育始终没有走出一条自己的路，没有形成自己的制度体系。如何构建高质量教育体系？就是要深入贯彻落实习近平总书记的讲话精神，"扎根中国大地办大学"。

我认为，可以将高质量高等教育体系分为两类：一类是常规高质量发展体系；一类是"超常规"高质量发展体系，或者叫"应急"高质量体系、"重中之重"高质量体系。其中，"应急"高质量体系要加快培养拔尖创新人才，举全国之力攻克"卡脖子"问题。常规高质量体系，就是要找准优先改革项目，加快高等教育分类改革、分类发展，构建"冲破天"的科研体系和人才培养体系，加快人才培养模式改革，办快评价制度改革。

总之，高等教育高质量发展是中华民族伟大复兴的必然选择，是中华民族彻底摆脱屈辱历史的必然选择，是建设高等教育强国的必然选择。高等教育高质量发展形势紧迫、任务艰巨。高等教育高质量发展必须进行前所未有的变革。高等教育高质量发展，每一位高等教育人都责无旁贷。

高校餐饮美味，推动减少浪费
——对高校餐饮优质供给的几点建议

中国人民大学后勤集团总经理　宋大我

2020年8月，习近平总书记就坚决制止餐饮浪费行为作出重要批示，全国教育系统迅速行动，积极学习贯彻指示精神，并采取切实有效措施将制止餐饮浪费工作落到实处。制止餐饮浪费有两条工作路径：一是采取有效措施，建立长效机制；二是进一步加强宣传教育，切实培养节约习惯。

在整个社会中，高校由于人员密集，餐饮消费需求巨大。各高校也都形成了兼具地域和学校特色的餐饮供应体系。调查显示，高校师生餐饮浪费状况与饭菜质量有着密切的联系，饭菜质量高浪费情况就少，饭菜质量低，或者不符合师生的需求，浪费情况就比较多。可以看出，在高校餐饮上，优质供给既是满足师生餐饮需求的正确方向，又是制止餐饮浪费的重要途径，也是构建制止餐饮浪费长效机制的重要内容。高校餐饮如何提供优质供给？可以从以下几个方面着手：

第一，听取师生对学校餐饮工作的建议。餐饮工作不是闭门造车，食堂的饭菜好不好吃，师生最有发言权。高校餐饮部门是为师生服务的，因此要做到优质供给就一定要听取师生对学校餐饮工作的建议。建立多样、便捷的师生餐饮信息反馈、收集、研判、处理的机制，根据师生建议及时调整供餐体系，这是优质供给的重要组成部分。例如，中国人民大学餐饮管理部门就曾按照学生的建议在食堂开设素食窗口，开发并提供了减脂餐，受到师生好评。

第二，健全餐饮人员培训考核激励机制。要想高校食堂的饭菜好吃，做到优质供给，就得不断提升食堂厨师等从业人员的专业水平。各高校餐饮管理部门也普遍通过开展岗位技能考核、烹饪技能比赛等形式提高厨师的烹饪技艺，例如，中国人民大学每年都会开展红案、白案和风味小吃烹饪技能比赛，通过比赛促进厨师的水平提升和技能交流。要让餐饮从业人员不断提升技能水平，首先，要健全考核激励机制,让技术水平高、工作努力的从业人员在经济、岗位、荣誉上有更大的获得感,以激励其更加努力工作;同时,带动整个工作队伍技术水平上的进步。其次,要建立从业人员技能提升的平台,帮助他们通过不断学习、交流、培训,提升自身的专业技术水平。中国人民大学推出的厨师冠名菜和明星大厨档口,就是激励不断提高学校食堂菜品质量的有效举措。

第三,建设学校餐饮大数据平台。现在高校餐饮单位宣传菜品、活动的方式,普遍还是依赖微信、微博、短视频等平台,信息碎片化比较严重,缺乏系统完整的信息规划,普遍未建立统一的餐饮菜品信息化大数据平台。目前许多高校都在开展智慧校园、智慧食堂的建设,智慧食堂已经从无人售餐、刷脸吃饭的1.0时代,进入利用大数据平台整合餐饮全链条服务的2.0时代。一方面,将学校各食堂、餐厅菜品、主食和每个菜品的风味等基础信息系统录入系统;另一方面,将师生个人的餐饮消费习惯、消费记录和菜品销售数据导入系统,通过大数据分析得出每个食堂的热门档口、热门菜品等信息;同时,结合师生个人餐饮消费习惯,还可以做到定向推荐菜品。通过大数据使师生找到适合自己口味的美食,以更好地满足师生多样化的餐饮消费需求,也可以通过大数据对原材料采购、后厨管理、厨师评价全链条提供参考依据。

第四,打造创新和多元的校园餐饮文化。高校的餐饮供给不仅提供优质的食品,也要注意文化表达。通过打造创新和多元的校园餐饮文化,凝聚师生人气,增强师生对餐饮工作的认同和餐饮文化的喜好,从而打造学校优质供给的餐饮服务保障体系,减少餐饮浪费。为此,可以从两个方面着手。一是创新餐饮品类,将传统节日和丰富的地域美食引入校园。中国人民大学就特别注重传统节日饮食的开发,比如清明节的青团、端午节的粽子、中秋节的月饼、重阳节的重阳糕等。此外,学校还把老北京小吃等地域美食引入食堂,满足了师生多样化的餐饮消费需求。二是引入社会餐饮力量为学校师生提供服务。中国人民大学从2017年起举办了"客厨RUC"活动,邀请了人民大会堂、北京饭店、米其林餐厅大厨等社会和高校餐饮界精英来学校为师生做饭,目前已经举办了32期活动。这个活动已经成为人大餐饮的特色活动,每一次举办活动的时候,学校里就像过节一样热闹。除了师生能品尝到优质的菜品外,学校的厨师也能从活动中学习到新的烹饪技艺。

第五,运用餐饮手段服务学校育人工作。人才培养是高等学校的中心工作,餐饮工作也应该服从和服务于这个中心。中国人民大学现已将劳动教育纳入本科生人才培养体系,搭建劳动教育平台,并通过餐饮管理部门开发了"学厨RUC""我是大厨"等餐饮实践的劳动课程。通过餐饮工作实现育人目标的同时，还能让学生参与到学校餐饮优质供给的工作实践中来，感知"一粥一饭当思来之不易"，体会食堂从业人员精益求精的工匠精神，培养学生"崇尚节俭、反对浪费"的餐饮消费习惯。

专题报告六　行业标准化建设

中国教育后勤协会标准化技术委员会 2020 年工作报告

中国教育后勤协会标准化技术委员会（以下简称"标委会"）自成立以来，以推动教育后勤行业高质量发展为目标，不断强化团体标准研制，加强与相关行业组织在标准化方面的合作，全面加强协会标准化建设工作。

一、以规范运作为原则，加强组织制度建设

随着国家标准化改革的推进，培育和发展团体标准成为深化改革的重点，国家鼓励具有法人资格的协会、商会等社会团体按照自行规定的标准制定程序制定并发布实施团体标准。中国教育后勤协会抓住团体标准建设的契机，经协会分支机构、高校及有关研究机构、国家标准化研究院、其他相关行业组织的推荐，完成组建标准化技术委员会，作为协会的内设机构承担标准化决策、标准化技术工作管理协调和标准编制的组织实施工作。标委会制定出台了《中国教育后勤协会团体标准管理办法（试行）》，完成了在全国团体标准信息平台上的注册，使协会具备发布团体标准的资质。

为了更好地发挥标委会在团体标准制修订工作中的作用，学习参考其他相关标准化委员会管理办法及文件，起草完成《中国教育后勤协会标准化技术委员会工作条例（试行）》，并经协会会长办公会议审议通过。该工作条例明确了标委会主要的职责是承担教育后勤行业标准化决策、标准技术工作管理协调和标准制定、修订、复审和宣传贯彻等工作。同时，规定了标委会组织机构、工作程序及委员的任职条件及权利和义务。

协会换届后，各分支机构陆续完成换届工作，标委会及时调整、增补由分支机构

秘书长担任专家委员的人选，以更好地推动标委会开展工作。通过依托有标准化技术工作实力的会员单位人才优势，不断充实标委会的专家团队，更好地支撑协会标准化工作。

二、以提升质量为核心，研究制定团体标准

适应行业规范自律要求，加快行业标准研制推广，是协会一直以来的重要工作。标委会成立后，启动了高校后勤主要业务领域的团体标准的制定工作。标委会严格按照国家对团体标准制定的流程要求，充分调动协会各分支机构的积极性，稳步推进团体标准的起草、征求意见、审查和公布的环节，先后制定发布的团体标准有：《校园快递服务站建设与服务规范》《高等学校学生公寓管理服务规范》《高等学校引入社会餐饮企业承办学生食堂管理规范》《高等学校后勤组织文化建设评价标准》。这些标准的发布实施，适应了高校后勤社会化改革不断推进，校园服务市场和管理体制开放多元、竞争有序的态势，对高校后勤扩大开放、规范自律、加强监管、确保质量提供了重要的规范制度依据。

三、以整合资源为手段，促进联合出台标准

按照国家标准化委员会鼓励协会之间合作制定发布标准的政策导向，基于协会在业务领域、会员单位和行业职能等方面与多个专业领域行业组织相互交叉的客观现实，标委会成立以来秉承开放的胸怀，以有利于教育后勤事业健康发展的态度，积极与中国物业管理协会、中国水利学会等行业组织加强沟通，增进合作，合理分工，形成合力，联合研制发布有关校园物业、高校节水等领域的团体标准。

2019年，在水利部综合事业局的协调下，中国教育后勤协会与中国水利学会联合颁布了《节水型高校评价标准》和《高校合同节水项目实施导则》两项团体标准，为开展"节水型高校"建设提供了技术支撑。2020年，协会与中国水利学会共同进行《节水型高校建设实施方案编制导则》团体标准的制定，现已完成征求意见，进入审查发布阶段。

根据中国教育后勤协会与中国物业管理协会合作开展标准化建设工作的安排，标委会积极与中物协标准化工作委员会沟通，建立长效合作机制，促进优势互补、资源共享，联合发布首个高校物业团体标准《高等学校物业服务规范》，共同为行业会员提供更好的服务，促进共同的事业发展。

四、以标准落地为目标,开展宣传培训活动

为了扩大协会团体标准的影响力,让更多的会员单位了解使用标准,通过协会官网专栏刊登已经发布的团体标准,并制作成单行本,发放给会员单位使用。

2019年12月,有关高校节水的团体标准发布后,标委会联合全国节水办、水利部综合事业局、中国水利学会共同组织召开高校节水工作推进会,对《节水型高校评价标准》和《高校合同节水项目实施导则》两项团体标准进行宣贯。2020年5月,协会还组织了"校园节水云课堂"活动,通过线上培训方式,重点对两项团标的适用进行解读宣贯,促进标准在高校落地适用,推动节水型高校的建设。

展望"十四五"规划的开局之年,标委会将一如既往以更加务实的工作精神,充分发挥好标委会的作用,协同配合,扎实工作,让标准化发挥出更大价值,不断提升行业管理与服务水平,促进教育后勤行业实现高质量发展。

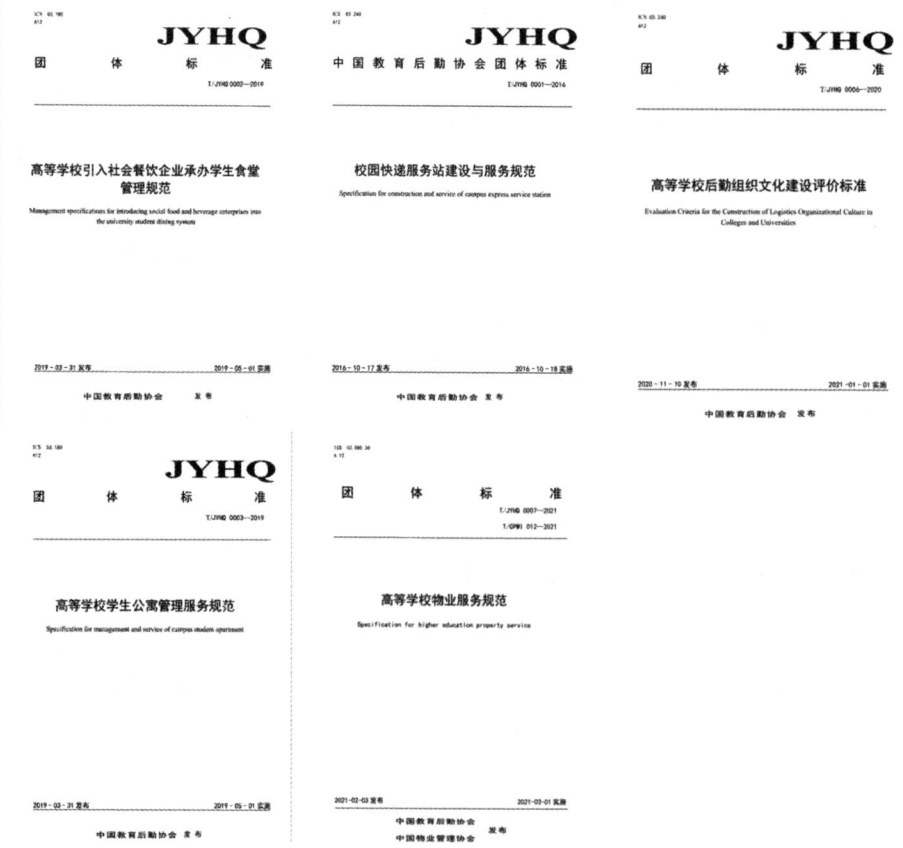

专题报告七 感动人物

中国教育后勤协会荣誉体系
——2020年"感动人物"

党的十九大和全国教育大会确立了建设社会主义现代化教育强国的宏伟目标。建设高等教育强国，要有一流的后勤服务保障体系支撑，办好人民满意的教育，要有广大师生满意的后勤服务。为突出报道后勤战线典型人物，弘扬后勤人担当奉献的精神，激发后勤人为党育人、为国育才的责任感和使命感，中国教育后勤协会联合教育主流媒体，共同打造中国教育后勤协会荣誉体系之"全国教育后勤系统'年度感动人物'主题活动"。该活动自2020年开始启动，以"传播后勤情怀 传递后勤力量 传承后勤精神"为主题，通过多种渠道和方式选取全国教育后勤战线年度震撼人心、令人感动的人物和团队予以宣传表彰，通过协会的平台讲好教育后勤的感人故事，发出教育后勤的时代声音。

2020年，面对突如其来的新冠肺炎疫情，全国教育后勤战线的广大干部、一线员工挺身而出，坚守岗位，勇于奉献，为守护广大师生的生命安全和身体健康做出了突出贡献。为深入贯彻落实习近平总书记在全国抗击新冠肺炎疫情表彰大会上的重要讲话精神，展现教育后勤系统抗击疫情的伟大实践，中国教育后勤协会决定开展以"后勤抗疫"为主题的"全国教育后勤系统'2020年度感动人物'评选活动"。

活动启动后，协会陆续收到来自各地方教育后勤社团组织、各分支机构及各院校推荐的个人及集体事迹近两百例。这一个个真实、平凡而又伟大的故事，是广大教育后勤工作者的缩影，是教育系统抗击疫情战线上的重要力量。近两百例教育后勤工作者的感人事迹，充分展现了教育后勤人团结、坚韧、奉献、担当的崇高品质,在全国教育后勤系统树立了立德树人的榜样,激励着后勤人将抗疫精神转化为提升学校后勤服务保障能力的强大动力,不断开创新时代教育后勤改革发展新局面。

在充分考虑被推举人地域分布、专业领域分布和人员结构的基础上,重点考虑抗疫工作任务艰巨的地区,以及被推举人曾受过地方表彰和媒体报道等情况,突出基层工作者,兼顾单位领导和集体,最终推举出35位个人、10个集体入围"2020年度感动人物"。入围名单提交协会驻会会长办公会议最终审议确定。

2021年4月,2021中国教育后勤展览会在上海世博展览馆举办。开幕式上举办了全国教育后勤系统2020"感动人物"授予仪式(见图1及表1)。为疫情期间坚守岗位、勇于奉献,守护广大师生的生命安全和身体健康做出了突出贡献的清华大学左臣婕等35位个人、华中科技大学后勤集团"2244后勤维修服务团队"等10个集体颁发了"2020年度感动人物"证书。

图1 颁奖仪式

表1 获奖个人及单位

地区	姓名	单位
个人形式(35人)			
北京	左臣婕	清华大学学生社区管理服务中心七级职员
	翟 儒	北京交通大学后勤集团总经理
	田小强	中国人民大学后勤集团车队司机

续表

个人形式（35 人）		
地区	姓名	单位
天津	栾 蔓	天津大学会议接待中心总经理
山西	孔剑平	山西大学饮食服务中心支部书记
	张富强	山西省高校后勤协会副会长兼秘书长、太原理工大学后勤保障处处长
内蒙古	苏 和	内蒙古师范大学后勤服务集团总经理
黑龙江	程相年	哈尔滨工业大学后勤集团学生公寓管理中心生活辅导员
	高 飞	齐齐哈尔工程学院总务处维修科科长
上海	傅佳喆	上海建桥学院后勤保卫处副处长
	顾中忙	上海师范大学后勤服务中心主任
	王晓捷	上海教育超市连锁有限公司总经理、党支部书记
江苏	叶 军	江南大学校医院院长
	戴 娟	淮阴工学院宿管中心主任
	杨爱东	中国矿业大学总务部党委委员、党政办公室主任
浙江	路 英	浙江农林大学公共事务办主管/助理研究员
	刘发祥	浙江浙大新宇物业集团有限公司北京分公司（北建大）外围保洁
安徽	刘保莉	安徽三联学院校医院院长
	张 利	安徽润博餐饮管理服务有限公司董事长
山东	赵诗存	山东师范大学后勤管理处餐饮中心主任
	刘德明	山东明德物业管理集团有限公司党委书记、董事长
河南	武治国	信阳师范学院后勤服务总公司总经理
	唐 萌	河南财经政法大学后勤处综合科科长
湖北	李献东	武汉大学后勤保障部副书记
	乔 娟	华中农业大学资产经营与后勤保障部饮食服务中心主任
	邢 文	武汉工程大学校医院医生组长
	陶 栋	武汉生物工程学院后勤集团公寓管理与服务中心主任
	胡建军	湖北大学后勤集团物业服务中心　副经理兼社区副书记
湖南	马海青	湖南工业职业技术学院食堂民族餐厅厨师
广东	刘 惠	珠海市丹田物业管理股份有限公司清洁部经理
	欧阳铭	深圳中快餐饮集团有限公司副总裁
广西	邓海军	广西师范大学后勤保障处处长、后勤服务集团　总经理
陕西	张卫斌	陕西师范大学后勤服务集团食堂服务员领班
	侯平安	西安欧亚学院后勤集团　技防专员
甘肃	李万里	兰州大学后勤保障部部长

续表

集体形式（10家）	
地区	单位
辽宁	辽宁龙源学校后勤管理有限公司
江苏	江苏大学疫情防控后勤保障团队
江苏	苏州大学东吴饭店"党员志愿者服务队"
江苏	南京梅花餐饮管理有限公司 援汉医疗队加餐保障团队
浙江	浙江浙大圆正酒店管理有限公司"圆正酒店抗疫突击队"
河南	郑州大学后勤集团"送餐服务队"
湖北	华中科技大学后勤集团"2244后勤维修服务团队"
重庆	西南大学后勤集团"校园母亲学生宿舍值班员团队"
四川	成都中医药大学后勤基建处"抗疫娘子军"
新疆	新疆医科大学后勤管理处

专题报告八 后勤担当

疫情下的后勤担当

2020年伊始，一场突如其来的疫情，让全国教育后勤系统经历了一次史无前例的严峻考验。中国教育后勤协会按照党中央、国务院的决策部署和教育部有关文件的要求，引领各分支机构、会员单位积极落实教育后勤系统疫情防控工作的安排部署，全力以赴投入到疫情防控工作中。自1月29日起，中国教育后勤协会及相关分支机构陆续发布了《关于全力做好教育后勤服务管理区域新型冠状病毒疫情防控工作的倡议书》《关于做好高等学校学生公寓新型冠状病毒感染的肺炎疫情防控工作的通知》《关于做好高等学校餐饮场所新型冠状病毒感染的肺炎疫情防控工作的通知》《关于做好校园商业服务场所新型冠状病毒感染的肺炎疫情防控工作的通知》，还发布了《校园物业管理区域疫情防控工作指引》《高等学校学生食堂防控新型冠状病毒感染的肺炎疫情工作指南》《高等学校学生公寓防控新型冠状病毒感染的肺炎疫情工作指南》《中国教育后勤协会接待服务分会防控新型冠状病毒感染肺炎疫情工作指南（暂行）》等文件。

一、伙食管理专业委员会坚决筑牢高校餐饮系统防疫堡垒

疫情发生后，中国教育后勤协会伙食管理专业委员会从科学防治、业务指导和经验交流等方面，迅速组织开展疫情防控工作。2020年1月30日印发《关于做好高等学校餐饮场所新型冠状病毒感染的肺炎疫情防控工作的通知》，从加强组织领导、保障基本民生、做好人员管理、注重环境卫生、规范业务操作和做好信息报送六个方面，指导高等学校餐饮场所做好新冠肺炎疫情防控工作。2月17日印发《高等学

校食堂新冠肺炎疫情防控期间就餐须知》，从进入食堂、选餐用餐、分区错峰和就餐倡议四个方面，用简洁且朗朗上口的文字指导各高等学校做好新冠肺炎疫情防控期间就餐工作，防范聚集性用餐风险。2月17日完成《全国高等学校餐饮场所新型冠状病毒肺炎疫情防控工作报告》，从加强组织领导、规范科学防疫、创新工作方式三个方面，系统介绍了"全国伙专会""省级伙专会"和各高等学校坚决贯彻"坚定信心、同舟共济、科学防治、精准施策"总要求，积极做好疫情防控工作情况。2月19日，中国教育后勤协会伙专会在新浪微博开设"高校食堂抗击疫情"话题，介绍、交流高等学校学生食堂抗击疫情经验做法。截至2020年9月30日，共发布高校食堂抗击疫情85期，累计阅读量122.2万次。

二、学生公寓管理专业委员会坚决筑牢防疫屏障

2020年1-8月，根据中国教育后勤协会要求，同时结合疫情防控形势，学生公寓管理专业委员会开展了如下工作：1月30日，面向行业发布《关于做好高等学校学生公寓新型冠状病毒感染的肺炎疫情防控工作的通知》，就疫情处置和返校工作提出原则性意见。2月3日，经过短时间内组织策划，寓专会面向行业发布《高等学校学生公寓新型冠状病毒感染的肺炎疫情防控工作指南》，作为非常时期应对疫情的工作对策。2月12日，寓专会汇总各地各校抗击疫情经验，向教育部和中国教育后勤协会报送《高校学生公寓系统应对新型冠状病毒疫情防控举措和典型经验调研报告》。3月初，面向寓专会主任秘书长单位，发出共享《高校学生公寓应对新冠疫情应急预案》的倡议，促进各地各校相互学习、相关促进，各地各校提交分享了好的做法和方案。3月30日，根据当前疫情防控形势积极向好，大部分地区部署错峰开学的新情况，寓专会再次组织力量修订发布《高等学校学生公寓新冠肺炎疫情防控工作指南（第二版）》，重点对返校前的准备工作、返校过程中关注重点，以及返校后的防护事项等提出了规范要求，在行业内取得较好反响。3月末，在积极参与疫情防控的同时，结合后勤服务企业生存和发展面临的实际问题，向中国教育后勤协会报送《新冠肺炎疫情防控期间高校后勤服务企业面临的困难挑战及对策建议》，及时向协会反映企业诉求和行业现状。4月28日，由中国教育后勤协会组织举办的高校后勤"战疫"云讲堂第四期开讲，江苏省高等学校后勤协会寓专会秘书长、南京理工大学后勤服务中心党委书记宗文干，对《高等学校学生公寓新冠肺炎疫情防控工作指南（第二版）》进行专题解读。全国各高校教育行政主管部门、高校后勤主管领

导及后勤管理部门、后勤服务实体（企业）负责人和业务骨干等 7 000 余人次收看了本次直播课程。

三、物业管理专业委员会积极开展疫情防控工作

中国教育后勤协会物专会认真贯彻中国教育后勤协会有关疫情防控的工作部署，协助完成教育部《关于疫情防控期间对高校后勤服务企业实行帮扶纾困的建议》《教育部办公厅关于做好高校疫情防控后勤工作的通知》等调研报告的数据收集整理工作，为教育部全面了解高校后勤疫情防控工作提供了数据支持。

在认真总结经验的基础上，做好《全国校园物业服务发展报告》（以下简称《报告》）的编撰发布工作，重视提高报告质量和水平，同时重点加入对疫情防控相关数据的采集、分析，在校园物业管理重大问题上发声。通过行业调查统计和编写《报告》，发掘更多优秀代表，树立优秀标杆项目，让广大高校对标有先进、追赶有目标，以此增强物专会的行业影响力和凝聚力。《2019 年全国校园物业服务发展报告》于 2020 年 9 月正式启动，以实事求是的态度做好《报告》，力求客观公正地反映校园物业管理水平，《报告》于物专会年会发布，同时发布校园物业管理百强企业（实体）排名榜，为政府决策和行业发展提供有用的数据支撑和正确的导向。

为深入贯彻习近平总书记关于防控新冠肺炎疫情的重要指示精神和党中央、国务院的决策部署，切实落实教育部的有关工作要求，在中国教育后勤协会的统筹指导下，物专会于 1 月 30 日发布了《校园物业管理区域疫情防控工作指引》，供全国高校后勤系统参考执行。同时根据国务院联防联控机制的要求，发布了《院校新冠肺炎防控技术方案》简约版，提炼重点问题，方便广大会员单位参考操作。

物专会根据协会发布的《关于全力做好教育后勤服务管理区域新型冠状病毒疫情防控工作的倡议书》精神，组织专家编写了《校园物业管理区域疫情防控工作指引》，分为总则、基础保障、开学应对措施、疫情防控作业指引及附录五个部分。为高校校园物业管理区域疫情防控工作提供强有力的理论支撑和技术指引，为恢复高校正常的教学、科研及广大师生和教职工的正常生活秩序提供基础保障。四川、江苏、江西、山东、上海等省教育主管部门、高校后勤协会/研究会也出台高校防控指南、指导手册、学生防护手册、开学工作指南等文件，引导本省高校科学防疫。

物专会按照协会工作要求，广泛调研、认真筹备、扎实内容，于 2020 年 4 月 21 日召开"做好高校开学疫情防控物业服务准备工作视频会议"。会议邀请了安徽省教

育厅、江苏省高等学校后勤协会学生公寓管理与物业管理专业委员会、四川省高校后勤协会物业与绿化专业委员会、北京市高等教育学会后勤研究分会物业管理专业委员会、福建省高等教育学会后勤管理分会、浙江浙大求是物业管理有限公司、上海生乐物业管理有限公司等一批在防疫抗疫工作中取得一定成绩的行业组织、高校后勤单位、物业企业进行了经验分享。会议期间，物专会专家组负责人对《高等学校校园物业新冠肺炎疫情防控工作指南》进行解读。会议的召开得到全国院校物业管理、服务单位的好评，会议推广了后勤领域疫情防控指南知识，介绍了各地的疫情防控的举措和做法，为学校学生的返校复课提供保障和支撑。

疫情防控初期，物专会迅速响应协会发起的《中国教育后勤协会关于新冠肺炎疫情防控捐赠倡议书》，迅速联络物专会各副主任、副秘书长单位，总体了解各省物专会防疫物资储备情况，对物资紧缺的部分单位，调配物资实施捐赠。2月初，定向捐赠湖北省高等学校后勤管理研究会应急防疫物资，物资包括医用手套2万只，喷壶1 000个，药品400盒等。随后，筹措物资捐赠安徽物专会，包括医用手套5 000双，喷壶1 000个，84消毒片3万片等。设计研发高校健康日报平台，免费提供给各会员单位使用，此平台用于师生自助报送每日健康状况，协助高校做好校内人员的个人健康状况日报和追踪。

《中国校园物业管理》杂志与"中国校园物业管理"官方网站及微信的自媒体宣传，构建起物专会对外宣传的多媒体平台。疫情期间，《中国校园物业管理》推出"战役特刊"，分享疫情期间校园物业防控的优秀经验与思考，讲述后勤物业人的战疫故事。自疫情暴发以来，"中国校园物业管理"微信公众号累计推送两百余篇报道，真实客观反映全国各高校后勤人员防疫工作开展情况；开设"备战开学季"栏目，针对各高校备战开学的相关防疫工作进行梳理，持续发布近50篇开学防疫报道，充分发挥平台作用，更好地推广了优秀防疫经验、优秀防疫团队和个人。

四、能源管理专业委员会防疫、助力复工复产两不误

2020年，根据国家疫情防控和复工复产有关要求，以及协会有关疫情防控工作部署要求，中国教育后勤协会能源管理专业委员会特别策划举办"云端课堂"，在做好疫情防控工作的同时助力复工复产。

2020年1月，2020年第1期（总第8期）"高校节能管理人才"研修班在厦门成功开班，研修班针对高校节能改造突出问题，提供专业化的整体节能产品及服务，

推动高校节能水平全面提升。2020年5月，2020年第2期（总第9期）"高校节能管理人才"研修班在线上成功开班，全国160余所高校和协会企业会员230余人参加了本次研修班，大家足不出户获取新知，为自身工作提供了新思路和新方法，本次线上研修班在学员中广受好评。2020年7月，2020年度第3期（总第10期）"高校节能管理人才"研修班云端课堂暨"千人培训计划"收官课堂成功举办。2019-2020年，两年来，培训班成功举办10期，培训学员覆盖全国27个省份、400所院校及20余家服务校园的优质企业代表。

五、商贸管理专业委员会织密疫情防控防护网

2020年初，新冠肺炎疫情暴发后，中国教育后勤协会商贸管理专业委员会高度重视，认真学习、积极落实党中央、国务院、教育部和各地关于做好新型冠状病毒感染的肺炎疫情预防工作的通知。同时，根据协会的总体部署，于1月30日向各会员单位发出了《关于做好校园商业服务场所新型冠状病毒感染的肺炎疫情防控工作的通知》，从思想重视、组织落实，措施到位、责任到人，物资采购、保供稳价等方面对高校校园商业服务场所的疫情防控工作做了明确、细致的要求。各高校和企业会员单位纷纷制定关于做好新型冠状病毒感染肺炎疫情防控工作的方案，明确应急处置的组织管理、责任分工和防控措施等。各地高校特别是湖北、武汉地区的高校，发挥商专会的协调、沟通作用，多方联动，落实责任，确保超市生活物资和防疫物资供应及价格稳定，积极引导各商业服务网点在疫情防控期间合理设置营业时间，严格落实防控措施，做好服务工作，保障在校师生正常生活。

4月16日，商专会召开全国高校校园商业服务系统疫情防控及开学准备工作视频会议，中国教育后勤协会会长刘建平在线对商专会工作提出了具体要求，各会员单位代表共同研讨、交流了校园商业服务场所疫情防控的具体举措。会上发布了《校园商业服务场所新冠肺炎疫情防控工作指南》修订版，帮助和指导校园商业管理部门科学、规范、精准防控。商专会信息化办公室联合上海教超物联网科技有限公司开发了"校园服务码"，免费提供给学校和服务企业使用，学校可根据自身需要确定使用范围，为细化学校防控工作增加了管理手段。商专会同时开发建立校园商业服务共享平台"校惠生活"，集成网购、预订、自提、配送、促销、集采、社群分销等功能，为疫情影响下的校园商业服务提供新的非接触式免费服务手段。上海第二工业大学学生团队以"校惠生活"平台为基础，开展校园商业服务新探索，施海玲

等四人小组获得第十届全国大学生电子商务"创新、创意及创业"挑战赛上海赛区选拔赛优胜奖和由上海市教委、发改委、经信委、社保局、团市委等五部门组织的第六届中国国际"互联网+"大学生创新创业大赛上海赛区优胜奖。

为迎接新学期开学，加强疫情防控常态化条件下校园商业服务管理工作，商专会组织专家根据教育部和国家卫健委的防疫防控工作方案，再次修订和发布了秋季版《校园商业服务场所新冠肺炎疫情防控工作指南》。开学后，及时组织召开商专会常委视频工作会议，部署落实协会工作要求，交流开学情况和防疫安排，部署年末工作。同时推动各地开展线上交流互动，充分发挥商专会微信公众号的平台作用，共组织发布10期商专会校园商业服务疫情管控报道，总结提炼10余所高校和商专会在校园商业服务和疫情管控工作中的经验做法和先进事迹，不断提升管理水平和服务质量。

六、安全管理专业委员会积极落实疫情防控工作

中国教育后勤协会安全管理专业委员会积极响应协会发布的《关于全力做好教育后勤服务管理区域新型冠状病毒疫情防控工作的倡议书》的号召，及时向各会员单位发送协会发布的校园宿舍、食堂、物业等管理区域的疫情防控工作指引，协助各会员单位做好疫情防控工作。

2020年5月25日，北京市红十字基金会疫情防控物资捐赠会在北京交通大学召开，北京红十字基金会、清华大学、北京大学、北京理工大学、中央民族大学等高校主管安全的后勤领导及捐赠企业负责人参加会议。为保证6月毕业生返校和疫情防控工作顺利进行，满足高校对防控物资的需求，安专会与红十字会联合消毒液生成器厂家"天津斯迈尔生物科技有限公司"联系，捐赠了一批疫情防控所需的消杀设备，其中捐赠给后勤协会750台、中小学350台。

七、信息化建设专业委员会全力完善防疫保障体系

中国教育后勤协会信息化建设专业委员会深入了解全国高校后勤信息化建设情况，及时掌握各单位疫情防控工作开展情况，完善制定全国高校后勤信息化建设指导方案，为高校及有关部门提供决策支持。

信专会结合疫情情况，从2020年2月至5月开展了防疫调研工作，通过实地走

访、网络调查、电话沟通、视频会议等方式,对362所高校的信息化建设发展现状及20余所高校后勤信息化在防疫工作中采取的信息化技术、手段、经验做法及存在问题进行了调研,在对调研数据进行深入分析,得出后勤信息化建设职能更多由学校信息化部门负责,在顶层设计和人员经费匹配等机制还需加强,智慧化设备使用率偏低,思想观念有待进一步更新,其中信息化建设发展最大的制约因素在于人员、政策以及思想观念等方面的结论,形成了《信息化助力高校疫情防控调研报告》,提交至协会。

疫情期间,信专会针对测温、餐饮、快递、洗衣、消毒、健康管理、缴费七个较为共性的高校后勤业务,联合"菜鸟驿站""俺来也"等四家企业开展《信息化助力高校后勤疫情防控应用研究》协会课题申报,旨在以理论研究的形式总结相关经验、方法,为未来高校后勤建立应急机制提供理论依据,为进一步加快推进信息技术在高校后勤服务领域的推广应用打下基础。同时,信专会积极响应协会关于征集2020年研究课题选题建议的通知,提出6个议题上报协会,共有2个议题被采用。

信专会还发挥在信息技术方面的特长,针对疫情期间出入管控、智能测温、环境消杀、食堂安全及师生健康情况排查等各高校关注的热点和难点问题,主动搜集并整理行业内典型高校企业优秀解决方案十余个,多次分享至全国及各省的高校后勤工作群,并为各高校提供免费的技术指导和咨询,为各校疫情防控落地实施提供有力帮助。

由于疫情原因,信专会于4月通过云端连线、视频直播的形式举办"信息化助力疫情防控线上沙龙",并于11月在上海"中国教育后勤展览会"同期举办"智能制造赋能教育后勤"发展论坛。两次活动吸引了全国高校后勤和信息系统的领导、一线管理者以及各级教育行政部门代表、优秀企业代表共计800余人次参与。

八、接待服务分会工作有序开展

2020年初,疫情发生后,中国教育后勤协会接待服务分会积极响应协会发布的《关于全力做好教育后勤服务管理区域新型冠状病毒疫情防控工作的倡议书》号召,全面分析防疫和经营形势,积极探索疫情常态防控条件下的经营发展切入点、突破点、增长点,带领广大会员单位努力在危机中育新机、于变局中开新局,创造性地开展网上销售、餐食外卖等特色营销,着力打好经营创收"组合拳",努力开创经营发展新局面,教育接待服务机构稳妥复工复产,基本实现了疫情防控和经营发展两不误。

九、中小学后勤分会筑牢疫情防控安全网

自新冠肺炎疫情发生以后,在协会的领导下,中国教育后勤协会中小学后勤分会(以下简称"中小学分会")积极发挥分会的组织、引导和协调作用,通过专家组、秘书处、各部门的通力协作,联系组织相关理事单位、会员单位一起研究校园疫情防控的非接触技术手段,提升智慧后勤、智慧校园建设水平。采取有效措施,帮助广大中小学校建立起多层级校园非接触式的疫情防控立体式安全网,科学做好疫情防控,建立完善的学校服务保障体系,提高学校综合治理能力。

中小学分会与地方中小学分享防控疫情安全方案、预防新冠肺炎知识及宣传各地学校战疫事迹;与地方教育部门、地方协会、学校携手战疫;向湖北的中小学发出慰问信,送去分会的关怀;通过公众号连续推送13期"携手战疫"专题文章,发表及转载24篇防疫文章,宣传各地战疫事迹与经验,同时也转载了疫情期间国家、教育部的相关文件。

中小学分会以信息化建设为切入点,开学前后,围绕疫情防控的人防、物防、技防、服务保障及管理,建立完善的智慧后勤与智慧校园服务保障体系。为学校师生提供优质、高效、安全、贴心的服务;以信息化建设,推动教育教学改革创新;以信息化建设,完善学校治理体系;以信息化建设,提升学校的治理能力。

中小学分会在3月下旬召开了助力中小学开学前后校园疫情防控、升级智慧校园安全预案视频会议,全国各地教育部门及中小学积极响应,近4万人在线收看会议直播。会议邀请专家在非接触快速体温检测智慧方案、非接触校内订餐就餐智慧管理、非接触校园智慧缴费管理、学生在校园专属的生活服务等方面给予了专业指导,助力学校把校园疫情防控工作落到实处。

附:2020年中国教育后勤协会发布的有关疫情防控的通知

1. 2020年1月29日,中国教育后勤协会向全体会员单位发布《关于全力做好教育后勤服务管理区域新型冠状病毒疫情防控工作的倡议书》。

2. 2020年1月30日,中国教育后勤协会商贸管理专业委员会向各会员单位发布《关于做好校园商业服务场所新型冠状病毒感染的肺炎疫情防控工作的通知》。

3. 2020年1月30日,中国教育后勤协会伙食管理专业委员会向各会员单位发布《关于做好高等学校餐饮场所新型冠状病毒感染的肺炎疫情防控工作的通知》。

4. 2020年1月31日,中国教育后勤协会物业管理专业委员会向各会员单位发布《校园物业管理区域疫情防控工作指引》。

5. 2020年2月2日,中国教育后勤协会向各会员单位发布《高等学校学生食堂防控新型冠状病毒感染的肺炎疫情防控工作指南》。

6. 2020年2月4日,中国教育后勤协会接待服务分会向各会员单位发布《关于教育接待服务机构奋力阻击新型冠状病毒感染肺炎疫情的倡议书》。

7. 2020年2月3日,中国教育后勤协会向各会员单位发布《高等学校学生公寓新型冠状病毒感染的肺炎疫情防控工作指南》。

8. 2020年2月8日,中国教育后勤协会接待服务分会向各会员单位发布《中国教育后勤协会接待服务分会防控新型冠状病毒感染肺炎疫情工作指南(暂行)》。

9. 2020年2月10日,中国教育后勤协会向各常务理事单位发布《关于报送疫情防控工作调研材料的紧急通知》。

10. 2020年2月17日,中国教育后勤协会伙食管理专业委员会向各会员单位发布《关于印发高等学校食堂新冠肺炎疫情防控期间就餐须知的通知》。

11. 2020年2月16日,中国教育后勤协会向各会员单位发布《中间教育后勤协会关于新冠肺炎疫情防控捐赠倡议书》。

12. 2020年3月11日,中国教育后勤协会向各会员单位发布《关于报送新冠肺炎疫情防控捐赠情况的通知》。

13. 2020年3月20日,中国教育后勤协会中小学后勤分会向有关单位发布《关于召开助力中小学开学前校园疫情防控升级智慧校园安全预案视频会议的通知》。

14. 2020年3月30日,中国教育后勤协会向各会员单位发布《高等学校学生公寓新冠肺炎疫情防控工作指南(第二版)》。

15. 2020年4月3日,中国教育后勤协会商贸管理专业委员会向有关单位发布《关于召开高校校园商业服务系统疫情防控及开学准备工作视频会议的通知》。

16. 2020年4月8日,中国教育后勤协会向各会员单位发布《高等学校学生食堂新冠肺炎疫情防控工作指南(第二版)》。

17. 2020年4月12日,中国教育后勤协会物业管理专业委员会向各会员单位发布《关于召开"做好高校开学疫情防控物业服务准备工作视频会议"的通知》。

18. 2020年4月16日,中国教育后勤协会向各会员单位发布《校园商业服务场所新冠肺炎疫情防控工作指南》。

19. 2020年4月21日,中国教育后勤协会向各会员单位发布《高等学校校园物业新冠肺炎疫情防控工作指南》。

20. 2020年4月27日，中国教育后勤协会接待服务分会向各会员单位发布《中国教育后勤协会接待服务分会防控新冠肺炎疫情工作指南》（第二版）。

21. 2020年5月8日，中国教育后勤协会向各会员单位发布《关于召开"切实做好疫情防控常态化背景下的高校后勤服务保障工作"专题交流研讨会的通知》。

22. 2020年5月26日，中国教育后勤协会向各会员单位发布《高等学校疫情防控常态化下校园快递服务工作指南》。

23. 2020年5月25日，中国教育后勤协会向各有关单位发布《关于教育后勤疫情防控专项课题立项的通知》。

24. 2020年8月2日，中国教育后勤协会向各有关单位发布《关于组织召开"扎实做好疫情防控常态化背景下的高校后勤服务保障工作"专题交流研讨会的通知》。

25. 2020年9月4日，中国教育后勤协会商贸管理专业委员会向各会员单位发布《校园商业服务场所新冠肺炎疫情防控工作指南（秋季版）》。

专题报告九　制止餐饮浪费

制止餐饮浪费，我们在行动

2020年8月，习近平总书记对坚决制止餐饮浪费行为作出重要指示，强调要坚决制止餐饮浪费行为，切实培养节约习惯，在全社会营造"浪费可耻、节约为荣"的氛围。中国教育后勤协会第一时间深入学习传达和贯彻落实学习近平总书记重要指示精神，积极部署开展各项工作。

2020年8月17日，中国教育后勤协会伙食管理专业委员会从加强宣传引导与教育工作、优化服务方式推动健康消费、注重技能培训与创新、运用科技加强管理与服务四个方面，向各高校发出制止餐饮浪费行为倡议。在中国教育后勤协会伙食管理专业委员会的带动下，各"省级伙专会"和各高校陆续发出倡议，采取切实举措，积极推动制止餐饮浪费行为，营造了浓厚的制止餐饮浪费文化氛围。

2020年8月下旬，中国教育后勤协会伙食管理专业委员会秘书处根据各学校制止餐饮浪费工作开展情况，完成《全国高校餐饮系统制止餐饮浪费行为工作开展情况的报告》，阶段性总结了伙专会、省级伙专会和各高校制止餐饮浪费工作情况，交流了各有关单位经验做法，助力工作进一步开展。

2020年8月19日，教育部发展规划司召开"制止餐饮浪费"政策落实工作座谈会，中国教育后勤协会伙食管理专业委员会秘书长宋大我汇报了伙专会、各省级伙专会和各高等学校贯彻落实习近平总书记关于制止餐饮浪费的工作开展情况和下一步工作思路。

2020年8月27日，中国教育后勤协会在威海召开"贯彻落实习近平总书记关于坚决制止餐饮浪费行为重要指示动员部署会暨2020年中国教育后勤协会所属机构秘书长（负责人）工作会议"，会议深入学习贯彻习近平总书记关于坚决制止餐饮浪费行为的重要指示精神，就下一步工作作出动员部署，对《教育系统"制止餐饮浪费 培养节约习惯"行动方案（征求意见稿）》广泛征求了意见。

2020年9月4日，教育部发展规划司召开制止餐饮浪费工作推荐会，委托中国教育后勤协会组织开展教育系统"美好'食'光"校园系列活动和启动仪式。

2020年9月17日，中国教育后勤协会会长刘建平主持召开"落实《教育系统'制止'餐饮浪费 培养节约习惯行动方案》工作推进会"。会上，伙食管理专业委员会作为行动方案的主要起草单位，对文件进行了解读，同时介绍了制止餐饮浪费的下一步工作计划。

2020年10月，教育部成立"美好'食'光"校园系列活动领导小组工作专班，中国教育后勤协会伙食管理专业委员会作为专班主要成员，全面参与组织包括发布活动倡议、征集作品、宣传监督、发起志愿服务、推广活动标识、组织自查自纠、实施课题研究在内的教育系统制止餐饮浪费各项工作。中国教育后勤协会伙食管理专业委员会承担了《教育系统'制止'餐饮浪费 培养节约习惯行动方案》（教发厅〔2020〕9号）、教育系统"美好'食'光校园系列活动主题作品征集活动通知"（教发司〔2020〕132号）、《关于开展学校餐饮浪费情况自查自纠专项工作的通知》（教发司〔2020〕133号）、"美好'食'光校园系列活动倡议书"等大量文件的起草工作，全面参与和保障教育部相关工作的有效开展。

2020年10月16日，受教育部委托，中国教育后勤协会伙食管理专业委员会组织举办教育系统"美好'食'光校园系列活动"启动仪式，启动仪式在中国人民大学成功举办。启动仪式上，教育部副部长田学军指出，学校是人才培养重要基地和社会主义精神文明建设重要阵地，在教育系统推动开展制止餐饮浪费，意义十分重大。"美好'食'光"校园系列活动的开展要与学校教育、优化管理、制度建设结合起来，以活动促育人、促管理、促长效。广大师生应积极参与到活动中来，为制止校园餐饮浪费、营造良好社会氛围、维护粮食安全做出应有的贡献。中国教育后勤协会会长刘建平表示，协会高度重视本次活动，认真落实制止餐饮浪费各项任务，从三个方面贡献协会力量：一是提高政治站位，将制止餐饮浪费工作作为当前和今后一段时间重点工作；二是认真组织实施，注重宣传教育，构建制止餐饮浪费工作长效机制；三是发挥行业协会自我管理、自我服务功能，推进校园餐饮供给侧改革与创新。

启动仪式上，发布了制止餐饮浪费倡议书和"美好'食'光"校园系列活动标识。当天，中国教育后勤协会伙食管理专业委员会组织召开主任秘书长会议，深入贯彻习近平总书记关于坚决制止餐饮浪费行为的重要指示精神，落实教育部副部长田学军在启动仪式上提出的"在教育系统推动开展制止餐饮浪费"指示精神。启动仪式后，中国教育后勤协会伙食管理专业委员会按照工作计划，组织开展教育系统"美好'食'光"校园系列活动主题作品征集活动及教育系统餐饮浪费情况自查自纠专项行动。在此基础上，开展实地调研和抽样调查，充分了解餐饮浪费实际情况，为构建制止学校餐饮浪费长效机制提供事实依据和经验参考。

2020年10月，"中国青春饭"微信公众号、"高校餐饮"新浪微博、"中国青春饭"抖音号与教育部官方网站、"微言教育"微信公众号、中国教育后勤协会官网、中国教育后勤协会伙食管理专业委员会官网共同被指定为教育系统"美好'食'光"校园系列活动宣传监督平台，接受各级各类学校组织和个人先进经验投稿和餐饮浪费线索，平台在树立先进典型、加强正面宣传、强化舆论监督、营造"浪费可耻、节约为荣"社会氛围方面发挥了重要作用。

2020年11月11日，中国教育后勤协会在上海成功举办"2020科技助力美好'食'光"主题论坛。上海市教委、中国教育后勤协会、中国教育后勤协会伙食管理专业委员会、上海市学校后勤协会等有关领导出席论坛。论坛就餐饮工作热点问题深入开展交流分享。中国教育后勤协会伙食管理专业委员会秘书长宋大我作《美好"食"光——对教育系统制止餐饮浪费工作的思考》专题报告。复旦大学、上海建桥学院和阿里巴巴本地生活高校事业部分别做了专题报告。为全方位展示会员单位餐饮工作成果，中国教育后勤协会伙食管理专业委员会秘书处充分发挥微信、微博和抖音平台在信息传播方面的及时性、有效性和吸引力，相继在新浪微博注册了"高校餐饮"官方认证账号，在抖音注册了"中国青春饭"官方认证账号，在微信注册了"中国青春饭"官方认证公众号。为注册带有"中国"字样的账号，期间开展了大量的沟通协调工作。

专题报告十　助力脱贫攻坚

贫困地区农产品进高校食堂研究
——拓展采购扶贫成果，助力乡村振兴

黎玖高　赵相华　李平金　刘效凯　胡孝玉　吴文初　等

我国有 3 000 余所高等学校，在校生 4 000 万人，由于学生吃、住均在学校，且都为年轻群体，他们对食品有着旺盛的需求，因此，形成了庞大的高校饮食消费市场。根据测算，高校食堂每年对食材采购金额超过 1 000 亿元。由于高校拥有如此巨量的餐饮规模优势，使其在采购贫困地区农产品、助力脱贫攻坚中大有可为。数年来，根据教育部和地方政府（教育厅）的部署，高校食堂由点到面开展了采购贫困地区农产品工作，取得了明显的预期效果。本文旨在总结贫困地区农产品进高校食堂的经验、模式、效益和遇到的困难与问题，并对改革伙食原材料供应链、拓展采购扶贫成果、接续乡村振兴提出了对策与建议。

一、贫困地区农产品进高校食堂的背景和意义

（一）背景

党的十八大以来，教育部深入贯彻习近平总书记扶贫重要指示，认真落实党中央、国务院脱贫攻坚决策部署，先后制定并下发了多个扶贫工作相关政策性文件，会同有关部门、地方政府和教育系统扎实推进教育脱贫攻坚工作。根据教育部的统筹安排，自 2012 年教育部 44 所直属高校率先纳入国家定点扶贫工作体系（到 2019 年，教育部 75 所部属高校已全部参与定点扶贫；部属高校扶贫工作还有效带动了地

方高校积极参与扶贫）。多年来，各责任高校认真贯彻落实党中央、国务院的决策部署，充分发挥高校先进理念、人才、技术、经验、市场优势，将高校特色优势与贫困地区发展短板相结合，开展了卓有成效的工作，取得了期望的良好效果，创立了高校扶贫的品牌，成为脱贫攻坚中不可或缺的重要力量。

在高校精准扶贫中，高校食堂对贫困地区的食材采购扶贫以其需求市场巨大、直观性强、迅速见效、容易对接、具持续性等特征独树一帜。根据高校这一巨大优势，2019年3月，教育部副部长孙尧在中国教育后勤协会换届大会上要求高校后勤积极发挥自身优势，加大对贫困地区农产品的采购扶贫力度，为精准扶贫做出高校更大的贡献。几年来，为认真落实教育部的指示，高校在提供食堂需求信息、指导贫困地区农产品订单生产、建立食材采购基地、积极采购贫困地区农产品、探讨采购扶贫有效路径和建立长效机制等方面认真实践，努力作为，为打赢脱贫攻坚战做出了重要贡献。

（二）意义

1. 有利于贫困地区农产品的对口销售和贫困户的稳定增收，能明显增强贫困户的信心和未来的自我发展。

2. 有利于形成高校合力的大扶贫格局，有利于建立起高校食堂稳定、绿色的食品供应基地和食品预制菜加工冷链物流大生产体系，实现信息对接、产销对接、质量对接、食材安全可控可追溯。

3. 有利于贫困地区优势食材产业链的建立和长期培养，形成规模效应、品种优势和市场竞争力。

4. 有利于由传统的无序产销模式向深度的有序生产链供应链模式改造转型，形成供需有机相连的组织化、平台化、专业化、标准化、品控化体系，有效防止贫困地区返贫现象的发生。

5. 有利于输血式扶贫向造血型扶贫转换，将治标与治本有机结合起来，促进贫困地区农产品供给侧结构性改革，提升脱贫能力，建立脱贫长效体制机制。

二、各地高校食堂采购贫困地区农产品现状

（一）高校食堂采购扶贫数据来源

本课题面向全国28个省、自治区、直辖市的高校伙食部门（省市自治区伙专会

或最具实力的代表性高校)、具代表性的服务高校的社会餐饮企业以及相关地区教育部门,发放了贫困地区农产品进高校食堂的调查问卷,并辅以多次电话调研、实地考察和情况、数据核实,实现了大样本调研和数据采集,资料数据涉及全国28个省市自治区的近600所高校食堂,调研覆盖规模占全国高校总数的近1/5。

(二) 高校食堂采购贫困地区农产品品种情况

据不完全统计,采购贫困地区农产品共计达110多个品种,主要集中在米、面、油、蛋、杂粮、蔬菜、调料、和肉(鱼)八个大类,其中,肉(鱼)和蛋的采购量占比较小(见表1)。在贫困地区农产品采购的性价比方面,约10%~20%的食材性价比较高,30%~40%的食材性价比不高,40%~50%的食材性价比一般。

表1　　　　　　　　　　采购贫困地区农产品品种

序号	品类	品名
1	大米	大米
2	面粉	面粉
3	肉类	牛肉、腊肉、鸡肉、香肠、鸭肉、鹅、鱼、火腿肠、羊肉、猪肉
4	蛋类	鸡蛋、鸭蛋
5	油类	大豆油、菜籽油、橄榄油、玉米油、山茶油、花生油、胡麻油
6	蔬菜、豆制品	冬瓜、白菜、萝卜、黄瓜、木耳、香菇、西红柿、胡萝卜、白萝卜、南瓜、食用菌、豆制品、卷心菜、毛莴笋、腐竹、竹笋、大葱、豇豆、大椒、西红柿、芹菜、葱头、土豆、山蘑、茶树菇、茄子、西葫芦、地瓜、酸菜
7	调料	干辣椒、八角、酒、花椒、花雕酒、味精、陈醋、白糖、饵丝、草果、紫菜、虫草花、淀粉、老黑酱、鸡粉、老抽、辣椒面、酱油
8	水果	苹果、梨、哈密瓜、脐橙、西瓜
9	杂粮	绿豆、红小豆、花生米、鲜玉米、粘玉米、红薯、甜玉米、红芸豆、绿豆、粉条、紫山药、高粱、小米、黄米、黑米、绿小米、香米、红米、玉米面、挂面、燕麦、黑谷、莜面、豆面、荞麦、藜麦
10	其他	煎饼、巴旦木、核桃、蜂蜜、月饼、红枣、枸杞、天麻、酱菜、板栗、红糖锅盔、汤圆、无花果、粽子、茶叶、苦荞茶、石斛

(三) 各地高校食堂采购贫困地区农产品基本情况

通过对28个省、自治区、直辖市高校食堂采购贫困地区农产品情况的调研和数据分析得知,贵州省和安徽省高校食堂的食材采购扶贫工作做得最好,在省政府和教育厅的主导及要求下,两地90%以上的高校食堂积极参与农产品采购扶贫,对贫困地区农产品年度采购量总计均超过了 2 亿元;湖南省、江苏省、北京高校食堂的食材采购工作做得比较好,三地约 50% 的高校食堂积极参与食材采购扶贫,贫困地区农产品年度采购量均达到数千万元;其他大多数省市自治区除部分主力高校食堂采购扶贫做得较好外,相当多的高校食堂的农产品采购扶贫工作尚处于起步阶段,差距明显。

三、采购扶贫成果、模式与经验

(一) 采购扶贫阶段成果

1. 高校食堂购买贫困地区农产品,直接带动贫困户脱贫,有效助力贫困地区脱贫攻坚;部分高校在贫困地区建立了农产品采购基地,实现期货订单生产,确保优先采购该基地的农产品,加快了贫困地区脱贫步伐;部分省市建立了脱贫攻坚采购农产品长效帮扶渠道,以有效解决贫困地区农产品销路不畅的问题。

2. 在贫困地区农产品进入高校食堂工作中,涌现出了一批食材采购扶贫骨干带头高校(年度采购金额最低 100 万元,部分高校年度采购量达几百万元乃至数千万元),在贫困地区农产品进高校食堂工作中起到了典型示范和引领作用。

这 66 所高校是:贵州大学、贵州师范大学、贵州医科大学、贵州财经大学、贵州民族大学、中南大学、湖南大学、湖南师范大学、长沙理工大学、中南林业大学、湖南农业大学、北京林业大学、北京师范大学、北京交通大学、中国人民大学、浙江大学、四川大学、西南财经大学、四川师范大学、重庆大学、西南大学、武汉大学、天津大学、兰州大学、东北师范大学、西北农林科技大学、长安大学、西北大学、西安农业大学、东华理工大学、东南大学、厦门大学、山东大学、内蒙古工业大学、东华大学、华中科技大学、中国科学技术大学、合肥工业大学、皖西学院、合肥学院、巢湖学院、合肥师范学院、安徽大学、安徽理工大学、安徽师范大学、安徽医科大学、安徽财经大学、安徽建筑大学、淮北师范大学、宿州学院、安徽三联学院、亳州学院、安徽工业大学、安徽工程大学、安徽农业大学、淮南师范学院、阜阳师范大学、皖江工学院、大连理工大学、南京农业大学、苏州大学、江苏科技大学、东南大学、江苏财经职业学院、中国矿业大学、河海大学。

(二) 创建了有效的扶贫采购模式

1. "责任高校+专业公司+合作社+农户"模式。运作特征:食堂计划采购,农户按订单生产，合作社搭台，专业公司配送，食材来源清晰可追溯。

2. "高校联合采购平台＋专业公司＋合作社＋农户"模式。机制为：区域高校联合组成采购平台，实现规模化低成本采购，可集中消化大宗食材并解决"最后一公里"配送问题。

3. 责任高校＋"832平台"线下线上结合采购模式。特征：交易方便，但有时食材质量不稳定，存在一定的退换货现象；高校与贫困地区之间缺乏供需信息沟通。

4. "责任高校＋农产品电商平台"模式，特征与3.相同。

5. "责任高校＋农校对接服务网"模式，特征与3.相同。

实践中，高校食堂采购扶贫以第一种和第三种模式为主，第一种占比更大。

（三）现阶段采购扶贫的成功经验

1. 地方政府和教育行政部门对贫困地区农产品进高校食堂的主导作用及指标要求，是高校食堂有效进行采购扶贫、取得明显成果的重要保障。

2. 具有规模优势的重点高校的示范引领可以有效带动该区域众多高校食堂采购扶贫工作。

3. 具有凝聚力的地方高校伙专会搭建规模化高校伙食联合采购平台，是大面积推动高校食堂采购扶贫的重要抓手和提升采购质量与数量的有效方法。

4. 创建了贫困地区农产品经合作社及专业公司（物流）进入高校食堂的供应链采购模式和运作机制，即：在采购扶贫中既要做好合作社环节"最先一公里"的食材采收、集货、分拣、包装、仓储保鲜，又要选择专业的物流公司进行全程冷链运输并落实好"最后一公里"配送，保证食材如期送到高校食堂，确保采购的食材在相关指标上满足食堂需求，安全可追溯，从而形成从田间地头到学生餐桌的供应链管理体系。

5. 高校主要领导（书记、校长）担任扶贫工作第一责任人并亲自部署扶贫任务，是确保食堂采购扶贫的有力保障。

6. 坚持市场化招标采购模式与扶贫采购同步推进，并进行质量价格参照的双渠道"平衡"采购方式，是高校食堂采购扶贫工作得以健康开展的良好基础。

（四）服务高校的社会餐饮企业积极为采购扶贫做贡献

1. 2020年，服务全国各地500余所高校850个学生食堂的中快餐饮集团从内蒙古、贵州、安徽、甘肃、河北、陕西、四川、河南等地贫困县采购农产品4 000余万元。

2. 2020 年，服务省内外共计 35 所高校数十个学生食堂的辽宁省龙源集团采购贫困地区农产品 460 万元。

3. 2020 年，服务国内 160 多所高校学生食堂的苏大教服集团在云南永平县、贵州修文县、陕西汉中、河南、安徽、河北威县等贫困地区采购办伙食材 800 多万元。

4. 2020 年，服务 65 所高校学生食堂的南京梅花餐饮公司采购贫困地区农产品 600 多万元。

以上承担高校学生食堂办伙的优秀社会企业用实际行动和落地的数据在服务高校的数千家社会餐饮企业中起到了采购扶贫的榜样和表率作用。

四、存在的困难与问题

（一）地区间、校际间的高校食堂采购扶贫进展不平衡

高校食堂采购扶贫远未形成脱贫攻坚的自觉与合力，参与扶贫的高校食堂基础覆盖面过小，未能形成良好的采购扶贫的"生态环境"。究其原因：一是许多高校领导认为这是政府的职责，高校食堂困难不少作用有限，采购扶贫积极性不高。二是高校食堂采购扶贫任务的指标分配严重不平衡，许多中等或偏小规模的高校食堂承担了较为繁重的采购扶贫任务（如贵州、安徽和湖南等地区的高校食堂，其中贵州高校采购农产品占学校食堂采购总量的 40% 至 50%，这部分高校许多还处于经济欠发达地区），而更多具规模优势且位于经济发达地区的高校并未承担食堂采购扶贫任务，导致采购扶贫工作的区域性不平衡开展。三是部分高校对接的贫困地区在空间距离上过于遥远，加大了农产品采购和物流的难度。

（二）缺乏区域性紧密型高校伙食联合采购平台

相当部分省市没有成立教育后勤协会（或高校后勤管理研究会），亦无高校伙食管理专业委员会（部分省市高校伙专会名存实亡，没有起到应有的作用），因此，没有专业的力量和牵头高校来组织成立区域性高校伙食联合采购平台（在政府没有对各高校核定采购扶贫指标任务及模式渠道之前，通过联合采购平台能够大力拓展对贫困地区农产品采购工作），高校各自为政，无法形成采购合力以及相互影响带动，制约了各区域高校的扶贫采购效率和采购潜力。

（三）部分地方高校有口号有形式，但缺乏实际行动

在部分地区的教育主管部门、组织健全的地方教育后勤协会及高校伙专会中，对高校食堂采购扶贫有要求、有动员，有的甚至还组织高校伙食部门参与贫困地区与当地高校的农产品展销会，甚至签订了采购扶贫意向书，但并未落到实处，采购扶贫仅停留在口头上、形式里、计划中，好看不中用"只听楼梯响，不见人下来"，而相当多的高校食堂存在观望和畏难情绪，采购扶贫应付了事"下了点毛毛雨"，扶贫参与度非常有限，扶贫任务难以落地。

（四）可持续的扶贫采购模式与渠道尚未真正建立

当前高校伙食部门与服务高校的社会餐饮企业采购扶贫对接贫困地区的模式与机制是初级的、松散型的，主要依靠政府的号召、教育行政部门的指令和学校党委的具体要求等外力推动，在一定程度上承担了政府的责任。这种采购机制具有明显的行政化、临时性、阶段性和脆弱性特征，难以形成高校伙食部门的采购扶贫自觉，未建立起高校食堂面向贫困地区基于市场机制的可持续采购供应链模式。据此，当前的采购扶贫模式其被动完成扶贫指标的任务特征十分明显，未能从根本上充分调动和发挥农校对接采购扶贫中高校食堂和贫困地区双方的积极性，难以持续稳定和长效双赢。

（五）贫困地区农产品市场竞争优势不明显

整体而言，贫困地区多分布在边远山区，自然条件较差，农业生产力水平不高，农产品品种比较单一、规模偏小、碎片化分布、部分产品适配性不高，普遍缺乏农产品标准采收、规范分拣、加工储藏和全程冷链物流配送条件，与高校食堂对农产品的多品种、新鲜度、及时性、规模化和连续性需求之间存在较大差异，使得多数农产品在品种、质量、价格和冷链物流上不具市场竞争优势，一定程度上，贫困地区的农产品进高校增加了食堂办伙成本。因此，现有条件下难以形成固定的采购扶贫战略联盟和利益共同体，采购扶贫将变相表现为任务性质的临时性简单买卖关系。

（六）高校对外包食堂的采购主导权有限

当前，全国大多数高校已向社会开放餐饮市场，社会餐饮企业承办高校学生食堂从食堂数量到食堂面积均接近70%，部分省区达80%以上。经调查，在高校食堂

外包中，社会餐饮经营的绝大多数食堂的食材为自行采购，如果没有学校明确的采购扶贫指令性任务，这些餐饮企业一般不会主动采购贫困地区的农产品，如此在高校总体采购份额上已萎缩了60%的采购扶贫空间。

五、对策与建议

（一）接续乡村振兴蓝图，巩固拓展高校食堂采购扶贫成果

我国于2020年底消除了绝对贫困，这意味着相对贫困的开始，在一定时期内，贫困依然是困扰我国实现百年宏伟目标的重要问题。为巩固并拓展高校食堂采购扶贫成果，就要接续脱贫地区乡村振兴蓝图，特别要重点做好脱贫地区5年过渡期的相关工作，实现采购扶贫成果同乡村振兴有效衔接，为确保脱贫群众不返贫提供助力。高校相关领导要提高政治站位，增强使命担当，明确高校食堂在拓展采购扶贫中有效衔接乡村振兴的指导思想、目标任务和主要原则，探索解决相对贫困新征程上的政策举措、模式、路径与方法，为接续推进脱贫地区发展和乡村振兴做出新贡献。在高校食堂有效接续乡村振兴中，贵州高校又走在了全国的前面。根据2021年3月，贵州省委、省政府出台《中共贵州省委 贵州省人民政府关于全面推进乡村振兴加快农业农村现代化的实施意见》，贵州省高校坚持按照该实施意见中"巩固拓展脱贫攻坚成果，有效衔接乡村振兴"，"保持主要帮扶政策总体稳定"和"开展农产品产销对接活动，深化拓展消费帮扶"的要求，继续按原有力度做好原帮扶地区农产品采购，持续推动脱贫攻坚完成后的乡村振兴工作。

（二）重构高校食堂供应链、价值链体系，拓宽有效采购的路子

为有效助力乡村振兴，应当认真总结高校食堂采购贫困地区农产品的成功经验，结合现阶段高校食堂面向社会市场的采购模式，拓宽高校食堂采购路子，重构高校食堂食材供应链、安全链和价值链体系。当前，宜采取双渠道采购供应模式，即占办伙主体的伙食原材料采购量按原有渠道从市场采购，但必须减少中间商环节降低采购成本，确保食材来源、质量、安全可追溯；而占一定比例的食材（如不低于采购总量的10%）从脱贫地区采购，但要遵循市场化原则，同类食材可参照市场价格。随着这些地区的振兴发展和农产品规模、品种、质量、价格、仓储加工及冷藏物流等竞争力的提升，高校食堂采购可逐渐从市场采购为主方式转为以定点采购脱贫地区农产品为主的安全供应链采购模式，并且确保质量和价格具有市场竞争力，达到

高校办伙要求，从而建立起长效、安全、绿色、稳定的高校农产品生产基地和新型高校食堂供应链、价值链体系。

（三）政府支持在乡村振兴中打造高校食堂稳定的农产品供应基地

巩固脱贫成果，实现乡村振兴需要大力加强脱贫地区农产品生产等基础条件建设，加大改善其农产品生产规模、仓储加工条件、冷藏物流能力、道路铺装力度和信息化水平，使脱贫地区农产品生产销售从根本上得到改观，实现农产品的规模化生产、标准化管理、集约化加工、特色化经营，从而有效提升农产品质量，增加农产品品种，降低生产和物流成本，畅通供需双方信息，把脱贫地区的优势农产品与学校食堂的需求紧密结合起来，以学校对农产品的需求计划引领指导乡村产业结构调整和科学布局，做到信息对接、产销衔接、优势互补、优质优价，增强农产品竞争力，打造稳定的供应链体系，有序推进大宗食品原材料定点采购制度，有效减少农产品从田间地头到高校餐桌的中间环节，实现农产品供应链可持续可追溯的"农校双赢"价值链体系，形成基于市场化机制的高校农产品订单式生产供应基地。

（四）采取有效措施，让外包餐饮企业成为"采购扶贫"的主力军

当前，约70%以上的高校食堂实行了服务外包。随着时间的推移以及高校后勤队伍结构的变化，高校食堂服务外包将呈现不断扩大的趋势，社会餐饮将占据高校食堂办伙的绝对优势地位。这将对高校食堂采购脱贫地区农产品产生极大的影响。目前，仅有极少数高校负责服务外包餐饮企业办伙食材的采购供应，大多数外包餐饮企业拥有食材采购的全部自主权。在近几年的采购扶贫中，由于采购权属和价格等原因，除前文提及的优秀餐饮企业外，其余外包餐饮企业很少采购贫困地区的农产品。因此，在接续乡村振兴事业中，要发挥好高校食堂对脱贫地区农产品采购的主体作用，就必须采取有效的"双赢"措施，让服务外包餐饮企业成为"采购扶贫"的主要力量。一是高校在引入社会餐饮时提出要求，并在合同中明确规定外包餐饮采购食材的方向、渠道和比例任务；二是要遵循市场化采购机制，以市场食材质量、价格作为乡村振兴中采购食材质量与价格的有效参照标准；三是要确保从脱贫地区采购的农产品的品种、数量和物流配送达到要求并能持续供应，以保障正常办伙。

（五）政府引导，成立"农户+合作社+食材加工中心+832平台+高校"采购供应链模式

政府制定相关政策，给予税收优惠和相应支持，教育行政部门指导落实，按区

域高校规模引导农业龙头企业、农业产业化联合体（入驻"832平台"的供应商）成立链接脱贫地区合作社、专业物流公司和高校食堂的区域性专属食材加工中心，形成集食材源头采购、分拣、包装、仓储、加工（包括成品、半成品预制菜、定型包装等加工品种）、质检和冷链配送于一体的有机供应链，遵循市场竞争机制、减少中间流通环节、实现农产品从田间地头到高校餐桌的无缝对接，根据高校在"832平台"的采购订单（线上交易）需求按时将标准箱食材（食品）精准配送到各高校食堂（食材加工中心之间形成良性有序竞争）。实践中，加强食材供销全流程数据收集分析，不断完善供应链运营模式，实现精准管理，形成专业化、规模化、标准化、信息化、可追溯、可控制的专属优质食材供应链、价值链及安全链管理体系，实现食材供应品种、数量、质量、价格的稳定和持续高效生产供应。据此，接续乡村振兴，促进乡村发展，减少中间环节，保证食材质量，规范采购程序，提高效率、降低成本、实现双赢。

（六）加强组织实施和考核监督，建立激励机制落实采购任务

根据中央关于巩固拓展脱贫攻坚成果有效接续乡村振兴战略的决策部署，落实《财政部 农业农村部 国家乡村振兴局关于运用政府采购政策支持乡村产业振兴的通知》（财库〔2021〕19号）《财政部 农业农村部 国家乡村振兴局 中华全国供销合作总社关于印发〈关于深入开展政府采购脱贫地区农副产品工作推进乡村产业振兴的实施意见〉的通知》（财库〔2021〕20号）、《财政部办公厅关于组织中央预算单位做好2021年政府采购脱贫地区农副产品工作的通知》（财办库〔2021〕75号）要求，教育主管部门和高校要健全完善与之相匹配的考核指标体系，强化考核结果运用，将高校食堂采购脱贫地区农产品职责履行情况和成效作为领导班子年度综合考核的重要内容，要采取有效措施加强高校食堂采购管理和工作总结，督促各责任单位按期完成采购任务，对工作成效突出的高校和食堂外包服务企业给予表彰奖励，以切实推动高校食堂采购脱贫地区农产品支持乡村振兴取得实效。

03 第三部分 附 录

附录一　中国教育后勤协会 2020 年度大事记

2020 年 1 月 2 日，中国教育后勤协会安全管理专业委员会召开筹备会议。

2020 年 1 月 3 日，中国教育后勤协会能源管理专业委员会召开"第二届第一次全体委员大会暨中国教育节能（2019 年度）发展论坛"。

2020 年 1 月 7 日，中国教育后勤协会第二届理事会第五次驻会会长办公会议在北京召开。

2020 年 1 月 8 日至 9 日，中国教育后勤协会伙食管理专业委员会换届大会在昆明举办。

2020 年 1 月 11 日至 12 日，中国教育后勤协会分支机构秘书长工作会议在上海召开。

2020 年 1 月 11 日至 12 日，"中国教育后勤协会商贸管理专业委员会换届大会暨新时代校园商贸改革发展论坛及表彰大会"在上海举办。

2020 年 1 月 12 日至 14 日，在苏州召开"中国教育后勤系统社会组织负责人座谈会"。

2020 年 1 月 12 日至 16 日，中国教育后勤协会能源管理专业委员会承办国家节能中心与中国教育后勤协会联合主办的 2020 年度"高校节能高级管理人才"第 1 期（总第 8 期）研修班在厦门举办。

2020 年 1 月 14 日，中央和国家机关工委主题教育巡回指导组召开主题教育总结大会。"不忘初心、牢记使命"主题教育活动胜利结束。

2020 年 1 月 29 日，中国教育后勤协会印发《关于全力做好教育后勤服务管理区域新型冠状病毒疫情防控工作的倡议书》。

2020 年 2 月初，中国教育后勤协会先后印发《关于全力做好教育后勤服务管理区域新型冠状病毒疫情防控工作的倡议书》《关于做好校园商业服务场所新型冠状病毒感染的肺炎疫情防控工作的通知》《关于做好高等学校学生公寓新型冠状病毒感染的肺炎疫情防控工作的通知》《关于做好高等学校餐饮场所新型冠状病毒感染的肺炎疫情防控工作的通知》《关于教育接待服务机构奋力阻击新型冠状病毒感染肺炎疫情的倡议书》，发布《高等学校学生食堂防控新型冠状病毒感染的肺炎疫情工作指南》《高等学校学生公寓新冠肺炎疫情防控工作指南》《高等学校校园物业新冠肺炎疫情防控工作指南》《校园商业服务场所新冠肺炎疫情防控工作指南》《中国教育后勤协会接待服务分会防控新冠肺炎疫情工作指南》。

2020年2月10日，中国教育后勤协会为教育部发展规划司收集整理全国高校的防疫防控情况相关资料，为教育部进一步指导高校防疫、教学等工作提供制定政策依据。

2020年2月16日，中国教育后勤协会印发《中国教育后勤协会关于新冠肺炎疫情防控捐赠倡议书》，并在2020年3月11日，中国教育后勤协会秘书处在全国各会员单位范围开始收集会员单位的捐赠信息，并定期向民政部相关部门推送。截至3月31日，协会会员单位共捐赠资金2 732.5万元，捐赠物资折合1 840.4万元。

2020年2月17日，中国教育后勤协会伙食管理专业委员会印发《关于印发高等学校食堂新冠肺炎疫情防控期间就餐须知的通知》。

2020年3月5日，中国教育后勤协会学生公寓管理专业委员会组建第二届专家组。

2020年3月至4月，中国教育后勤协会秘书处面向协会专家委员会和各分支机构（实体机构）、各地方教育（高校、学校）后勤协会（研究会）公开征集课题选题建议，并在全国各会员单位范围，开展教育后勤疫情防控专项研究课题的申报工作。

2020年3月24日上午，中国教育后勤协会秘书处召开助力中小学开学前校园疫情防控升级智慧校园安全预案视频会议。

2020年4月16日上午，中国教育后勤协会第二届理事会第六次驻会会长办公会议在北京召开。

2020年4月16日下午，中国教育后勤协会商贸管理专业委员会召开高校校园商业服务系统疫情防控及开学准备工作视频会议。

2020年4月21日下午，中国教育后勤协会物业管理专业委员会召开"做好高校开学疫情防控物业服务准备工作视频会议"。

2020年4月22日，根据中国教育后勤协会与中国水利学会联合开展《节水型高校建设实施方案编制导则》团体标准编制工作的安排，中国教育后勤协会组织开展《节水型高校建设实施方案编制导则》团体标准立项论证函审工作。

2020年4月23日、24日、27日、28日，中国教育后勤协会秘书处开展高校后勤"战疫"云讲堂活动。

2020年4月24日，中国教育后勤协会专家委员会2020年第一次工作会议以网络会议的方式召开。

2020年4月29日，中国教育后勤协会信息化建设专业委员会以直播连线的方式举办"信息化助力高校疫情防控线上沙龙"系列活动。

2020年4月29日，中国教育后勤协会接待服务分会印发了《中国教育后勤协会接待服务分会防控新冠肺炎疫情工作指南》（第二版）。

2020年5月至8月，中国教育后勤协会向会员单位征集学校智慧后勤建设经典案例。

2020年5月11日至13日，中国教育后勤协会能源管理专业委员会承办中国教育后勤协会与国家节能中心联合主办的2020年度第2期（总第9期）"高校节能高级管理人才"研修班在线上召开。

2020年5月19日，中国教育后勤协会能源管理专业委员会配合中国教育后勤协会联合水利部综合事业局组织开辟"校园节水 安全供水"云课堂，并以直播方式举办了启动仪式，同时邀请教育部发展规划司、全国节水办、中国水利学会、水利部综合事业局领导，地方教育后勤行业组织负责人，部分高校后勤主管部门领导围绕"校园节水、共建绿色校园"主题，解读国家有关校园节水的政策，交流校园节水经验举措等。

2020年5月25日，中国教育后勤协会开展中国教育后勤协会2020年课题申报工作。

2020年5月26日，中国教育后勤协会接待服务分会、新业态和快递工作委员会分别在线召开"教育接待机构推进疫情防控常态化与经营发展视频研讨会""切实做好疫情防控常态化背景下的高校后勤服务保障工作"专题交流研讨会。

2020年5月28日，第三届"讲好节能故事"微视频、摄影及征文大赛现场评审会在国家节能中心顺利召开。本次大赛由国家节能中心、中国教育后勤协会、中国信息通信研究院、交通运输部科学研究院、人民画报社、"互联网＋节能"产业联盟联合举办，由能源管理专业委员会承办。

2020年6月5日，中国教育后勤协会商贸管理专业委员会和长三角高校后勤协同创新发展联盟共同举办"冲刺在六月，校园消费扶贫在行动"网络直播活动。

2020年6月5日，中国教育后勤协会接待服务分会成功召开"教育接待机构推进疫情防控常态化与经营发展视频研讨会"。

2020年6月16日，中国教育后勤协会能源管理专业委员会（2020年度）主任、秘书长云联办公会召开。

2020年6月13日，中国教育后勤协会《校园安全供水模式与新技术应用研究》课题结题评审会和《节水型高校建设和高校合同节水工作总结评估》《校园健康饮水：现状、问题及对策》课题启动会在上海召开。

2020年6月18日至19日，中国教育后勤协会能源管理专业委员会配合中国教育后勤协会、水利部综合事业局、中国水利学会、联合组织在线上开展"校园节水安全供水"云课堂（第一期）培训活动。

2020年7月5日，中国教育后勤协会能源管理专业委员会组织策划《第三届"讲好节能故事"微视频、摄影及征文大赛》云端表彰仪式通过全网直播的方式顺利举行。

2020年7月15日，中国教育后勤协会四家企业会员单位就疫情常态化条件下如何保就业、保员工收入、保服务质量以及如何更好地服务高校、服务师生召开座谈会。

2020年7月29日至31日，中国教育后勤协会能源管理专业委员会承办中国教育后勤协会与国家节能中心联合主办的2020年度第3期（总第10期）"高校节能高级管理人才"研修班，采用线上与线下相结合形式在天津召开。

2020年7月31日，中国教育后勤协会房产管理专业委员会召开2020年第一次领导班子视频会议。

2020年8月8日，中国教育后勤协会在珠海召开"2020年全国教育后勤社团组织秘书长工作会议"。

2020年8月9日上午，中国教育后勤协会第二届理事会第七次驻会会长办公会议在珠海召开。

2020年8月13日，北京市红十字基金会向中国教育后勤协会会员学校捐赠疫情防控物资。

2020年8月26日，中国教育后勤协会物业管理专业委员会主任秘书长工作会议在威海召开。

2020年8月27日，中国教育后勤协会召开"贯彻落实习近平总书记关于坚决制止餐饮浪费行为重要指示精神动员部署会暨2020年中国教育后勤协会所属机构秘书长（负责人）工作会议"。

2020年9月3日，中国教育后勤协会接待服务分会召开"贯彻落实习近平总书记关于坚决制止餐饮浪费行为重要指示研讨会"。

2020年9月10日至12日，中国教育后勤协会在四川开展《节水型高校建设和高校合同节水工作总结评估》课题调研活动。

2020年9月17日，中国教育后勤协会以网络会议方式举办"深入贯彻习近平总书记关于坚决制止餐饮浪费行为重要指示精神 全面落实《教育系统'制止餐饮浪费 培养节约习惯'行动方案》工作推进会"。

2020年9月23日，中国教育后勤协会接待服务分会在宁夏召开教育接待服务机构制止餐饮浪费行动动员部署会暨换届领导小组（扩大）会议。

2020年10月14日至17日，由中国教育后勤协会主办，阿里巴巴集团菜鸟网络协办的第四期全国高校后勤管理干部高级研修班在杭州召开。

2020年10月16日下午，教育部联合共青团中央、全国妇联、中国消费者协会在中国人民大学举行教育系统"美好'食'光"校园系列活动启动仪式，教育部副部长田学军出席启动仪式并讲话，中国教育后勤协会会长刘建平代表中国教育后勤协会发言。

2020年10月17日，中国教育后勤协会房产管理专业委员会在南京召开"中国教育后勤协会房产管理专业委员会2020年高峰论坛"。

2020年10月18日至20日，中国教育后勤协会在江苏省开展《节水型高校建设和高校合同节水工作总结评估》课题调研活动。

2020年10月19日，中国教育后勤协会物业管理专业委员会开展"2020全国学校物业管理百强单位排名"数据采集申报工作。经过会员单位推荐和第三方单位评议，于2020年12月30日发布"2020全国学校物业管理百强单位排名"。

2020年10月20日，中国教育后勤协会商贸管理专业委员会召开二届二次常委会视频工作会议。

2020年10月24日至25日，中国教育后勤协会学生公寓管理专业委员会主任秘书长工作会议在杭州召开。

2020年10月25日至29日，中国教育后勤协会新业态及快递工作委员会在江西开展2020年度教育后勤疫情防控课题调研活动。

2020年10月26日，中国教育后勤协会第二届理事会第八次驻会会长办公会议在北京召开。

2020年10月27日，《高等学校后勤组织文化建设评价标准》团体标准审查会召开。

2020年10月28日至31日，中国教育后勤协会举办"2020年高校招标采购首期研讨班"。

2020年11月4日，中国教育后勤协会接待服务分会第二次会员大会在西安召开。

2020年11月10日至12日，中国教育后勤协会在上海举办"2020中国教育后勤展览会"。同期举办了"2020科技后勤·智慧校园新技术应用推广论坛""中国教育节能'创新·创造·创建'发展论坛""'智能制造赋能教育后勤'发展论坛""科技助力·美好'食'光论坛""2020校园智慧水务论坛"。

2020年11月10日，中国教育后勤协会安全管理专业委员会换届大会在上海召开。

2020年11月10日，中国教育后勤协会思想文化建设与人力资源管理专业委员会换届大会在上海召开。

2020年11月24日至25日，中国教育后勤协会能源管理专业委员会配合国家节能中心与日本节能中心、中国教育后勤协会举办2020年度"中日公共机构节能线上交流培训"（第1期）。

2020年11月28日，中国教育后勤协会在珠海召开"中国教育后勤改革发展论坛"。

2020年11月28日，中国教育后勤协会第二届理事会第二次会议、第一届监事会第二次会议在珠海召开。

2020年11月29日，中国教育后勤协会标准化技术委员会2020年工作会议在深圳召开。

2020年12月1日至4日，全国教育后勤系统通讯员培训班在苏州举办。

2020年12月3日，第五届大学校园服务与管理国际论坛在深圳举办。

2020年12月4日，中国教育后勤协会《教育后勤参考》理事会成立大会暨一届一次全体理事会议在苏州召开。

2020年12月5日，中国教育后勤协会专家委员会举办"长三角地区高校后勤高质量发展高峰论坛"。

2020年12月8日至11日，中国教育后勤协会举办"2020高校招标采购第二期研讨班"。

2020年12月12日，第七届中国教育后勤互联网大会暨中国教育后勤协会信息化建设专业委员会（2020）年会在海南召开。

2020年12月13日，中国教育后勤协会学生公寓管理专业委员会二届二次常委会在桂林召开。

2020年12月18日，中国教育后勤协会商贸管理专业委员会2020年会在北海举行。

2020年12月18日，中国教育后勤协会中小学后勤分会第二届理事会第三次会议、校服管理专业委员会会员代表会议在北京召开。

2020年12月25日，中国教育后勤协会与中国物业管理协会在北京联合召开《高等学校物业服务规范》团体标准评审会。

附录二 2020 年度相关政策法规目录

2020 年 1 月 14 日，教育部办公厅印发《教育部产学合作协同育人项目管理办法》。

2020 年 1 月 20 日，中共教育部党组印发《教育系统关于学习宣传贯彻落实〈新时代爱国主义教育实施纲要〉的工作方案》。

2020 年 2 月 28 日，国家发展改革委办公厅 民政部办公厅发布《关于积极发挥行业协会商会作用 支持民营中小企业复工复产的通知》。

2020 年 3 月 23 日，民政部发布《关于开展全国性社会团体 2019 年度检查的函》。

2020 年 4 月 3 日，民政部办公厅发布《关于调整优化有关监管措施支持全国性社会组织有效应对疫情平稳健康运行的通知》。

2020 年 4 月 28 日，教育部等八部门发布《关于加快构建高校思想政治工作体系的意见》。

2020 年 6 月 1 日，教育部办公厅发布《关于开展 2020 年教育系统"安全生产月""安全生产万里行"和"安全专项整治三年行动"活动的通知》。

2020 年 6 月 12 日，教育部联合国家卫生健康委印发《疫情防控常态化下复学复课工作 20 问》。

2020 年 6 月 15 日，市场监管总局、教育部、公安部、国家卫生健康委联合印发《校园食品安全守护行动方案（2020－2022 年）》。

2020 年 6 月 16 日，教育部发布《职业院校数字校园规范》的通知。

2020 年 6 月 22 日，教育部发布《关于深入开展新时代校园爱国卫生运动的通知》。

2020 年 6 月 22 日，教育部办公厅发布《关于开展习近平新时代中国特色社会主义思想大学习领航计划系列主题活动的通知》。

2020 年 7 月 2 日，国务院办公厅印发《关于进一步规范行业协会商会收费的通知》。

2020 年 7 月 15 日，中共教育部党组关于印发《习近平总书记教育重要论述讲义》的通知。

2020年7月15日，教育部发布《关于进一步加强高等学校法治工作的意见》。

2020年7月21日，民政部发布《关于贯彻落实国务院部署 进一步规范行业协会商会收费工作的通知》。

2020年9月7日，教育部办公厅印发《教育系统"制止餐饮浪费 培养节约习惯"行动方案》。

2020年9月18日，教育部应对新冠肺炎疫情工作领导小组办公室印发提醒函要求进一步做好高校校园管理工作。

2020年10月16日，教育部联合国家卫生健康委印发《中国学校结核病防控指南》。

2020年12月1日，教育部印发通知部署今冬明春校园疫情防控工作。

2020年12月31日，教育部印发《关于认真做好寒假前后高校疫情防控工作的通知》。